게임의 종말

북핵 협상 20년의 허상과 진실, 그리고 그 이후

게임의 종말

THE END OF THE GAME

| 제2판 |

북핵 협상 20년의 허상과 진실, 그리고 그 이후

이용준 지음

한울
아카데미

추천사

　북한 핵문제를 본격적으로 공부하기 시작한 지 20여 년이 흘렀지만 이 문제에 관한 글을 이렇게 꼼꼼하게 읽어보기는 정말 오랜만이다. 이 책은 한 외교관의 북핵문제에 관한 단순한 회고록이 아니다. 북핵문제에 관한 수많은 얘기와 글의 홍수 속에서 저자는 그 허상과 진실을 제대로 밝힘으로써 객관적인 역사의 기록을 남기려 하고 있다. 지난 20년간 한반도 문제가 진행되는 역사의 현장에 있었던 사람으로서 정사를 기록하는 사관의 눈으로 북핵문제에 관한 실록을 쓰고 싶다는 것이다. 이 시대의 책임 있는 공직자로서 응당 해야 할 일이나, 이는 절대로 쉬운 일이 아니며 적지 않은 집념과 용기를 필요로 한다.

　이 책은 국내외의 많은 연구들을 뛰어넘어 정사로서의 북핵문제 실록 쓰기에 성공하고 있다. 1989년 북한의 핵개발 의혹이 국제사회의 현안문제로 제기된 후부터 2009년 2차 핵실험에 이르기까지 북핵 20년사를 꼼꼼하게 재구성했다. 1993년, 2002년, 2008년의 핵위기가 어떻게 발생했으며, 제1차 위기 해결을 위한 1994년 제네바 기본합의와 제2차 위기 해결을 위한 2005년 9·19 공동성명이 어떤 우여곡절을 거쳐 합의됐으며, 이러한 노력에도 불구하고 위기는 왜 다시 발생했는가를 명쾌하게 밝혀놓았다.

북핵문제는 국가들의 삶과 죽음에 직결된 만큼 관련 당사국들의 이해관계에 따라 서로 전혀 다른 모습으로 받아들여지고 있다. 제1차 핵위기 이후 북한 핵능력에 대한 숨기기와 밝히기의 진실게임이 계속되어왔으며, 해결방안의 구체적 합의 여부도 줄곧 논란의 대상이 되어왔다. 저자는 조심스럽게 위작과 진품을 가려서 우리가 진실의 문으로 입장하도록 세심한 노력을 기울였다. 이런 안내 역할은 아무나 할 수 있는 것이 아니다. 현장에서의 오랜 경험은 필수다. 그러나 이에 못지않게 중요한 것은 허상과 진실을 식별할 수 있는 분석력과 상상력을 갖춰야 한다는 것이다. 저자의 이런 능력에 힘입어서 우리는 모처럼 북핵문제의 실체적 진실을 수록한 진품을 만날 수 있게 되었다. 북핵문제에 관한 국내외의 수많은 위작들 속에서 희귀한 진품을 즐길 수 있다는 것은 소중한 일이다.

북핵문제의 허상을 깨고 진실은 무엇인가를 밝히려는 저자의 노력은 자연스럽게 더 어려운 과제에 정면으로 도전한다. 단순히 정본 북핵실록을 쓰는 데 그치지 않고, 역사적 안목을 가지고 북핵위기의 해결 노력들을 예리하게 평가했다. 제네바합의는 8년간의 핵동결 유지에는 성공했으나, 자체 내에 이미 붕괴의 씨앗을 잉태하고 있었기 때문에 2002년 고농축우라늄 프로그램 문제 제기와 함께 깨질 수밖에 없었던 과정을 소상히 밝혀 놓았다. 일시적으로 "역사적 쾌거이고 한국 외교의 승리"라고 평가받았던 9·19 공동성명도 동결과 불능화를 거쳐서 결국 신고와 검증의 단계를 넘지 못하고 핵폐기의 현실화에 실패하는 모습을 제대로 보여주고 있다. 저자의 이러한 평가가 단순한 사후 서술이 아니라 날카로운 현실주의적 안목으로 핵위기 극복책들의 불가피한 실패를 사전적으로 예견하고 있음을 주목할 필요가 있다.

이 책의 마지막 꿈은 대단히 크다. 궁극적으로 북한 핵의 사슬을 어떻게 넘어서느냐는 것이다. 저자가 북핵위기 해결의 20년 실패사의 교훈으로서 특히 강조하는 것은, 북한이 핵포기라는 전략적 결단을 내릴 가능성은 희박하며 따라서 반대급부 제공을 통한 북한의 비핵화를 추구하는 잘못된 사고와 전략적 오류에서 하루빨리 벗어나야 한다는 것이다. 그리고 단계적 핵포기에 대가를 지불하는 해결전략 대신에 북한의 핵포기 환경을 만들 수 있는 당근과 채찍 정책을 일관성 있고 장기적으로 추진할 것을 강조한다.

북한은 김정일 후계체제의 본격적 등장을 앞두고 있다. 지난 10여 년 동안 김정일 체제가 추진해왔던 핵 선군정치 대신에 북한의 21세기 신생존전략을 새롭게 모색해볼 수 있는 흔치 않은 기회다. 역사적 통찰에 기반을 둔 대북 핵정책에 관한 저자의 권유를 중시하면서, 이 책을 읽는 독자들은 북한이 구시대적 발상의 핵무기를 버리고 21세기 문명표준에 맞는 길을 새로운 생존전략으로 선택하도록 유도해나갈 방안을 고민할 때다. 이 책의 결론은 21세기 한반도의 행복한 미래를 위해 우리 모두가 함께 고민해야 할 커다란 숙제를 남기고 있다.

하영선(서울대학교 교수, 국제정치학)

차례

　로마사를 들여다보면, 로마 시대 전체의 1%도 안 되는 짧은 기간에 불과한 카이사르^{Julius Caesar} 시대의 역사가 책 몇 권의 분량에 달하는 반면, 다른 시대의 역사는 단 몇 줄도 채우기 어려운 경우가 많다. 그것은 카이사르의 시대가 중요한 것 못지않게 그 시기에 남겨진 역사의 기록이 그만큼 상세하고 충실했기 때문이다. 카이사르 시대의 역사는 로마군과 적군의 전투대형과 시시각각 전개되는 전투상황은 물론 이동경로, 진군속도, 방어진지 구축 형태부터 쌍방 군대의 계급별 사상자 숫자, 보급부대가 싣고 간 군수물자의 품목별 규모까지 믿을 수 없을 만큼 상세한 기록으로 남아 있다.

　조선 시대의 우리 조상들은 임금의 일거수일투족을 상세하게 기록한 『조선왕조실록』이라는, 세계 역사상 유례없는 방대한 기록을 남겼다. 왕의 언행을 사실 그대로 기록하는 과정에서 수많은 사관들이 죽음을 당했음에도 그들은 기록을 멈추지 않았다. 역사의 진실을 후세에 남겨야 한다는 일념 때문이었다.

　이와 대조적으로, 해방 이후 지난 60여 년간의 우리 현대사를 규정하는 특징 중의 하나는 정사正史가 없는 역사라는 점이다. 홍보성 자료나 말초적 문서는 산더미처럼 많아도 사안의 진정한 실체에 관한 공식 기록은 찾아보기 힘들고, 자화자찬의 회고록이나 단편적 후일담은 많아도 객관적인 역사의 기록은 드물다. 특히 잘못되거나 실패한 정책에 관한 기록은 거의 찾아볼 수 없다. 과거 우리나라의 어느 대통령은 조상들의 선례를 본받아 대통령 재임기간 중 자신의 모든 공식 활동과 언행을 상세한 기록으로 남기도록 하는 용기를 발휘했으나, 그 기록들은 퇴임과 더불어 사라졌다. 정도의 차이는 있을지 모르나 역대 다른 정부들의 경우도 사정은 대체로 유사했다.

흔히들 외교를 「선택의 예술」이라고 말한다. 반세기를 겨우 넘긴 우리 외교에서 오랫동안 우리에게 수많은 어려운 선택을 강요해온 사안 중 하나로 단연 북한 핵문제를 꼽을 수 있을 것이다. 과거의 선택과 현재의 선택, 현재의 가치와 미래의 가치, 국가이익과 국제적 이해, 여론의 평가와 역사의 심판 등 여러 요소들 간에 상당한 불일치가 존재할 수 있다는 점에서, 북한 핵문제는 외교적 선택에 수반되는 다양한 어려움을 고루 내포하고 있다. 이러한 이유로, 북한 핵문제를 둘러싸고 20여 년간 전개되어온 외교적 행위의 불투명성과 복잡성에도 불구하고, 이 문제는 대한민국의 현대 외교사에서 가장 중요한 사료적 가치를 내포하고 있다.

필자가 이 글을 쓰는 이유는 1990년대 이래 한반도의 운명을 속박해온 북한 핵문제라는 멍에를 해결하기 위해 한국 정부와 국제사회가 겪어온 희망과 좌절, 성공과 실패의 과정을 객관적인 역사의 기록으로 남기기 위한 것이다. 이를 통해 우리 시대 역사의 한 단면에 보다 정확하게 접근할 수 있고, 한반도 문제의 미래에 대처하기 위한 교훈과 지혜를 얻는 데도 적지 않은 도움을 얻을 수 있을 것이기 때문이다.

북한이 제2차 핵실험을 강행한 2009년은 1989년 9월 프랑스의 상업위성 SPOT 2호가 영변 핵시설 위성사진을 공개하면서 북한 핵문제가 국제적 현안으로 대두된 지 꼭 20년이 되는 해였다. 2006년과 2009년에 걸친 두 차례의 핵실험을 계기로 북한의 핵무장 의도가 명확해졌고, 이에 따라 베일에 싸였던 북핵 협상의 오랜 오류들이 각국 정부의 발표와 언론보도 등을 통해 이미 세상에 널리 알려져, 「말할 수 없는 진실」의 영역이 대부분 사라졌다. 따라서 현시점에서 북한 핵문제 20년의 험난했던 역사를 전반적으로 재조명해보는 것은 우리 시대 역사의 객관적 진실에 보다 가까이 다가간다는 측면에서 중요한 의미가 있을 것으로 생각된다.

누구나 판단의 자유를 가지고 있고 모든 견해는 존중될 가치가 있다. 다만 그러한 판단이나 견해는 반드시 실체적 진실에 기초한 것이어야 한다. 현실과 희망사항을 혼동해서는 안 되며, 판단은 항상 냉엄한 현실의 토대 위에서 이루어져야 한다. 우리의 희망 섞인 기대에도 불구하고 현실은 항상 그 자체로서 엄연히 존재하기 때문이다. 과거 우리나라의 어느 정부는 북한 핵문제를 남의 문제인 양 모르는 체하기도 했고, 어느 정부는 북한 핵문제가 마치 다 해결이라도 된 듯이 홍보하기도 했다. 그러나 지난 20년간 북한 핵문제는 단 한 번도 해결되거나 해결의 문턱에 접근한 적이 없었고, 단 한순간도 상황이 호전됨이 없이 지속적으로 악화되어왔을 뿐이다. 이 책은 독자들이 북한 핵문제라는 복잡하고 어려운 문제에 접근할 때 반드시 알고 넘어가야 할 역사의 진실을 제공해주리라고 믿는다.

이 책은 필자가 2004년 초 출간한 『북한핵, 새로운 게임의 법칙』의 후속편적 성격을 띠고 있으나, 일부 중첩 부분을 제외하고는 대부분 수정된 내용들이다. 2004년 이후 부분은 필자의 논문 『북한 핵문제의 재평가와 새로운 접근전략』(2010)을 토대로 하여 내용을 보완하고 재구성한 것이다. 2004년도 출간본 서두에 포함되었던 북한 핵문제의 군사적, 과학기술적, 법적, 제도적 측면에 관한 상세한 설명은 대폭 수정·보완해 부록으로 첨부했다. 이는 다소 복잡하고 어렵기는 하나, 북한 핵문제의 여러 현상들과 복잡다단한 협상의 본질을 진정으로 이해하기 위해서는 필수적으로 알아야 할 내용들이다. 따라서 이 문제에 관한 전문적 지식을 필요로 하는 독자들은 특히 부록을 관심 갖고 읽어주기 바란다.

끝으로, 이 책에 기술된 모든 사실들은 공식발표나 언론보도, 국내외 저서, 학술보고서 등을 통해 이미 공개된 사항들이며, 이 책의 어느 부분도 미공개 정보나 알려지지 않은 새로운 사실을 포함하고 있지 않다. 또한 이 책에 포함된 모든 주관적 평가나 견해는 필자의 순수한 개인적 견해이다.

2010년 9월

이용준

영변 핵시설 현황

5MW 실험용원자로
5MW(e) Experimental Reactor

50MW 원자로
50MW(e) Nuclear Power Plant

Undeclared Waste Storage Facility
미신고 폐기물저장소 A

신고된 폐기물저장소
Declared Waste Storage Facility

재처리시설
Radiochemistry Laboratory

Building 500
미신고 폐기물저장소 B

핵연료공장
Fuel Fabrication Complex

자료: Center for Nonproliferation Studies 자료사진.

제 1 부

제1차 북핵위기와 제네바합의

공포와 희망은
인간의
가장 큰 적이다.

_요한 볼프강 폰 괴테, 『파우스트』 중에서

1 북한 핵문제의 서막

북한 핵개발 계획의 기원

북한 핵문제가 최초로 국제사회에 공개되어 사람들의 관심을 끌기 시작한 것은 프랑스 상업위성 SPOT 2호의 영변 핵시설 사진이 공개된 1989년 9월 15일부터였다. 핵무기 개발을 향한 북한의 야심찬 대장정이 시작된 이래 그것이 국제적으로 현안issue이 되기 시작한 것도 그때부터였다. 그러나 사실 북한 핵문제의 서막은 그보다 훨씬 오래전부터 시작되었다.

미국 정보기관은 SPOT 2호의 위성사진이 공개되기 7년 전인 1982년부터 평안북도 영변에서 진행되고 있는 비밀스런 건설공사 현장을 감시하고 있었지만, 북한의 수상쩍은 움직임에 대한 그들의 우려는 다른 어느 나라 정부도 알지 못하는 그들만의 고민이었다. 한국, 일본, 중국, 러시아 등 주변국들은 1989년 상반기에 들어와서야 미국의 통보를 받고 비로소 북한 핵문제라는 생소한 문제를 처음으로 인지하게 되었다. 그러나 북한 핵문제의 진정한 기원은 그로부터 다시 약 30년을 거슬러 올라가서 1960년대 초에 시작되었다.

　그간 북한 핵문제에 관해 많은 연구들이 있었으나 1989년 이전의 일에 대해서는 거의 관심을 기울이지 않은 것이 사실이다. 그저 지나간 역사로 몇 줄 정도 언급하는 것이 고작이었다. 북한 핵문제를 둘러싸고 남북한이 상호핵사찰 문제에 관한 줄다리기를 계속하던 1992년경 이따금 북한과 러시아 간의 핵협력에 관한 얘기가 간헐적으로 흘러나오기는 했으나 별다른 주목을 받지는 못했다. 제네바합의 서명 직후인 1995년 KEDO(한반도에너지개발기구)[1]가 함경남도 신포에 경수로 부지를 선정할 때에도 러시아의 동향에 관한 말들이 가끔 흘러나왔으나, 별로 중요한 고려 대상은 아니었다.

　훗날 점차적으로 알려진 일이지만, 1990년대 초 함경남도 신포에서는 러시아형 원자력발전소를 건설하는 계획이 북한과 러시아 간에 상당히 구체적으로 진행되고 있었다. 러시아 경수로가 들어서려던 자리는 훗날 KEDO가 제네바합의에 따라 경수로를 건설하게 된 바로 그 자리였다. 말하자면, 같은 자리에 러시아 경수로 대신 「한국표준형 경수로」라는 이름의 미국 경수로가 착공된 것이었다.

　북한이 1994년 제네바협상 당시 영변 핵시설 폐기의 대가로 2,000MW의 경수로 제공을 요구했던 것은 이러한 북한과 러시아 간 핵협력의 역사

1　KEDO^{Korean Peninsula Energy Development Organization}는 1994년의 제네바합의에 의거하여 북한에 경수로를 지원하기 위한 목적으로 1995년 3월 창설된 국제기구 형태의 조직으로서, 뉴욕에 사무국을 두고 한·미·일 3국 정부로 구성된 이사회의 결정에 따라 경수로 건설과 관련된 사항들을 집행했다. 그 밖에 EU, 캐나다, 호주, 영국, 프랑스, 인도네시아, 폴란드, 체코, 아르헨티나, 칠레 등 10여 개국이 회원국으로 참여하여 수십만 내지 수백만 달러의 재정적 기여를 제공했다. KEDO는 1997년 함경남도 신포에서 2,000MW 용량의 경수로 공사를 시작했으나, 2002년 말 제네바합의가 붕괴되자 이사회의 결정으로 공사가 잠정 중단되었고, 2006년에는 경수로사업이 완전 종결되었다. 공사가 종결될 때까지 34%의 공정이 완료되었고 총 15억 달러의 공사비(이 중 한국 정부 부담분은 10.5억 달러)가 투입되었다.

와 깊은 관련성을 맺고 있다. 이러한 사실은 당시에는 물론 현재도 의외로 잘 알려져 있지 않으나, 그 시기의 움직임들은 북한 핵문제의 여러 측면에 많은 영향을 미치고 있다. 또한 그 시기의 역사는 북한의 핵개발이 1990년 대 초 냉전체제 해체에 따라 급조된 계획이 아니라 얼마나 오랜 세월에 걸쳐 심혈을 기울여 추진되어왔던 것인가를 보여준다. 또한 그러한 이유 때문에 북한이 핵포기의 결단을 내리는 것이 얼마나 어려운 일인가를 객관적으로 이해할 수 있는 중요한 단초를 제공하고 있다.

그래서 1970년대 말부터 시작된 북한의 독자적인 핵무기 개발 역사를 설명하기에 앞서 그 서막이 되는 북한과 소련 간의 핵협력의 역사를 먼저 기술하고자 한다. 그 시기의 역사를 음미하는 것이 중요한 이유는 그것이 북한의 시각에서 보는 북한 핵문제를 이해할 수 있는 첩경이기 때문이다. 북한 핵문제의 서막을 구성하는 이 초기단계의 북한 핵활동에는 이야기의 주인공인 북한 당국의 의지와 정신이 가장 방해받지 않고 왜곡되지 않은 순수한 형태로 배어 있다.

한국전쟁이 종료된 지 불과 3년 후인 1956년 3월 소련과 북한 간에 「원자력의 평화적 이용에 관한 협정」이 체결되었다. 이는 북한 당국이 1955년 핵물리학연구소를 설립하기로 방침을 결정한 데 따른 후속조치였다. 이 협정에 따라 1963년부터 러시아 기술진에 의해 평양 북방 92km 지점의 평안북도 영변에 2MW 용량의 소형 연구용원자로 IRT-2000이 건설되기 시작했고, 1965년에는 완공되어 가동에 들어갔다. 그와 병행하여 약 300명의 북한 핵전문가들이 소련의 핵연구단지에 파견되어 집중적인 교육을 받았다.

북한이 핵무기에 관심을 갖기 시작한 것은 1960년대 초였다. 1961년 쿠바미사일사태 당시 소련이 미국의 위협에 굴복하는 것을 목격한 김일성은 미국의 핵공격에 대비한 지하요새를 구축하는 동시에 독자적 핵무기 보유를 추진했다. 이를 위해 북한은 1964년부터 중국에 대해 핵무기 기술의 공유를 누차 요청했으나 중국은 이를 거부했다.[2] 중국의 협조를 얻기가 어려워지자 김일성은 1967년 소련을 극비리에 방문하여 핵무기 개발을 위한 협력을 요청했지만 역시 거절당했다.[3]

중국과 소련 양측으로부터 핵개발 지원을 거부당한 북한은 부득이 독자적인 핵무장을 추구하게 되었는데, 그 기술적 토대는 소련이 1960년대에 북한에 제공한 핵기술 지원이었다. 북한은 IRT-2000의 건설과 운용 과정을 통해 핵물리학에 관한 많은 지식을 습득했고, 이는 10여 년 후인 1970년대 말 영변에서 독자적 핵시설들을 건설하는 기술적 토대가 되었다. IRT-2000의 건설과 교육을 위해 파견된 소련의 핵 기술자들은 1965년 원자로의 완공과 더불어 모두 북한을 떠났으나, 북한은 독자적 핵능력을 계속 발전시켜 당초 2MW 용량이던 IRT-2000을 5MW로 확장했고, 나중에 이를 다시 7MW로 확장했다.[4]

두 갈래의 야심적 핵개발 계획

소련과 중국으로부터 핵개발 지원을 거부당한 북한이 독자적인 핵무기 개발을 행동으로 옮기기 시작한 것은 1970년대 말이었다. 국내외 일각에

---

2 Joel Wit, Daniel Poneman & Robert Gallucci, *Going Critical: The First North Korean Nuclear Crisis* (2004), p. 3.

3 후나바시 요이치, 『김정일 최후의 도박』(2007), 613쪽.

4 IRT-2000 원자로는 비교적 순수한 형태의 소형 연구용원자로로서, 북한의 연료봉 재처리와 관련하여 자주 거론되는 5MW 실험용원자로와는 별개의 것이다. 5MW 원자로는 훗날 북한이 핵무기 개발을 위한 핵물질 추출용으로 자력으로 건설한 원자로다. 북한은 IRT-2000 원자로 건설 시 NPT에는 가입하지 않았으나, 소련의 요구에 따라 IAEA와 「부분안전조치협정」을 체결하여 IRT-2000에 국한하여 IAEA의 핵사찰을 받았다.

는 냉전체제가 붕괴되고 소련이 해체되는 불리한 국제적 상황하에서 북한이 생존과 자위를 위해 핵무장을 추진해온 것으로 미화하려는 주장도 없지 않다. 그러나 북한의 핵무장 움직임이 시작된 1970년대 후반의 국제정치 상황은 사실 그와 정반대로 공산진영과 북한의 위세가 역사상 최고조에 이른 시기였고, 따라서 북한이 안보 위협을 느낄 만한 이유는 전혀 없었다.

1970년대 후반은 냉전체제하에서 소련을 필두로 하는 공산진영의 위세가 극에 달하여 누구도 소련의 붕괴를 상상조차 하지 못하던 시기였고, 베트남, 캄보디아, 라오스의 공산화(1975년), 니카라과 공산화(1979년), 이란 회교혁명(1979년) 등으로 미국과 서방진영이 크게 열세에 몰리고 있던 시기였다. 한반도의 상황 역시, 북한이 베트남의 공산화를 계기로 무력남침을 염두에 두고 남침땅굴 건설(1974년), 판문점 도끼만행사건(1976년) 등 공세적 대남 정책을 구사하던 시기였다. 당시 중국을 방문했던 김일성은 무력남침을 위한 중국의 지원을 요청하면서, "한반도전쟁 재발 시 잃는 것은 휴전선이요, 얻는 것은 통일"이라고 호언장담했다. 반면에 한국은 1976년 출범한 미국 카터 행정부의 주한 미지상군 전면철수 계획 발표로 극도의 수세에 몰려 있었다. 그 시기는 모든 주변 상황이 북한에게 유리하던 시기였고, 생존의 위기에 몰린 것은 북한이 아니라 남한이었다.

이처럼 국제정치적 상황이 과거 어느 때보다도 북한에게 유리하게 돌아가던 시기에 북한은 독자적 핵무기 개발 계획을 행동에 옮기기 시작했다. 1979년 평안북도 영변에서 5MW 원자로가 착공되었고, 1983년부터는 핵무기 기폭장치를 제조하기 위한 고폭약(high explosive) 실험이 5MW 원자로 인근 고폭실험장에서 시작되었다. 1986년 5MW 원자로가 완공되어 가동에 들어갈 무렵, 북한은 영변 핵단지에 추가로 재처리시설과 50MW 원자로를 건설하기 시작했다.

이러한 북한의 핵개발 움직임을 미국 첩보위성이 최초로 탐지한 것은 북한 핵문제가 국제적 관심사로 대두된 1989년보다 7년 앞선 시점인 1982년이었다. 미국 정보당국은 그 이후로 극비리에 영변의 상황을 계속 감시해왔는데, 당시 첩보위성이 포착한 주요 핵시설 건설 상황은 다음과 같다.[5]

① 1982년 4월, 영변에서 원자로로 추정되는 구조물의 건설 광경이 최초로 포착되었다.
② 1984년 6월, 원자로, 냉각탑 등 원자로임을 확연히 알 수 있을 만큼 공사가 진척되었으며, 그 구조는 영국과 프랑스에서 1950년대에 핵무기 생산을 위해 건설했던 구식 원자로와 놀라울 만큼 유사했다.
③ 1986년 3월, 영변의 강가 모래사장에서 고폭실험의 흔적들이 발견되었다. 과거의 위성사진을 다시 판독한 결과, 1983년부터 같은 장소에서 고폭실험의 흔적이 발견되었다.[6]
④ 1986년 3월, 크기가 축구장 두 배에 달하는 용도 미상의 건물이 영변에 새로 건설 중인 것을 발견했다.
⑤ 1987년 2월, 새로 건설 중인 건물 내에 재처리시설의 전형적 형태인 두꺼운 방사능 차폐벽들이 설치되고 있는 것이 확인되었다.
⑥ 1988년, 또 하나의 훨씬 큰 원자로가 인근에 건설되고 있음이 최초로 발견되었다.

이만하면 영변에서 진행되고 있던 일련의 비밀스런 건축 공사가 무엇을 의미하는지 쉽게 알 수 있었다. 위의 시설들 중에서 ①, ②는 5MW 원자로

---

5 여기 기술된 미국 첩보위성 정보는 Don Oberdorfer, *The Two Koreas: A Contemporary History* (Addison Wesley, 1997), pp. 250~251에 기술된 사항을 요약한 것이다. Joel Wit, Daniel Poneman & Robert Gallucci, *Going Critical: The First North Korean Nuclear Crisis* (2004)는 관계자 면담을 토대로 미국 첩보위성이 최초로 5MW 원자로 공사를 포착한 시점이 1980년이었다고 기술하고 있다. 이는 오버도퍼의 저서에 기술된 1982년보다도 2년이 더 이른 시점이다.

6 핵폭발을 위해서는 순간적인 고압과 고온의 환경이 필요한데, 이를 위해 사용되는 고성능 폭약을 고폭약high explosives이라 하며, 이를 이용한 핵무기 기폭장치의 실험을 고폭실험이라 한다. 핵무기에 사용되는 핵분열 물질의 양이 불과 6~20kg임에도 불구하고 실제 핵탄두의 무게가 수백 kg 또는 수 톤에 달하는 것은 고폭약을 포함한 기폭장치 때문이다.

이고, ③은 고폭실험장, ④와 ⑤는 재처리시설, 그리고 ⑥은 50MW 원자로였다. 5MW 원자로는 1986년 완공되어 바로 가동에 들어갔고, 50MW 원자로와 재처리시설은 1995년 완공을 목표로 공사가 진행 중이었다. 그 후 평안북도 태천에서는 1989년부터 규모가 훨씬 큰 200MW 용량의 원자로가 1990년대 하반기 완공을 목표로 건설되기 시작했다.[7]

북한이 건설 중이던 핵시설들은 핵무기 생산을 자급자족하기 위해 필요한 모든 요소를 구비하고 있었다. 그중 일부 시설은 핵의 평화적 이용과 군사적 이용이 중첩되는 영역이었으나, 일부 시설들은 순수하게 핵의 군사적 이용에 필요한 시설들이었다. 따라서 누가 보더라도 북한의 핵시설들은 핵무기 제조를 위한 용도임이 명백했다. 당시 북한이 이미 보유하고 있거나 건설 중이던 시설들을 핵무기(플루토늄핵탄) 제조공정과 대비해 보면 이해가 훨씬 쉬울 것이다.

다음 그림의 핵무기 제조공정 중에서 (1)~(4) 과정은 원자력의 평화적 이용과 핵무기 제조 과정이 중첩되는 영역이고, (5)~(7) 과정은 순수하게 핵무기 제조를 위한 과정이다. 물론 핵재처리를 통해 원자력 발전에 필요한 핵연료를 재생산하는 기술이 일부 국가에서 개발된 것은 사실이지만, 북한은 이러한 재생연료를 사용할 수 있는 원자로나 기술을 보유하고 있지 않다. 따라서 북한의 재처리시설은 핵무기 개발 외에는 용도가 없었다. (6)항의 우라늄농축시설 건설은 최초 핵개발 계획에는 포함되지 않았으나 1990년대 말부터 비밀리에 추진된 것으로 밝혀지고 있다.[8]

---

7 북한은 1990년대 초 IAEA의 핵사찰을 받을 당시 영변의 핵시설들이 군사적 목적이 아닌 순수한 전력생산용이라고 주장했으나, 영변의 원자로들은 전력생산을 위한 터빈발전기나 송전선을 전혀 갖추지 않고 있어 핵물질 추출을 위한 군사용원자로인 것으로 추정되었다.
8 북한은 제네바합의(1994)에 따른 핵동결이 유지되고 있던 1990년대 말 러시아와 파키스탄 등으로부터 우라늄농축시설 건설에 필요한 기술과 장비를 도입하는 등 우라늄핵탄을

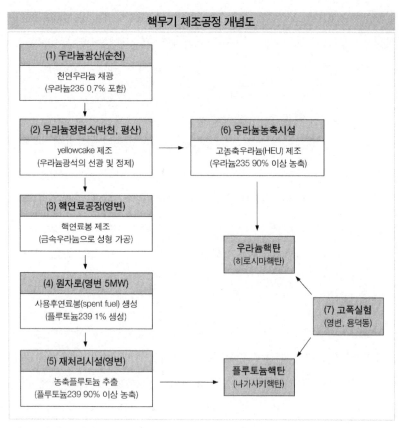

핵무기 제조공정 개념도

(1) 우라늄광산(순천)

천연우라늄 채광
(우라늄235 0.7% 포함)

(2) 우라늄정련소(박천, 평산)

yellowcake 제조
(우라늄광석의 선광 및 정제)

(6) 우라늄농축시설

고농축우라늄(HEU) 제조
(우라늄235 90% 이상 농축)

(3) 핵연료공장(영변)

핵연료봉 제조
(금속우라늄으로 성형 가공)

우라늄핵탄
(히로시마핵탄)

(4) 원자로(영변 5MW)

사용후연료봉(spent fuel) 생성
(플루토늄239 1% 생성)

(7) 고폭실험
(영변, 용덕동)

(5) 재처리시설(영변)

농축플루토늄 추출
(플루토늄239 90% 이상 농축)

플루토늄핵탄
(나가사키핵탄)

* 경수로의 경우, 위의 (2), (3) 공정 사이에 우라늄235의 비율을 3~5%로 농축시키는 우라늄농축 공정이 필요.

한편, 영변에서의 군사적 핵활동과는 별도로, 1980년대에 들어와 에너지난이 심화된 북한은 국내 매장량이 풍부한 우라늄을 이용한 전력생산이 가장 경제적인 방법이라고 판단하여 소련의 원조를 통한 원자력발전소 건설을 본격 추진하기 시작했다. 소련이 북한의 원조요청을 수락함에 따라

제조하기 위한 비밀 핵프로그램을 추진했으며, 이에 대한 미국 부시 행정부의 강한 반발로 인해 2002년 말 제네바합의가 붕괴되기에 이르렀다.

1985년 12월 소련과 북한 간에 「원자력발전소 건설에 관한 경제기술협력협정」이 체결되었다. 이는 440MW 용량의 소련산 원자력발전소 4기를 건설하는 내용이었다. 협정 체결과 동시에 북한은 소련의 요구에 따라 핵비확산조약(NPT)[9]에 정식 가입했다.

북한이 독자적 기술로 영변에 건설하던 비밀 핵시설들이 완공되어가던 1980년대 후반, 소련으로부터 원자력발전소를 도입하려는 사업이 점차 구체화되었다. 1986년부터 소련 기술자들이 대거 파견되었고, 1992년 초에는 함경남도 신포에 발전소 부지 선정까지 마쳤다. 그 즈음 당초 계획했던 440MW의 소련산 흑연로 4기 대신 650MW의 최신 소련형 경수로 3기를 건설하는 총 1,950MW 용량의 새로운 계약이 체결되었는데, 이는 아마도 1985년 발생한 소련의 체르노빌 원전사고 때문이었던 것으로 추정된다.[11]

이처럼 북한의 핵개발 계획은 평안북도 영변과 함경남도 신포에서 각기 다른 목적과 방식으로 진행되었다. 신포의 소련 경수로 3기는 순수 전력생산용으로 추진되었고, 영변의 흑연로 3기(5MW, 50MW, 200MW)는 핵무기 생산용으로 소련과 중국도 모르게 비밀리에 건설되었다. 이 시기 북한의 왕성했던 핵활동 현황을 정리하면 다음과 같다.

---

9 NPT[Nuclear Non-proliferation Treaty](핵비확산조약)는 지구상에서 핵무기의 확산을 방지하기 위한 목적으로 1968년 채택된 국제협정이다. 동 협정에 따르면, 핵보유국은 핵비보유국에게 핵무기 또는 핵무기 제조용 핵물질을 제공하지 않을 의무가 있고, 핵비보유국은 핵보유국으로부터 핵무기 또는 핵무기제조용 핵물질을 도입하지 않을 의무가 있다. NPT에 가입한 핵비보유국들은 IAEA와 안전조치협정[Safeguards Agreement]을 체결하여 IAEA의 핵사찰을 받을 의무가 있다.

10 국방부, 『대량살상무기 문답백과』(2004), 25쪽.

11 제네바합의 협상 당시, 북한은 핵동결로 인한 전력생산 피해가 1,950MW라고 주장하면서 2,000MW 규모의 경수로 제공을 요구했다. 이는 북한이 러시아로부터 도입하려다 좌절된 경수로 3기의 용량(650MW×3=1,950MW)과 정확히 일치한다.

1956. 3	북한-소련 간 「원자력의 평화적 이용에 관한 협정」 체결
1963. 6	소련으로부터 연구용원자로 IRT-2000 도입
1977. 9	북한-IAEA 간 IRT-2000에 관한 「부분 안전조치협정」 체결
1979	영변에 5MW 원자로 건설 개시
1982	미국 정보당국, 북한의 영변 핵시설 건설을 최초 포착
1983	영변에서 고폭실험 실시 개시
1985. 12	북한-소련 간 「원자력발전소 건설을 위한 경제기술협력 협정」 체결
1985. 12	핵비확산조약(NPT) 가입
1985	50MW 원자로 착공(1995년 완공 예정)
1986	재처리시설 착공(1992년 완공 예정)
1986. 10	5MW 원자로 완공, 본격가동 개시
1989	200MW 원자로 착공(1996년 완공 예정)
1989. 9	프랑스 상업위성 SPOT 2호, 영변 핵시설 사진 공개

이처럼 약 10년의 시차를 두고 영변과 신포에서 각각 추진된 북한의 군사용 핵개발과 평화적 핵개발, 즉 전력생산용 핵개발 사이에는 처음부터 아무 상관관계가 없었다. 북한은 훗날 미국과의 제네바 핵협상(1993~1994년)에서 영변 핵시설을 포기하는 데 따른 「전력생산 손실」을 이유로 1,950MW의 경수로를 제공해줄 것을 요구했다. 그러나 영변에서의 「전력생산 손실」이라는 것은 아무 근거가 없는 주장이었고, 사실은 영변 핵시설과 무관하게 소련으로부터 도입하려던 신포 원자력발전소(1,950MW)를 미국이 무상으로 대신 지어달라는 요구였다. 미국은 북한의 이러한 의도를 전혀 모른 채, 북한이 제네바합의에 따라 영변에서 포기하게 될 원자로 3기 용량(5MW+50MW+ 200MW=255MW)의 8배에 달하는 2,000MW의 경수로 제공을 약속했다.

원자력의 평화적 이용과 군사적 이용

원자력에너지의 이용은 평화적 이용과 군사적 전용 가능성이라는 두 가지 측면을 내포하고 있다. 원자로 내에서 핵분열을 조금씩 서서히 일으키면 그 열을 이용해 원자력 발전소나 대형 선박(항공모함, 잠수함 등)의 에너지원으로서 이용할 수 있는 반면, 핵분열을 한꺼번에 급속히 일으키면 가공할 무기가 되어 핵폭발을 일으키게 된다. 우라늄이나 플루토늄을 낮은 농도로 농축시키면 원자력발전소의 연료가 되고 높은 농도로 농축하면 핵무기의 원료가 된다.

문제는 원자력의 평화적 이용이건 군사적 이용이건 그 시설과 공정상 별다른 근본적 차이가 있는 것은 아니라는 점이다. 원자력의 평화적 이용과 군사적 이용의 차이는 이를 사용하는 인간의 의도의 차이일 뿐, 시설이나 물질 자체가 원천적으로 다른 것은 아니다. 같은 권총일지라도 이를 방어용으로만 쓰면 호신용이고 범죄를 위한 공격용으로 쓰면 범죄용이 되는 것과 마찬가지다.

핵무기에 장착된 고농축우라늄을 희석시키면 원자력발전소의 연료로 사용이 가능하고, 원자력발전소의 원자로에서도 마음만 먹으면 핵무기용 핵물질을 생산할 수 있다. 예컨대 영변 원자로에 발전시설을 연결하면 이를 전력생산용으로 이용할 수 있고, 신포지역에 경수로발전소를 건설하더라도 마음만 먹으면 이를 통해 대량의 핵무기용 플루토늄을 생산할 수 있다. 이러한 이유로 IAEA는 원자력의 군사적 이용을 막기 위해 전 세계 원자력발전소에 대해 부단히 정기, 비정기 핵사찰을 실시하고 있다.

원자력의 평화적 이용과 군사적 이용의 차이점[10]

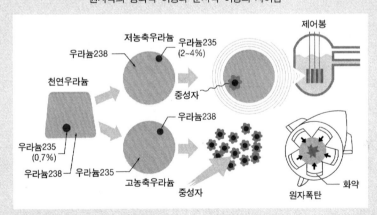

우라늄238
저농축우라늄
우라늄235
(2~4%)
천연우라늄
중성자
제어봉

우라늄238
우라늄235
(0.7%)
우라늄238 — 우라늄235
고농축우라늄
중성자
원자폭탄
화약

사면초가에 몰린 핵개발의 꿈

북한 영토의 동서 양쪽에 핵시설을 동시에 건설하려던 북한의 웅대한 꿈은 1990년대 초에 들어와 커다란 도전과 시련에 직면하게 되었다. 그러한 시련은 공교롭게도 양쪽에서 거의 같은 시기에 시작되었다. 1989년에 들어와서 영변에 건설 중인 핵시설들이 핵무기 개발용임이 명백해지고 농축 플루토늄 생산이 곧 개시될 것으로 전망됨에 따라, 미국은 1989년 2월 이 사실을 소련과 중국에 통보했고 5월에는 한국 정부에도 통보했다. 한국에 통보된 북한의 핵개발 현황은 곧 국내 언론을 통해 흘러나왔고, 그해 9월에는 프랑스 상업위성 SPOT 2호가 촬영한 영변 핵시설 전경이 세계 언론에 공개되었다. 이것이 바로 북한 핵문제의 시작이었다.

미국은 북한의 핵무기 개발을 저지하기 위해 1990년대 벽두부터 북한과 IAEA 간의 안전조치협정 체결을 촉구하기 시작했다. 그것은 당시 북한이 NPT 회원국이었음에도 불구하고 동 협정에 따른 안전조치협정 체결 의무를 이행하지 않고 있었기 때문이다. 북한이 NPT 협정에 가입한 것은 1985년 원자력발전소 건설 협정을 체결하기 위한 전제조건으로 소련이 제시한 요구에 따른 것이었다. 북한으로서는 신포에서의 원자력발전소 건설을 위해 부득이 NPT에 가입한 것이었는데, 불똥이 엉뚱하게도 영변의 비밀 핵시설로 튀게 된 것이다. 결국 북한은 국제적 압력에 굴복하여 IAEA와 안전조치협정을 체결하고 1992년부터 영변의 비밀 핵시설들에 대한 IAEA의 사찰을 받게 되었다.

공교롭게도 영변에서의 군사용 핵개발이 시련에 직면한 것과 정확히 같은 시기에, 신포의 원자력발전소 건설 계획은 전혀 다른 이유로 종말을 맞게 되었다. 문제는 돈이었다. 북한이 과거 소련의 지원을 받을 때는 상환 부담이 사실상 없는 우호적 장기차관의 방식으로 경협이 진행되었으나,

1991년 12월 소련이 붕괴되고 개혁파의 옐친정권이 지배하는 러시아가 출범한 이후에는 그런 혜택을 기대할 수 없었다. 러시아는 그간의 부지조사 site survey에 따른 용역비 수백만 달러의 지불을 요구했다.

이러한 상황을 이해하기 위해서는 그 시기의 특별한 시대적 상황을 유념할 필요가 있다. 당시는 국제적으로는 한·소 수교(1990년 9월)에 이어 소련이 해체되고(1991년 12월), 소련을 승계한 러시아에는 옐친 대통령의 우파 정권이 등장했으며, 북한의 반대에도 불구하고 중국이 방관하는 가운데 남북한의 유엔 동시가입(1991년 9월)이 이루어지고, 북한의 동맹국인 중국이 한국과 수교(1992년 8월)하는 등 한반도 주변 정세가 세기적 소용돌이에 휩쓸린 시기였다.

한 가지 더 첨언하면, 그 시기(1991~1992년)는 러시아와 중국이 과거 사회주의 국가들 간의 특수한 연대에 기초하여 시행되던 우호적 구상무역 방식에서 벗어나 북한에 대해 경화결제를 요구한 시기이기도 했다. 그것은 양국이 전통적으로 북한에 제공해왔던 사실상의 무상원조가 하루아침에 전면 단절되는 것을 의미했다.[12]

러시아의 원전 부지조사 대금지불 요구에 대해, 북한은 러시아가 구소련의 채권을 승계할 권한이 없다는 이유로 지불을 거절했다. 그에 따라 1992년 5월 건설계획이 중단되고 러시아 기술진은 철수했다. 공교롭게도 그 시기는 바로 영변 핵시설에 대한 IAEA의 최초사찰이 개시된 시점이기도 했

---

12 냉전시대에 소련과 중국은 북한에 많은 경제적, 군사적 차관을 제공했으나, 그것은 대부분 상환을 전제로 한 것이 아니었기 때문에 서류상으로만 부채가 남아 있는 사실상의 무상원조였다. 이들과 북한 간의 무역 역시 북한이 거의 일방적으로 수입을 하는 형태였으나, 수입과 수출 간의 차액을 경화로 결제할 부담이 거의 없이 서류상으로만 부채로 기록되는 사실상의 무상원조가 대부분이었다. 냉전체제의 붕괴 이후 북한을 비롯한 사회주의 국가들의 경제난이 가속화된 것은 바로 이러한 무상원조의 소멸 때문이었다.

다. 그리고 그로부터 불과 3개월 후인 8월경 영변 핵시설에서 플루토늄 대량추출의 단서가 발견됨에 따라 북한에 대한 국제사회의 압력이 급속도로 가중되어갔다.

더 이상 기댈 언덕이 없어지고 미래의 희망도 상실된 상황하에서 미국, 한국, IAEA, 유엔 안보리 등 국제사회의 거센 압력에 직면한 북한이 선택 가능한 길은 단 두 가지뿐이었다. 즉, 대남 군사적 열세의 영구화를 의미할지도 모르는 핵포기를 선택할 것인가, 아니면 더욱 큰 파멸을 의미할지도 모르는 무모한 항거를 선택할 것인가의 두 가지였다. 북한이 선택한 길은 후자였다. 그것은 안보문제에 관한 북한의 과거 행적에 비추어 볼 때 어쩌면 지극히 당연하고도 자연스러운 선택이었는지도 모른다.

당시 북한의 핵개발 의도가 얼마나 강력했고 이를 위해 다른 분야의 희생을 얼마나 감내할 준비가 되어 있었는지는 분명하지 않다. 그러나 냉전체제 해체와 더불어 점차 심화되어가던 북한의 국제적 고립이 핵개발 의지를 더욱 부채질했으리라는 점은 미루어 짐작할 수 있다. 1990년 중반 셰바르드나제Shevardnadze 소련 외교장관이 한국과의 수교 방침을 북한에 사전 통보하기 위해 평양을 방문했을 때, 김영남 외무성 부상은 소련이 한국과 수교할 경우 "북한은 핵무기 개발을 자제하겠다는 소련과의 약속에 더 이상 구속되지 않을 것"이라고 위협했다.[13] 북한은 중국이 1992년 한국과의 수교 방침을 통보했을 때에도 같은 입장을 표명했던 것으로 알려져 있다.

한편, 그 당시 진행되고 있던 북한과 소련 간의 핵협력은 훗날 북한 핵문제에 관한 러시아 정부의 입장에 묘한 파장을 남겼다. 1994년 제네바합의가 서명되자 북한은 러시아와의 원자력발전소 건설협정을 폐기했고, 그 후

---

13 Don Oberdorfer, *The Two Koreas: A Contemporary History* (Addison Wesley, 1997), p. 216.

KEDO는 당시 러시아 기술자들이 원자력발전소 부지로 선정했던 바로 그 자리에 「한국형 경수로」를 건설하기 시작했다. 러시아인들이 부지조사를 위해 체류했던 금호지구 영빈관은 KEDO 요원들과 한국 기술진으로 북적 거렸다. 거의 10년 전부터 북한 내 원자력발전 사업을 주도해온 러시아로 서는 무척 가슴 아픈 일이었을 것이다. 러시아의 관점에서 보자면, KEDO 의 경수로 사업은 신포에 건설 예정이던 러시아 원전이 「한국형」이라는 가면을 쓴 미국 원전으로 교체되는 것을 의미했기 때문이다.

KEDO가 창설되고 회원국 모집이 한창이던 1995년 러시아 정부는 신포 원전부지에 대한 그간의 부지조사^{site survey} 자료를 현물로 KEDO에 제공하는 조건으로 별도의 재정적 부담 없이 KEDO에 가입하기를 희망했다. 러시아 는 KEDO의 자금 지원으로 러시아형 원전 건설이 계속 진행되기를 내심 기대하고 있었고, 북한도 미국 및 KEDO와의 경수로 노형爐型 협상에서 러 시아형 원전의 건설을 강력히 요구하고 있었다.

당시 KEDO 회원국은 실질적 재정기여를 제공하는 국가들에 국한되었 기 때문에, 재정적 기여 없는 무임승차를 추구했던 러시아의 KEDO 가입 제의는 한·미·일 3국에 의해 거부되었다. 이것이 러시아의 분노를 사서 결국 그 이후 북한 핵문제에 대한 러시아의 냉소적 태도를 야기하는 결과 를 초래했다. 러시아는 그 후에도 수년 동안 러시아 극동지역에 원자력발 전소를 건설하여 북한에 송전하는 방안, 경수로 대신 러시아산 가스를 활 용한 화력발전소를 건설하는 방안 등 경수로 사업이 유산될 경우에 대비한 여러 대안들을 공개적으로 제시하곤 했는데, 이는 여전히 그들의 가슴에 남아 있던 신포 프로젝트에 대한 애착 때문이었는지도 모른다.

2 남북한과 IAEA의 진실게임

5년간의 진실게임

1989년 북한의 핵개발 의혹이 국제사회의 현안으로 제기됨에 따라, 그 이후 1994년 제네바합의로 북한 핵문제가 일단 봉합될 때까지 5년간 남북한과 미국, IAEA 4자 간에 전개된 복잡하기 그지없는 진실게임의 막이 올랐다. 복잡다단했던 제1차 북핵위기의 전개과정에 대한 상세한 내용을 설명하기에 앞서, 이해를 돕기 위해 우선 간략한 개요를 기술하고자 한다. 이 시기의 기록은 단순한 과거의 역사가 아니라 아직도 건재한 북한 핵문제의 연원과 본질에 관한 살아 있는 기록이며, 핵무장을 향한 북한의 오랜 숙원과 그에 대한 국제적 대응의 성공과 실패에 관한 역사의 교훈들을 담고 있다.

그 당시 한국과 북한, 미국과 북한, IAEA와 북한 간에 전개되었던 복잡다단한 숨바꼭질과 진실게임의 주제는 단 한 가지였다. 그것은 북한이 과연 핵무기를 실제로 개발할 의도를 갖고 있는가 하는 것이었다. 미국과 IAEA는 북한이 핵무기 개발 의도를 갖고 있다는 강한 의구심을 가지고 그

한국 · 미국 · IAEA의 대북한 핵협상 개념도

	1990	1991	1992	1993	1994
IAEA					
한국					
미국					

* 굵은 막대는 주도적 역할을, 가는 막대는 부수적 역할을 의미

증거를 찾는 데 몰두했고, 북한은 "핵무기를 개발할 의사도 능력도 필요도 없다"는 일관된 입장을 주장했다. 한국 정부는 처음에는 당시 진행 중이던 남북고위급회담(총리회담)에 미칠 영향을 고려하여 이 논란에 개입하지 않으려 애썼으나, 북한의 핵개발 의도가 점차 명확해지고 더 이상 선택의 여지가 없어지자 결국 미국, IAEA와 행동을 함께했다.

북한을 상대로 IAEA, 한국, 미국의 3자가 벌인 진실게임에서, 3자의 역할은 각 시기별로 비중을 달리하여 전개되었고, 3자가 모두 대북협상을 포기한 위험한 공백기도 두 차례 있었다. 이해를 돕기 위해 당시 상황을 최대한 단순화시키자면, 3자가 북한 핵문제 해결을 위한 주도적 역할을 담당했던 시기와 역할의 강도는 위의 도표와 같다. 당시의 북한 핵문제 논의에서 일본, 중국, 러시아는 별다른 역할이 없었고, 역할 수행이 허용되지도 않았다.

위 도표에서 보듯이, IAEA는 1989년 12월 북한과 안전조치협정 체결을 위한 협상을 시작한 이래 북한이 1993년 3월 12일 NPT에서 탈퇴할 때까지 항상 폭풍의 중심을 지켰다. 한국 정부가 1991년 말부터 북한 핵문제 해결을 위해 직접 나서기 전까지는 IAEA 혼자 북한과 외로운 싸움을 해야 했다. 당시 대북한 협상의 핵심쟁점은 IAEA가 대북한 핵사찰을 수행할 수 있도록 하기 위한 IAEA와 북한 사이의 안전조치협정 체결 문제였다.

북한의 NPT 탈퇴 이후에는 IAEA가 역할을 행사할 여지가 없다가, 1993년 말 미북 실무협상에서 핵사찰 실시가 합의됨에 따라 1994년 1월 북한과 6회의 핵사찰 협상을 벌인 후 사찰단을 파견했다. 그러나 북한 측의 협조 거부로 그해 3월 사찰단을 철수시켰다. 이것이 IAEA 역할의 종말이었다. 이 시기 IAEA의 역할은 미북회담의 종속변수에 불과했다.

한국의 노태우 정부는 1990년 9월 개시된 남북 고위급회담(총리회담)에 열중하느라 북한 핵문제에 초연한 입장을 보였다. 북한과 IAEA 간의 공방전이 1990년과 1991년에 걸쳐 2년간 계속되는 동안에도 한국 정부는 남북한 관계에 초래될 부작용을 우려하여 이에 깊이 개입하려 하지 않았다. 그러나 핵문제가 해결될 기미를 보이지 않고 이에 대한 미국의 관심 촉구가 거듭됨에 따라, 한국 정부는 1991년 말부터 불가피하게 핵문제에 직접 개입하기 시작했다.

한국 정부는 북한 핵문제를 남북관계의 테두리 내에서 주도적으로 해결하기 위해, 1991년 11월 8일 독자적으로 「한반도비핵화선언」을 발표한 데 이어 이를 한반도 전체로 확대하기 위한 남북 핵협상에 나섰다. 그 결과 그해 12월 31일 「남북 비핵화공동선언」을 채택한 데 이어 1992년 한 해 동안 총 13회에 걸쳐 남북한 사이의 상호핵사찰 문제를 협의하는 등 중요한 역할을 수행했다.

그러나 북한이 실효성 있는 상호사찰의 수용을 계속 거부함에 따라 남북 핵협상은 끝내 진전을 보지 못했다. 그리고 한국 정부가 이에 대한 일종의 보복조치로 1992년 말 단행한 1993년도 팀스피리트^{Team Spirit} 훈련 실시 발표를 계기로 한국의 주도적 역할은 막을 내렸다.[14] 충분히 예상가능한 일이

---

14 팀스피리트^{Team Spirit} 한미 합동훈련은 북한의 남침에 대비하여 매년 초 실시되던 군사훈련으로서, 유사시 미국의 증원군 파병과 이를 이용한 반격작전이 훈련의 핵심이었다. 팀스피

었지만, 이로 인해 남북 핵협상뿐 아니라 남북 고위급회담 과정마저도 붕괴되었다.

김영삼 정부에 들어와서는 한국 정부의 희망에 따라 대북한 협상이 미국의 손에 넘겨졌기 때문에 한국의 독자적 역할에는 원천적으로 한계가 있었다. 한국 정부는 어떻게든 나름대로의 역할을 찾고자 1993년 9월 남북한간의 특사교환을 제의했고, 이에 관해 몇 차례 남북 협상이 개최되기도 했다. 그러나 1994년 3월 19일의 판문점 남북 협상에서 발생한 북한의 "불바다" 위협을 계기로 한국 정부는 특사파견 추진을 포기했다. 이것이 한국 정부가 제1차 한반도 핵위기의 와중에서 수행했던 역할의 종말이었다.

한편, 미국의 부시(아버지 부시) 행정부는 한반도 문제에 대한 미국의 개입을 꺼리는 한국 정부(노태우 정부)의 입장 때문에 북한 핵문제 협상에 직접 개입하지는 못하고 IAEA를 통한 핵사찰 수용 촉구에 치중했다. 1992년 1월 어렵사리 한국 정부의 동의를 얻어 사상 최초의 미북 고위급접촉이 캔터^{Arnold Kanter} 국무차관과 김용순 당 국제부장 사이에 단 하루 이루어진 것 외에는 북한과 직접접촉이 없었다.

남북 핵협상이 1992년 말 결렬되고 1993년 3월 북한의 NPT 탈퇴로 IAEA의 역할도 종식되자, 북한과의 모든 협상창구가 닫히고 한반도에는 긴장이 고조되었다. 이러한 상황 속에서 새로 출범한 클린턴 행정부는 한 달 후 출범한 김영삼 정부의 요청에 따라 사상 처음 대북한 협상의 무대에 등장하게 되었다. 그리하여 1993년 6월 제1단계 미북 고위급회담을 필두

리트 훈련이 진행되는 한 달 남짓한 기간 동안 북한에서는 이에 대한 대응훈련이 실시되는 관계로 군사적으로나 경제적으로나 어려움이 많았고, 따라서 북한은 매년 연말이 되면 이듬해 초 실시될 팀스피리트 훈련 취소를 위해 심혈을 기울였다. 이 때문에 당시의 남북관계에서 팀스피리트 훈련은 한국이 대북협상에서 매년 한 번씩 갖게 되는 커다란 협상무기였다. 이 훈련은 김영삼 정부에 들어와서 대북한 유화 제스처의 일환으로 영구 폐지되었다.

로 1994년 10월 21일 제네바합의가 서명될 때까지 미국이 대북 핵협상을 줄곧 주도했다.

미국과의 직접협상을 통해 모든 것을 해결하려는 북한의 고집스러운 입장 때문에, 이 시기에는 미북 협상이 유일한 대북협상 창구가 되었고, 한국과 IAEA의 역할은 종속변수로 전락했다. 이러한 협상 구도는 제네바합의가 이행되는 기간 내내 계속되었고, 제네바합의가 파기되고 6자회담이 출범한 이후에도 기본적으로는 같은 구도가 유지되고 있다.[15]

한편, 앞의 도표에서 보듯이 3자 모두의 대북협상이 단절되어 위험한 공백기가 수개월씩 지속된 일도 두 차례 있었다. 첫 공백기는 북한의 NPT 탈퇴 이후 제1단계 미북 고위급회담이 개시될 때까지의 기간(1993년 3월~5월)이었고, 두 번째 공백기는 북한의 "불바다" 위협 이후 카터 전 대통령의 방북 때까지의 기간(1994년 3월~6월)이었다. 이 두 기간은 한반도의 위기가 급격히 고조된 시기이기도 했다.

IAEA의 고독한 싸움과 한국의 무관심

1989년 9월 프랑스 상업위성 SPOT 2호에 의해 북한 핵문제가 일반에 알려졌고, 이어서 미국과 IAEA를 중심으로 북한의 핵개발 의혹이 서서히 거론되기 시작했으나, 그것은 아직 찻잔 속의 태풍에 불과했다. 노태우 정부

---

15 제네바합의가 이행되는 기간 중 대북 경수로 지원과 중유 제공 등은 한 · 미 · 일 3국이 주도하는 KEDO에 의해 이루어졌지만, 북한은 어디까지나 KEDO를 미국이 주도하는 기관이자 미국의 대리자로 인식했고, 6자회담 역시 중국의 중재자로서의 역할이 부각되기는 했으나 북한의 관심사는 오직 6자회담 테두리 내에서 이루어지는 미북 협상뿐이었다.

는 남북 고위급회담 실현을 위해 온갖 정성을 들이느라 북한 핵문제를 애써 외면하고 있었고 미국은 전통적 정책에 따라 북한과의 직접접촉을 거부하고 있었기에, IAEA만이 북한을 상대로 힘겹고 고독한 싸움을 벌이고 있었다.

북한 핵문제에 관한 미국과 유럽 등 국제사회의 최우선 관심사는 IAEA와 북한 간의 안전조치협정Safeguards Agreement 체결 문제였다. 안전조치협정이란, NPT 회원국이 IAEA와 협정을 맺어 자국 핵시설에 대한 IAEA의 핵사찰 권한을 수락하는 협정으로서, 모든 NPT 회원국은 가입 후 18개월 내에 안전조치협정을 체결토록 의무화되어 있었다. 그러나 북한은 1985년 12월 IAEA에 가입한 이래 4년이 되도록 이를 체결하지 않고 있었다. 이는 분명북한이 무언가를 숨기고 있다는 증거였다.

IAEA는 이사회 결의 등을 통해 북한의 안전조치협정 서명을 강력히 요구했고, 1989년 12월부터 이듬해 7월까지 북한과 IAEA 간에 협정 체결을 위한 협상이 진행되었다. 이러한 IAEA의 요구에 대해 북한은 1990년 2월 IAEA 이사회를 통해 ① 비핵국가에 대한 핵보유국의 핵위협 금지, ② 한반도 핵무기 철수, ③ 대북한 핵무기 불사용 보장(NSA^{Negative Security Assurance}) 등 정치적 요구를 협정체결의 전제조건으로 제기하여 협상은 공전되고 있었다.

한편, 이즈음 한국의 노태우 정부는 소련의 붕괴와 북방정책을 통한 대공산권 수교 열풍의 회오리를 몰아 나름대로 한반도 문제에 관한 큰 그림을 그려가고 있었다. 노태우 정부의 대북한 정책은 한마디로 대북한 포위정책이었다. 북한이 한국을 통하지 않고서는 한국의 우방국들과 거래를 할수 없도록 함으로써 북한으로 하여금 남북대화에 진지한 자세로 응하지 않을 수 없도록 만든다는 것이 기본 방침이었다. 이 때문에 한국 정부는 소련, 중국을 포함한 공산국가들과의 수교를 차례로 실현시켜 나가면서도 한국의 우방인 미국이나 일본, 서유럽 제국이 북한과 대화하거나 관계를 개선하는 데는 반대하고 있었다.

　노태우 정부는 출범 직후인 1988년 "한국의 우방국이 북한과 수교하는 데 반대하지 않는다"는 당시로서는 꽤나 혁명적인 입장을 담은 이른바 「7·7 선언(민족자존과 통일번영에 관한 대통령 특별선언)」을 발표했으나, "남북관계 진전에 도움이 된다면"이라는 조건이 나중에 슬며시 추가되었다. 요컨대 당시 한국 정부의 의도는 북한이 남한과 대화를 하지 않고서는 설 땅이 없도록 만들자는 것이었다.

　같은 이유로 한국 정부는 1990년 이래로 무르익어가던 일본의 대북한 수교 움직임에 대해 내심 상당한 불쾌감을 갖고 있었다. 당시 한국의 어깨 너머로 일본과 북한이 벌이고 있던 수교협상과 이에 따른 수십억 달러 규모의 배상 협상이 타결될 경우 북한이 남북대화에 더 이상 흥미를 느끼지 않게 되리라는 우려 때문이었다.[16]

　노태우 정부의 대북한 정책에서 또 하나의 중요한 원칙은 "한반도 문제는 남북한이 외부의 관여나 간섭 없이 직접 해결해야 한다"는 것이었다. 이러한 「한반도 문제의 당사자 해결 원칙」 때문에 노태우 정부는 제3국의 한반도 문제 관여에 대해 극도의 거부감을 보였다. 물론 미국의 경우도 예외는 아니었다. 이는 냉전시대 전반을 통해 유지되었던 남·북·미 관계의 기본 구도이기도 했다.

　미국은 북한 핵문제가 해결기미를 보이지 않자 북한과 직접 만나 압력을 가하는 방안을 추진코자 했고 이러한 뜻을 몇 차례 완곡하게 한국 정부에

---

16 이러한 가운데, 북한이 일본 여학생 요코다 메구미를 납치했다는 정보가 한국 정부에 의해 언론에 누출되었으며, 이는 일본 국내에서 비상한 반응을 불러 일으켰다. 이는 당시 진행 중이던 일북 수교협상을 파국에 이르게 만들었고, 일본과 북한 사이의 최대 현안으로 남게 되었다.

전달해오기도 했으나, 한국 정부의 입장은 요지부동이었다. 그 당시에는 한반도 문제에 관한 한미 공조라는 것은 상상도 할 수 없었다. 한국 정부는 남북한관계와 관련된 중요 사항을 사전 또는 사후에 단순히 미국 정부에 통보해주는 데 대해서도 상당히 인색했다. 그 대표적인 예로서, 1992년 5월 4차례에 걸친 한국과 중국 정부 사이의 비밀 수교협상이 개시되었을 때 한국 정부는 그 사실을 미국에 대해 철저히 비밀에 부쳤음은 물론, 수개월의 협상 끝에 수교의정서가 가서명된 이후에도 거의 한 달이 지나서야 이를 미국에 통보한 바 있었다.

한국 정부의 이런 정책이 효험이 있었는지 아니면 북한 스스로 살 길을 찾기 위해서였는지는 모르지만, 북한은 한국 정부가 1988년 12월 28일 제의한 남북 고위급회담 개최에 긍정적으로 호응하기 시작했다. 그리하여 1990년 6월의 샌프란시스코 한·소 정상회담(노태우-고르바초프)에 이어서 같은 해 9월 한·소 수교가 이루어지고 12월 노태우 대통령이 소련을 방문하는 등 한반도 주변정세가 북한에 불리하게 돌아가는 상황하에서, 마침내 1991년 9월 남북한 총리 간에 제1차 남북 고위급회담이 개최되었다. 1989년 북한 핵문제가 세간의 관심사로 대두된 지 꼭 2년 만의 일이었다.

IAEA가 북한과 안전조치협정을 체결하기 위해 고군분투하던 시기는 바로 이처럼 노태우정부의 대북정책이 막 결실을 맺기 시작하려는 시점이었다. 불과 3~4년 전인 1987년 말 북한의 대한항공 여객기 폭파사건(김현희 사건)으로 남북관계가 극도의 경색국면에 처했던 점을 생각하면, 그러한 남북관계의 진전은 한국 정부로서는 포기하기 어려운 귀중한 진전이었다.

그 때문에 한국 정부는 미국이 북한 핵문제의 심각성을 누차 설명하고 관심을 촉구했음에도 불구하고 이를 애써 외면하고 있었다. 한국 정부에 대한 미국의 요청사항은 두 가지였다. 첫째, 북한 핵문제의 심각성을 감안하여 남북관계 진전과 북한 핵문제 해결을 동시에 추진해야 한다는 것이었

노태우 정부의 북방외교/대북정책 주요 일지	
1989. 2. 1	한·헝가리 수교(공산국가와의 최초 수교)
1989. 5	미국, 한국 정부에 북한의 핵개발 동향 최초 통보
1990. 6. 4	한·소련 최초 정상회담(수교문제 협의)
1990. 9. 3	한·소련 수교
1990. 9. 4~7	제1차 남북 고위급회담(총리회담)
1991. 9. 17	남북한 유엔 동시가입
1991. 12. 31	남북 비핵화공동선언 합의(판문점 남북 핵협상)
1992. 2. 19	남북 기본합의서 발효(제6차 남북 고위급회담)
1992. 8. 24	한·중 수교
1992. 9. 28	한·중 최초 정상회담
1992. 12. 17	남북 상호핵사찰 협상(남북 핵통제공동위) 결렬
1992. 12. 21	남북 고위급회담 종결(북한, 제9차 회담 취소통보)

고, 둘째, 미국이 북한과 직접 만나 핵문제에 대한 강력한 경고를 전달하기를 희망한다는 것이었다. 그러나 한국 정부는 이 두 가지를 모두 거부했다.

당시 한국 정부로서는 기본적으로 북한 핵문제를 국제문제가 아닌 한반도 문제의 일부로 인식하고 있었다. 따라서 미국이 이 문제에 깊이 관여하는 것을 탐탁하게 여기지 않았다. 이에 대한 한국 정부의 생각이 조금씩 변하기 시작한 것은 세 차례의 남북 고위급회담을 통해 남북 기본합의서의 밑그림이 어느 정도 그려지고 북한을 압박하여 남북한의 유엔 동시가입까지 달성한 1991년 늦가을에 이르러서였다.

남북 핵협상과 IAEA-북한의 숨바꼭질

남북 핵협상

1991년 중반 영변 핵재처리시설의 완공이 임박해오자, 미국은 보다 강력한 어조로 북한 핵문제에 대한 우려를 전달해왔다. 남북대화 진전에 앞서 핵문제를 우선적으로 해결해야 한다는 것이었다. 그것은 당시의 노태우 정부로서는 받아들이기 어려운 요구였다. 한국 내 북한 전문가들 사이에서는 미국이 핵문제를 구실로 남북관계 개선과 통일과정을 가로막으려 하는 것이 아닌가 하는 의구심까지 제기되었다.

한국 정부는 딜레마에 빠졌다. 이미 국제적으로 큰 현안이 되고 있던 북한 핵문제를 당사자인 한국이 마냥 모르는 체할 수도 없었고, 그렇다고 남북관계 개선을 언제 끝날지도 모르는 핵문제 해결 이후로 미룰 수도 없었다. 또한 핵문제 때문에 미국을 한반도 문제에 개입시키는 데도 동의할 수 없었다.

궁리 끝에 한국 정부가 내린 결정은, 남북대화를 계속 진행하면서 북한 핵문제를 남북대화의 테두리 내에서 해결하겠다는 것이었다. 이는 남북대화 진전과 핵문제 해결을 동시에 추진하는 한편, 미국이 별도의 대북한 채널로 핵문제를 협의하는 것을 방지하자는 취지였다. 두 마리 토끼를 동시에 잡으려는 노태우 정부의 노력은 이렇게 시작되었다. 미국도 IAEA를 통한 북한 핵문제 해결에는 한계가 있음을 잘 알고 있었기에, 남북 상호핵사찰 실현에 기대를 걸고 이에 기꺼이 동의했다. 그런 배경하에서 남북한 핵협상이 추진되기 시작했다.

그에 앞서 수개월 전 북한은 주한미군 핵무기의 철수만 확인되면 IAEA와 안전조치협정을 맺고 핵사찰을 받겠다는 입장을 비공식 채널로 한국 정부에 전달해왔다. 그러한 북한의 약속을 어디까지 신뢰할 수 있을지는 알 수 없었지만, 주한미군이 보유하고 있던 전술핵무기의 운명은 한국 정부의 의지와는 상관없이 미국에 의해 일방적으로 결정되었다. 부시 대통령은 당시의 냉전체제 해체 분위기에 편승하여 핵군축 문제를 전향적으로 해결하기 위해, 1991년 9월 27일 해외에 배치된 모든 전술핵무기의 일방적 철수 방침을 선언했다. 한국 정부는 어차피 도래할 불가피한 현실을 대북협상에 활용하기 위해 그해 11월 8일 일방적으로 「비핵화선언」을 발표했고, 이어서 12월 18일에는 한국 영토 내에 핵무기가 하나도 없음을 확인하는 「핵부재선언」을 발표했다.

이러한 배경하에서 그해 12월 26일 남북 핵협상이 판문점에서 개최되었다. 3차에 걸쳐 개최된 협상은 불과 엿새 만인 12월 31일 타결되어 남북 비핵화공동선언 문안이 합의되었고, 이듬해 1월 20일 정식 서명되었다. 비핵화공동선언 문안 협상을 통해 북한은 핵개발 포기를 약속했음은 물론, 한국 측이 요구한 핵재처리 금지와 우라늄농축 금지 조항을 받아들였고 남북한 상호핵사찰에도 동의했다.

비핵화공동선언의 합의 외에도, 양측은 남측의 핵심 관심사인 안전조치협정 서명 문제와 북측의 핵심 관심사인 1992년도 팀스피리트 훈련 중지 문제를 맞교환하는 형식으로 협상을 타결했다. 이 합의에 따라, 한국 정부는 이듬해인 1992년 1월 7일 팀스피리트 훈련 중지를 발표했고, 북한도 같은 날 외교부 대변인 성명을 통해 안전조치협정에 서명하고 IAEA 핵사찰을 수용한다는 방침을 천명했다. 북한은 약속대로 1월 30일 IAEA와 안전조치협정을 체결했다.[17]

_____

17 안전조치협정Safeguards Agreement이란 NPT 회원국이 NPT 협정 제3조 1항에 따라 NPT 협정의 성실한 준수 여부를 검증받기 위해 IAEA와 체결하는 협정이다. IAEA는 이 협정에 의거하

이것으로 지난 2년간 문제가 되어온 북한 핵문제 관련 현안이 남북협상을 통해 모두 타결되었다. 사실 그것은 예상 밖의 큰 성과였다. 팀스피리트 합동군사훈련을 1992년 한 해 중지하는 대가로 북한-IAEA 안전조치협정 체결이 실현되었고, 남북 비핵화공동선언을 통해 북한의 비핵화 원칙을 확보함은 물론, NPT 협정상 합법적으로 허용되는 사항인 플루토늄재처리와 우라늄농축까지 포기토록 하는 성과를 올렸으니, 실로 예상 밖의 수확이었다.

남북 비핵화공동선언의 주요 내용

1. 남과 북은 핵무기의 시험, 제조, 생산, 접수, 보유, 저장, 배비, 사용을 하지 아니한다.
2. 남과 북은 핵에너지를 오직 평화적 목적에만 이용한다.
3. 남과 북은 핵재처리시설과 우라늄농축시설을 보유하지 아니한다.
4. 남과 북은 한반도의 비핵화를 검증하기 위해 상대측이 선정하고 쌍방이 합의하는 대상들에 대하여 남북 핵통제공동위원회가 규정하는 절차와 방법으로 사찰을 실시한다.
5. 남과 북은 공동선언 발효 후 1개월 안에 남북핵통제공동위원회를 구성·운영한다.

커다란 진통이 예상되던 플루토늄재처리시설과 우라늄농축시설 금지 조항을 당시 북한이 별다른 반대 없이 선뜻 받아들인 것은 참으로 뜻밖의 일이었다. 그러나 그 당시 이미 영변에 재처리시설을 보유하고 있던 북한이 그처럼 쉽게 그 조항에 동의한 것을 보면, 아마도 북한은 처음부터 비핵화공동선언을 이행할 생각이 없었는지도 모른다.

IAEA 핵사찰의 한계성을 보완할 수 있을 것으로 예상된 남북 상호사찰에 합의한 것도 큰 성과였다. IAEA의 핵사찰은 당사국이 신고한 시설에 한

여 NPT 회원국의 핵시설에 대한 사찰을 실시한다. 안전조치협정 체결은 핵무기를 보유하지 않은 모든 NPT 회원국들의 당연한 의무사항으로 규정되어 있다.

하여 사찰이 가능하고, 이를 보완하기 위한 특별사찰 역시 당사국의 동의가 있어야 사찰을 할 수 있는 한계성이 있었다. 그런데 남북 상호핵사찰은 IAEA 사찰의 이러한 맹점을 보완할 수 있는 여지가 컸기에, 미국도 이에 대해 큰 기대를 걸고 있었다.

1992년 2월 19일 제6차 남북 고위급회담에서는 남북 기본합의서와 더불어 남북 비핵화공동선언이 동시에 발효되었고, 한 달 후인 3월 19일에는 남북 핵통제공동위원회가 구성되어 남북 상호핵사찰의 이행을 위한 협상이 개시되었다. 핵통제공동위원회는 이듬해인 1993년 1월 말까지 본회의 13회, 위원장 접촉 1회, 위원접촉 8회 등 총 22회의 회의를 통해 상호사찰의 범위, 방법, 절차 등에 관한 협상을 벌였다.

상호사찰 협상에서 한국 측은 불시사찰 형식의 특별사찰을 포함하는 많은 횟수의 상호사찰을 주장한 반면, 북한은 1개월 전 사전통보를 조건으로 하는 연 2회의 다분히 형식적인 사찰 실시를 주장했다. 한국 측이 의심시설에 대한 성역 없는 사찰을 주장한 반면, 북한은 상대방이 동의하는 시설에 대해서만 사찰을 실시해야 한다는 입장이었다. 또한 북한은 남한의 모든 미군기지가 핵기지이므로 사찰대상에 포함시켜야 한다고 주장하면서도, 핵 관련 의혹이 있는 북한 군사기지에 대한 대칭적 사찰에는 반대했다.

남북 상호핵사찰 협상의 주요 쟁점		
쟁점	한국	북한
사찰 원칙	대등한 상호주의 원칙	의심 동시해소 원칙(상호주의 반대)
사찰 방법	정기사찰과 특별사찰 병행 실시	특별사찰 반대
사찰 대상	모든 핵물질, 핵시설 및 핵 관련 군사기지(성역 불허)	모든 주한미군 기지를 포함하되 북한 군사기지는 사찰 제외

미북 고위급접촉

당시 미국은 북한 핵문제에 직접 개입할 방안을 계속 모색하고 있었고, 미북 직접협상에 반대하는 한국 정부의 입장을 감안하여 이를 우회하는 다자적 접근법을 구상했다. 베이커^{James Baker} 미국 국무장관은 남북한과 주변 4국 간의 6자회담(2+4 회담) 개최를 추진키로 방침을 정하고, 1991년 말 방한을 통해 이를 한국 정부에 공식 제기하기에 앞서 그해 11월 동 구상을 저명한 국제정치 학술지 *Foreign Policy* 겨울호에 실명으로 기고했다.

미국 국무장관이 특정 대외정책을 학술지를 통해 공개적으로 제안한 것은 매우 이례적인 일이었다. 그것이 한국 정부의 반발을 우려하여 직접 거론하지 못하고 간접적 방법을 택한 것인지, 아니면 공개적 기고를 통해 이를 기정사실화하려 했던 것인지는 분명하지 않다.

베이커 국무장관의 그러한 공개적 제안이 거부될 경우 초래될 미국의 체면손상을 감안한다면 한국 정부로서는 이를 쉽게 거부하기 어렵다는 것이 외교가의 상식이었다. 그러나 노태우 정부의 청와대는 이를 일언지하에 거부했다. 베이커 장관이 그 얘기를 하려고 방한하는 것이라면 대답은 자명하니 오지 않아도 좋고, 만일 서울에 와서 그 구상을 공식 제의한다면 한국 정부로서는 이를 공개적으로 거부할 것이라고 경고했다. 결국 베이커 장관은 방한 시 그 얘기를 꺼내지도 못했다.

이처럼 6자회담 구상이 한국 정부에 제의조차 되지 못한 채 폐기되자, 미국은 그 대안으로서 "단지 북한 핵문제에 대한 미국의 단호한 입장을 북한에 전달하기 위해" 국무부 고위층이 직접 북한의 고위선과 만나 메시지를 전달하기를 희망한다는 입장을 그해 말 한국 정부에 전달해왔다. 한국 정부는 이를 내심 탐탁지 않게 생각했으나, 여러 까다로운 조건들을 달아 이에 동의했다.

당시 한국 정부가 제시한 조건들은 오버도퍼의 『두 개의 한국The Two Koreas』
에도 상세히 기술되어 있듯이, ① 단 한차례의 접촉에 국한되어야 하고,
② 메시지를 전달하고 반응을 듣기만 해야지 북한과 협상을 해서는 안 되
며, ③ 북한에 전달할 내용은 사전에 한국 정부에 제시하여 동의를 받아야
한다는 것 등이었다. 지금 생각하면 너무 가혹한 조건이었다는 느낌이 들
지만, 그 당시 미국 정부는 한반도 문제에 관한 한국 정부의 배타적 권한을
전적으로 인정하는 것이 오랜 관행이었다. 그러한 관행은 훗날 김영삼 정
부에 들어와서 북한 핵문제에 관한 미북 협상이 개시됨에 따라 비로소 깨
어지게 되었다.

이런 과정을 거쳐 마침내 1992년 1월 22일 뉴욕에서 아널드 캔터Arnold
Kanter 국무부 정무차관과 김용순 노동당 국제부장 간에 사상 최초의 미북 고
위급접촉이 실시되었다. 미국은 뉴욕 고위급접촉에서 한국 정부가 요구한
까다로운 조건들을 충실히 이행했다. 동 접촉은 양측이 모두 사전 준비된
발언자료에 따라 충실하게 진행했기 때문에 상당히 경직되고 절제된 분위
기였다. 북한과의 접촉 시 미측은 북한이 남북 비핵화공동선언을 충실히
이행할 것을 촉구했을 뿐, 어떠한 반대급부도 제시하지 않았고 관계정상화
문제도 일체 언급하지 않았다.[18]

그럼에도 불구하고 노태우 정부는 그 후 다시는 미북 고위급접촉을 허용
하지 않았다. 그해 10월경 영변의 은폐된 폐기물저장소에 대한 특별사찰

---

18 Joel Wit, Daniel Poneman & Robert Gallucci, *Going Critical: The First North Korean
Nuclear Crisis* (2004), p. 12. 당시의 대북한 협상에서 반대급부를 제공하지 않는다는 것
은 당연한 원칙이었다. 남북 고위급회담이나 남북 상호사찰 협상에서도 팀스피리트 훈련
의 일시적 중단 외에는 어떠한 반대급부도 제시되지 않았다. 반대급부의 개념이 도입된
것은 1993년 시작된 미북 제네바회담이 사상 처음이었고, 이 때문에 반대급부 제공을 전
제로 하는 제네바합의는 미국 의회에서 신랄한 공격을 받았다.

문제로 협상이 난관에 처했을 때, 김용순은 캔터 차관과의 제2차 접촉을 제의해왔다. 그러나 미국 정부는 한국 정부의 반대에 따라 동 제의를 거부했다.

IAEA의 대북한 핵사찰

남북한 상호핵사찰 협상과 병행하여, IAEA의 대북한 핵사찰도 비교적 순조롭게 진행되었다. 1992년 1월 30일 서명한 IAEA와의 안전조치협정이 4월 20일 발효되자, 북한은 동 규정에 따라 5월 4일 모든 보유 핵시설과 핵물질에 관한 최초보고서^{Initial Report}, 즉 핵신고서를 IAEA에 제출했다. 그리고 그에 이어서, 최초보고서에 포함된 북한 측 신고내용의 진위를 검증하기 위한 IAEA의 제1차 임시핵사찰이 5월 25일부터 6월 5일까지 실시되었다.

한 가지 놀라웠던 점은, 북한이 신고한 핵시설 리스트를 접수하고 보니 그간 미국이 첩보위성 사진 판독을 통해 추정했던 각 시설별 기능, 성능, 용량과 놀라울 만큼 정확히 일치했다는 점이다. 이는 IAEA 사찰이 진행되고 상세한 내용이 파악됨에 따라 점점 명확해졌다.

북한이 처음 IAEA에 제출한 핵시설 리스트에는 가장 중요한 재처리시설이 누락되어 있었다. IAEA가 재처리시설을 신고대상에 포함시킬 것을 요구하자, 북한은 재처리시설은 존재하지 않는다고 주장했다. 재처리시설임에 틀림없는 축구장 두 개 크기의 거대한 핵시설을 신고서에 포함시킬 것을 요구하자, 북한은 뒤늦게 「방사화학실험실^{Radiochemistry Laboratory}」이라는 묘한 명칭으로 이를 신고했다.

이처럼 1992년 내내 북한과 연결된 3개의 채널이 비교적 무난하게 계속 가동되었다. ① 남북 고위급회담을 통한 남북한 간 분야별 부속합의서 협의, ② 남북 핵통제공동위원회를 통한 남북 상호핵사찰 협의, 그리고 ③

북한-IAEA 채널을 통한 IAEA 핵사찰 실시 및 관련 절차 협의가 그것이었다. 협상마다 이견도 적지 않았지만, 그처럼 많은 협상채널이 정상적으로 가동되고 있다는 사실 자체가 희망적인 요소였다.

북한은 기대 이상으로 IAEA 사찰단에게 상당히 협조적이었다. 어떻게든 IAEA의 의심을 사지 않고 사찰을 무난히 마무리지으려는 기색이 역력했다. IAEA도 북한의 태도에 대체로 만족하는 분위기였다. 그럴 것을 왜 이제껏 사찰을 안 받으려 그리도 버텼는지 이상할 정도였다. 북한이 이처럼 순순히 핵사찰을 받아들인 것은 상황을 어떻게든 적당히 넘길 수 있으리라 판단했기 때문이었던 것 같지만, 피할 수 없는 진실의 순간이 다가오고 있었다.

파국으로 간 북한의 진실게임

IAEA는 세 차례의 대북한 임시핵사찰을 통해 별다른 의심점을 발견하지 못했고, 북한의 핵신고가 정확하다는 결론에 거의 도달하고 있었다. 그러나 미국은 이에 동의하지 않았다. 미국은 북한의 신고내용에 관한 여러 의혹들을 한국 정부와 IAEA 측에 지속적으로 제기했으나, 그러한 의혹을 뒷받침할 만한 구체적 근거는 제시하지 못하고 있었다.

남북 상호사찰 협상도 나름대로 완만하나마 진전을 보고 있었지만, 미국은 IAEA 핵사찰의 한계성을 보완하고 나아가 핵사찰 제도에 하나의 모범적 선례를 남기기라도 하려는 듯 북한이 수용할 가능성이 희박한 강제적이고도 물샐 틈 없는 특별사찰 제도의 도입을 강력히 주장했다. 미국이 남북 상호사찰의 모델로 제시한 것은 과거 소련과의 SALT 협정(전략무기제한협정)에 적용되던 고난도의 상호사찰 규정이었다.[19] 그러나 북한이 그러한 사찰규정을 수용할 가능성은 너무도 희박해 보였다.

그 때문에 다분히 민족주의적 성향을 띠고 있던 노태우 정부 내에서는 미국의 의도에 대한 의문과 의구심이 빠르게 확산되어갔고, IAEA도 미국의 지나치게 강경한 태도를 불만스럽게 생각하고 있었다. 한편, 미국은 미국 나름대로 한국 정부가 남북대화 진전을 위해 핵문제를 적당히 얼버무리고 넘어갈 것을 우려하여 의혹과 감시의 눈초리를 늦추지 않았다.

한미 양국 간에 그처럼 팽팽한 신경전이 계속되고는 있었지만, 양측의 자제로 갈등이 표면화되지는 않았다. 그러는 가운데서도 남북 고위급회담과 상호핵사찰 협상이 그런대로 조금씩 진전을 이루어가고 있었고, 남북관계 진전과 북한 핵문제 해결을 동시에 달성하려던 노태우 정부의 야심찬 꿈은 거의 성공할 듯 보였다.

---

19 미국이 제시했던 특별사찰 제도란 상대국이 합의사항을 위반하고 있다는 의혹이 있을 경우 이를 확인하기 위해 최단시간의 사전통보 후 의심지역에 긴급사찰단을 일방적으로 파견할 수 있는 제도로서, 이는 당시 미국과 소련 간의 SALT II 협정(제2차 전략무기제한협정)에서 활용되고 있던 검증제도였다.

IAEA 역시 미국의 의혹 제기에도 불구하고 북한 핵시설에 대한 임시핵사찰에서 별다른 의심점을 발견하지 못하고 있었다. 미국 정부는 ① 미신고 폐기물저장소 보유 의혹, ② 핵사찰 이전에 5MW 연료봉을 이미 한 차례 이상 재처리했을 가능성, ③ 북한이 이 때문에 5MW 원자로 연료봉의 샘플채취를 고의적으로 방해하고 있을 가능성 등 여러 가지 의심점을 IAEA에 제기했으나, 그러한 의혹은 사찰과정에서 어느 것도 사실로 확인되지 않고 있었다.

IAEA는 1992년 8월의 제3차 임시핵사찰(1992. 8. 29~9. 12)에서도 북한의 불법적 핵활동에 관한 특별한 증거를 발견하지 못하자, 이러한 평가를 곧 공식 발표할 움직임을 보이고 있었다. IAEA의 이러한 움직임으로 인해 미국과 IAEA 사이에 갈등이 고조되기도 했으나, 북한의 핵개발 의혹이 별다른 근거가 없다는 IAEA의 입장은 단호했다. IAEA의 사찰 동향을 숨죽이고 바라보던 한국 정부는 이러한 IAEA의 평가에 안도하면서, 북한의 핵개발 의혹이 곧 사실무근으로 판명되고 남북관계 개선에 박차를 가할 수 있게 되리라는 희망에 부풀었다.

그러나 곧 진실의 순간이 다가왔다. 상황이 불리하게 돌아가고 있음을 감지한 미국 정부는 마침내 그해 9월 이러한 모든 희망적인 관측들을 일거에 뒤엎을 마지막 카드를 뽑았다. 그것은 미국이 그간 수집해온 북한의 핵개발 관련 위성사진들이었다. 미국은 자국의 정보수집 능력에 대한 보안 유지를 위해 구체적 증거의 제시를 자제해왔으나, 다른 선택의 여지가 없는 불가피한 상황이 되자 이를 부득이 한국 정부와 IAEA에게 공개한 것이었다.

미국이 제공해온 첩보위성 자료에는 재처리시설 인근에 위치한 2개의 폐기물저장소를 은폐하기 위한 북한 당국의 고된 노력이 고스란히 담겨 있었다. 그것은 의심할 수도 변명할 수도 없는 너무도 명백하고도 확실한 은

폐의 증거였다. 미국이 제시한 증거는 한마디로 더 이상의 설명이나 질문이 필요 없는 자료였다. 당시 한국 정부 내에는 핵문제의 해결보다 남북관계 개선에 우선순위를 두는 사람들이 다수를 점하고 있었고, 이들은 당초부터 미국이 제기한 북한의 핵개발 의혹을 별로 신뢰하지 않았다. 그러나 그러한 적나라한 증거 앞에서 어느 누구도 아무 말도 할 수 없었다.

북한은 고체폐기물저장소로 추정되는 폐기물저장소 A를 흙으로 덮고 나무를 심어 숲으로 위장했고, 액체폐기물저장소로 추정되는 폐기물저장소 B는 흙으로 덮은 후 위에 다른 건물을 지어 은폐했다. 사진 우측 중앙의 「신고된 폐기물저장소」는 위장을 하기 위해 새로 급조하여 지은 건물로 추정된다.[20]

북한은 재처리시설과 50MW 원자로 사이의 고체폐기물저장소로 추정되는 건물(1976년부터 사용)을 흙으로 덮고 그 위에 나무를 심어 숲으로 위장했으며, 재처리시설과 파이프라인으로 연결되어 있어 액체폐기물저장

20 사진은 미국 "Center for Nonproliferation Studies"의 인터넷 자료화면 중 일부를 발췌한 것임.

소(1990년 9월 완공)로 추정되고 있던 재처리시설 동쪽의 건물(Building 500)
은 흙으로 덮은 후 위에 다른 건물을 지어 지하로 은폐시켰다. 이에 더하여
북한은 이 두 개의 은폐된 폐기물저장소 사이에 새로운 폐기물저장소를 급
조하여 IAEA에 신고했는데, 이는 명백히 IAEA 사찰관들을 호도하기 위한
목적이었다.[21]

　이러한 북한의 기발한 은폐 노력은 세 차례에 걸친 임시핵사찰 과정에서
IAEA를 속이는 데 성공하여 핵시설 신고의 검증과정을 거의 무사통과할
뻔했다. 그러나 문제는 그 모든 은폐과정을 미국 첩보위성이 낱낱이 들여
다보고 있었다는 점이었다.

　고의적으로 은폐한 미신고시설이 존재한다는 것은 중대한 문제였다. 그
것은 북한이 영변에서 무언가 비밀스럽고 불법적인 활동을 하고 있다는 움
직일 수 없는 증거였다. 더욱이 2개의 은폐된 시설 중 최소한 1개(Building
500)는 구조상으로 보아 액체폐기물저장소임에 틀림없었고, 이것이 은폐
되었다는 것은 북한이 IAEA에 신고한 분량 이상의 핵재처리를 실시했음을
의미하는 것이었다. 플루토늄재처리는 잘게 자른 연료봉을 질산 용액 등으
로 용해시켜 실시하는 화학적 과정이기 때문에, 액체폐기물이 존재한다는
것은 플루토늄재처리의 움직일 수 없는 증거였다.

　한편, 그와 유사한 시기에 IAEA도 방사화학실험실에서 채취한 샘플을
정밀 분석한 결과, 북한이 신고한 플루토늄 추출량과 IAEA의 추정치 간
에 「중대한 불일치discrepancy」가 존재함을 발견했다. 북한의 신고에 따르면
1990년 방사화학실험실에서 단 1회의 재처리를 통해 80g의 플루토늄을 추

---

21 이러한 미측 정보의 내용에 관해서는 Don Oberdorfer, *The Two Koreas: A Contemporary
　History* (1997)와 Joel Wit, Daniel Poneman & Robert Gallucci, *Going Critical: The First
　North Korean Nuclear Crisis* (2004)에 상세한 설명이 기술되어 있다.

출했다고 했으나, 샘플 분석 결과 최소 3회(1989년, 1990년, 1991년)에 걸쳐 10~12kg의 플루토늄이 추출된 것으로 드러났다.

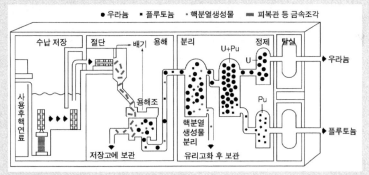
플루토늄을 이용한 핵무기 제조는 공정이 비교적 쉽고 우라늄농축에 비해 가격이 저렴하여 개도국의 핵무기 개발에 주로 이용된다. 플루토늄핵탄을 제조하는 데 필요한 경비는 연간 핵무기 1개 규모의 플루토늄 생산을 위한 흑연감속로(북한의 5MW 원자로와 비슷한 규모) 건설에 0.57~1.7억 달러, PUREX 재처리시설 건설에 0.2~0.59억 달러, 플루토늄 생산비용 0.24~0.73억 달러, 핵무기 설계와 제작에 0.33~1.6억 달러 등

총 1.9~4.9억 달러가 소요되는 것으로 추산되고 있다.[22]

그러나 이러한 핵무기 제조 방식은 원자로를 반드시 필요로 하고 대규모의 재처리시설을 은닉시키기가 쉽지 않기 때문에 IAEA의 핵사찰이나 첩보위성의 감시에 쉽게 노출되는 문제점이 있다. IAEA는 재처리시설의 방사능 계측을 통해서, 그리고 미국은 위성을 이용한 재처리시설 굴뚝의 연기 분석을 통해서, 재처리된 플루토늄의 양을 비교적 정확하게 추산해내는 기술을 보유하고 있다.

이러한 모든 정황이 의미하는 바는 명백했고, 더 이상의 설명이 필요 없었다. 북한은 영변 핵시설을 이용해서 비밀리에 핵무기를 만들고 있었던 것이다. 이에 따라 북한 핵문제를 보는 국제사회의 시각도 변했다. 종래에는 북한의 핵무기 프로그램 보유 여부를 확인하는 것이 관심사였으나, 이제는 플루토늄을 얼마나 추출했고 그것으로 핵무기 개발을 어느 정도 진행시켰는가 하는 것이 관심의 초점이 되었다.

IAEA는 플루토늄 추출의 구체적 시기와 양을 검증하기 위해 이 폐기물저장소들에 대한 사찰을 요구했다. 그러자 그때까지 사찰에 협조적이던 북한은 태도를 돌변하여, 그것들이 핵시설이 아닌 군사시설이라는 이유로 사찰을 거부했다. 점차 팽팽한 긴장이 조성되었고, 그러한 긴장은 그 이듬해 북한이 NPT 탈퇴를 결행할 때까지 계속 고조되어갔다.

IAEA에서 은폐된 2개의 폐기물저장소 문제가 제기되자 이는 곧바로 남북 핵통제공동위원회에도 파급되어 첨예한 쟁점으로 부상했다. 한국 측은 2개 미신고시설에 대한 IAEA 사찰의 수락을 강력히 요구했으나, 북한 측은 군사시설이라는 이유로 사찰대상에 포함시키기를 완강히 거부했다. 남북 상호사찰 협상 역시 사찰의 범위, 빈도, 방식 등을 둘러싸고 6개월 이상 동

22 Stephen M. Myers, *The Dynamics of Nuclear Proliferation* (University of Chicago Press, 1984).

안 설전이 계속되었으나, 북한은 실효성 있는 상호사찰을 받지 않으려는 의도를 명백히 드러내고 있었다. 그것은 그들에게 숨겨야만 할 무엇인가가 있음을 시사하는 증거였다.

그러한 상황이 전개되자, 노태우 정부는 부득이 두 마리 토끼사냥을 포기하고 북한 핵문제의 해결을 우선시하는 방향으로 가닥을 잡아갔다. 북한이 실제로 핵무기를 개발하고 있다는 의혹이 확인된 이상, 남북대화를 보전하기 위해 핵문제 해결을 더 이상 미룰 수는 없다는 인식 때문이었다. 노태우 정부의 강경한 대북정책 기조에 비추어 볼 때, 의혹이 사실로 확인된 북한의 핵개발 문제를 과거처럼 방치하는 것이 더 이상 가능하지도 않았다.

한편, 그 즈음 남북 고위급회담은 더 이상 진척이 어려운 한계에 도달해 있었다. 남북 기본합의서에 이어 상세한 분야별 부속합의서까지 채택되었으나, 막상 이행단계가 되자 북한은 이를 회피하면서 끝없이 새로운 합의서만을 양산하려는 의도를 드러냈다. 남북 기본합의서가 서명되고 나면 분야별 부속합의서를 만들자고 하고, 부속합의서가 끝나면 분야별 공동위원회 구성 합의서를 만들자고 하고, 그것도 끝나면 이행합의서를 만들자는 식이었다.

남북 비핵화공동선언의 경우도 마찬가지였다. 북한은 이 합의서를 통해 핵재처리시설을 보유하지 않겠다고 약속했으나, 그 합의가 이루어진 시점에 이미 핵재처리시설을 보유하고 있었고, IAEA 사찰 결과 재처리시설의 존재가 확인되었음에도 불구하고 북한은 이에 관해 아무 설명이 없었다. 결국 북한에게 있어 합의와 이행은 별개의 문제라는 얘기였다.

그 때문에 당시 남북관계 전문가들은 남북 간에 더 이상 합의할 문서가 남지 않게 될 때, 즉 이행이 불가피한 단계가 올 때 남북대화는 단절될 수밖에 없으리라는 점을 피부로 느끼기 시작했다. 북한이 핵문제와 관련하여 한국 정부의 발목을 잡고자 그간 의도적으로 남북대화에 적극 응했으리라는 의혹도 제기되었다. 그래서 핵문제가 아니더라도 이제 남북대화가 단절되는 것은 시간문제라는 인식이 한국 정부 내에 확산되었다.

그해 12월 노태우 대통령의 임기 종료를 2개월여 앞둔 한국 정부는 양자택일을 하지 않을 수 없는 어려운 선택에 직면하게 되었다. 그것은 이듬해 초에 실시될 1993년도 팀스피리트 훈련^{Team Spirit Exercise} 실시 문제였다. 남북대화를 살리기 위해서는 훈련을 취소해야 했고, 북한에 대해 핵사찰 수용 압력을 넣기 위해서는 이를 강행해야 했다. 미국 정부는 아무 의사표시 없이 한국 정부의 결정에 따르겠다고 했다.

1993년도 팀스피리트 훈련을 당초 계획대로 강행할 경우 남북대화가 단절될 가능성이 매우 높은 상황이었지만, 설사 팀스피리트 훈련을 취소하더라도 남북대화는 어차피 곧 단절될 운명이라는 시각이 지배적이었다. 또한 팀스피리트 훈련 취소가 핵협상에 별다른 긍정적 영향을 미칠 조짐도 없었다.

한국 정부는 북한의 의중을 확인하기 위해 남북 상호사찰 규정이 합의될 경우 훈련을 취소하겠다는 입장을 북측에 전달했다. 그러나 북한 측은 훈련을 먼저 취소하면 좋은 결과가 있을 것이라는 아리송한 반응을 보일 뿐이었다. 어찌 보면 북한은 단지 팀스피리트 훈련의 취소를 달성하기 위해 협상결렬을 지연시키고 있는 듯 보였다. 이에 따라 노태우 정부는 그해 12월 모든 것을 각오하고 훈련을 당초 계획대로 실시하기로 결정했다.

이 결정으로 남북관계는 돌아오지 못할 강을 건너게 되었고, 북한은 예상대로 그해 12월 중순으로 예정된 제9차 남북 고위급회담의 취소를 통보해왔다. 그것이 1년 반에 걸쳐 개최된 남북 고위급회담의 종말이었다. 남북 핵통제공동위원회를 통한 상호사찰 협상 역시 10개월에 걸친 기약 없는 회담 끝에 이듬해인 1993년 1월 25일 막을 내렸다. 팀스피리트 훈련 문제로 협상이 깨졌다기보다는 너무 이견이 명확해서 피차 더 이상 할 말이 없었다.

여기서 잠시 팀스피리트 훈련이 남북한 관계에서 커다란 비중을 차지하고 있던 배경에 관해 설명을 하고자 한다. 당시 매년 연말이 되면 북한은 이듬해 초 실시될 팀스피리트 훈련 취소를 위해 심혈을 기울였다. 때로는 양보할 사항이 있어도 이를 훈련 취소와 연계하기 위해 일부러 시기를 늦추기도 했다. 그 때문에 당시의 남북관계에서 팀스피리트 훈련은 한국이 대북협상에서 매년 한 번씩 갖게 되는 커다란 협상무기였다. 북한이 이를 그리도 싫어했던 것은 북한의 주장처럼 그것이 「핵전쟁 연습」이었기 때문이 아니라 다른 이유가 있었다.

팀스피리트 훈련이 진행되는 한 달 남짓한 기간 동안 북한에서는 대응훈련이 실시되는 관계로 고초가 많았다. 북한군은 그동안 어렵게 비축한 유류와 군수물자를 소모해야 했고, 주민들은 모든 생산활동을 중단해야 했으며, 당과 정부의 간부를 포함한 전 주민이 방공호에서 추운 겨울을 나야 했다. 북측 협상대표들이 사석에서 하는 말에 따르면, 전신에 동상과 피부병이 생기는 모진 고통을 겪어야 한다는 것이었다.

이러한 이유 때문에 한국 정부는 한미 연합작전 능력을 향상시키는 목적 외에도 북한에 심리적 압력을 가하거나 북한군의 전쟁물자를 소모시키기 위해서라도 특별한 사유가 없는 한 매년 한 번씩 훈련을 실시했고, 북한은 이를 막기 위해 온갖 노력을 기울였다. 그러나 이 훈련은 훗날 김영삼 정부에 들어와서 대북한 유화 제스처의 일환으로 영구 폐지되었다.[23]

---

23 한국 정치사에서 김영삼 정권은 보수정권으로 평가되고 있지만, 출범 초기에는 상당히 파격적이고 전향적인 대북한 정책을 추구했다. 출범 직후 진보성향 인사를 통일부장관에 임명했고, 남파간첩인 장기수 이인모를 북한에 송환하여 영웅대접을 받도록 했으며, 북한이 몽매에도 그리던 미북 직접협상을 허용했고, 남북 간의 오랜 현안이었던 팀스피리트 훈련의 영구중단을 단행하는 등 북한 당국의 오랜 열망 중 상당 부분을 충족시켜주었다.

특별사찰 문제와 북한의 NPT 탈퇴

1993년 초 한미 양국에서 공히 새 정부가 한 달 간격으로 출범함에 따라 북한 핵문제는 새로운 환경을 맞게 되었다. 노태우 정부가 물러나고 1993년 2월 25일 김영삼 정부가 출범했지만, 긴박하게 돌아가는 북한 핵문제는 새 정부에게 숨 돌릴 틈을 주지 않았다. IAEA와 국제사회는 미신고 폐기물 저장소에 대한 특별사찰을 북한에 거듭 요구하고 있었고, 이에 더하여 노태우 정부가 결정하고 떠난 팀스피리트 훈련이 북한을 압박하고 있었다.

한국과 미국의 정부가 동시에 교체되는 혼란스러운 정권교체기에 북한 핵문제는 IAEA의 손에 맡겨져 있었고, 남북대화가 단절되고 미북 대화도 없는 상황하에서 2개 미신고시설에 대한 특별사찰 문제를 둘러싼 IAEA와 북한 간의 핏발 선 공방만이 계속되었다.

IAEA가 2개 미신고시설에 대한 특별사찰을 요구하자, 북한은 "회원국(미국)이 제공한 정보에 의거해 사찰을 하려는 IAEA의 불공정성"을 비난하면서 이를 거부했다. IAEA는 특별사찰 문제에 대한 국제적 여론을 환기시키기 위해, 2월 22일 IAEA 이사회에서 북한의 핵시설 은닉장면을 담은 미국 첩보위성 화면을 공개했다. 국제회의에 위성화면이 등장한 것은 1962년 쿠바 미사일사태 이후 30년 만에 처음이었다.[24]

한편, 그러한 혼돈의 와중에 2월 25일 새로 출범한 한국의 김영삼 정부는 출범 직후부터 노태우 정부와는 거의 정반대의 대북정책을 추구했다. 노태우 정부의 대북한 압박정책을 전면 수정하여, 북한에 대해 먼저 유화적인 제스처를 보임으로써 북한의 호응을 유도해나간다는 방침이었다. 아

---

24 Joel Wit, Daniel Poneman & Robert Gallucci, *Going Critical: The First North Korean Nuclear Crisis* (2004), p. 20.

울러 북한 핵문제에서도 노태우 정부가 미북 협상을 무리하게 막음으로써 핵문제 해결이 지연되었다는 시각에 입각하여, 미북 직접협상을 통해 문제를 해결하자는 생각이었다.

김영삼 정부는 1993년 2월 출범과 더불어 미국 정부에게 미북회담을 통한 핵문제의 해결을 요청했다. 그러나 미북 협상을 그토록 희망했던 공화당 행정부와는 달리, 새로 출범한 민주당의 클린턴 행정부는 생각이 조금 달랐다. 클린턴 행정부는 미북 직접협상을 꽤나 주저했고 이를 수락하는 데는 상당한 시간이 소요되었다.

그러나 김영삼 정부가 추구한 이러한 정책변화의 잉크가 채 마르기도 전인 3월 12일 북한은 NPT 탈퇴를 선언했고, 이것이 제1차 한반도 핵위기의 시작이었다. 긴급 소집된 IAEA 특별이사회는 이 문제를 즉각 유엔 안보리에 회부했고, 이 때문에 김영삼 정부는 출범 초기부터 자리를 잡을 여유도 없이 미증유의 어려움에 처하게 되었다. 새 정부가 출범한 지 불과 15일 만의 일이었다.

미신고시설 특별사찰 관련 주요 일지	
1992. 12. 22	IAEA, 2개 미신고시설 사찰 요구
1992. 1. 5	북한, IAEA의 사찰요구 거부
1992. 1. 12	IAEA, 2개 미신고시설 특별사찰을 위한 협의 요청
1992. 1. 14	북한, IAEA의 협의요청 거부
1992. 2. 10	IAEA, 대북한 특별사찰 요구 서한 발송
1992. 2. 15	북한, 특별사찰 수락불가 회신
1992. 2. 25	IAEA 이사회, 특별사찰 촉구 결의 채택
1992. 3. 18	IAEA 특별이사회, 북한의 NPT 탈퇴선언 철회와 안전조치협정 이행 촉구
1992. 4. 1	IAEA 특별이사회, 북한의 NPT 탈퇴 문제를 유엔 안보리에 회부
1992. 4. 1	NPT 협정 기탁국(미국, 영국, 러시아), NPT 탈퇴선언 철회를 촉구하는 공동성명 발표

　난관에 처한 김영삼 정부는 북한이 NPT에서 탈퇴한 지 겨우 일주일 후
국내 여론의 반대를 무릅쓰고 대북한 화해 제스처로서 남파간첩 출신 미전
향장기수 이인모를 당초 계획대로 북송하는 "대범한 정치적 결단"을 내렸
다. 그러나 북한은 그것을 "주체사상의 위대한 승리"라고 선전함으로써 김
영삼 정부의 국내적 입지를 더욱 어렵게 만들었다.[25] 이에 대한 김영삼 정
부의 배신감으로 인해 남북한 간의 감정적 골은 점점 깊어만 갔고, 이는 향
후 핵문제 해결에도 적지 않은 장애가 되었다.

　북한의 NPT 탈퇴라는 급박한 도전에 직면하게 되자, 북한 핵문제는 사
실상 한국 정부의 손을 떠나 미국과 국제사회의 논리에 따라 움직이기 시
작했다. NPT 협정에 따르면 회원국의 탈퇴는 3개월이 지나야 발효되기 때
문에 6월 12일 이전에 북한의 탈퇴 선언을 번복시키는 것이 급선무였다.
이를 위해 IAEA와 유엔 안보리가 긴박하게 움직였다.

　북한 핵문제의 협상 창구가 되어온 남북 협상과 북한-IAEA 협상이 거의
같은 시기에 붕괴되고 사안이 유엔 안보리 차원의 문제로 비화되자, 몇 달
간 협상의 공백상태가 초래되었다. 한미 양국 정부가 공히 정권교체 후 각
종 대외정책이 막 자리를 잡아가는 태동단계에 있었기 때문에 이러한 공백
상태가 초래할 수 있는 잠재적 문제점은 더욱 컸다. 협상이 꼭 중단 없이
항상 지속되어야 하는 것은 아니지만, 대화채널 자체가 단절되어 있다는
것은 심각한 문제였다.

　안보리에 상정된 북한 핵문제가 가게 될 경로는 뻔했다. 먼저 NPT 탈퇴

25　*Ibid.*, p. 30.

(1) 북한의 NPT 탈퇴선언 재고 및 NPT 의무이행 재확인 촉구
(2) 북한의 IAEA 안전조치협정 이행 요청
(3) IAEA 사무총장의 대북한 협의 및 안보리 앞 결과보고 요청
(4) 모든 회원국들이 해결책 모색을 위해 노력할 것을 촉구

철회를 촉구하는 결의를 채택한 후, 그것이 이행되지 않으면 다음 단계로
는 경미한 경제제재 조치 결의, 그리고 그다음에는 보다 강력한 포괄적 경
제제재 조치가 기다리고 있었다. 그것은 유엔 안보리의 교과서적인 수순이
었다. 물론 북한의 강력한 후원자인 중국이 이를 방관하지 않을 것이므로
유엔 안보리가 제재조치를 취하는 데는 한계가 있었지만, 그렇다고 해서
북한이 NPT 협정을 노골적으로 위반하고 공공연히 핵무장을 추진하는 것
이 명백한 마당에 국제사회가 이를 방관할 수만은 없었다. 그것은 NPT 체
제의 장래와도 직결된 국제사회의 긴급한 현안이었다.

한편, 클린턴 행정부는 미북 협상을 통해 북한 핵문제를 직접 협상하는
문제를 놓고 숙고를 거듭한 결과 이를 수락하기로 결정하고, 4월 중순 중
국 외교부를 통해 북한과의 고위급회담을 제의했다. 미국이 굳이 북한과
협상을 해야 하는가에 대해 내부적으로 반론도 있었으나, 북한의 IAEA 탈
퇴 발효시한인 6월 12일이 다가옴에 따라 더 기다릴 여유가 없었다.

미국은 미북회담에 들어가기에 앞서 5월 11일 유엔 안보리에서 북한의
NPT 탈퇴선언 재고와 안전조치협정 이행을 촉구하는 안보리 결의 825호
를 통과시켰다. 이는 북한이 중국의 거부권 행사에 의존할 수 없음을 보여
주기 위한 조치였다. 중국은 결의안에 거부권을 행사하지 않고 기권했으
나, 기권이 국제사회의 의지에 반대한다는 의미는 아니라는 입장을 공개적
으로 표명했다.[26]

3 벼랑 끝의 북한과 미북 협상

미국의 손에 맡겨진 북한 핵문제

북한이 NPT를 탈퇴한 지 2개월여 만인 6월 2일 마침내 최초의 미북회담이 뉴욕에서 개최되었다. 북한 핵문제 협상을 미국이 대행하기 시작한 이 시기는 한반도 문제에 관한 「한미 공조」의 역사적인 출발점이기도 했다. 최초의 한미 공조는 북한 핵문제만을 대상으로 했으나, 클린턴 행정부 기간 중 미사일 문제와 대북한 식량지원 문제, 한반도 평화체제 문제 등 한반도 문제 전반으로 점차 공조의 폭이 확대되었다.

대북협상의 채널이 사상 처음으로 남북협상에서 미북협상으로 넘어가는 과정은 무척 예민한 과정이었다. 김영삼 정부가 당초 생각한 것은 미국에 핵문제 해결을 위한 협상을 의뢰하는 대리협상 정도의 개념이었고, 한국이 주도적 역할을 해야 한다는 입장이었다. 미국 정부도 한반도 문제 해

---

26 *Ibid.*, p. 45~46.

결에 있어서는 어디까지나 한국이 주도적 역할을 수행하고 미국의 역할은 한국을 보조하는 것으로 보여야 한다는 점을 잘 알고 있었다.[27]

그러나 시간이 지남에 따라 상황은 한미 양국의 당초 의도와는 다른 방향으로 진행되었다. 핵문제의 협의주체가 일단 미국으로 넘어가자 그것은 점차 미국 자신의 협상이 되었고, 한번 한국의 손을 떠난 협상은 다시는 한국의 손에 돌아오지 않았다. 미국이 대북한 협상을 직접 수행함에 따라 한국은 북한 핵문제 협상구도에서 점차 멀어졌고, 북한은 그 뒤로 다시는 한국을 핵협상 파트너로 인정하지 않았다.

미국도 처음에는 한국을 대신해서 핵협상을 한다는 기분으로 임했지만, 그들의 인식 속에서 그것은 점차 미국 자신의 협상이 되었고, 이에 따라 미국이 한국과 공유하는 정보의 양은 점차 줄어갔다. 물론 협상전략에 관해 한미 간에 협의는 빈번히 이루어졌으나, 그것은 미국이 한국의 의견을 성의 있게 경청하고 필요시 반영하는 정도였다. 무엇보다 중요한 차이는 미국은 대북한 협상에 직접 참석을 하고 한국은 나중에 그들이 설명해주는 것을 받아 적어야 한다는 점이었다. 매일 몇 시간 동안 열리는 회담 내용을 모두 있는 그대로 정확히 알려준다는 건 현실적으로 불가능했다.

당시 미 국무부 관계자들은 미국이 대북협상에 관한 모든 것을 한국과 공유했으나 한국 정부가 이를 못 믿고 미국을 의심한다고 불평했다. 물론 의심이 과도했던 사례도 없지는 않았다. 그러나 한국 정부도 아무 근거 없이 그런 의심을 한 것은 아니었다. 더욱이 그들이 불러주는 회담 결과에는 그들의 의도 여하와 관계없이 회담 내용에 대한 미국 정부의 선입견과 평가와 희망사항이 반영되기 마련이었다. 양국 정부 수뇌 간에 이견이 있을 경우는 그런 현상이 더 심해질 수밖에 없었다. 그 극치는 제네바합의가 타

---

27 *Ibid.*, p. 47.

결된 제3단계 미북회담이었다.

김영삼 정부가 미국에 대리협상을 의뢰한 것은 미국이 본격 개입하면 북한 핵문제가 금방 쉽게 해결될 수 있으리라는 막연한 기대 때문이었다. 그러나 그것은 오판이었다. 미국의 해결 능력에 대한 한국 정부의 과신은 머지않아 오류로 판명되었고, 한국 정부는 그에 대한 대가를 치러야 했다.

제1단계 미북회담

1993년 6월 2일부터 11일까지 뉴욕에서 제1단계 미북회담이 갈루치[Robert Galucci] 국무부 정치군사차관보와 북한 외교부의 실세인 강석주 부부장 간에 개최되었다. 미북 당국 간에 공식 협상이 개최된 것은 1953년의 한반도 정전협정 체결 이래 무려 40년 만이었다. 그러한 회담은 북한이 수십 년간 염원해온 일이기도 했다.

미북회담의 급선무는 6월 12일로 예정된 북한의 NPT 탈퇴발효일이 도래하기 전에 탈퇴를 철회시키는 일이었다. 제1단계 미북회담에서는 북한의 NPT 탈퇴발효일을 불과 하루 앞두고 "NPT 탈퇴를 잠정적으로 유보"한다는 내용으로 합의가 이루어져, 6월 11일 양측의 공동성명[Joint Statement] 형식으로 발표되었다. 미측은 당초 NPT 탈퇴 선언의 완전한 철회를 주장했으나 북한의 완강한 반대로 이를 관철하지 못했고, "북한의 NPT 탈퇴 발효를 잠정적으로 보류"한다는 가처분신청과도 같은 엉거주춤한 문안으로 합의가 이루어졌다.

이것으로 북한의 NPT 탈퇴가 발효되는 것은 일단 막았으나, 이 조치는 훗날 북한이 "NPT 회원국도 아니고 비회원국도 아닌 특수지위"라는 구실로 NPT 협정상의 의무를 자의적으로 무시하는 고질적인 부작용을 낳았다.[28] 제네바합의 이행 기간 내내 비엔나와 영변에서는 이를 둘러싼 IAEA

(1) 핵무기를 포함한 무력의 불사용 및 불위협 보장
(2) 전면적인 안전조치의 공정한 적용을 포함한 비핵화된 한반도의 평화·안전의 보
    장과 상대방 주권의 상호존중 및 내정불간섭
(3) 한반도의 평화적 통일 지지
(4) 북한의 NPT 탈퇴 발효를 잠정적으로 보류

와 북한의 공방전이 계속되었고, 미국이 나서서 북한의 입장을 비호하는 웃지 못할 촌극도 종종 벌어졌다.

한편, 이 회담에서 강석주는 북한의 흑연로들을 대체하기 위해 핵확산 위험이 덜한 경수로를 제공할 필요성을 처음으로 미측에 제기했으나, NPT 잔류 문제가 급선무였기 때문에 제대로 논의되지는 못했다. 영변 핵시설을 경수로로 교체한다는 개념은 1992년 5월 블릭스$^{Hans\,Blix}$ IAEA 사무총장이 방북했을 때 북한 측이 처음 거론했고, 같은 해 7월 김달현 북한 부총리가 산업시찰을 위해 한국을 방문했을 때에도 제기한 바 있었다.

제2단계 미북회담

제2단계 미북회담은 그 다음 달에 장소를 제네바로 옮겨 7월 14일부터

---

28 NPT 협정은 탈퇴 통보 후 3개월이 경과되어야 탈퇴 효력이 발효되도록 규정되어 있다. 그
   것은 NPT 회원국이 어떤 이유에서건 협정상의 의무를 모면하기 위해 갑자기 탈퇴를 선언
   하더라도 3개월간은 협정상의 의무가 지속되도록 하기 위한 고려였다. 1993년 3월 12일
   탈퇴를 선언한 북한의 경우 탈퇴가 발효되는 것은 6월 12일부터였다. 탈퇴 발효를 하루 앞
   두고 탈퇴 효력 정지가 선언된 북한의 경우 법적 해석상으로는 아직 엄연한 NPT 회원국으
   로서 협정상의 의무를 지니고 있었으나, 북한은 "NPT 회원국도 아니고 비회원국도 아닌
   특수지위"임을 주장하면서 협정상의 의무 이행을 거부했다.

19일까지 개최되었다. 양측은 IAEA 사찰 재개와 남북 비핵화공동선언 이행 문제를 중점 논의한 결과, 핵문제의 해결을 위해 남북협상과 북한-IAEA 협상을 재개하기로 하고 이를 언론발표문^{Press Statement} 형식으로 발표했다. 제2단계 미북회담의 합의문 형식이 제1단계 미북회담 때와 달리 공동성명에서 언론발표문으로 격하된 것은 미북관계의 공식화와 격상에 반대하는 한국 정부의 입장이 반영된 조치였다.

이때까지만 해도 미국은 북한 핵문제와 관련된 협상조건을 직접 북한과 협상해서 타결하기보다는 기존의 IAEA 채널과 남북한 채널을 통한 협상을 지원하고 고무하는 정도의 간접적 역할에 치중하고 있었다. 미국이 모든 것을 직접 결정하고 협상하기 시작한 것은 1994년 7월 시작된 제3단계 미북회담 때부터였다.

제2단계 회담에서 북한은 뉴욕회담 시 제기했던 경수로 문제를 보다 구체적으로 다시 거론했다. 강석주는 북한이 현재의 핵시설을 경수로로 대체할 준비가 되어 있다고 하면서 미국의 경수로 제공 보장을 요구했다. 북한 측은 경수로 제공 보장이 없는 한 IAEA와 특별사찰을 위한 협상을 진행할 수 없다고 하면서, 어떤 경우에도 경수로 기술이 완전 이전된 다음에나 IAEA의 특별사찰을 받을 수 있다고 주장했다.[29]

미국은 이에 대한 언질을 주지 않고 북한 핵문제의 궁극적 해결책의 일환으로 경수로 도입을 지지하고 이를 위한 협의 용의를 표명하는 선에서 언론발표문에 합의를 했다. 그러나 그것은 문제의 핵심이 북한의 경수로 도입을 측면 지원하는 것인지, 기술을 지원하는 것인지, 아니면 경수로 전체를 무상으로 지어주는 것인지 애매모호한 상태에서 경수로 도입에 대한 지지를 표명한 것이었다. 이는 그 후 북한이 경수로 제공을 당연한 보상조치로 간주하도록 하는 원인을 제공한 셈이 되고 말았다.

벼랑 끝으로 가는 북한

두 차례의 미북회담을 통해 미국은 생각보다 수월하게 핵심 문제들에 대한 합의를 이끌어낼 수 있었다. 북한의 NPT 탈퇴를 완전히 철회시키지는 못했으나 일단 탈퇴를 보류시키는 데는 성공을 했고, 남북협상과 IAEA 사찰의 재개에 합의한 것도 큰 성과였다. 합의사항이 이행되기만 하면 모든 상황을 1992년 가을 정도 수준으로 회복시킬 수도 있었다.

이러한 미북 합의에 의거하여 그해 8월 초 IAEA 사찰단이 방북하여 핵사찰을 시도했고, 남북 핵협상을 위한 남북한 간 특사교환 구상이 한국 정부에 의해 추진되었다. 이로 인해 잠시나마 모든 것이 정상을 찾아가는 듯했다. 그러나 북한에게 합의와 합의의 이행은 별개의 문제였다. 북한은 단지 미국과의 대화를 지속하기 위해 마지못해 한국이나 IAEA와 접촉하고 있을 뿐이었다.

---

29 Joel Wit, Daniel Poneman & Robert Gallucci, *Going Critical: The First North Korean Nuclear Crisis* (2004), p. 71~73.

미북 합의에 따라 IAEA 사찰단이 8월 3일 북한에 도착했으나, 북한은 감시카메라의 배터리와 테이프 교체 외에는 허용할 수 없다고 하면서 5MW 원자로와 재처리시설에 대한 접근을 거부했다. 북한은 NPT 탈퇴의 효력정지라는 특수한 지위에 있으므로 통상적 사찰은 받을 수 없다는 입장이었다. 이 문제를 해결하기 위해 IAEA와 북한 간에 회담이 개최되었으나, 아무 성과가 없었다.

이에 따라 IAEA 이사회(9월)와 총회(10월)는 북한의 핵사찰 수락을 촉구하는 결의를 채택했고, 유엔총회에서도 11월 1일 북한의 IAEA 핵사찰 수락을 촉구하는 결의안이 찬성 140, 반대 1(북한), 기권 1(중국)이라는 압도적 표차로 통과되었다. 이는 당시 북한이 국제적으로 얼마나 고립된 상황에 처해 있었는지를 단적으로 보여주는 대목이다.

진전이 없는 것은 남북협상도 마찬가지였다. 1993년 10월 중 특사교환을 위한 남북 실무접촉이 세 차례 실시되었으나, 북한이 팀스피리트 훈련 취소와 국제공조체제 포기를 사전 보장할 것을 요구함에 따라 회의는 거듭 공전되었다. 이에 한국 정부는 북한을 압박하기 위해 팀스피리트 훈련 카드를 꺼내들었다. 북한이 IAEA 사찰을 수락하지 않는 한 1994년도 팀스피리트 훈련을 예정대로 실시한다고 공개적으로 천명한 것이다.

이처럼 상황이 악화되고 남북협상과 북한-IAEA 협상이 모두 파탄에 이르자, 미국은 이듬해인 1994년 2월 22일부터 25일까지 뉴욕에서 북한과 실무회담을 갖고 북한의 합의 이행을 설득했다. 이 협상에서 북한은 1994년도 팀스피리트 훈련의 취소와 제3단계 미북회담 개최를 새로운 조건으로 요구했다. 협상 결과 양측은 그간 쌍방이 제기해온 핵심관심사 4개를 묶어 3월 3일을 기해 동시에 이행하기로 합의했다. 이른바 「4개항 동시이행조치」 합의였다.

(1) 안전조치의 계속성 유지를 위한 IAEA 사찰 개시
(2) 특사교환을 위한 남북한 실무접촉 재개
(3) 1994년도 팀스피리트 훈련 중단 발표
(4) 제3단계 미북회담을 3월 21일 개최하기로 발표

이것으로 일단 위기가 진정되는 듯했으나, 이 새로운 합의 역시 이전의 합의와 같은 운명이 기다리고 있었다. 미북 합의에 따라 IAEA 사찰단이 3월 초 영변을 방문했을 때, 북한은 합의사항을 재차 무시하고 재처리시설에 대한 사찰을 거부했다. 북한과의 끝없는 숨바꼭질에 지친 IAEA는 3월 15일 사찰단을 철수시키는 한편, 그달 21일에는 IAEA 특별이사회 결의를 통해 "북한의 과거 핵활동 규명이 불가능하다"라고 공식 선언했다.

한편, 남북 협상은 IAEA의 경우보다 사정이 더욱 나빴다. 미북 간 합의에 따라 남북 실무협상이 1994년 3월 3일 판문점에서 재개되었으나, 북한은 ① 모든 핵전쟁 연습 중지(한미 합동군사훈련 중지를 의미), ② 국제공조체제 포기, ③ 패트리어트 미사일 등 신형무기 반입 중지, ④ "핵무기를 가진 자와는 악수할 수 없다"는 김영삼 대통령 발언의 공식 취소 등 4개항을 특사교환 협의 개시의 선결요건으로 요구했다. 이는 특사교환을 위한 실질적 논의를 할 의사가 없다는 명백한 의사표시였다.

이를 둘러싼 남북한 사이의 공방이 계속되던 중, 3월 19일 북측 대표 박영수는 남측 대표에게 "남한은 전쟁의 비싼 대가를 깊이 생각해야 한다. 서울은 여기에서 멀지 않다. 전쟁이 나면 서울은 불바다가 될 것이다. 그러니 당신이 살아남기는 어려울 것이다"라고 극언을 했고 회담은 즉시 결렬되었다. 이에 격분한 한국 정부는 동 발언의 녹화화면을 TV뉴스로 보도했고, 이는 전 세계 매스컴에 보도되었다. 이로 인해 한미 양국의 대북한 여론이 비등했다. 이날의 회담은 그렇지 않아도 다 죽어가던 「4개항 동시이

행조치」의 관 뚜껑에 최후의 못을 박은 결과가 되었다.

결국 제2단계 미북 고위급회담에서 합의된 남북 협상과 북한-IAEA 협상이 모두 실패로 돌아갔고, 이에 따라 3월 21일로 예정되었던 제3단계 미북회담 계획도 취소되었다. 북한이 1993년 3월 NPT에서 탈퇴한 후 거의 1년간 시간만 허비한 채 모든 것이 다시 원점으로 돌아온 것이었다. 이에 따라 상황은 급속히 악화되었고, 한반도에는 다시 위기가 조성되었다.

그 후 한국 정부는 북한과의 협상을 포기하고 특사교환 불추진 방침을 천명했다. 그것은 북한 핵문제와 관련하여 그나마 한국에 남아 있던 최후의 작은 역할마저 사라졌음을 의미했고, 그 이후 협상은 전적으로 미북 구도로 넘어갔다. 이것이 남북 비핵화공동선언과 남북 핵협상으로 시작된 「북한 핵문제 해결을 위한 한국의 주도적 역할」의 종말이었으며, 한국이 그러한 역할을 재개할 기회는 영원히 다시 찾아오지 않았다.

마지막 카드를 던진 북한

영변을 방문했던 IAEA 사찰단이 북한의 거부로 재처리시설 사찰에 실패하고 철수함에 따라, 1994년 3월 21일 개최된 IAEA 특별이사회는 북한 핵문제를 유엔 안보리에 회부하기로 결의했다. 유엔 안보리의 제재조치를 추진하기 위한 수순이었다.

3월 19일을 기점으로 서울과 워싱턴의 분위기는 급변했다. 영변을 방문했던 IAEA 사찰팀이 재처리시설 사찰에 실패하고 3월 15일 철수한 지 며칠 후, 그리고 남북회담에서 북한 대표단의 "불바다" 발언이 있었던 날인 3월 19일 클린턴 대통령은 국가안보회의를 개최하여 더 이상 북한과의 외교적 협상이 불필요하다는 결론을 내리고, 북한 핵문제를 유엔 안보리에

회부하기로 결정했다.[30]

한국 정부는 같은 날 전군에 특별경계강화령을 시달하는 한편, 그간 반대해왔던 주한미군의 패트리어트 미사일 배치를 수락했다. 클린턴 대통령이 수일 전 제의해왔던 팀스피리트 훈련 재개 제안도 수락했다.[31] 양국이 오랜만에 이견 없이 한마음으로 북한에 대한 강력한 대응책을 추진해나갔다. 그간 대북한 강경조치에 소극적이던 국무부는 언제 그랬냐는 듯이 단호한 태도로 유엔을 통한 제재조치를 추진했다. 미국 국방부 역시 조용하고도 은밀하게 유사시에 대비한 만반의 준비를 갖추어나갔다.

유엔 안보리에서 대북한 제재조치가 상임이사국들 간에 본격 논의되기 시작하자, 북한은 유엔의 제재조치를 선전포고로 간주하겠다고 거듭 위협했다. 이런 관계로, 미국은 안보리 제재조치를 추진하면서 동시에 만일의 경우에 대비한 군사적 대비태세를 강화시켜 나갔다. 김영삼 대통령은 안보 관계장관들과 공개회의를 갖고 패트리어트 미사일 배치를 승인했다. 이에 따라 패트리어트 미사일 3개 포대가 3월 말부터 수송되기 시작했고 4월 18일 최초 선적분이 한국에 도착했다. 팀스피리트 훈련은 11월로 일정이 잡혔다. 그 밖에 84기의 스팅어 미사일, 신형 아파치헬기, 대포대anti-artillery 미사일, 두 번째 패트리어트 미사일 대대, 추가적 전투기 부품과 정비인력, 1개 여단분의 비축용 군장비 등이 속속 도착하여 배치되었다.[32]

북한은 상황의 중대성을 이해하고 바짝 긴장하고 있었다. 군사훈련을 강화하고, 보안통신망을 점검하고, 주민들을 동원해서 패트리어트 미사일

---

30 Don Oberdorfer, *The Two Koreas: A Contemporary History* (Addison Wesley, 1997).

31 Joel Wit, Daniel Poneman & Robert Gallucci, *Going Critical: The First North Korean Nuclear Crisis* (2004), p. 150.

32 *Ibid.*, p. 165.

배치에 반대하는 대규모 군중시위를 벌였다. 그에 더하여 점차 도를 넘어가는 북한의 비난 공세와 "전쟁불사" 구호들은 역설적으로 북한이 당시 얼마나 어려운 상황에 처해 있었는가를 말해주고 있었다.

그러던 중 갈루치^{Robert Gallucci} 차관보는 4월 19일 북한 강석주 차관으로부터 메시지를 받았다. 내용은 북한이 5MW 원자로의 연료봉을 꺼내고 연료봉을 교체하기로 결정했다는 것이었으며, 그 작업을 5월 4일 개시한다는 것이었다. 미국과 IAEA가 전혀 예상하지 못했던 시기에 북한은 무모할 정도로 용감하게 마지막 카드를 뽑은 것이었다.

미국은 IAEA의 참관이 없는 가운데 연료봉을 인출하지 말도록 경고하는 한편, 추후 사찰이 재개될 경우 계측 가능성을 열어두기 위해 일부 연료봉의 분리 보관을 요구했다. 그러나 북한은 이를 모두 거부했다. 북한의 허가를 받아 뒤늦게 파견된 IAEA 사찰단이 망연자실 지켜보는 가운데 북한은 약 한 달에 걸쳐 연료봉 8,000개를 마구 섞어서 인출했다. 이것은 연료봉 재처리의 증거를 인멸하겠다는 노골적 의지의 표출이었다. 허를 찔린 국제사회가 놀라 입을 벌린 채 구경만 하는 동안 북한은 뒤도 안 돌아보고 연료봉 인출 작업을 마쳤다. 이는 북한이 핵문제 처리과정에서 보여준 「벼랑끝 전술^{brinkmanship}」의 극치였고, 마치 국제사회의 인내심을 시험이라도 하는 것 같았다.

북한의 5MW 원자로 연료봉 인출은 두 가지 의미를 내포하고 있었다. 첫째는 연료봉을 원자로에서 제거함으로써 과거의 핵활동 기록을 정확히 추적하는 것이 거의 불가능하게 되었다는 점이었고, 둘째는 인출된 연료봉을 언제라도 재처리하여 플루토늄을 추가로 추출할 준비가 갖추어졌다는 점이었다. 그 어느 것도 미국이나 IAEA로서는 묵과할 수 없는 최악의 사태였다.

이제 IAEA나 미국으로서는 더 이상 기다릴 것이 없었다. IAEA 사무총장

벼랑끝전술 brinkmanship

북한의 협상행태를 일컫는 용어로서, 1993~1994년 제1차 북핵위기와 이의 해결을 위한 미북 제네바협상을 계기로 국제적으로 널리 알려졌다. 북한이 외교적으로 위기에 처할 경우 이를 원만히 해결하려 노력하는 대신 정반대로 극도의 위기상황을 의도적으로 조성하고 협상을 파국으로 몰고 감으로써 상대방이 놀라서 스스로 양보하지 않을 수 없도록 유도하는 외교적 전술을 일컫는다.

스캇 스나이더Scott Snyder의 저서 『Negotiating on the Edge(벼랑끝협상)』에 잘 설명되어 있듯이, 이러한 전술의 구체적 양태에는 무조건 요구하기, 고함지르기, 위협하기, 교묘히 발뺌하기, 협상 시한의 설정, 협상 장소에서의 퇴장, 협상 거부 등이 포함된다.

은 "5MW 원자로에 대한 계측 가능성이 완전히 상실되었다"라고 6월 2일 유엔 안보리에 보고했다. 그에 이어 6월 10일 긴급 소집된 IAEA 특별이사회는 북한에 대한 제재조치를 결의했고, 중국도 이에 반대하지 않았다. 북한은 즉각 IAEA 탈퇴로 응수했다.

상황은 파국을 향해 치닫기 시작했다. 이제 북한 핵문제의 평화적 해결을 위해 할 수 있는 조치는 남은 것이 거의 없었다. 북한 핵문제의 평화적 해결에 큰 애착을 갖고 있던 사람들까지도 이제는 북한에 대한 강력한 유엔 제재조치가 불가피하다는 쪽으로 기울고 있었다. 문제는 유엔 안보리의 대북한 제재조치가 북한의 무력대응을 촉발할 가능성이 없지 않다는 점이었다. 이 점은 미국 정부도 십분 인식하고 있었다. 한국에서 전면전이 발발할 경우 미군이 입게 될 피해는 걸프전쟁(1990~1991)과 비교도 안 되는 큰 규모가 될 전망이었다. 따라서 출범한 지 1년 남짓밖에 되지 않은 클린턴 행정부로서는 결코 쉽지 않은 결정을 내려야 할 상황이었다.

그러나 만일 미국이 북한의 전쟁위협에 굴복하여 상황을 방치함으로써 북한이 여러 개의 핵무기를 보유하는 상황을 초래한다면, 북한은 이를 장차 한국이나 미국에 대한 공공연한 위협수단으로 이용할 것이 뻔했고, 나아가 이를 외국 정부나 테러단체에 판매할 가능성도 없지 않았다. 경우에 따라서는 훗날 핵무기로 무장한 북한과 전쟁을 벌여야 하는 최악의 상황이 올 수도 있었다. 이 때문에 훗날의 더욱 큰 재앙을 막기 위해서는 위험과 희생을 감수할 수밖에 없다는 것이 미국 정부의 기본 인식이었다.

미국의 의지는 확고했다. 전쟁을 피하는 것과 전쟁위협에 굴복하는 것은 별개의 문제라는 것이 미국 조야의 기본 시각이었다. 크리스토퍼[Warren Christopher] 미 국무장관은 NBC 방송 인터뷰를 통해, 북한이 "제재는 곧 전쟁"이라고 위협하는 데 대해 "미국은 이를 겁내지 않을 것"이라고 말했다. ABC 방송에 출연한 공화당 매케인[John McCain] 상원의원과 민주당 케리[Bob Kerry] 상원의원도 "북한 핵문제를 해결하기 위해서는 전쟁의 위험도 감수해야 한다"라고 입을 모으는 등 미국 정치권은 여야 불문하고 클린턴 행정부의 단호한 자세를 지지하는 분위기였다.[33]

중국 정부의 태도도 눈에 띄게 변하고 있었다. 탕자쉬엔 외교부 부부장은 6월 10일 주중 북한대사와 만난 자리에서 중국의 인내가 한계에 달했음을 암시하면서, 제재문제에 대해 중국이 할 수 있는 일은 한계가 있음을 분명히 했다. 이것은 중국이 대북한 제재결의안에 대해 거부권을 행사하지 않겠다는 메시지였다. 중국 정부의 통제를 받는 홍콩의 중국계 신문들은 중국이 유엔 제재안에 기권을 할 것이며, 한반도에서 무력분쟁이 일어나더라도 중국은 북한을 지원하지 않을 것이라고 보도했다.[34]

유엔 제재조치 추진에 대해 한국 정부도 적극 찬성이었다. 김영삼 대통령은 비공개 국무회의에서 "위기를 해결하기 위한 행동을 취할 결심을 했으며, 현 상황에서는 제재만이 유일한 방안"이라고 말했다. 대북한 제재에

---

33 *Ibid.*, p. 200.
34 *Ibid.*, p. 208~209.

필요한 모든 조치를 취하라는 김영삼 대통령의 지시에 따라 한국 정부는 6월 3일 북한과의 모든 교역을 중단하고 기업들의 대북한 접촉도 금지시켰다. 6월 13일에는 600만 명의 예비군에 대해 소집점검을 실시했다.[35]

유사시에 대비한 한국에서의 군사적 대비 태세가 속속 갖추어지고 중국까지 대북한 압박에 동참하게 됨에 따라, 이제 북한 핵문제는 대단원의 막을 향해 빠른 속도로 다가가고 있었다. 북한이 마음을 비울지 무모한 저항을 할지는 단정할 수 없었지만, 어쨌든 게임은 종반전으로 접어들고 있었다.

이견으로 얼룩진 한미 공조

북한 핵문제가 위기 상황으로 치닫게 되자, 시간이 갈수록 상황은 한국 정부의 손을 떠나 미국의 페이스로 흘러갔다. 그것은 미국이 북한 핵문제를 더 이상 한국의 문제로 간주하지 않고 미국 자신의 문제로 다루기 시작했기 때문이었다.

유엔 안보리에서 북한 핵문제가 논의되고 대북한 조치들이 추진되는 동안 한미 양국 사이에는 미묘한 시각차가 점차 드러나기 시작했다. 한국 정부는 북한의 핵개발을 원천적으로 봉쇄해야 한다는 입장인 반면, 미국은 다분히 핵무기의 대량생산 저지에 보다 역점을 두는 듯한 인상이 점점 짙어졌다. 또한 한국이 북한의 핵개발에 따른 한반도의 안보위협을 강조한 반면, 미국은 그보다는 핵무기의 밀수출에 따른 중동지역의 안보를 더 걱정하는 기색이었다.

이것은 북한 핵문제를 한반도 문제로 인식하던 한국 정부와 이를 국제적

35 *Ibid.*, p. 196, 214.

비확산 문제로 인식하던 미국 정부 사이에 능히 있을 수 있는 인식의 괴리였다. 미국의 협상대표인 갈루치 차관보는 비확산 문제를 관장하는 국무부 정치군사국의 수장이었고 한반도 문제에 관해서는 아는 바도 관여한 바도 거의 없었기에 그런 점이 더욱 부각되었는지도 모른다.

이 때문에 한국 정부에서는 미국의 태도에 대한 불만들이 쏟아졌다. "핵무기를 가진 자와는 악수를 할 수 없다"는 김영삼 대통령의 발언에서부터 "핵무기를 반 개도 용납할 수 없다"는 이홍구 국무총리의 발언에 이르기까지 북한 핵문제의 보다 철저한 해결을 요구하는 목소리가 연일 터져나왔다. 북한과의 하염없는 협상에만 매달릴 것이 아니라 유엔의 제재조치를 조속 추진해야 한다는 강경론도 이어졌다. 이에 대응하여 북한으로부터는 "유엔의 제재조치가 결의될 경우 이를 선전포고로 간주한다"는 강경한 성명들이 연일 쏟아져 나왔다.

이러한 북한의 위협 때문에 미국 정부는 유엔에서의 제재조치 추진을 주저하고 협상을 통한 해결에 매달리고 있었다. 한국 정부는 이러한 미국의 소극적인 태도가 불만이었다. 그러나 그것이 초강대국 미국의 전부는 아니었다. 클린턴 행정부의 표면적인 온유함에도 불구하고 내부적으로는 모든 상황에 대비한 검토와 준비가 암암리에 이루어지고 있었다. 미국은 돌다리를 두드려보고 건너는 것도 모자라서 아예 돌다리 옆에 부교를 설치하고 건너가고자 했다. 미국이 부교를 건설하는 동안 한국은 용감하게 돌다리 위를 이리저리 뛰어다녔다. 그러나 막상 미국의 부교가 완성되었을 때 한국은 미처 돌다리를 다 두드려 보지도 못한 상태였다.

1994년 3월 IAEA와 한국 정부의 대북한 설득 노력이 모두 파국을 맞이하는 등 협상을 통한 해결 노력이 명백히 실패하고 있음에도 불구하고, 미국의 클린턴 행정부는 유엔 안보리에서의 제재조치 추진을 계속 주저하고 있었다. 그 이유가 대체 무엇이냐고 추궁하는 한국 외교관의 집요한 질문에 대해, 당시 국무부 한국과의 한 간부직원은 이렇게 말했다.

> 미국은 결코 북한의 위협을 두려워하지 않으며, 한국보다 덜 강경한 것도
> 아니다. 그러나 한국은 쾌속정과 같아서 (대통령의 지시에 따라) 배의 방향
> 을 수시로 바꿀 수 있지만, 미국은 항공모함과 같아서 방향 전환에 시간이
> 걸리고, 일단 방향을 전환하면 이를 다시 바꾸기도 어렵다. 그래서 모든 외
> 교적 수단이 소진된 후에나 강경책으로 선회가 가능할 것이다. 대화로 해결
> 이 안 될 경우 미국이 언젠가는 한국이 원하는 대로 강경선회를 하게 될 것
> 이다. 그러나 미국이 일단 방향을 선회한 후에는 다시 방향을 바꿀 것을 기
> 대하지는 않는 것이 좋을 것이다.

그것은 엄중한 경고와도 같은 말이었다. 그가 말하던 항공모함의 방향
선회는 한 달도 채 지나지 않아 현실로 다가왔다. 그리고 전쟁의 공포에 휩
싸인 한국 정부가 주저하는 자세를 보이기 시작한 후에도 한번 선회한 항
공모함의 진로는 쉽게 바뀌지 않았다.

영변을 방문했던 IAEA 사찰팀이 재처리시설 사찰에 실패하고 철수한 지
며칠 후인 3월 19일 미국은 마침내 방향선회를 결정했다. 그것은 판문점
남북회담에서 북한 대표단의 "불바다" 발언이 있은 바로 그 날이기도 했
다. 미국 정부는 더 이상 북한과의 외교적 협상이 불필요하다는 결론을 내
리고, 북한 핵문제를 유엔 안보리에 회부하기로 결정했다. 한국 정부가 촉
구해온 미국의 단호한 대응이 비로소 막을 올린 것이었다. 미국의 방향선
회에 따라 한미 양국 간의 이견은 씻은 듯 사라졌고, 양국은 오랜만에 북한
핵문제 해결 방법론에 관한 인식과 전략을 공유하고 단호한 대응을 추구해
나가기 시작했다.

그러나 양국의 이러한 단호한 분위기는 오래가지 못했고, 엉뚱한 곳에서

무너져 내리기 시작했다. 주한미군이 유사시에 대비한 화력증강과 훈련점검을 실시하고 주한 미국인 소개령을 검토하기 시작하자, 한국 정부는 미국의 의도에 대해 의심을 갖기 시작했다. 한국 정부는 미국이 한국과 협의는 하면서도 미군의 군사적 움직임에 대한 모든 정보를 공유하지 않는다고 의심하기 시작했다.[36] 요컨대 한국 정부의 의심은 미국이 차제에 정말 전쟁을 벌이려는 것이 아닌가 하는 것이었다. 한국 정부는 어떠한 경우에도 정말로 전쟁을 야기할 가능성이 있는 조치에는 동의할 수 없다는 입장이었다.

양국 군사당국의 생각에도 괴리가 있었다. 페리[William Perry] 국방장관은 북한이 유엔 제재조치를 전쟁행위라고 주장하고 있는 만큼, 제재조치 통과 이전에 가급적 많은 군비증강을 마치고자 했다. 미국의 군사력이 강하고 군비증강에 임하는 태도가 단호할수록 북한의 군사적 도발을 억제하는 효과가 크다고 믿었기 때문이다. 그에 따라 미국 국방부는 아래와 같은 3단계 군비증강을 계획했다. 그러나 한국 군부는 미군의 빠른 증강을 달가워하지 않았다.[37]

- 1단계: 대규모 증원군 파병의 정지작업을 위한 2,000명의 비전투부대 파견
- 2단계: 1만 명의 지상군, 수 개의 전투기 대대, 1개 항공모함 전단 파견
- 3단계: 5만 명의 지상군, 400대의 항공기 파견, 다수의 로켓발사대와 패트리어트 미사일 배치

일전불사의 단호한 태세를 보이던 한국 정부는 점차 전쟁의 공포에 휩싸이기 시작했다. 당시 한반도에서 벌어지고 있던 상황전개에 대해 비교적

---

36 *Ibid.*, p. 218~219.
37 *Ibid.*, p. 205.

무관심하던 서울시민들 사이에 한국 정부의 이런 위기의식이 전파됨에 따라, 생필품 사재기가 야기되는 등 서울의 분위기는 점차 동요하기 시작했다. 주한 미국대사관이 검토하던 주한 미국인 소개령은 한국 정부의 강력한 반대로 검토단계에서 취소되었다.

여기에서 잠시 이해를 돕기 위해, 한미 양국의 정권 교체에 따라 커다란 변화를 거듭했던 양국의 대북정책 기조와 이것이 북한 핵문제 해결 구도에 미친 혼란스럽고도 때로는 우스꽝스러운 파급영향에 관해 설명하고자 한다.

북한 핵문제가 20년 동안이나 지속됨에 따라 그 사이 한국과 미국에서는 정권이 몇 차례나 바뀌었고 이에 따라 북한 핵문제에 대한 양국 정부의 시각이나 정책도 수없이 바뀌었다. 북한의 핵무장을 용인할 수 없다는 기본 입장은 명목상으로나마 항상 유지되었지만, 이를 실현하기 위한 방법론에서는 도저히 같은 나라의 정부라고 보기 어려울 만큼 변화가 극심했다.

한 가지 흥미로운 것은, 정권교체에 따른 양국의 수많은 정책변화에도 불구하고 한국과 미국의 정책은 우연히도 항상 서로 반대방향으로 변화되곤 했다는 점이다. 북한 핵문제의 해결을 위해서는 한미 양국의 긴밀한 협조가 불가결한 요소라는 점을 감안할 때, 이러한 상반된 정책변화에 따른 양국 사이의 불협화음은 북한 핵문제의 해결이 장기간 지체되어온 원인 중 하나인지도 모른다.

앞서 설명했듯이, 노태우 정부 당시에는 한국이 남북대화에 강한 애착을 갖고 북한 핵문제를 비교적 온건한 입장에서 다룬 반면, 미국의 부시 행정부는 강경한 입장이었다. 다만 양국 정부가 공통적으로 포위압박 정책을 대북한 정책의 기조로 하고 있었기 때문에 별 충돌은 없었고 높은 수준의 교감을 유지했다.

1993년 초에는 한미 양국에서 거의 같은 시기에 정권이 교체되어 김영삼 정부와 클린턴 행정부가 동시에 출범했다. 과거와는 반대로 클린턴 행정부는 북한에 대해 유화적인 입장이었고, 반면에 한국의 김영삼 정부는 과거 미국의 부시 행정부에 필적할 만큼 북한에 대해 강경한 입장을 취했다. 다시 말해서 한미 양국의 입장이 1993년 이전과 비교하여 정반대로 바뀌는 역할교대가 이루어진 것이었다. 그러나 1994년 초 클린턴 행정부가 인내심의 한계를 드러내면서 대북한 강경선회를 결정하자, 한국 정부는 위태로운 상황전개에 두려움을 느끼고 온건선회를 시작했다.

소리 없이 움직이는 펜타곤

제1차 북한 핵위기가 전개되었던 그 시기를 통틀어 펜타곤(미국 국방부)의 움직임은 무척 인상적이었다. 한국 정부가 우왕좌왕하고 백악관과 국무부가 강경론과 온건론 사이에서 설왕설래하는 와중에도 펜타곤은 아무 말 없이 최악의 상황에 대비한 준비를 차근차근 진행시켜가고 있었다. 당시의 한반도 정세가 미국 군사당국의 최대 관심사로 급부상한 것은 틀림없었으나, 그와 관련된 모든 움직임은 철저히 비밀에 부쳐졌다. 당시 한국 정부가 미국 국방부로부터 들을 수 있었던 설명은 "어떠한 상황에도 대처할 수 있는 준비를 갖추는 것이 미군의 당연한 임무"라는 말이 전부였다.

당시 미국 국방부는 2000년대 중반 제2차 북핵위기 당시의 네오콘처럼 대북한 강경론을 주장하지도 않았고 핵문제 논의에서 별다른 목소리조차 내지 않았다. 그럼에도 불구하고, 항상 미소를 머금은 표정에 유연하고 온건한 표정을 간직하고 있던 페리 국방장관의 등 뒤에서 미국 국방부는 말이 아닌 행동으로 단호하고도 부산한 움직임을 보이고 있었다. 그것은 쿠웨이트에서, 이라크에서, 소말리아에서, 그리고 코소보에서 언제든 필요하면 주저 없이 칼을 뽑곤 했던 초강대국 미국의 군 지휘부 모습 그대로였다.

한국 내의 주한미군 기지에는 패트리어트 미사일, 아파치 헬기 등 첨단 무기들이 조용한 가운데 속속 도착하여 배치되고 있었고, 비상용 군수물자도 소리 없이 도착하여 비축되었다. 의심할 바 없이, 펜타곤은 유엔 경제제재 조치가 강행되고 북한이 이에 반발하여 군사도발로 맞서게 되는 최악의 시나리오를 전제로 준비에 임하고 있었다. 어떤 구체적인 군사작전을 준비하기보다는 한반도에서 어떤 돌발상황이 발생하더라도 그에 대응할 수 있는 준비를 갖추어나가고 있었다.

미 국방부가 염두에 두고 있던 돌발상황의 범주에 한반도의 전면전까지 포함되어 있었는가에 대해서는 이론의 여지가 있을 수 있다. 그러나 당시 실제로 이루어지고 있던 주한 미군의 무력증강 수준은 전면전 준비에는 훨씬 못 미치는 것이었고, 다분히 북한의 부분적 무력도발에 따른 국지전 또는 우발적 무력충돌 발발 가능성을 염두에 둔 것이었다. 북한 역시 표면적으로는 현란한 대외선전을 통해 "일전불사"를 거듭 외치고 있었지만, 무력도발을 실제로 준비하는 움직임은 없었다. 당시 한반도 전쟁 재발의 공포는 사실상 한국의 언론보도와 한국 정부 수뇌부의 머릿속에만 존재했다.

여기서 한 가지 짚고 넘어가야 할 사항이 있다. 당시 미국이 한국과 협의 없이 영변 핵시설 폭격이나 대북한 선제공격을 준비하고 있었다는 주장이 노무현 정부 기간 중 마치 확인된 사실인 양 회자되었으나, 그것은 전혀 사실이 아니었다. 물론, 펜타곤이 만일의 경우에 대비하여 영변 핵시설에 대한 폭격 시나리오의 타당성 여부를 검토한 것은 사실로 밝혀졌으나,[38] 그러한 군사작전이 실제로 계획되거나 준비된 바는 없었다.

미국이 어느 날 갑자기 한국 정부와 협의 없이 영변 핵시설을 공습할지도 모른다는 우려는 핵위기가 극에 달했던 1994년 중반 김영삼 정부의 가

---

38 *Ibid.*, p. 210, 220 참조.

습을 짓누른 악몽이었다. 그러나 그것은 다분히 전쟁의 공포에 기인한 기우에 불과했다. 한국에 수만 명의 미군과 10만 명의 미국 민간인이 체류하고 있던 당시 상황을 감안할 때, 미국이 한국 정부의 동의와 협조 없이 일방적인 군사행동을 취하는 것은 현실적으로 가능한 일이 아니었다. 그 이유는 미국이 북한에 대한 군사조치를 단행하기 위해서는 반드시 다음의 두 가지 선행조건이 충족되어야만 했기 때문이다.

첫째, 한반도에서의 전면전 발발 가능성에 대비한 만반의 군사적 대비태세가 마련되어 있어야 했다. 여기에는 주한미군 및 주일미군의 전력 증강, 유사시에 대비한 대규모 증원군 파병 준비, 증원군이 사용할 전쟁물자의 사전 비축, 주요 전략기지에 대한 패트리어트 미사일 배치 등 방어태세 강화, 미국 민간인 체류자의 철수 등이 포함된다. 걸프전과 이라크전쟁의 선례에 비추어 볼 때 여기에 소요되는 기간은 최소 4~5개월이다.

미국은 1976년 8월 발생한 북한의 「도끼만행사건」 당시 문제의 발단이 된 판문점 경내 미루나무를 톱으로 베어냈는데, 북한의 군사적 대응 가능성에 대비하여 핵무기까지 적재한 수백 대의 폭격기와 전투기로 하늘을 뒤덮은 후에야 작업을 실시했다. 그런 미국이 아무 사전준비 없이 영변을 폭격한다는 건 상상도 할 수 없었다. 2년마다 의회선거를 겪어야 하는 미국 정치체제상 그런 무모한 모험은 불가능했다.

둘째, 이러한 모든 사전준비 조치에 대한 한국 정부의 지지와 협조가 반드시 전제되어야 했다. 만일 한국 정부가 협조하지 않는다면 미국이 유사시에 대비한 군사적 대비태세를 갖추는 것이 물리적으로 불가능했기 때문이다. 1994년 당시 미국은 유엔 안보리의 대북한 제재결의 추진에 앞서 한반도 유사시에 대비한 만반의 준비를 갖추고자 했으나, 전면전 발생을 우려한 한국 정부의 반대로 패트리어트 미사일 배치가 수개월 지연되었고 미국인 소개령은 검토단계에서 취소된 바 있었다.

제네바합의로 가는 길

별안간 나타난 불청객

한국 정부의 점증하는 우려에도 불구하고 한번 방향을 선회한 항공모함의 진로는 쉽게 바뀌지 않았고, 북한의 전쟁 위협이 점차 고조되는 가운데 유엔 제재조치를 향한 미국의 단호한 행보도 점차 본격화되어갔다. 더 이상 탈출구는 없는 듯 보였다.

그러던 중 누구도 원치 않던 뜻밖의 불청객이 찾아왔다. 한반도의 핵위기가 극에 달했던 그해 6월 초 카터James Carter 전 대통령이 북한 핵문제 해결을 위한 자신의 방북을 백악관에 제의해온 것이다. 그의 방북 제의는 처음이 아니었으나, 백악관은 이를 의도적으로 무시하거나 반대해왔다. 그러나 한반도 핵위기에 개입하려는 카터의 집념은 참으로 집요했다. 그의 방북에는 두 가지 상반된 측면이 있었다. 하나는 고집이 세고 정부의 입장을 무시하는 것으로 유명한 카터가 북한에게 이용되어 엉뚱한 합의를 하게 될 경우 어렵사리 형성된 국제적 단합 분위기가 무너질 수 있다는 부정적 측면이었고, 다른 하나는 북한에게 체면을 유지하면서 물러설 퇴로를 열어줄 수도 있을 것이라는 긍정적 측면이었다.

당시 미국 정부 내에서는 국무부를 중심으로 카터 전 대통령에 대한 불신이 뿌리 깊었다. 그는 전 세계 분쟁지역을 돌아다니면서 자신의 인기를 위해 「해결을 위한 해결」을 하고 다니는 것으로 국무부 내에서 악명이 높았다. 일단 카터가 개입하여 분쟁을 일시적으로 해결하고 매스컴을 탄 이후에는 사태가 더 악화되는 일이 빈번했다는 것이 국무부 관계자들의 불만이었다. 요컨대, 그의 해결책 속에는 항상 더욱 큰 문제의 불씨가 내포되어 있다는 것이었다.[39]

그러한 이유로 크리스토퍼 국무장관은 카터의 방북에 반대했으나, 고어 Albert Arnold Gore, Jr. 부통령은 카터의 방북이 김일성에게 퇴로를 열어주는 방안이 될 수도 있다는 생각에서 그의 방북을 지지했다. 결국 클린턴 대통령이 직접 결단을 해야 하는 상황이었다. 클린턴 대통령은 카터가 미국 정부를 대표해서 북한과 협상을 하는 것이 아니라 단지 개인자격으로 방북하는 것임을 전제로 방북에 동의했다.

김영삼 대통령은 카터를 불신하여 그의 방북에 반대했다. 그는 카터의 방북 결정 소식을 듣자마자 클린턴 대통령에게 전화를 걸어, 대북한 제재에 대한 국제적 지지가 증가하고 있는 판국에 카터가 방북하는 것은 실수라고 강조했다.[40] 그러나 더 이상 누구도 카터의 집요한 행보를 막을 수는 없었다.

---

39 카터에 대한 미국 정부 당국자들의 불신에 관해서는 Don Oberdorfer, *The Two Koreas: A Contemporary History*와 Joel Wit, Daniel Poneman & Robert Gallucci, *Going Critical: The First North Korean Nuclear Crisis*에 상세 내용이 기술되어 있다.

40 Joel Wit, Daniel Poneman & Robert Gallucci, *Going Critical: The First North Korean Nuclear Crisis* (2004), p. 203~204.

카터는 6월 15일부터 나흘간 평양을 방문하여 김일성 주석과 회담을 가졌다. 김일성은 카터에게 북한이 핵무기를 개발할 의사도 능력도 필요도 없음을 강조하면서, 북한이 현 시점에서 핵시설을 동결하고 추방 예정인 IAEA 사찰관 2명의 잔류를 허용할 용의가 있다는 의사를 밝혔다. 그는 또한 미국이 신형 경수로를 얻도록 도와주면 현재의 흑연감속원자로를 해체할 용의가 있다고 밝히고, 신형 원자로를 확보하면 NPT에 복귀할 것이며 더 이상 투명성 문제는 없을 것이라고 말했다.

카터가 김일성에게서 들은 제의는 6월 16일 아침 전화로 백악관에 전달되었다. 카터는 북한의 제의를 전달하면서, 자신이 곧 CNN 생방송으로 이를 발표할 예정이라고 통보했다. 당시 백악관에서는 마침 국가안보회의가 개최되어 클린턴 대통령이 대북한 제재조치 추진을 최종 승인하는 참이었다. 카터가 전달해온 김일성의 제안은 미국 내 친북학자들을 통해 이미 미국 정부에 전달된 내용들이었고, 새로운 내용은 없었다. 그것들은 미국 정부가 이미 "핵문제의 해결과는 거리가 먼 제안"이라는 판단을 내린 사항이었다. IAEA 사찰관의 잔류 허용만이 새로운 내용이었으나 그것은 본질적 문제가 아니었다. 결국 새로운 것은 아무것도 없었다. 달라진 것은 카터가 이를 생방송으로 발표한다는 사실뿐이었다.[41]

카터는 곧이어 이루어진 CNN과의 생방송 인터뷰를 통해, 김일성이 IAEA 사찰단을 추방하지 않기로 했고 신형 경수로를 대가로 현재의 구형 원자로를 폐기할 용의가 있다고 말했다고 설명하고, 미국 행정부가 제재를 추진한 것은 잘못이며 자신의 방북이 위기를 완화하기 위한 매우 중요하고 긍정적인 결과를 가져왔다고 자화자찬했다. 카터의 말은 대북제재에 비판

---

41 Don Oberdorfer, *The Two Koreas: A Contemporary History* (Addison Wesley, 1997), p. 330.

적이었고 북한에 대해서는 동정적인 투였으며, 가장 중요한 플루토늄재처리 문제에 대해서는 아무 언급이 없었다. 오버도퍼의 『두 개의 한국』에는 당시 미국 정부 수뇌부가 직면했던 황당한 상황이 상세히 기술되어 있다. 그가 기술한 당시 백악관의 반응을 여기에 그대로 인용한다.

백악관 상황실에는 카터의 CNN 인터뷰에 분노하는 분위기가 감돌았다. 그것은 미국 행정부가 1년 이상 씨름해온 문제에 대해 막 새로운 중요한 결정을 내리려는 순간에 행정부를 무대 위에 올려놓고 곤란하게 만들 것만 같았다. 한 참석자는 카터의 이러한 행동이 반역행위와도 같은 것이라고 말했고, 다른 참석자는 미국이 제재와 군비보강을 위한 방아쇠를 막 당기려는 순간 북한이 지연작전으로 나오는 것을 걱정했다.

(CNN이 생중계한 인터뷰에서) 카터는 김일성의 제의를 거듭 반복하면서 그것이 "위기 해소를 위한 매우 중요하고 긍정적인 진전"이라고 선언했다. 그리고 다음 단계의 조치는 백악관이 결정할 일이라고 말하면서도, 지금 필요한 것은 그간 지연되어온 제3단계 미북 고위급회담을 개시하는 단순한 결정뿐이라고 자신의 생각을 공개적으로 천명했다.

카터의 인터뷰가 미국 내 클린턴의 모든 친구와 적들뿐 아니라 외국 관리들까지 지켜보는 가운데 생방송으로 진행됨에 따라, 외교·군사적 위기는 새롭게 국내정치적 차원의 문제로 비화되었다. 일개 민간인인 카터가 미국의 정책을 좌지우지하고 있는 듯 보이고 행정부는 구경꾼 노릇만 한 것으로 언론에 비처지게 된 데 대해 백악관에 모인 사람들은 경악했다.[42]

당시 백악관 회의에 참석했던 사람들은 "별로 새로운 것이 없다", "전직

---

42 *Ibid.*, p. 330~331.

대통령이 북한의 대변인이 된 것은 문제다", "전혀 새로운 것이 없는 것을 카터가 다시 말했다고 새로운 내용이 되는 것은 아니다"는 반응을 보였고, 클린턴 대통령도 이에 동의했다.[43]

백악관에 모인 클린턴 행정부의 수뇌들은 카터의 방북으로 인해 일이 잘 못 풀려가고 있다는 것을 직감했으나, 그러한 상황에서 대북한 제재조치를 계속 추진해나가기도 어려운 묘한 처지에 빠지게 되었다. 핵문제가 마치 모두 해결된 것처럼 전 세계에 선포한 카터의 제안을 묵살하기 위해서는 백악관이 상당한 국내정치적 부담을 질 수밖에 없었기 때문이다. 그래서 일단 5MW 원자로의 연료봉을 재장전하지 않는다는 조건부로 미북회담을 재개하기로 결론을 내렸다.

카터가 방북했을 당시 한반도 긴장 고조로 극도의 어려움에 처했던 김일 성은 체면을 잃지 않고 협상카드도 포기하지 않으면서 위기를 모면할 방도 를 찾고 있었는데, 마침 카터가 그 수단을 제공해준 것이었다.[44] 결국 북한 은 카터를 이용해서 위기를 모면하고 다시 미국과의 협상을 계속할 수 있 게 되었다.

카터는 귀국길에 김영삼 대통령과 만났다. 당시 김 대통령은 북한의 제 의가 지연전술에 불과하며 카터의 방북이 대북한 압박정책에 방해가 된다 는 부정적인 생각을 갖고 있었다. 그는 또한 카터의 개입으로 인해 북한 핵 문제 처리과정에서 한국이 다시 뒷전으로 밀리게 된 점을 불쾌하게 생각하 고 있었다. 그러나 카터는 한국 정부가 도저히 거절할 수 없는 비장의 카드

---

43 Joel Wit, Daniel Poneman & Robert Gallucci, *Going Critical : The First North Korean Nuclear Crisis* (2004), p. 228.

44 Don Oberdorfer, *The Two Koreas: A Contemporary History* (Addison Wesley, 1997), p. 336.

를 들고 왔다. 김일성은 카터를 통해 김영삼 대통령에게 "언제 어디서든 조건 없이 가급적 이른 시기에" 남북정상회담에 응하겠다는 의사를 전달했던 것이다. 이 제의를 전달하자 김영삼 대통령의 반응은 급변했고, 불과 1시간 만에 "조건 없는 남북정상회담 수락"이 발표되었다.[45]

카터가 워싱턴과 서울에 미친 이러한 충격들로 인해 상황은 급반전되었고, 모든 비상상황이 종결되었다. 한국 정부가 남북정상회담 수락을 공개적으로 선언한 마당에 대북한 제재조치의 추진이라는 건 꿈도 못 꿀 일이었다. 미국 정부는 결국 핵문제를 원천적으로 해결하려던 노력을 포기하고 카터가 제시한 바와 같이 미북회담 재개를 통해 다시 북한과 협상을 벌이는 수밖에 없었다. 결국 모든 상황은 북한이 의도한 대로 돌아가게 되었다.

카터의 방문 직후 남북한은 예비접촉을 통해 7월 25일부터 27일까지 남북정상회담을 개최하기로 합의했다. 남북정상회담을 앞두고 흥분한 한국 정부는 언제 핵문제가 있었냐는 듯 축제 분위기였고, 김일성에게 줄 정상회담 선물을 준비하느라 바빴다. 쌀 50만 톤을 제공한다는 말이 나오더니, 난데없이 1,000MW짜리 「한국형 경수로」 2기를 북한에 제공한다는 구상이 튀어나왔다. 당시의 분위기에서 누구도 그러한 움직임에 대해 이의를 제기할 수 없었다.

그러나 왜 2,000MW를 제공하는가에 대해서는 논란의 여지가 없지 않았다. 북한이 보유한 3개 원자로를 모두 전력발전용이라고 가정하더라도 이들을 해체함으로써 상실하게 되는 발전량은 총 255MW(5MW+50MW+200MW)에 불과한데 왜 그 대가로 8배에 달하는 2,000MW의 경수로를 제공한다는 것인가? 그 이유는 간단했다. 당시 한국이 보유하고 있던 이른바 「한국형 경수로」 기술이란 미국 컴버스천 엔지니어링이 원천기술을 보유

---

45 *Ibid.*, p. 334.

하고 있는 원자로 모델을 약간 개조하여 1,000MW 원자로 2기를 쌍으로 건설하는 2,000MW 표준설계 개념의 기술이었다. 따라서 당시 한국의 원자력 기술진은 1,000MW 발전소를 한 개만 짓거나 이를 쪼개서 300MW나 500MW로 짓는 설계기술을 보유하지 못하고 있었다.[46]

이렇게 태동된 「한국형 경수로」 지원 계획은 역사적인 남북정상회담을 개최하게 된 데 대한 한국 정부의 자만심에 찬 흥분과, 어떻게든 한국 원자로의 최초 해외수출을 이루고자 하는 원자력 전문가들의 오랜 숙원, 그리고 대북한 경수로 제공이 엄청난 규모의 남북교류 증대와 민족화합을 가져오리라는 남북관계 전문가들의 막연한 기대에서 비롯된 합작품이었다.

그러나 남북정상회담 계획은 7월 8일 김일성의 갑작스런 죽음으로 무산되었고, 결국 남은 것은 신중한 검토도 없이 정상회담 선물로 급조되었던 경수로 지원 계획뿐이었다. 후에 미국이 미북 제네바합의 협상에서 북한 핵시설 해체에 대한 보상책으로 한국형 경수로 지원계획을 활용했지만, 이는 한국 정부의 당초 의도와는 상당한 괴리가 있는 결말이었다.

서둘러 봉합된 제네바합의

미국 정부의 방향선회에 대해 미국 조야는 대체로 비판적 반응이었다.

---

46 나중에 경수로 사업을 실제 추진하는 과정에서 밝혀진 일이지만, 1,000MW 원자로 2개를 쌍으로 건설하는 개념의 한국표준형 원자로 기술이란 그것을 한국 내에서 건설할 경우에 한하여 미국 측의 특허료가 면제된 것이었고 해외 수출도 제한되어 있었다. 또한 기술 면에서도 대부분의 핵심부품들은 한국이 제조기술을 갖고 있지 못했고, 대부분 미국에서 수입하거나 미국으로부터 특허사용 허가와 설계도면을 받아 국내 또는 제3국에서 생산해야 했다.

전통적으로 민주당 정책을 지지하는 『뉴욕타임스New York Times』마저도 6월 18일자 사설을 통해, 「미국의 한반도 정책 변화: 클린턴 결전 직전 후퇴」 제하로 클린턴 행정부의 일관성 없고 유약한 정책을 비판했다. 카터가 귀국하자 그의 방북 행적에 대한 비판이 언론과 의회로부터 쏟아졌다.

카터 방북의 여파로 1994년 7월 8일 제3단계 미북회담이 제네바에서 개최되었다. 이는 제2단계 미북회담이 1993년 7월 개최된 이래 정확히 1년 만의 회담 재개였다. 그러나 회담 개최 당일 김일성이 사망함에 따라 회담은 중단되었다.

김일성 사망 후 한국 정부는 며칠간 사태를 관망하는 모습이었으나, 곧 김일성에 대한 적대적 태도를 표출하기 시작했다. 김일성에 대한 조문을 금지했고 조문을 추진하던 한국 내 주사파에 대한 검거를 실시했으며, 김영삼 대통령이 한·러시아 정상회담 때 옐친 대통령으로부터 받은 한국전쟁 관련 구소련 정부 문서들을 김일성 장례식 당일에 공개했다. 여기에는 북한의 선제남침에 대한 움직일 수 없는 증거들이 들어 있었다. 북한은 한국 정부의 이러한 태도를 맹비난하고 두고두고 문제삼았다.

김일성 사망으로 하루 만에 중단된 미북회담 1차 회의는 약 한 달 만에 제네바에서 재개되었다. 8월 5일부터 12일까지 2차 회의가, 9월 23일부터 10월 17일까지 3차 회의가 갈루치 북핵담당대사와 강석주 부부장 간에 속개되어 북한의 비핵화를 위한 조건들이 논의되었다.

미국 협상팀은 영변 핵시설을 해체하고 그 대가로 경수로를 제공하는 방향으로 회담을 추진했다. 북한이 요구하는 방식으로 영변 핵시설을 해체하자면 경수로 지원을 위해 무려 40억 달러가 넘는 거금이 필요했다. 그러나 미국은 대북한 제재조치상 경수로 대금의 부담이 불가능한 상황이었고, 설상가상으로 미 의회는 "북한이 핵개발을 포기하고 NPT와 안전조치협정 의무를 완전히 이행하지 않는 한 북한에 대한 원조를 금지한다"는 내용의

「해외원조법^{Foreign Assistance Act}」 개정안을 만장일치로 통과시켜 행정부의 손발을 묶어버렸다.

그런 상황하에서 미국 의회가 행정부의 경수로 건설비 지출에 동의할 가능성은 없었고, 결국 외국 정부의 도움을 받는 길밖에 없었다. 국무부가 경수로 건설비 부담문제에 관해 주요국들의 의향을 타진한 결과는 다음과 같았다. 이것이 의미하는 바는 명백했다. 한국의 참여가 없는 대북한 경수로 제공은 불가능하다는 점이었다.

- 한국: 한국 기업이 경수로 건설에서 중심적 역할을 한다면 재정지원 용의
- 일본: 다국 간 컨소시엄에 참여하여 일부 비용 지원 가능
- 중국: 중국이 북한에 발전소를 건설할 수는 있으나, 모든 비용은 타국 부담 필요
- 러시아: 러시아 경수로 건설 및 기술이전 용의가 있으나, 모든 비용은 타국 부담 필요

자금 조달상의 어려움에도 불구하고, 미국이 제네바 회담에서 북한의 경수로 제공 요구를 포기시키려는 노력을 기울인 흔적은 찾아볼 수 없다. 오히려 회담은 김일성이 카터에게 제의했던 대로 「미국의 경수로 제공 보장」을 전제로 하여 진행되었다. 미국은 회담 벽두에 경수로 제공에 관한 미국 대통령의 친서를 전달할 용의가 있다고 전제하고, 그 조건으로서 북한이 취할 조치들을 제시했다. 이것은 후일 제네바합의의 뼈대를 구성하게 될 핵심 쟁점들로서, 당시 미국이 요구한 사항과 그에 대한 북한의 일차적 반응은 다음 표와 같았다.⁴⁷

---

47 제네바 회담 당시의 양측 입장 상세에 관해서는 Joel Wit, Daniel Poneman & Robert Gallucci, *Going Critical: The First North Korean Nuclear Crisis* (2004), p. 272, 274~275 참조.

구분	미국 측 요구사항	북한 측 반응
핵시설 동결	모든 핵프로그램 동결, 흑연로 2기(50MW, 200MW) 건설 중단	경수로 보장서한 수령 시 재처리시설 동결, 5MW 원자로는 재장전하여 가동 계획
특별사찰 수용	즉시 특별사찰을 받을 것	특별사찰 절대 불가(최고지도부 입장)
5MW 연료봉	재처리하지 말고 국외 반출	국외반출은 불가하며, 영변에 보관 필요
핵시설 해체	경수로 건설과 동시에 기존 핵시설 해체	경수로 가동 시 기존 핵시설 해체
비핵화선언 이행	비핵화선언 준수 약속	비핵화선언 이행의사 표명
남북대화 재개	남북대화 재개 약속	남북대화 재개 절대 불가
중유 지원	5MW 원자로 가동중단에 따른 에너지 지원	경수로 완공 시까지 매년 중유 50만 톤 제공

이러한 미북 양측의 현저한 입장 차이는 협상이 진행됨에 따라 진퇴를 거듭하여 결국 다음과 같은 모습으로 제네바합의에 반영되었다.

- 핵동결: 미측 입장이 전면 반영되어, 3개 원자로 포함 모든 핵시설에 대한 동결 합의
- 특별사찰: 북한 측 입장을 대체로 반영, 경수로 상당부분이 완공되는 6~7년 후까지 핵사찰 보류
- 연료봉: 북한 측 최초입장 관철(영변에 보관)
- 핵시설 해체: 북한 측 최초입장 관철(경수로 1호기 완공 시 해체 개시)
- 비핵화선언: 북한 측 입장 반영(간접적이고 애매한 문구로 합의)
- 남북대화: 사실상 북한 측 입장 반영(구속력 없는 애매한 문구로 합의)
- 중유지원: 북한 측 요구를 그대로 수용(중유로 보상하는 대상에 50MW, 200MW 원자로도 포함)

이것을 보면 미국은 5MW 원자로를 포함한 모든 핵시설을 동결대상에 포함시키는 데 성공했을 뿐이고, 나머지 대부분의 쟁점에서는 북한의 입장이 관철되었다. 그에 더하여 미국은 북한이 큰 이해를 갖고 있던 대북한 제

재조치 일부 완화, 연락사무소 개설, 관계개선 조치까지 약속했다. 영변 핵시설의 해체도 아닌 동결을 위해 왜 그처럼 많은 대가가 필요했는지는 알수 없지만, 이는 북한이 왜 제네바합의를 외교적 승리로 그처럼 요란스럽게 자축했는지 쉽게 짐작할 수 있는 대목이다.

한편, 이에 앞서 한미 양국은 제네바회담이 진행되는 동안 협상전략을 둘러싸고 상당한 갈등을 겪어야 했다. 북한 핵문제의 기본적 해결 방향에 대해 양국 간에 시각 차이가 있었을 뿐 아니라, 제3단계 회담에서는 한국 정부가 달갑게 생각지 않는 미북관계 개선 문제까지 폭넓게 논의되고 있었기 때문이다.

한국 정부는 북한의 과거 핵활동을 규명하기 위한 IAEA 특별사찰의 실현에 가장 관심이 많았으나, 미국은 특별사찰보다는 5MW 원자로의 가동중단과 동결에 더 큰 관심이 있었다. 그것은 미국이 북한의 과거 핵활동 규명을 통한 핵문제의 원천적 해결보다는 플루토늄의 추가생산 방지를 통한 현상유지의 확보에 더 역점을 두고 있음을 의미했다. 또한 한국은 북한 문제가 향후 미북 구도 일변도로 나가게 될 것을 우려하여, 남북대화 재개 조항이 합의 내용에 꼭 포함되어야 한다는 입장이었다. 그러나 미국은 남북대화를 핵합의와 연계시키려는 한국 정부 입장에 대해 거부감이 많았다.

한국 정부는 북한이 권력승계 기간 중에 있으므로 미국이 북한과의 합의를 서두를 필요가 없다는 생각이었으나, 미국은 그해 11월 초에 있을 중간선거를 의식해서인지 합의를 서두르는 기색이 역력했다. 그 과정에서 일부 중요한 대북한 제안사항을 한국 정부와 사전에 협의하지 않아 양국 간에 두고두고 심각한 문제가 되기도 했다.

이러한 이견들 때문에 한미 공조는 양국의 이해가 일치하는 범위 내에서만 가능했고, 점차 뼈대만 남았다. 미국은 한국 정부를 설득하기 위한 노력을 기울이기는 했으나 궁극적으로는 자신의 길을 갔다. 한국 정부는 국내의 비판적 여론을 진정시키고자 양국 간에 이견이 없다고 거듭 강조했지만, 그것이 상황의 본질을 바꿀 수는 없었다.

미국은 10월 19일 북한과 합의문에 잠정 합의한 후 한·일 양국 정부의 사전동의를 받아 10월 21일 서명했다. 이것이 이른바 「제네바합의」라 불리는 「미북 합의문Agreed Framework between USA and DPRK」이었다. 미국이 합의문 내용에 대해 한국과 일본 정부의 사전동의를 받은 이유는 합의문에 포함된 경수로 건설비에 대한 부담 약속을 받아내기 위해서였다.

미국은 제네바합의에 따른 대북한 에너지 지원을 이행하기 위해 연간 50만 톤의 중유 제공은 미국이 부담하고 경수로 공사비는 한국과 일본이 분담하는 방안을 추진했고, 이에 따라 한국과 일본 정부에 대해 각각 70%와 30%의 부담을 요구했다. 한국 정부 수뇌부는 제네바합의 내용에 대해 불만이 적지 않았으나 고심 끝에 70%의 부담을 서면으로 약속한 반면, 일본은 구체적 분담규모를 명기하기를 거부하고 「적절한 기여due contribution」만을 약속했다.[48] 이런 과정을 거쳐 제네바합의가 역사에 등장하게 되었다.

---

48 한·미·일 3국 간의 구체적인 경수로 공사비 분담협상은 1997년 말 개시되었다. 1998년 타결된 분담협상 결과, 한국은 당초 약속대로 실공사비의 70%(30~35억 달러로 추산)를 부담하고 일본은 미국의 당초 요구액에 못 미치는 10억 달러(총공사비의 약 20%)를 정액으로 부담하기로 결정되었다. 미국이 제네바합의에 대한 의회의 거부감으로 중유 제공 예산 확보가 어려워짐에 따라 한국과 일본에게 중유대금도 부담해줄 것을 요구했으나, 양국 정부는 이를 거부했다. 이 때문에 KEDO는 제네바합의 이행과정에서 약 10%의 경수로 공사비 부족과 연간 0.5~1억 달러에 달하는 중유대금 부족으로 인해 재정적으로 많은 어려움을 겪었다. 부족한 자금은 호주, EU 등 여타 KEDO 회원국의 기여금과 은행 차입금 등으로 어렵사리 충당되었다.

미북 제네바합의 ^{Agreed Framework between USA and DPRK} 개요

- 경수로 1호기 완성 후 1~2년 내에 2호기를 완성한다.
- 경수로 중요 부분 완성 후 미국 기업의 핵심부품 공급에 앞서 미북 원자력협력협정을 체결한다.
- 동결대상 핵시설은 5MW 원자로, 방사화학실험실, 건설 중인 50MW 원자로, 200MW 원자로, 핵연료봉 공장으로 한다.
- 북한은 새로운 흑연로 또는 관련 시설을 건설하지 않는다.
- 경수로의 중요 부분 완공 시, 북한은 IAEA가 필요로 하는 추가적 장소 및 정보에의 접근 허용을 포함하여 안전조치협정을 전면 이행^{full compliance}한다.
- 동결된 핵시설은 경수로 1호기 완공 시 해체를 시작하여 경수로 2호기 완공 시 해체를 종료한다. 해체란 그 부품을 다시 사용할 수 없도록 분해하거나 파괴함을 의미한다.
- 경수로 1호기 핵심부품 이전이 개시되는 시점에 사용후연료봉의 국외반출을 개시하며, 1호기 완공 시 반출을 완료한다.

　　제네바합의의 채택과 더불어 동 합의문에 규정된 핵시설 동결 및 해체와 관련된 일부 절차적, 기술적 사항들이 포함된 「비공개 부속서^{Confidential Minutes}」가 채택되었는데, 그 주요 내용은 다음과 같다.

비공개 부속서 주요 내용

1. 양측은 북한의 흑연로와 관련 시설을 경수로 발전소로 대체하기 위해 협력한다.
   (1) 미국은 2003년까지 2,000MW의 경수로를 북한에 제공하기 위한 조치를 주선한다.
   (2) 미국은 경수로 1호기 완공 시까지 매년 50만 톤의 대체에너지를 제공한다.
   (3) 미국의 경수로 공급 보장을 받는 대로 북한은 흑연로와 관련 시설을 동결하며 궁극적으로 해체한다.
2. 양측은 정치적·경제적 관계의 완전 정상화를 추구한다.
   (1) 양측은 3개월 내에 통신과 금융거래 제한을 포함한 무역, 투자 장벽을 완화한다.
   (2) 영사 및 기술적 문제가 해결된 후 연락사무소를 교환, 설치한다.
   (3) 공동 관심사항의 진전에 따라 양국 관계를 대사급 관계로 격상시켜 나간다.

3. 양측은 핵이 없는 한반도의 평화와 안전을 위해 함께 노력한다.

(1) 미국은 북한에게 핵무기 불사용을 공식 약속한다.

(2) 북한은 한반도 비핵화공동선언의 이행을 위한 조치를 일관성 있게 취한다.

(3) 북한은 대화 분위기 조성에 따라 남북대화에 호응한다.

4. 양측은 국제적 비확산체제의 강화를 위해 함께 노력한다.

(1) 북한은 NPT에 잔류하고 안전조치협정을 이행한다.

(2) 북한은 경수로 공급협정 체결 즉시 동결대상이 아닌 핵시설에 대한 IAEA의 정기, 비정기 사찰을 받는다.

(3) 북한은 경수로의 중요 부분 완공 후 핵심부품 도착 이전에 IAEA와의 안전조치협정을 전면 이행한다.

제네바합의의 내용을 통해 알 수 있듯이, 이는 단순히 핵동결과 경수로 제공을 위한 합의가 아니라 미북관계 개선 전반에 관한 내용을 담고 있는 포괄적인 합의문이었다. 한미 양국의 입장에서는 핵동결과 핵사찰 및 핵시설 해체의 대가로 경수로와 중유를 제공한다는 조항이 최대 관심사였으나, 북한의 입장에서는 미북 수교와 제재조치 해제 등 미북관계 개선에 더 역점을 둔 합의였다.

제네바합의 타결 후 북한은 이를 커다란 외교적 승리로 자축한 반면, 한국과 미국 정부는 국내 여론으로부터 상당한 비판에 시달렸다. 제네바합의를 통해 북한의 핵무기 대량생산을 저지했다는 미국 국무부의 자화자찬에도 불구하고, 북한의 NPT 위반을 뇌물(경수로와 중유)을 주고 무마하는 나쁜 선례를 남겼다는 비난이 의회와 언론으로부터 쏟아졌다. 특히 장기간의 핵동결 기간을 설정함으로써 북한의 핵시설 해체가 오랜 기간 지연되는 데 대해 비판이 집중되었다.

『뉴욕타임스』는 제네바합의를 "지구상에서 가장 인정하기 어려운 나라에게 주는 해외원조 프로그램"이라고 비꼬았고, 칼럼니스트 윌리엄 새파

이어^{William Safire}는 제네바합의가 클린턴 대통령으로 하여금 "모든 합의는 좋은 합의라는 자기최면에 빠질 수 있음을 보여주었다"고 비판했다. 슐레진저^{James Schlesinger} 전 국방장관은 제네바합의가 "무조건 항복은 아닐지 몰라도 협상을 통한 항복에 해당된다"고 혹평했고, 상원 공화당 간사인 돌^{Bob Dole} 상원의원은 "많은 것을 주기만 하면 합의는 언제든 가능하다는 것을 보여준 사례"라고 평가했다. 매케인^{John McCain} 상원의원은 미국이 "북한의 협박에 굴복하여 조기 특별사찰을 관철시키지 못했다"고 비판했다.

이런 상황에서 의회로부터 제네바합의에 대한 승인을 받는다는 것은 불가능한 상황이었기에, 클린턴 행정부는 감히 「합의문^{Agreement}」이라는 용어를 쓰지 못하고 「Agreed Framework」라는 생소한 용어를 사용하게 되었다. 번역을 하자면 「합의된 이행구도」라고나 할까.

사정은 한국도 마찬가지였다. 제네바합의가 북한 핵문제의 완전한 해결과는 거리가 먼 잠정적 조치의 수준을 벗어나지 못한 데다가, 막대한 반대급부 제공과 포괄적인 미북관계 개선 합의까지 포함된 데 대해 비난이 쏟아졌다. 제네바합의에 대한 국내 여론의 비판이 비등하는 가운데, 김영삼 대통령은 1995년 초 개각을 통해 외교안보 부서의 수장 전원을 대북한 강경 성향의 인사들로 교체했다. 김영삼 정부 출범 시 진보성향 인사들을 다수 기용하여 장기수 간첩 이인모를 송환하는 등 유화적 대북정책을 추구했던 점을 감안할 때, 이는 김영삼 정부 대북정책의 전면 수정을 의미하는 커다란 변화였다.

제네바합의의 성격과 공과

이처럼 어려운 과정을 통해 탄생한 제네바합의는 원천적인 오류도 적지 않았고 그 이행과정 또한 처음부터 순탄치 못했다. 다만 그러한 사실들은 다분히 한미 양국의 국내정치적 고려에 따라 외부에 잘 알려지지 않았다. 많은 사람들은 2002년 말의 제네바합의 붕괴가 마치 북한의 고농축우라늄(HEU) 프로그램의 등장과 미국의 중유 제공 중단으로 어느 날 갑자기 초래된 것으로 이해하려는 경향이 있다. 그러나 제네바합의가 겪어야 할 난관은 이미 서명 당시부터 그 자체에 내재되어 있었다. 2002년 말 HEU 프로그램의 등장은 단지 그러한 누적된 내재적 문제들이 폭발하는 도화선이 되었을 뿐이다.

제네바합의가 1994년 서명되어 2002년 붕괴될 때까지 8년간 겪어온 파란만장한 역사를 이해하기 위해서는 제네바합의의 구조와 그 근저에 흐르고 있는 기본 성격을 이해해야 한다. 이를 여기에 자세히 기술하고자 하는 이유는 제네바합의가 내포했던 문제점들이 앞으로의 핵협상을 위한 중요한 역사의 교훈이기 때문이며, 또한 북한 핵문제에 관한 어떤 새로운 합의도 제네바합의의 멍에로부터 자유롭지 못할 것이기 때문이다.

제네바합의의 기본 성격

제네바합의의 이행과 파탄의 과정을 이해하려면 우선 다음과 같은 제네바합의의 기본 성격에 대한 이해가 필요하다.

첫째, 1994년 합의 당시 미 정부 관계자들이 강조했던 바와 같이, 제네바합의는 미북 간의 상호불신을 전제로 작성된 「정치적 합의」였다. 어느 쪽도 합의를 이행할 법적 의무는 없는 「합의된 이행구도Agreed Framework」에 불과했기 때문에, 양측의 이해가 일치되고 양측이 공히 이행을 원하는 동안만 존속될 수 있었다. 어느 한쪽이 의무를 불이행할 경우 상대방은 이와 연계된 자신의 의무이행을 중단할 권리를 가질 뿐, 합의이행을 강요할 방법은 없었다.

예를 들어, 제네바합의에 포함된 합의사항 중 연락사무소 설치가 북한의 거부로 인해 제대로 협의조차 되지 못했고, 동결 대상이 아닌 핵시설들에 대해 IAEA 사찰을 허용한다는 규정도 거의 이행되지 않았다. 남북 비핵화 공동선언을 이행한다는 조항은 북한이 이를 위반하고 재처리시설을 계속 보유했다는 점에서 볼 때 아예 처음부터 무시되었으며, 남북대화 재개 조항도 김영삼 정부 기간 중 전혀 이행되지 않았다. 어찌 보면 살아 있던 조항은 사실상 핵동결과 경수로, 중유 제공에 관한 조항들뿐이었다.

둘째, 제네바합의는 북한 핵문제의 즉각적 해결을 도모하기보다는 일단 핵동결을 통해 현상을 유지함으로써 상황의 악화를 방지하는 데 중점을 둔 「현상유지적 합의」였다. 따라서 무엇보다도 미래의 추가적 핵활동을 막는 핵동결에 초점이 맞추어졌다. 이미 추출된 핵물질의 양에 대한 사찰과 검증은 경수로 중요 부분이 완공되는 6, 7년 후로 연기되었고, 검증이 실시된 이후에 북한이 보유한 핵물질을 어떻게 처리할지에 관해서도 아무 합의가 없었다.

셋째, 제네바합의는 과거 핵활동의 조기 규명을 통해 핵개발을 원천적으로 봉쇄하기보다는 미래의 해결 가능성에 희망을 두고 핵심 쟁점의 해결을 경수로 중요 부분 완공 이후로 일단 미루어둔 「잠정적 합의」였다. 북한의 핵포기 이행 여부는 미래의 운명에 맡겨놓은 무보증 약속어음과도 같은 합의였기에, 만일 그 시기가 도래한 후 북한이 핵포기를 거부할 경우에는 달리 강요할 방법이 없고 모든 것이 1994년의 원점으로 되돌아갈 수밖에 없었다.

제네바합의 이행구도

앞서 설명했듯이, 제네바합의는 미북 간의 상호불신과 상대방의 의무불이행 가능성을 전제로 작성되었다. 이 때문에 양측의 의무이행이 상호 긴밀히 연계되어 상대방의 의무불이행을 감시하고 견제하도록 구성되어 있다.

제네바합의와 부속합의서에 규정된 이러한 상호연계의 구조를 자세히 들여다보면 2개의 연계고리로 나누어짐을 알 수 있다. "핵동결에 따른 에너지 보상을 위해 중유를 제공한다"는 1조 2항의 규정에 따라 핵동결과 중유 제공이 상호 연계되어 있고, 경수로 건설을 중심으로 핵사찰, 핵시설 해체, 사용후연료봉 국외반출 등 북한 측 의무사항들이 또 하나의 연결고리를 이루고 있다. 이러한 이원적인 상호연계 구조를 그려보면 다음의 도표와 같다.

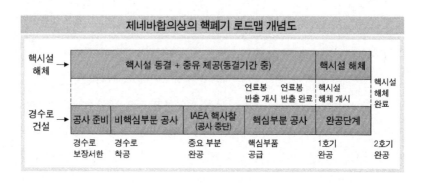

제네바합의상의 핵폐기 로드맵 개념도

실제로 미국 정부는 제네바합의 서명 이래로 중유공급은 핵동결의 대가로, 경수로제공은 핵시설 해체의 대가로 양자를 분리하여 인식하고 운영했다. 그래서 경수로 문제로 제네바합의가 파행상태에 이르렀을 때(신포 경수로 공사장에서의 『노동신문』 훼손사건 등)나 남북한 관계에 심각한 문제가 발생했을 때(북한 잠수함의 강릉 침투사건 등)에도 미국 정부는 핵동결이 유지되는 한 중유공급은 절대 중단해서는 안 된다는 입장이 완강했다.

어찌 보면 당시 미국 정부는 북한의 핵동결을 중유 제공과 연계하여 철저히 유지하되 경수로는 북한이 핵사찰을 받으면 완공하고 아니면 그만두면 된다는 식의 인식을 갖고 있는 듯 보였다. 제네바합의가 깨지지만 않는다면 핵동결 상태가 영원히 계속되는 것도 과히 나쁘지는 않다는 것이 미국 정부의 인식이었던 것으로 보인다. 미국에게 북한의 핵동결은 현존하는 중대한 안보이익이었고, 북한의 핵사찰 수용이나 핵시설 해체는 먼 미래의 기약 없는 약속이었는지도 모른다.

미북 양측 의무사항의 연계구도를 분석해볼 때, 핵동결은 중유공급과 연계되어 처음부터 이행된 반면, 핵사찰, 핵폐기 등 북한의 여타 모든 의무사항들은 경수로의 중요 부분이 완공되는 6, 7년 이후에야 비로소 이행시기가 도래하도록 되어 있었다. 따라서 그 시기가 올 때까지 KEDO는 장래에 대한 아무 보장 없이 약 30억 달러 상당 어치의 경수로 공사를 진척시켜야 했다. 그때 가서 북한이 어떤 이유에서건 핵사찰 수용을 거부한다면 경수로 공사와 중유공급은 중단될 것이나, 핵사찰을 강제할 어떠한 수단도 없었다. 모든 결정권은 북한이 가지고 있었다.

한편, 제네바합의에 대한 비판들에도 불구하고, 미국은 북한의 핵시설들을 동결시킴으로써 위기를 일단 6, 7년 후로 넘겼다는 사실에 나름대로 큰 의미를 두었다. 제네바합의 타결 후 클린턴 행정부는 의회 청문회 등을 통해 북한의 핵무기 대량생산을 저지한 성과를 거듭 강조했다. 실제로 제네바합의는 북한의 핵무기 제조를 약 10년간 동결하는 성과를 거두었으니 당시로서는 나름대로 성공을 거둔 것이라 볼 수도 있었다. 당시 국제사회의 중론처럼 북한의 붕괴가 수년 내에 실제로 도래했다면 그것으로 북한 핵문제가 영원히 해결될 수도 있었을 것이고, 그리 되었다면 클린턴 행정부의 역사적 쾌거는 후대의 칭송을 받았을지도 모른다.

그러나 이런 평가는 한국에게는 적용되지 않았다. 제네바합의는 북한의 과거 핵활동을 규명하고 한반도의 완전한 비핵화를 이룩하려던 한국 정부의 희망이 거의 반영되지 못한 합의였다. 그것은 핵협상을 미국의 손에 맡김으로써 한국 정부가 지불해야 했던 대가이기도 했다. 북한이 이미 그 이전에 1~2개의 핵무기를 제조할 만한 플루토늄을 확보한 것이 거의 확실했음을 감안할 때, 제네바합의에 따른 기나긴 핵동결 기간은 북한이 안심하고 핵무기 제조 기술을 완성할 수 있는 합법적 유예기간을 의미하는 것이기도 했다. 그러한 우려는 약 10년 후 현실로 다가왔다.

북한은 왜 제네바합의를 자축했는가?

북한은 제네바합의에 대한 국내외적인 비판에 시달리던 클린턴 행정부의 난처한 입장은 아랑곳하지 않고 이를 커다란 외교적 승리로 대대적으로 자축했다. 협상을 주도했던 강석주 부부장은 일약 영웅이 되었다. 북한 서점에 가면 그 당시 북한이 어떻게 미국과의 대결에서 "위대한 승리"를 쟁취했는지를 소설 형식으로 엮은 책이 판매되고 있다. 북한이 제네바합의를 통해 얻게 된 수많은 혜택들은 바로 제네바합의가 내포하는 오류와 결함들이기도 했다. 그것은 또한 2002년 말 제네바합의가 갑작스럽게 붕괴된 이유와도 무관하지 않다.

제네바합의가 북한의 핵무기 대량생산을 저지한 좋은 합의였다는 클린턴 행정부의 자화자찬에도 불구하고, 북한은 제네바합의를 북한 외교의 기념비적 승리로 자축할 만한 충분한 이유를 가지고 있었다. 그 이유를 추론해보는 것은 제네바합의의 공과를 분석하고 향후 유사한 오류의 재발을 방지하는 데 좋은 시사점이 될 수 있을 것이다.

첫째, 북한은 제네바합의로 인해 당장 발등의 불인 유엔의 제재조치를 면하게 되었고, 경수로의 중요 부분이 완성되는 6, 7년 후까지 IAEA의 핵사찰로부터 합법적으로 면제되는 특권을 누리게 되었다. 그 기간 중 북한은 핵동결을 유지하면서 그 대가로 연간 50만 톤의 중유를 받기만 하면 되었다. 북한으로서는 그 기간 동안 핵무기와 그 운반체계 기술을 더 연구하고 완성해서 핵무장을 실현할 수 있는 안전한 유예기간을 부여받았다고 볼 수 있었다.

둘째, 북한은 약 46억 달러에 달하는 2,000MW 경수로를 거저 얻게 되었다. 북한이 실제로 포기하게 될 영변지역 원자로(흑연로) 3기의 용량은 총 255MW에 불과함에도 불구하고, 그것의 8배나 되는 첨단 경수로를 무상으로 획득하게 되었다. 2,000MW는 당시 북한의 전력생산 총량과 맞먹는 엄청난 양이었다.

셋째, 영변 핵시설의 해체는 경수로 1호기 완공 후 실시될 예정이므로, 북한으로서는 핵시설 해체를 수용할지 여부를 그때 가서 결정하면 되었다. 그 시기에 가서 북한이 제네바합의를 파기하더라도 경수로 1호기는 북한의 손에 남아 있게 되는 구도였다. 최악의 경우, 완공된 경수로가 미국의 방해로 가동되지 못하는 상황이 초래된다 하더라도 이는 모든 상황이 1994년으로 되돌아오는 것일 뿐이므로 북한으로서는 별로 손해 볼 것이 없었다.

넷째, 제네바합의로 인해 비록 영변 핵시설의 가동은 동결되지만 이미 추출한 10~12kg의 농축플루토늄은 동결대상에 포함되지 않았다. 또한 경수로가 완공되고 핵시설이 해체된 이후에도 농축플루토늄은 북한이 계속 보유할 수 있도록 되어 있었다. 이는 제네바합의가 완전히 이행되어 경수로가 완공되고 영변 핵시설이 해체된 이후에도 북한의 핵무장 능력이 계속 잔존한다는 의미였다.

다섯째, 북한이 설사 제네바합의에 따라 영변의 원자로들을 모두 해체하게 되더라도 경수로만 갖고 있으면 언제든 이를 통해 핵무기용 플루토늄을 대량 생산할 수 있었다. 2,000MW 경수로에서 이론상 한 해에 약 300kg의 무기급 농축플루토늄을 추출할 수 있음을 감안할 때, 이를 통해 단번에 40~50개의 핵무기를 만들어 일약 인도, 파키스탄을 능가하는 핵보유국이 될 수도 있었다.

여섯째, 제네바협상을 계기로 북한이 수십 년 추구해온 미북 직접협상 구도가 공고화되었다. 이것은 북한이 한국을 경유하지 않고 미국과의 직접협상을 통해 한반도 문제를 해결할 수 있는 「통미봉남通美封南」의 길이 개설되었음을 의미했다. 이는 북한이 한국전쟁 이후 40년간 추구해온 염원이었다. 미국의 제재조치 해제와 대미수교도 가시권에 들어왔다.

이러한 모든 정황들을 감안할 때, 당시의 북한에게 제네바합의를 끝까지 이행할 의사가 있었든 없었든 간에, 제네바합의는 북한이 필요로 하는 모든 혜택과 모든 선택의 자유들을 내포한 최상의 합의였고 북한 외교의 빛나는 승리였다. 북한이 이 승리를 요란스럽게 자축한 것도 무리는 아니었다.

제 2 부

제2차 북핵위기와 6자회담

우리는 지성으로
이 세상을 정복해야 하며,
거기서 일어나는 공포감에
비굴하게 압도되어서는
안 된다.

_버트런드 러셀, 『나는 왜 기독교도가 아닌가?』 중에서

1 제네바합의의 종언

8년간의 제네바합의 체제

제네바합의는 1994년 10월 합의된 후 2002년 10월 고농축우라늄(HEU) 문제로 붕괴될 때까지 8년간 유지되었다. 합의의 이행이 결코 원만하지만은 않았고 크고 작은 분란이 많았으나, 이는 대부분 제네바합의 이행에 직접 관여된 사람들 사이의 비밀스런 진실이었을 뿐, 표면적으로는 대체로 원만한 이행 상태가 유지되었다. 그 덕분에 대부분의 사람들은 8년 동안 북한 핵문제를 거의 잊고 살 수 있었다.

제네바합의가 별다른 예고 없이 하루아침에 붕괴되고 새로운 위기가 찾아온 2002년 10월의 상황을 기술하기에 앞서, 그 당시 제네바합의의 구체적 이행상황을 개괄적으로 되짚어보고자 한다. 이행과정은 크게 나누어 ① 핵시설 동결, ② 중유 제공, ③ 경수로 건설, ④ 미북관계 개선의 네 갈래로 이루어졌다.

제네바합의에 따른 핵동결 현황		
구분	시설 명칭	동결 현황
채광 /정련시설	우라늄광산 2개소(평남 순천)	계속 가동
	우라늄정련공장 2개소(박천, 평산)	계속 가동
핵연료 제조시설	핵연료봉 공장(평북 영변)	동결(가동 중단)
원자로	IRT-2000 실험용원자로(영변)	계속 가동
	5MW 실험용원자로(영변)	동결(가동 및 연료재장전 중단)
	50MW 원자로(영변)	동결(공사 중단)
	200MW 원자로(평북 태천)	동결(공사 중단)
	준임계시설(평양 김일성대학)	계속 가동
재처리시설	방사화학실험실(영변)	동결(공사 및 가동 중단)

핵시설 동결

제네바합의에 규정된 바에 따라 북한의 5개 핵심 핵시설이 동결에 들어
갔다. 핵동결은 경수로가 완공될 때까지 북한이 추가적인 핵활동을 못하도
록 하기 위한 조치였으며, 미국이 생각하는 제네바합의의 가장 핵심적인
요소였다. IAEA는 2002년 말 제네바합의가 파기될 때까지 영변 현지에 소
규모 사찰요원을 상주시켜 핵동결의 이행을 감시했다.

중유 제공

북한의 영변 핵시설 동결에 따른 손실을 보전해주기 위한 중유는 1994
년 말 5만 톤 제공에 이어 1995년부터 매년 50만 톤이 제공되었는데, 북한
전역의 중유 저장탱크 용량이 총 5만 톤 정도밖에 안 되어 매달 4~5만 톤씩
쪼개어 보내야 했다. KEDO는 제네바합의에 대해 적대적이었던 미국 의회
의 중유예산 삭감에 따른 어려움에도 불구하고 제네바합의가 파기된 2002

년 말까지 매년 중유 50만 톤을 약속대로 공급했다. 중유의 공급이 일부 지연된 적은 있었지만, 이는 대부분 북한의 중유 저장시설 부족 때문이었다.[1]

경수로 건설

경수로 건설을 위해 1994년 11월부터 1995년 4월까지 세 차례 미북 경수로 실무회의가 개최되어 세부사항을 논의했고, 그 후로는 1995년 창설된 KEDO(한반도에너지개발기구)가 경수로 건설에 관한 모든 대북 협의를 전담했다.[2] 경수로 노형문제를 둘러싼 지리한 협상 끝에 1995년 12월 「경수로 공급협정Supply Agreement」이 KEDO와 북한 간에 체결되었다. 그와 병행하여 1995년 8월부터 부지조사 작업이 실시되어 함경남도 신포를 경수로 부지로 확정했다. 1997년 8월 부지공사가 착공되었고, 2000년 2월 본격적인 경수로 공사가 개시되었다.

경수로 건설을 추진하는 과정에서 몇 차례의 위기가 있었다. 제네바합의 발효 직후 경수로의 노형爐型, 즉 모델을 결정하는 과정에서 1년 정도 위기의 시간이 있었다. 경수로 공사가 개시된 후에도 1996년 9월 북한 잠수함의 강릉 침투사건 당시 약 3개월 동안, 그리고 1997년 9월 한국 근로자의 『노동신문』 훼손사건 발생으로 근로자들의 신변안전에 문제가 발생했을

---

1 북한의 중유 저장시설은 전국을 다 합쳐도 4~5만 톤에 불과하여, KEDO는 매년 50만 톤의 중유를 각 저장소마다 매월 균등한 양으로 공급해야 했다. 때로는 저장시설 부족으로 인해 중유 운반선이 북한 해역에 장기간 정박해야 했던 시기도 몇 차례 있었다.

2 KEDO Korean Peninsula Energy Development Organization는 제네바합의에 따른 대북한 경수로 제공을 위해 한 · 미 · 일 3국 주도로 설립된 국제 컨소시엄consortium이었다. 이러한 기관이 창설될 수밖에 없었던 이유는, 경수로 공사가 실제로는 한국과 일본에 의해 주도된 반면 북한은 양국이 전면에 나서는 이행구도를 거부하고 오직 미국만을 제네바합의의 이행 주체로 인정했기 때문이었다.

때 5일간 KEDO에 의해 공사가 중단된 바 있었다. 그중 가장 심각했던 문제는 경수로 노형을 둘러싼 위기였다.

경수로의 노형 문제를 협의하기 위한 미북회담이 베를린과 쿠알라룸푸르에서 1994년 11월부터 1995년 6월까지 진행되었다. 협상은 난항을 거듭했다. 북한은 「한국형 경수로」의 건설이 북한 사회를 무너뜨리기 위한 「트로이 목마」라며 강력히 반대했고, 경수로 공사의 주계약자는 반드시 미국 회사여야 한다는 입장이었다. 북한은 기본적으로 한국 정부가 경수로 공사를 끝까지 완수할 수 있을지 불신했고, 오직 미국만을 신뢰했다. 따라서 미국 주도하에 미국형이나 러시아형 원자로를 건설해야 한다는 입장이었다.

미국의 협상 실무자들도 내색은 잘 하지 않았으나 「한국형 경수로」라는 것이 실재하지 않는 노형이며, 미국 원자로를 일부 개조하고 한국식으로 표준화한 「한국표준형 미국 경수로」에 불과하다는 생각을 갖고 있었다. 그래서 「한국형 경수로」라는 표현을 고집하는 한국 정부의 입장에 대해 꽤나 곤혹스러워했다.[3] 이에 따라 경수로 노형을 결정하는 과정에서 미북 간에는 물론 한미 양국 사이에도 많은 갈등이 야기되었다. 이 협상은 이따금 상업적 이익을 노린 일부 미국 에너지기업과 러시아 정부까지 개입되어 혼전을 겪었다.[4]

---

3 「한국형 경수로」라는 표현은 요즘은 국내에서도 사용되지 않고 「한국표준형 경수로」로 표기되고 있다.

4 당시 어떤 미국 원자력 회사는 「한국형 경수로」가 실재하지 않는 허구라고 북한을 부추겨 미국형 경수로가 채택되도록 유도하는 움직임이 있었고, 미국의 어느 화력발전소 건설업체는 경수로를 1000MW 1기만 건설하고 나머지 1기는 화력발전소로 건설하도록 북한을 부추기기도 했다. 러시아 정부는 신포에서 추진되었다가 중단된 바 있는 러시아 경수로의 건설이 KEDO의 자금 지원으로 지속될 수 있기를 강력히 희망했다. 이러한 움직임들은 당시 「한국형 경수로」의 건설을 지상 목표로 삼고 이를 관철하려던 한국 정부에게는 적지 않은 부담이었다.

경수로 공급협정Supply Agreement 주요 내용

- 노형과 공급범위
  - KEDO는 두 개의 냉각제 유로를 가진 1,000MW 용량의 가압경수로 2기를 공급하며, 노형은 KEDO가 선정한다(「한국표준형 경수로」를 의미하는 간접적이고 기술적인 표현).
  - 경수로 공급범위는 경수로 운용에 필수 불가결한 사항에 국한된다(전력 송배전선 불포함을 의미).
- 북한 측 의무사항
  - 방해받지 않는 통행 및 효율적인 통행로를 보장한다.
  - 북한 통신시설의 자유로운 사용 및 보안이 유지되는 독자적 통신수단의 사용을 허용한다.
  - KEDO 및 계약자에 대한 세금과 관세 면제 등 사업진행에 필요한 편의를 제공한다.
  - KEDO, 계약자 및 하청 계약자의 파견 인원에 대한 신변안전과 재산보호를 보장한다.

난관에 처한 한국 정부는 70%의 경수로 건설비 부담액을 전액 현물in-kind로 제공한다는 방침을 천명했다. 이는 「한국형 경수로」를 관철하기 위한 배수진이었다. 오랜 마라톤협상 끝에 "경수로의 노형과 주계약자는 KEDO가 결정한다"는 간접적 문구로 합의가 이루어짐에 따라 한국의 판정승이 되었다. 경수로 노형 문제 해결에 이처럼 오랜 시간이 소요된 관계로, 제네바합의 서명 후 6개월 내에 체결키로 한 북한과 KEDO 간 경수로 공급협정은 무려 14개월이 지난 1995년 12월에야 서명되었다.

그러나 경수로 건설은 처음부터 많은 공사지연의 소지를 안고 있었다. 공급협정 체결의 지연 외에도, 공사기간 중 공사인력의 통행, 통신 및 특권면제 문제와 도로, 항만, 발전시설, 주택 등 인프라 문제를 해결하느라 당초 계획보다 공사가 많이 지연되었다. 그뿐 아니라, 현지에서 인력이나 물자를 조달할 때마다 북한 당국과의 지루한 협상을 거쳐야 했고, 인원과 물자, 장비를 반입하고 반출할 때에도 매번 북한 당국의 허가를 받는 등 북한이라는 지역적 특수성 때문에 발생하는 번거로운 일들로 소모되는 시간이 너무 많았다.

북한은 미국이 경수로를 완공 시한인 2003년까지 완공하지 않고 고의로 지연시켰다고 비난했으나, 북한이 주장하듯이 고의적으로 공사를 지연시킨 것은 아니었다. 경수로 공사의 대부분이 대북한 햇볕정책을 적극 추진하던 김대중 정부 기간에 진행되었기에 더욱 그렇다.

미북관계 개선

미북관계 개선 작업은 대북한 제재조치 완화, 대북한 안전보장, 연락사무소 설치, 미사일 협상 등 네 갈래로 진행되었다. 먼저 미국의 대북한 제재완화 문제와 관련, 미국은 제네바합의에 따라 1995년 1월 통신과 금융거래를 포함한 일부 제재조치를 해제했고, 2000년에는 무역, 금융, 투자 분야의 제재조치를 대부분 해제했다. 남아 있는 제재조치는 사실상 테러지원국 제재조치상의 대외원조금지 정도밖에 없었다.

대북한 안전보장 문제와 관련, 미국은 제네바합의 서명 후 클린턴 대통령이 대북한 「핵무기불사용(NSA^{Negative Security Assurance})」을 공개적으로 약속했고, 당시 북한도 미국의 약속 이행을 인정했다.

연락사무소 설치 문제는 1994년 12월부터 미북 간에 연락사무소 실무회의가 수차례 개최되었으나, 미국 연락사무소 파우치(외교행랑)의 판문점 통과문제 등 기술적 사안들에 관한 이견이 쉽게 해소되지 않았다. 더욱이 당초 예상과는 달리 북한은 연락사무소 설치 자체에 별 관심이 없음이 점차 명백해졌고, 1996년 중반 이후 북한의 일방적인 협상 거부로 협의가 중단되었다. 이는 평양에 미국 상주공관이 설치되는 데 대한 북한 당국의 불안감이 반영된 결과로 추정된다.

클린턴 행정부의 대북한 제재조치 해제

미국의 대북한 제재조치는 클린턴 행정부에 들어와서 역사상 최초로 본격 해제가 시작되었다. 먼저 미국은 1994년 제네바합의에서 약속한 대로 1995년 1월 20일 자산동결 해제와 금융거래 허용을 포함한 제1차 제재완화 조치를 발표했다. 그 주요 내용은 다음과 같다.

- 동결자산 일부 해제(제3국인 소유 520만 달러 동결 해제)
- 미국 은행시스템 이용 허용(미국 은행시스템을 통한 청산거래 허용)
- 북한산 마그네사이트 수입 허용
- 미북 직통전화 개설 허용
- 미국인의 북한 여행 자유화
- 개인의 여행경비 지출을 위한 신용카드 사용 허용
- 언론기관 사무소 개설 허용

클린턴 행정부 말기에는 대북한 관계개선을 위한 「페리 프로세스Perry Process」의 일환으로 대폭적인 제2차 제재완화 조치가 실시되었다. 1999년 9월 17일 발표되고 2000년 6월 19일 발효된 이 조치는 대외원조와 군수물자 교역을 제외한 거의 모든 분야를 망라하고 있으며, 특히 「대적성국교역법Trading with Enemy Act」에 따른 무역, 투자, 금융 분야의 제재조치가 대부분 해제되었다.

- 이중용도품목을 제외한 대부분의 수출입 허용
- 미국인의 대북한 투자 허용(농업, 광업, 석유, 목재, 시멘트, 운송, 인프라, 관광 등 분야)
- 미국인의 대북한 송금제한 철폐
- 미국인의 북한 여행 자유화
- 미국 선박과 항공기의 북한 입국 및 북한 내 선적 허용
- 북한인의 대미 자산투자 허용 등

훗날 미국은 9·19 공동성명 이행을 위한 10·3 합의(2007. 10 .3)에 의거, 2008년 10월 11일 대북한 테러지원국 제재를 해제했다. 테러지원국 제재의 핵심 내용은 군수품 수출 금지와 대외 원조 및 국제금융기관의 차관 제공 금지이다.

미사일 문제는 미북 실무협상이 1996년과 1997년 1회씩 개최되었으나, 미사일의 개발, 생산, 배치, 수출을 모두 동결하라는 미국의 입장과 미사일

의 「수출」 문제 외에는 협상 대상이 아니라는 북한의 강경한 입장이 팽팽하게 대립되어 합의점을 찾지 못했다. 클린턴 행정부는 집권 말기인 2000년 말 미사일 문제만 해결되면 대북한 수교를 단행하려는 적극적인 움직임을 보이기도 했고 이를 위해 올브라이트^{Madeleine Albright} 국무장관이 평양을 방문하기도 했으나, 미사일 개발 문제에 관한 북한의 비타협적 자세로 인해 무산되었다.

이미 예정되었던 진실의 시간

앞에서 살펴본 바와 같이 제네바합의 조항 중 일부가 북한에 의해 제대로 이행되지 않았던 것은 사실이지만, 제네바합의가 이행되는 8년 동안 북한 핵문제는 그런대로 안정을 유지할 수 있었고 대부분의 사람들은 북한 핵문제를 잊고 살았다. 그것은 무엇보다도 제네바합의를 성공적인 외교성과로 역사에 남기기를 원했던 미국 클린턴 행정부의 인내심과 노력에 힘입은 바가 컸다.

그러나 그 기간 중 한반도 정세가 결코 조용했던 것만은 아니다. 그 기간 중에도 한반도에서 북한의 도발적 행동은 지속되었고, 이로 인해 남북관계와 미북관계, 일북관계가 여러 차례 경색국면을 맞기도 했다. 그 개략적인 내용은 아래와 같다.

1995. 5. 30	북한, 제86우성호 나포, 7개월 억류(어부 3명 사망)
1995. 7. 9	북한, 중국 연길지역에서 안승운 목사 납북(미송환)
1996. 4. 5	북한, 비무장지대 무효화 선언(3일간 비무장지대에서 무력시위)
1996. 9. 18	북한 잠수함 강릉해안 침투 사건

1997. 2. 15	북한, 탈북한 김정일 처조카 이한영 암살
1997. 7. 16	북한군 14명 군사분계선 월경 침투, 한국군과 교전
1998. 6. 22	북한 잠수정 속초해안 침투 사건
1998. 8. 31	북한, 대포동1호 시험발사
1998. 11. 20	북한 간첩선 강화도 침투 미수사건
1998. 12. 17	북한 반잠수정 여수해안 침투 사건
1999.	북한, 파키스탄으로부터 우라늄농축기술 및 원심분리기 샘플 도입
1999. 3	북한, 일본으로부터 우라늄농축용 원심분리기 부품을 수입하려다 적발
1999. 6. 6~6. 15	남북한 해군 제1차 연평해전
2001. 12	북한 간첩선, 일본침투 공작 중 일본 자위대에 의해 격침
2002. 6. 29	남북한 해군 제2차 연평해전

당시 발생했던 주요 사건들의 목록이 말해주고 있는 것은, 제네바합의가 이행되는 8년의 세월 동안 한반도 정세가 평화스러웠던 것도 아니고 북한의 대남정책이 변경되거나 핵무장을 향한 북한의 열망과 움직임이 중단된 것도 아니었다는 점이다. 그러나 그렇다고 해서 제네바합의 전체가 붕괴될 정도는 아니었다.

그러면 2002년 10월부터 시작된 제네바합의의 붕괴는 왜 갑자기 찾아온 것일까? 그 이유를 세상이 변한 줄 모르는 북한의 무모한 모험에서 찾으려는 사람도 있고, 미국의 지나치게 강경한 대북한 정책에서 찾으려는 사람도 있다. 그러나 그것이 이유의 전부는 아니었다. 제네바합의는 2002년까지 8년간 핵동결 유지의 역할을 훌륭하게 수행했으나, 서명 당시부터 이미 자체 내에 붕괴의 씨앗을 잉태하고 있었다. 그리고 그 씨앗은 시한폭탄과도 같이 예정된 시간에 발아했을 뿐이다.

제네바합의가 서명되었을 당시 사람들이 갖고 있던 가장 큰 궁금증은 북한이 과연 핵사찰을 받고 영변 핵시설들을 해체함으로써 북한 핵문제에 종

경수로 공사일정 개념도			
공급협정 1995. 12	공사착공 1997. 8	중요 부분 완공 2005	핵심부품 인도 2007~2008 완공
부지조사 (총 8회 실시)	경수로 공사 (인프라 및 비핵심시설 공사)	공사중단 (IAEA 핵사찰)	공사재개 (핵심시설 공사)
├── 2년 ──┤	├──── 8년 ────┤	├── 2~3년 ──┤	

지부를 찍을 의지를 갖고 있는가 하는 것이었다. 당시만 해도 이에 대해 낙관적인 희망을 품은 사람들이 꽤 많았다. 그들은 북한의 선의에 희망을 걸었다기보다는 아마도 10년이나 남아 있던 세월에 희망을 걸었을 것이다.

그러나 제네바합의를 탄생시킨 미국의 협상가들은 모든 것을 변화시키는 세월의 마력을 믿지 않았다. 그래서 그들은 강성대국에 최초로 세워질 경수로 발전소 문 앞에 웬만해서는 통과하기 어려운 철통같은 검문소를 만들었다. 검문소 앞에는 이런 팻말이 세워졌다. "만일 이 문을 무사히 통과한다면 막대한 빛과 열을 얻을 것이요, 통과하지 못한다면 풍파 속에 버려질 거대한 콘크리트 더미만을 얻게 되리라." 사실 그랬다. 제네바합의는 북한의 핵포기 이행을 보장할 수는 없었지만, 핵을 포기하지 않으면 절대 경수로가 완공될 수 없는 구조였다.

제네바합의에 따른 경수로의 중요 부분이 완공될 시기는 2002년 말 당시의 공사 진척도로 볼 때 대략 2005년 초반으로 예상되었다. 그때부터 북한은 IAEA의 전면핵사찰을 받아 결백을 입증해야 하고, 그 과정이 성공적으로 종료된 후 미북 원자력협력협정이 체결되어야 미국으로부터의 핵심 원자력부품 인도가 개시될 예정이었다. IAEA의 핵사찰에 소요되는 시간이 2~3년 정도 되기 때문에, 이론상 그 기간 동안에는 공사가 중단될 수밖에 없었다.

따라서 경수로 공사가 중단되지 않고 계속되기 위해서는 경수로의 중요

부분이 완성되기 2~3년 전인 2002년 말이나 2003년 초부터는 북한이 핵사찰을 받기 시작해야 했다. 그것은 의무사항은 아니었지만, 장기간의 공사 중단을 피하고 경수로를 조기에 완공시키기 위해서는 불가결한 사항이었다. 만일 북한이 핵을 포기하고 경수로를 완공할 진정한 의지를 갖고 있었다면, 북한의 총 전력생산량을 일거에 2배로 늘릴 수 있는 2,000MW의 경수로를 2~3년 앞당겨 완공할 수 있는 그 옵션을 선택하는 것이 너무도 당연한 수순이었다. 따라서 이 문제에 관한 북한의 결정은 북한의 핵포기 의지 여하를 유추해볼 수 있는 하나의 중요한 지표였다.

그런 까닭에 2002년부터 2~3년간의 기간은 오래전부터 북한의 핵포기 의지 여부를 가늠할 수 있는 「진실의 시간moment of truth」으로 예정되어 있었다. 북한으로서도 거의 10년간의 긴 휴식을 마치고 국제사회와의 진실게임에 다시 나가야 할 날이 올 때까지 그냥 앉아서 기다렸을 리는 없다. 2002년 말부터 제네바합의를 둘러싼 소동이 재연된 것을 단순히 우연이라고만 볼 수 없는 이유가 여기에 있다.

그러한 진실의 시간이 다가옴에 따라 IAEA와 KEDO 등은 경수로를 조기에 완공하기 위해 북한이 핵사찰을 자발적으로 가급적 속히 수용하도록 권유했다. 그러나 북한의 반응은 부정적이었다. 물론 북한의 그러한 반응은 합의 위반도 아니었고 핵포기 의지가 없다고 단정할 만한 근거도 아니었으나, 최소한 북한이 핵사찰의 조기 이행을 통해 경수로 완공을 앞당길 의도가 없다는 심증을 갖게 하기에는 충분했다. 만일 북한이 핵을 포기하기로 결심하고 전력난 해소를 위해 경수로를 조기에 완공시키자는 선택을 했다면, 적어도 2002년 말에는 IAEA 핵사찰을 받기 시작했어야 옳았다. 그러나 그런 기미는 조금도 없었다.

HEU 문제의 높은 파고

이처럼 제네바합의의 운명을 결정할 「진실의 시간」이 임박해오는 가운데, 2002년 10월 초 켈리^{James Kelly} 국무부 동아태차관보의 평양 방문을 계기로 고농축우라늄(HEU) 프로그램 문제가 폭풍처럼 다가와 불과 3개월 만에 제네바합의를 흔적도 없이 붕괴시켰다. 제네바합의가 북한의 핵폐기 이행 단계까지 가지는 못하리라고 예측한 사람들이 당시에도 적지 않았으나, 그처럼 갑작스럽게 휴짓조각이 될 줄은 아무도 예상하지 못했다.

10월 3일부터 사흘간 방북한 켈리 차관보는 첫날 김계관 외무성 부상과 면담하는 자리에서 HEU 문제를 제기했다. 그는 북한이 우라늄핵탄 제조를 위해 HEU 프로그램을 비밀리에 추진하고 있는 데 대해 강한 우려를 표시하고, 이는 제네바합의에 대한 심각한 위반이며 북한이 이에 대해 만족스런 설명을 하고 이를 즉각 포기하지 않는 한 미국은 더 이상 북한에 대한 관여정책^{engagement policy}을 유지할 수 없다고 경고했다.[5]

김계관 부상은 이에 당황하면서 정회를 요청했다. 그는 속개된 회의에서 HEU 프로그램은 존재하지 않으며 적대세력의 날조에 불과하다고 강경한 어조로 비난하고, 만일 그런 문제를 제기하려면 증거를 제시하라고 요구했다. 켈리 차관보는 미국이 관련 정보를 밝힌다면 북한의 HEU 프로그램 은닉을 도와줄 뿐이므로 증거를 제시할 수 없다고 거부했다.

다음 날인 4일 켈리는 북한 외무성의 실세인 강석주 제1부상과 만났다.

---

5 북한은 1990년대 말부터 우라늄핵탄의 제조를 목표로 우라늄농축시설 건설을 위한 비밀 핵프로그램을 추진해왔으며, 파키스탄 등으로부터 이에 필요한 기술과 설계도면, 부품, 완제품샘플 등을 도입했다. 이는 2006년 9월 출간된 무샤라프 전 파키스탄 대통령의 자서전을 통해 확인되었으며, 북한 자신도 2009년 제2차 핵실험 이후 우라늄농축프로그램의 존재를 사실상 시인했다.

강석주 부상은 그 전날 밤 북한 수뇌부가 HEU 문제로 철야 회의를 열었다고 말하고, 자신이 하는 말은 면담에 배석한 모든 관계부처, 군부, 원자력청 등 참석기관들의 총의라고 전제하면서, 준비해온 발언문을 선언문 읽듯이 낭독했다.

우리가 HEU 프로그램을 갖고 있는 것이 뭐가 나쁘다는 것인가. 우리는 HEU 프로그램을 추진할 권리가 있고 그보다 더 강력한 무기도 만들게 되어 있다. (중략) 부시 정권이 우리에 대해 적대적 정책을 취하는 이상 우리가 HEU 프로그램을 추진한다 해서 무엇이 나쁜가. 그것은 미국의 적대시정책에 대한 억지력 이외에 아무것도 아니다.

켈리 차관보는 북한의 HEU 프로그램은 미북관계가 가장 좋았던 클린턴 행정부 당시인 2000년 이전에 이미 시작된 것이므로 부시 행정부의 적대시정책 때문에 HEU 프로그램을 추진하고 있다는 북한 측 주장은 허구라고 반박하면서 이의 중지를 거듭 촉구했다. 강석주 부상은 HEU 프로그램에 대한 북한 측 입장을 수차 반복해서 언급하고, "제네바합의는 미국의 부정행위(적대시정책)에 의해 무효가 된 것으로 간주한다"라고 말했다.[6]

강석주 부상의 말은 그 바로 전날 김계관이 표명한 입장과는 정반대였고, HEU 문제에 대한 북한의 입장이 전날 밤의 수뇌회의에서 정반대로 변경되었음을 암시하고 있었다. 그것은 전혀 뜻밖의 반응이었고 또 워낙 중대한 사안이었기 때문에, 혹시나 있을 통역상의 오류 가능성을 우려하여

---

6 이상의 켈리 차관보 방북 내용은 주로 후나바시 요이치, 『김정일 최후의 도박』(2007), 148~159쪽 내용을 토대로 요약한 것이다. 이는 켈리 차관보 자신이 퇴임 후 여러 계기에 직접 언급한 내용과도 일치한다.

켈리 일행 중 한국어를 아는 세 사람이 적은 메모를 서로 대조했고, 북한 측 통역의 메모 내용과도 대조해보았다. 그러나 통역상의 오류는 없었고 강석주가 전달한 메시지는 의심할 바 없이 명확했다.[7]

북한의 충격적 반응을 접한 미국 정부는 켈리 차관보의 방북 결과를 비밀에 부쳤다. 그러나 핵심 내용이 미국 언론에 누출됨에 따라 10월 16일 국무부 대변인의 긴급성명 형식으로 "켈리 방북단은 북한이 HEU 프로그램을 갖고 있음을 시사하는 정보를 입수했다고 북한에 전했으며, 북한 측은 그러한 프로그램을 갖고 있음을 시인했다"는 요지로 대외발표를 했다.

북한은 미측의 발표에 대해 즉각적인 반응을 보이지 않다가, 9일간의 장고 끝에 10월 25일 외무성 대변인 담화를 통해 "이 문제를 협상을 통해 해결할 용의가 있다"는 입장을 표명함으로써 미 국무부의 발표내용을 간접적으로 시인했다. 동 성명은 또한 "미국에게 그 무엇을 해명해줄 필요가 없으며 그럴 의무는 더욱 없다"고 말하고, 미국 정부의 발표가 "미국이 자의로 준비한 표현"이라고 주장하면서도 HEU 프로그램의 존재를 명시적으로 부인하지는 않았다.

북한은 이듬해인 2003년 1월 10일 NPT 탈퇴를 발표하는 정부성명에서도 "미국이 그 무슨 새로운 핵의혹을 끄집어내어 제네바합의를 짓밟았다"고 비난했으나 HEU 프로그램 자체를 부인하지는 않았으며, 이러한 북한의 애매한 태도는 그 후에도 상당기간 지속되었다. 켈리 차관보 방북 후 미국 언론인 오버도퍼Don Oberdorfer가 방북하여 북한 당국자들에게 HEU 문제에 관해 문의했을 때에도 북한 측은 "변죽을 울리는 듯한 말을 섞어가면서 애매하게 부정"했다고 한다.[8]

---

7 2007년 4월 27일 미국 IFPA 주관 북한 핵문제 관련 5개국 세미나(베이징) 개최 시 켈리 전 차관보의 발표 내용.

고농축우라늄(HEU) 프로그램

핵무기는 그 제조 원료에 따라 우라늄탄과 플루토늄탄으로 나뉜다. 우라늄탄은 천연 상태의 우라늄을 정제하여 그 속에 포함된 U^{235}의 비율을 0.7%에서 90% 이상으로 농축시켜 만드는 것인데, 이 과정을 우라늄농축이라고 한다.[9] 북한이 2002년 10월 켈리 James Kelly 미 국무부 동아태차관보 방북 시 보유하고 있다고 실토한 HEU[Highly Enriched Uranium] 프로그램이 바로 그것이다.

우라늄농축은 천연우라늄으로부터 생성된 금속우라늄을 가스 상태의 육불화우라늄(UF^6)으로 변환시킨 후 여기서 U^{235}를 분리해내는 공정이다. 우라늄농축의 방식으로는 기체확산법, 원심분리법, 레이저분리법, 화학교환법, 전자분리법 등의 방법이 개발되어 있다. 이들 중 가장 널리 이용되는 우라늄농축공정은 기체확산법과 원심분리법이다. 주요 핵보유국들은 대부분 기체확산법을 이용하여 핵무기를 제조하는데, 이를 위해서는 엄청난 건설비와 천문학적 양의 전기가 소요되는 것으로 알려져 있다.

이에 비해 원심분리법을 통한 우라늄농축은 기체확산법 공정에 비해 비용이 저렴하고 전기가 1/50 정도밖에 소모되지 않는다.[10] 연간 핵무기 1개(농축우라늄 20kg 기준)를 생산하기 위해서는 약 1,000대의 P-2형 원심분리기[centrifuge]가 필요한데, 이를 설치하는 데 불과 900m² 정도의 작은 면적만을 필요로 한다. 또한 방사능 방출량도 비교적 적어서 좁은 공간에 은밀하게 설치하여 농축우라늄을 생산할 수 있다.

기체상태의 육불화우라늄을 원심분리기에 넣어서 분당 수만 회의 속도로 회전시키면 무게가 조금 무거운 U^{238}은 아래쪽으로, 가벼운 U^{235}는 위쪽으로 모인다. 이 원리를 이용해 U^{235}를 선별하는 과정을 거듭 반복하여 U^{235}의 비율을 점진적으로 높여가는 것이 원심분리법의 원리이다. 이를 위해 수백 또는 수천 개의 원심분리기를 직렬로 연결하여 가동하는데, 이를 캐스케이드[cascade]라 부른다.

미국이 1945년 핵무기를 처음 제조할 당시, 2005년 화폐 기준으로 약 500억 달러가 소요되었고 이 중 90%가 핵물질 생산을 위해 사용되었다. 그러나 오늘날 원심분리법을 사용할 경우 수억 달러만 들이면 농축우라늄 공장을 건설할 수 있고, 일단 공장이 건설되면 그리 큰 운영비용이 소요되지 않는다. 북한이 추진 중인 HEU 프로그램은 원심분리법을 채용하고 있고, 과거 리비아가 추진했던 핵개발도 같은 방식을 이용했다. 현재 국제사회에서 이란의 핵활동에 대한 강한 의혹이 제기되고 있는 것도 바로 이 우라늄농축시설의 존재 때문이다.

---

8 후나바시 요이치, 『김정일 최후의 도박』(2007), 167쪽.

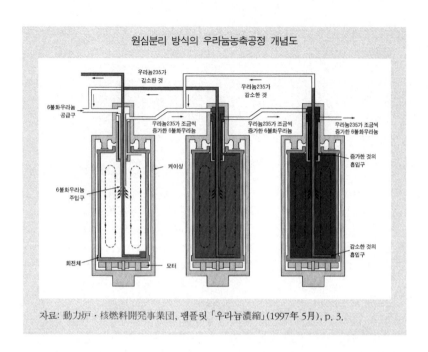

원심분리 방식의 우라늄농축공정 개념도

자료: 動力炉·核燃料開発事業団, 팸플릿「우라늄濃縮」(1997年 5月), p. 3.

북한은 HEU 문제가 발생한 지 거의 4개월이 지난 2003년 1월 말에 이르러서야 비로소 당시 강석주가 켈리 차관보에게 HEU 프로그램을 시인한 바 없다고 부인하기 시작했다. 북한은 1월 29일 외무성 대변인 담화를 통해 "그의 말에 대해 인정할 것도 없었고 부정할 필요조차 없었다"고 입장 변화를 시사한 데 이어서, 다음 날 리철 주제네바 북한대사가 스위스 ATS

---

9 핵무기를 만들기 위해 반드시 90% 이상의 우라늄농축이 필요한 것은 아니다. 히로시마에 투하된 우라늄탄은 약 70%의 농축우라늄으로 제조되었다.

10 주요 핵보유국들의 농축우라늄 대량생산체제인 기체확산법의 경우 소요전력이 2,300~2,500kW/SWU에 달하나, 원심분리법을 사용할 경우는 이의 2%에 불과한 50kW/SWU 정도의 적은 전력으로 가동이 가능하다. 북한이 전력사정상 우라늄농축프로그램을 보유할 수 없다는 학계 일각의 반론은 기체확산법과 원심분리법을 혼동한 데 기인하는 오류이다. SWU[Separation Work Unit]는 우라늄농축의 양을 표기하는 기준단위이다.

통신과의 인터뷰를 통해 "우리는 농축우라늄 계획을 시인한 일이 없음을 명백히 한다"고 최초로 명시적 부인 입장을 밝혔다.

북한의 이러한 태도 변화는 그 바로 전날 김대중 대통령 특사 자격으로 평양을 방문했던 임동원 대통령특보가 북한 당국에 대해 HEU 의혹의 해명을 촉구한 것과 무관하지 않은 것으로 보인다. 북한의 이러한 부인 입장은 그해 8월 제1차 6자회담에서 김계관 수석대표가 "농축우라늄에 의한 비밀 핵계획은 전혀 없다"고 강조함으로써 재확인되었다.

방북팀에 동행했던 프리차드^{Jack Pritchard} 당시 한반도특사는 이러한 북한의 태도 변화에 대해, "북한은 미국을 벼랑끝외교로 흔들기 위해 HEU 계획의 존재를 시인했지만, 미국이 이를 폭로하고 예상 밖으로 강하게 나오는 데다, 무엇보다 중국과 러시아의 태도가 경직되자 서둘러 앞에 한 말을 철회한 것"으로 평가했다. 켈리 차관보도 북한이 "전략적으로 큰 실수였음을 깨닫고 서둘러 궤도를 수정한 것"으로 평가했다.[11]

북한이 당초 켈리 차관보 방북 시 HEU 프로그램을 당당하게 시인했던 배경에는 HEU 문제를 새로운 협상거리로 삼아 미국으로부터 무언가 새로운 대가를 받아내려던 의도가 숨어 있었던 것으로 보인다. 한반도 문제에 정통한 한 러시아 외교관은 "제네바합의는 강석주의 대단한 성공 스토리였다. 그러므로 켈리 차관보가 HEU 얘기를 꺼냈을 때 강석주는 (제네바합의에 이어) 두 번째의 미꾸라지를 노렸을 것"이라고 추정했다.[12]

한편, 북한의 비밀 우라늄농축프로그램 보유 여부에 관한 미북 양측의 엇갈린 주장을 둘러싸고 그 이후 수년간 국제적으로나 한국 국내적으로나 많은 논란이 지속되었다. 북한 측 주장을 두둔하는 일부 국가와 국내 일각

---

11 앞의 책, 168쪽.
12 앞의 책, 168쪽.

에서는 그날의 일을 통역상의 오류 또는 제네바합의를 붕괴시키려는 미국의 음모로 규정하고 HEU 프로그램 문제를 쟁점화하는 데 반대했으며, 한국 정부도 대체로 이러한 입장에 동참했다. 이는 노무현 정부 기간 중 한미 양국 사이의 핵심적 갈등요인이 되었으며, 한국 내 남남갈등의 주요 대상이기도 했다. HEU 프로그램을 둘러싼 이러한 해묵은 논란은 북한이 2009년 「경수로 핵연료의 자체생산」을 구실로 우라늄농축프로그램의 추진 사실을 스스로 시인함으로써 일단락되었다.

제네바합의의 붕괴

HEU 문제에 대한 미국의 반응은 단호하고 신속했다. 그리고 이에 대한 북한의 대응은 그보다 훨씬 강경하고 신속했다. 양측이 모두 뭔가에 쫓기기라도 하는 듯, 이번 기회를 놓치면 제네바합의를 파기할 기회가 다시는 오지 않을까 봐 걱정이라도 하는 듯, 뒤도 안 돌아보고 각자 자기의 길을 갔다.

미국은 켈리 차관보 방북 시 북한 측이 보인 뜻밖의 태도에 당혹했으나, 곧 그것이 제네바합의의 심각하고도 명백한 위반이라는 결론에 도달했다. 이에 따라 11월 14일 KEDO 집행이사회를 소집하여 HEU 프로그램의 해체를 위한 북한 측의 구체적이고 신빙성 있는 행동이 있을 때까지 대북한 중유공급을 중단한다고 발표했다.

이 조치를 기점으로 북한은 마치 기다리기라도 했다는 듯이 일련의 대응 조치들을 초스피드로 취해나갔다. 북한은 제네바합의가 미국에 의해 사실상 파기되었다고 하면서 1개월 후인 12월 12일 핵동결을 전면 해제한다는 방침을 천명했고, 실제로 12월 21부터 핵시설에 설치된 IAEA 봉인을 모두 제거했다. 이어서 1월 10일 북한의 NPT 탈퇴를 끝으로 제네바합의는 되돌아오지 못할 길을 갔다.

당시 상황에서 북한 핵문제에 관여했던 사람들은 제네바합의의 운명이 어쩌면 반년을 넘기지 못할지도 모른다고 우려했다. 그러나 실제 제네바합의 붕괴에 소요된 시간은 KEDO의 중유공급 중단부터 북한의 NPT 탈퇴에 이르기까지 불과 2개월도 안 걸렸다. 북한이 핵동결 해제 선언에서 시작하여 IAEA 봉인 제거, IAEA 사찰관 추방, NPT 탈퇴에 이르는 일련의 조치를 취한 것은 1개월이 채 안 되는 짧은 시간이었다.

누구도 상상하지 못했던 짧은 시간 동안 제네바합의가 이처럼 파국을 향해 숨 가쁘게 돌진한 이유는 무엇이었을까? 아마도 가장 직접적인 이유는 양측 모두 상대방의 가장 중요한 급소를 주저 없이 곧바로 공격했기 때문일 것이다.

제네바합의 이행의 전 과정을 통해 미국이 처음부터 가장 중시한 대목은 핵동결이었다. 설사 북한이 이미 핵무기를 한두 개 갖고 있다 하더라도 핵무기를 추가로 제조하는 일은 절대로 있어서는 안 된다는 것이 제네바 협상 이래 미국의 일관된 입장이었다. 북한의 궁극적인 IAEA 사찰 수용 및 핵시설 폐기 가능성이 불투명한 상황에서 핵동결의 유지는 아마도 미국이 제네바합의에 대해 부여한 거의 유일한 가치였는지도 모른다.

따라서 북한이 2002년 10월 방북한 켈리 차관보에게 고농축우라늄 프로그램의 존재를 의문의 여지없이 시인했을 때, 미국은 그것을 핵동결의 파기로 받아들였다. 북한이 기존의 핵시설을 동결해놓고 비밀리에 별도 시설을 건설하여 핵재처리나 우라늄농축을 실시한다면 영변에서의 핵동결은 무의미해지기 때문이다.

핵무기 제조의 두 가지 방식		
구분	플루토늄 방식	우라늄 방식
핵무기 원료	고농축플루토늄(Pu)	고농축우라늄(HEU)
원료 제조방식	원자로에서 일정기간 연소된 핵연료봉을 재처리시설에서 화학적으로 처리하여 고농축플루토늄 생산	천연우라늄을 정제한 후 농축프로그램을 통해 바로 농축하여 고농축우라늄 생산
소요 시설	우라늄정련시설, 핵연료공장, 원자로, 재처리시설	우라늄정련시설, 우라늄농축시설(HEU 프로그램)
시설상의 특성	시설 건설이 비교적 용이하나, 대규모 원자로와 재처리시설이 필요하여 외부에 쉽게 노출	좁은 장소에 설치 가능하여 은닉이 매우 용이하나, 농축시설 건설에 많은 비용과 첨단부품 소요
핵무기 제조	기폭장치 제조에 상당한 수준의 정밀기술 필요	농축우라늄만 확보되면 기폭장치 제조가 매우 용이
구체적 사례	나가사키 원폭(22kt), 북한의 영변 핵시설	히로시마 원폭(15kt), 이란의 핵프로그램

제네바합의 제1조 2항에 명기되어 있는 바와 같이, 중유는 북한의 핵동결에 대한 대가로 제공되는 반대급부였다. 따라서 핵동결 위반이 중유 제공 중단으로 이어지는 것은 어쩌면 당연한 논리적 귀결이었다. 그러나 과거 같았으면 미국이 중유 제공을 그저 잠시 연기시키고 설득과 협상에 나섰을 텐데, 부시 행정부는 마치 기다리기라도 했다는 듯이 단번에 중유공급을 전면 중단하는 조치를 취했다.

제네바합의 중 미국이 가장 중시한 것이 핵동결이라면 북한이 가장 중요하게 생각한 부분은 무엇이었을까? 경수로 완공은 아직 요원한 세월이 남아 있었고, 더욱이 그것은 북한이 IAEA의 사찰을 받고 핵계획을 모두 포기하기 전에는 얻을 수 없는 신기루와도 같은 것이었다. 만일 북한에게 핵개발을 포기할 의사가 처음부터 없었다면 경수로에 대한 기대 역시 처음부터 없었을 것이다.

경수로가 신기루였다면 중유는 현실이었다. 중유는 북한이 제네바합의의를 준수함으로써 얻고 있는 유일한 실질적 이익이었다. 연간 중유 50만 톤이면 2002년 시세로 거의 1억 달러에 달했다. 그것은 북한의 연간 외화수입의 약 10%에 달하는 액수이고, 쌀 20만 톤에 해당되는 액수이기도 했다. 경수로는 북한이 능동적으로 핵사찰을 받아야만 얻을 수 있는 것이었지만, 중유는 북한이 그저 가만히 있기만 해도 받을 수 있는 보상이었다. 이 때문에 미국의 중유 제공 중단은 북한으로서는 제네바합의에 따른 유일한 실질적 이익의 상실을 의미했다.

그러나 당시 미국과 북한의 태도는 이러한 이익의 개념만으로는 충분한 설명이 안 된다. 특히 북한이 미국의 공세에 대응한 속도와 강도는 상상을 초월한 것이었다. 북한은 마치 단기간에 미국에게 집중적인 충격을 주어서 굴복시키기라도 하려는 듯, 아니면 미국의 마음이 변해 제네바합의가 되살아날까 봐 걱정이라도 되는 듯, 최소 6개월은 쓸 만한 카드들을 숨도 안 쉬고 단 한 달 만에 모두 소진했다. 왜 그랬을까?

미북 양측이 그런 발 빠른 움직임을 보인 배경에는 보다 근본적인 다른 이유가 내재되어 있었다고 볼 수밖에 없다. 그것은 당시 양측 모두 어떤 이유에서건 제네바합의를 기꺼이 포기할 마음의 준비가 되어 있었기 때문이라고도 볼 수 있다. 미북 양측이 제네바합의의 붕괴를 향해 달려나간 무서운 속도는 당시의 수많은 정치적 수사들에도 불구하고 미북 양측이 공히 제네바합의에 대해 얼마나 애착이 없었는지를 단적으로 말해준다.

미국 부시 행정부는 제네바합의가 근본적으로 잘못된 합의라는 생각이었고, 특히 대량의 농축플루토늄 추출 가능성을 내포하는 경수로의 제공에 절대 반대하는 입장이었다. 따라서 북한이 제네바합의 테두리 밖에서 HEU 프로그램을 통해 별도의 핵개발 활동을 벌이려는 움직임이 확인된 이상, 차제에 제네바합의를 대체할 보다 신빙성 있는 새로운 합의를 추진하는 것이 필요하다는 판단을 했을 것으로 보인다.

한편, 북한으로서도 제네바합의는 이제 용도폐기를 해야 할 시기가 다가오고 있었다. 핵동결만 유지하고 있으면 만사형통이었던 시기는 거의 지나고, 핵사찰 의무를 이행해야 할 시기가 성큼 다가오고 있었다. 아마도 북한은 핵사찰을 피하고 핵 억지력을 계속 보유하기 위해서는 제네바합의를 깨고 새판을 짜는 수밖에 없다는 생각을 굳혔는지도 모른다. 그래서 자신에게 보다 유리한 새판을 짤 수 있는 그 귀중한 기회를 놓칠 수가 없었는지도 모른다.

어쨌거나, 제네바합의가 이렇게 붕괴됨으로써 상황은 북한이 처음으로 NPT 탈퇴를 선언했던 1993년 3월의 시점으로 되돌아갔다. 정확히 9년 10개월 만의 일이었다. 제네바합의 이행사항 중에서 경수로 사업만이 마지막까지 외롭게 남아 있었으나, 그로부터 2년여 후에는 그것마저 중단되어 무려 15억 달러짜리 콘크리트 더미로 남게 되었다.

신포 경수로 공사의 종말

북한의 함경남도 신포에서 KEDO(한반도에너지개발기구)가 건설 중이던 한국표준형 경수로 2기(2,000MW)는 1997년 8월 부지공사가 착공된 이래 6년 8개월간 공사가 진행되었다. 그러다가 북한의 HEU 프로그램 의혹과 NPT 탈퇴로 2003년 11월부터 공사가 2년간 잠정 중단되었고, 마침내 2006년 1월 공사인력의 전면철수에 이어 2006년 5월 사업이 공식 종결되었다. 그때까지 진행된 공사는 총 공정의 34%였고, 총 공사비 46억 달러 중 약 15억 달러가 집행되었다. 한국은 1994년의 한미 합의에 따라 이 중 70%인 약 10.5억 달러를 부담했다. 경수로사업의 주요 진행경과는 다음과 같다.

1995. 3. 9	KEDO 설립(뉴욕에 사무국 설치)
1995. 12. 15	KEDO-북한 경수로공급협정 체결
1997. 8. 19	경수로 부지공사 착공
2000. 2. 3	경수로 본공사 착공
2002. 11. 14	KEDO 집행이사회, HEU 문제 발생으로 대북한 중유 제공 중단
2003. 11. 4	KEDO 집행이사회, 경수로 공사 1년간 잠정중단 결정
2003. 11	북한, 금호부지의 경수로 건설장비 및 물자에 대한 반출금지 조치
2004. 11. 26	KEDO 집행이사회, 경수로 공사 1년간 추가중단 결정
2005. 7. 12	한국, 경수로사업 종결 방침 및 2,000MW 대북송전 구상 발표
2006. 1. 8	금호지구 경수로 공사인력 철수 완료
2006. 5. 31	KEDO 집행이사회, 경수로 공사 공식 종결

2002년 10월 제기된 북한의 HEU 프로그램 문제로 북한이 핵동결을 파기하고 NPT에서 완전 탈퇴하는 등 제네바합의가 붕괴되자, 경수로 공사도 사실상 중단되어 1,000명에 육박하던 공사인력이 100여 명의 현장유지 인력만 남기고 모두 철수했다. 부시 행정부는 제네바합의가 파기된 이상 제네바합의에 따른 경수로 공사도 즉각 종결되어야 한다는 입장이었고, 설사 새로운 핵합의가 도출된다 하더라도 핵무기 생산용으로 전용 가능한 경수로의 제공에는 절대 동의할 수 없다는 입장이 확고했다.

그러나 노무현 정부는 금강산 관광사업과 더불어 대북 경협사업의 중요한 양대 상징이었던 경수로 공사의 종결에 강력히 반대했고, 어떻게든 경수로 사업의 불씨를 보존하려는 의지를 굽히지 않았다. 거의 1년에 걸친 논란 끝에, 한미 간 타협의 산물로 2003년 말부터 2년간 경수로 공사의 잠정중단provisional suspension 조치가 시행되었다. 이는 공사현장과 핵심부품의 유지관리에만 매년 수천만 달러가 소요되는 값비싼 중단이었다.

한 가지 흥미로운 것은, 북한은 자신의 핵동결 해제와 NPT 탈퇴로 제네바합의가 완전히 붕괴된 후에도 경수로 공사 재개에 대한 미련을 오랫동안 버리지 못하고 있었다는 점이다. 제네바합의가 폐기될 경우 그 부속사업인

제네바합의 붕괴로 공사가 중단된 2004년 초의 신포 경수로 공사장 전경

자료: 필자 촬영.

경수로 사업의 종결은 당연한 수순이었다. 그럼에도 불구하고 북한은 마치 경수로 사업이 별개의 경협사업이라도 되는 듯이 KEDO에게 경수로 제공 약속의 이행을 촉구하곤 했다. 2003년 말 KEDO가 공사의 잠정중단 조치를 발표하자, 북한 당국은 공사현장의 건설장비, 건축자재, 설계도면은 물론 컴퓨터를 비롯한 모든 사무실 집기까지 반출금지 조치를 취했다. 이는 아마도 KEDO가 경수로 공사를 포기할 경우 북한 스스로 완공을 시도해보려는 취지가 아니었을까 추측된다.[13]

당시 한국의 노무현 정부 수뇌부에서도 최악의 경우 경수로를 한국 단독으로 완성해 보려는 야심찬 생각을 가졌던 사람들이 없지 않았으나, 그것은 현실과 너무나 동떨어진 꿈이었다. 국제협정상 북한의 NPT 복귀와 핵

---

13 훗날 북한은 2009년 4월의 외무성 성명을 통해, 아마도 신포의 중단된 경수로 공사 현장을 염두에 두고, "독자적 경수로 건설을 적극 추진하겠다"는 방침을 천명했으나 북한의 기술 수준과 인프라 현황 및 국제적 핵통제체제에 따른 자재 및 부품 도입상의 어려움 등을 감안할 때 그러한 시도가 성공할 수 있을지는 매우 불투명하다.

투명성 보장 없이는 대북한 경수로 제공이 불가능했고, 더욱이 미국 모델인 한국표준형 경수로의 핵심부품들은 기술적으로나 법적으로나 미국 정부의 승인 없이는 조달이 불가능했다. 따라서 북한이 NPT에 복귀하여 IAEA의 핵사찰을 받고 핵포기를 이행하지 않는 한 신포에 건설되는 경수로는 영원히 완성되지 못하고 폐허로 남게 될 수밖에 없었다. 이것은 제네바합의 서명 당시부터 미국 정부가 누차 강조해온 철학이었다.

북한과 새로운 핵합의를 이룩하기 위한 6자회담에서의 협상이 당초 예상과는 달리 장기화됨에 따라, 한국 정부는 제네바합의가 붕괴되고 2년 반이 지난 2005년 7월에야 비로소 경수로 공사 종결방침을 공식 천명했다. 이에 따라 이듬해인 2006년 1월 신포 현지의 공사인력이 전면 철수했고, 수개월 후 사업이 공식 종료되었다. 경수로 공사 종결이 3년여 지연되는 동안 1억 달러 이상의 추가경비가 지출되었다.

신포 경수로 부지에는 원자로의 일부 골조는 물론, 냉각수로, 부두, 자체 발전소, 관리사무소, 도로, 직원숙소와 후생시설 등 부대시설들이 이미 건설되어 있어, 향후 경수로 공사 재개가 합의될 경우 동 부지가 다시 대상지로 선정될 가능성이 적지 않다. 그러나 경수로 공사의 재개를 위해서는 북한의 비핵화 의지에 대한 국제사회의 확고한 신뢰가 선행되어야 하며, 설사 정치적 문제가 해결된다 하더라도 원자로의 안전성 문제로 인해 기존의 콘크리트 구조물과 부품을 그대로 사용하는 것은 현실적으로 불가능하다는 것이 전문가들의 일치된 의견이다.[14]

---

14 KEDO는 경수로 공사 중단에 앞서 공사현장의 철구조물과 국내외에 발주된 경수로 부품들의 부식을 방지하기 위한 잠정적 조치들을 취했으나, 안전문제를 감안할 때 이러한 조치의 유효연한은 5년 정도에 불과한 것으로 알려져 있다. 따라서 재사용이 가능한 시설은 사실상 부두, 냉각수로, 도로, 직원숙소, 관리사무소 등 부대시설뿐이다.

2 위기 속에서의 6자회담 출범

제2차 한반도 핵위기의 본질

제네바합의의 붕괴와 이에 아랑곳하지 않는 미북 양측의 강경한 입장, 그리고 북한의 공공연한 핵무장 공언으로 한반도는 1994년에 이어 두 번째 핵위기를 맞았다. 다행히도 어떻게든 문제를 평화적으로 해결하려는 주변국들의 노력으로 위기가 장기화되지는 않았지만, 그 짧은 기간 동안 제네바합의 체제는 흔적도 없이 사라졌다. 2002년 10월 HEU 문제로 인해 제네바합의 붕괴 과정이 시작되어 이듬해 8월 제1차 6자회담 개최로 새로운 협상구도가 출범할 때까지, 위기의 시기에 벌어진 중요한 사건들을 정리해 보면 다음과 같다.

| 2002. 10. 4 | 북한, 켈리 차관보에게 HEU 프로그램 시인 |
| 11. 14 | KEDO, 대북한 중유공급 중단 선언 |

12. 12	북한, 핵동결 해제 및 핵시설 재가동 선언
12. 21~24	북한, 영변핵시설의 IAEA 봉인 제거
12. 26	북한, IAEA 사찰관 추방 통보
2003. 1. 10	북한, NPT 탈퇴 성명
2. 25	노무현 정부 출범
2. 26	북한, 5MW 원자로 재가동
4. 10	유엔 안보리, 북한 핵문제 논의
4. 18	북한, 8,000개 연료봉을 재처리 중이라고 발표
4. 23~25	미 · 북 · 중 3자회담(베이징)
5. 25	북한, 6자회담 개최에 동의
7. 8	북한, 연료봉 재처리 완료 및 무기화 방침 천명
8. 27~8. 29	제1차 베이징 6자회담 개최

2002년 말 갑자기 도래한 제2차 한반도 핵위기를 1993~1994년의 제1차 북핵위기와 비교해볼 때, 주제도 같고 소재도 같을지 모르나 자세히 보면 많은 차이가 있었다. 흔히들 그 차이를 단순히 강경한 미국 공화당 정권의 등장 정도로 편리하게 이해하려는 경향이 있지만, 그 외에도 상당히 광범위한 차이점들이 있다.

첫 번째 차이점은 역시 미국 집권당 교체에 따른 정책상의 차이였다. 의회와 언론의 비난을 받으면서도 어떻게든 협상과 반대급부를 통해 핵문제를 조용히 해결하고자 했던 클린턴 행정부와 초강대국의 힘을 이용하여 해결을 압박하고자 했던 부시 행정부 사이에는 국제정세에 관한 기본시각과 위기에 임하는 자세의 면에서 큰 차이가 있었다. 특히 9 · 11 테러 이후 2년이 채 지나지 않은 시기였기에 더욱 그러했다.

두 번째 차이점은 북한 핵문제를 바라보는 미국인들의 근본적 시각 변화였다. 1993년 당시의 북한 핵문제는 기본적으로 한반도의 문제였으며 나아가 중동, 특히 이스라엘의 안보에 관한 문제였다. 미국은 국제적 핵확산

방지를 주도하는 국제경찰의 입장에서 이 문제에 깊이 개입했을 뿐이었다.[15] 그러나 1998년 알래스카를 위협한 북한의 대포동1호 미사일 시험발사로 인해 북한의 핵개발은 한국의 문제도 중동의 문제도 아닌 미국 자신의 안보문제로 부상했다.

세 번째 차이점은 북한에 대한 경험과 인식의 차이를 들 수 있다. 1993~1994년 핵위기 당시 클린턴 행정부는 합의 이행에 관한 북한의 선의를 막연히 기대하면서 제네바합의에 서명했다. 그러나 15억 달러의 경수로 공사비 지출, 수억 달러의 중유 제공, 두 차례에 걸친 미국의 대북한 제재조치 완화 등 적지 않은 대북한 투자에도 불구하고, 미국은 제네바합의가 이행되는 8년 동안 북한 핵문제의 근원적 해결에 한걸음도 다가갈 수가 없었다.

이를 목격한 부시 행정부가 북한 핵문제에 임하는 입장은 한마디로 "다시는 안 속는다"는 것이었다. 일종의 학습효과라고나 할까. 과거의 실패 경험과 북한에 대한 고도의 불신을 토대로, 부시 행정부는 제네바합의의 실패가 다시는 반복되는 일이 없도록 「완전하고 검증가능하며 불가역적인complete, verifiable and irreversible」 방식으로 북한 핵문제를 뿌리 뽑겠다는 결의가 강했다.

네 번째 차이점은 북한 핵문제 해결의 열쇠가 될 수 있는 중국 정부의 입장 변화였다. 제1차 북핵위기 당시 중국 정부는 미국이 제기한 북한의 핵개발 의혹에 대해 시종일관 동의하지 않았다. 중국은 미국이 상황을 과장

---

15 앞에서도 설명했듯이, 당시 클린턴 행정부는 북한의 핵무기 대량 생산과 이에 따른 타 지역, 특히 중동 지역으로의 밀수출 가능성을 막기 위해 대북한 경수로 제공을 결정했으나, 중동 자체의 핵확산을 초래할 수 있는 러시아의 대이란 경수로 수출에는 강력히 반대한 바 있다.

하고 있다고 의심했고, 핵을 개발할 의사도 능력도 필요도 없다는 북한의 말을 굳게 믿는 듯했다. 정도의 차이는 있어도 러시아 역시 마찬가지였다. 그러나 2002년 10월 이후 북한은 스스로 핵무기를 보유하고 있다고 주장하고 우라늄농축프로그램의 존재를 시인했다. 그런 관계로 북한의 핵개발 의도는 의심할 바 없는 사실이 되었고, 이 때문에 중국으로서는 더 이상 북한을 두둔할 명분을 잃게 되었다.

이상 1993년과 2002년 상황의 차이를 몇 가지 설명했으나, 그보다 더 중요하고 본질적인 차이는 핵문제를 둘러싼 게임의 구도와 양상이 과거와는 전혀 달라졌다는 점이었다. 클린턴 행정부 당시에는 북한이 상황을 장악하고 게임을 시종일관 리드했으나, 부시 행정부에 들어와서는 반대로 미국이 게임을 리드해나갔다.

제1차 북핵위기의 전말을 돌이켜보면, 미국은 여러 근거를 동원하여 북한의 핵개발 의혹을 주장하고 북한은 이를 한사코 부인하는 숨바꼭질이 내내 지속되었다. 그런데 2002년 이후의 제2차 북핵위기에서는 그와는 반대의 현상이 발생했다. 북한은 자신이 핵무기를 개발하고 있고 연료봉 재처리도 마쳤다고 거듭 주장했으나 미국은 그럴 리가 있겠느냐고 오히려 부인하는 웃지 못할 일이 계속되었다. 북한은 자기가 갖고 있는 카드를 거의 소진해가면서 온갖 방법으로 미국을 위협했으나, 미국은 팔짱을 낀 채 미동도 하지 않았다. 북한은 연료봉 재처리를 완료했다고 미측에 은밀히 거듭 경고했으나 미국은 들은 체도 안 했다. 초조해진 북한이 2003년 10월 연료봉 재처리 완료를 공개적으로 천명하자, 그에 대한 파월 국무장관의 반응이 걸작이었다. 그런 소리 벌써 세 번이나 들었는데 우리는 그런 거 모른다는 것이었다.

이는 북한의 빈번한 벼랑끝전술 사용이 초래한 부작용이기도 했다. 이솝우화 「늑대와 양치기 소년」의 교훈이 그대로 적용되는 대목이었다. 스캇 스나이더^{Scott Snyder}가 그의 저서 『벼랑끝 협상^{Negotiating on the Edge}』에서 지적했 듯이, 미국은 반복적으로 구사되는 북한의 벼랑끝전술에 익숙해져서 마침 내 이를 무시하는 경지에 이르게 된 것이었다.[16]

6자회담으로 가는 길

북한의 핵동결 해제와 NPT 탈퇴로 제네바합의가 사실상 와해되고 새로 운 협상구도로 가는 과정에서 가장 인상 깊은 것은 회담의 형식을 둘러싼 미국과 북한의 샅바싸움이었다. 북한은 미북 양자회담을 고집했고 미국은 다자회담 구도를 주장했다. 그 기간 동안 회담의 형식 문제가 사실상 유일 한 현안이었다고 해도 과언이 아닐 정도로 형식 문제가 모든 실질적 현안 을 압도했다.

결국 HEU 문제로 혼돈이 야기된 지 6개월 만인 2003년 4월 미국의 뜻대 로 6자회담 과정이 개시됨에 따라 미국은 북한과의 예선전에서 승리를 거 두고 본선에서도 비교적 유리한 고지에 서게 되었다. 북한과의 양자회담을 한사코 기피했던 미국의 고집스런 입장은 제네바합의의 과오를 다시는 되 풀이하지 않겠다는 부시 행정부의 결의를 반영하는 것이었다.

부시 행정부가 제네바합의의 실패로부터 얻은 교훈의 실체는 무엇이었 을까? 그것은 바로 이행의 문제였다. 미국이 북한 핵문제의 해결 조건으로 제시한 「완전하고 검증가능하며 불가역적인」이라는 용어들은 모두 이행 의 문제와 직결된 표현들이었다. 미국 공화당은 당초부터 제네바합의를 잘 못된 합의로 간주해왔는데, 그것마저도 이행되지 않는 것을 보고는 무엇보

---

16 스캇 스나이더, 『벼랑끝 협상: 북한의 외교전쟁』(2003, 청년정신사)에서 인용.

다도 핵폐기의 이행이 보장될 수 있는 새로운 합의가 이루어져야 한다는 생각을 굳힌 듯했다.

미국이 당시 표명한 입장들을 종합해보면, 이행이 보장되는 합의를 달성하기 위한 방안은 대체로 두 가지였다. 첫째, 핵사찰, 핵포기 등 북한의 의무 이행은 기약 없는 훗날로 미루어져서는 안 되며 즉시 이루어져야 한다는 점이었다. 약속은 믿지 않고 행동만을 신뢰하겠다는 얘기였다. 둘째, 새로운 협상은 북한의 합의 이행을 보장하는 데 도움이 될 만한 국가들을 포함하는 다자협상이 되어야 하며, 특히 중국의 중심적인 역할이 긴요하다는 점이었다.

지구상에서 북한에 대해 실질적 영향력을 가진 거의 유일한 나라가 중국이라는 점을 감안한다면, 중국의 주도적인 참여는 협상 결과가 충실히 이행되도록 보장하는 데 큰 도움이 될 수 있었다. 최소한 북한이 중국과의 관계를 감안해서라도 6자회담의 합의사항을 노골적으로 위반하거나 폐기하기는 쉽지 않으리라는 계산을 미국은 했던 것으로 보인다.

미국이 다자회담 개최를 통해 기대할 수 있었던 또 하나의 부수적인 장점은 북한 핵문제를 미북 양자 간에 협의할 때보다 훨씬 진지한 협상이 가능하리라는 점이었다. 북한이 미국과의 쌍무협상에서 종종 사용해왔던 기만, 비난, 협박, 합의파기 등 상투적 벼랑끝전술을 중국과 러시아 앞에서 사용하기는 쉽지 않을 것이기 때문이었다. 그것은 미국과 북한이 그간 문을 닫아걸고 둘이서만 하던 진실게임을 이제는 양측의 친지들이 지켜보는 가운데 하게 됨을 의미했다.

한편, 2002년 말 이후 북한의 의도에 대한 중국의 상황 인식에는 많은 변화가 일어나고 있었고, 이제는 중국도 문제 해결을 위해 뭔가 적극적인 역할을 수행할 준비가 되어 있었다. 비록 중국이 일본과 대만의 연쇄적 핵무장에 대한 우려 때문에 북한의 핵개발 저지를 위해 발 벗고 나서리라는 세

간의 예측은 완전히 빗나갔지만, 중국이 당시 북한 핵문제 해결을 위해 나름대로 조용한 외교적 노력을 기울인 것은 사실이었다.

핵문제 해결 과정에서 일본이 차지하는 위상에도 큰 변화가 일기 시작했다. 1993~1994년 당시 북한 핵문제 해결구도에서 일본이 차지한 비중은 한미 양국과 비교할 바가 못 되었다. 당시만 해도 북한 핵문제는 어디까지나 한반도의 문제였기 때문에 일본은 인접국가로서 제한적인 이해를 갖고 있었을 뿐이다. 일본의 주된 관심사는 핵문제의 여파로 한반도에 비상사태가 발생할 경우 주일미군이 맡게 될 역할과 관련된 것들이었다.

그러나 북한이 1996년 사정거리 1,300km의 노동미사일을 실전 배치하여 홋카이도 일부와 오키나와를 제외한 일본열도 전체를 사정거리 안에 두

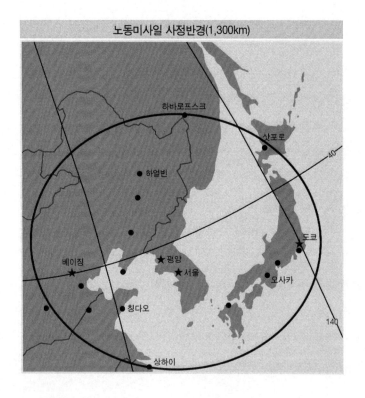

노동미사일 사정반경(1,300km)

게 되고, 1998년에는 일본의 머리 위로 대포동1호 미사일 시험발사가 실시됨에 따라, 일본은 북한 핵문제를 일본 자신의 당면한 안보문제로 간주하게 되었다.

이 때문에 일본은 6자회담 과정을 통해 과거와는 달리 적극적인 역할을 수행하려는 의지를 보였고, 훗날(2006년) 북한이 대포동2호 미사일을 시험발사했을 때는 유엔 안보리의 제재결의 채택을 주도하기도 했다. 미국으로서도 당시 한국 정부의 모호한 입장을 감안하여, 일본과의 공조체제를 대북협상 운영의 토대로 삼았다.

협상이 다자구도로 진행됨에 따라 북한은 지금까지와는 다른 패턴의 협상을 하는 것이 불가피해졌다. 북한이 그동안 미국을 상대로 구사해왔던 벼랑끝전술을 다른 여러 나라가 참가하는 다자협상에서는 사용하기 어려워졌기 때문이다. 북한이 처했던 또 하나의 어려움은 핵개발과 관련하여 그간 미국과 중국, 러시아에 대해 구사해왔던 복잡한 이중, 삼중의 더블플레이를 더 이상 구사할 수 없게 된 점이었다. 당시 북한이 HEU 프로그램을 시인한 후 4개월이 지나 이를 뒤늦게 번복한 것도 북한이 처한 이러한 딜레마와 무관하지 않았을 것이다.

6자회담의 출범과 주요 과제

미북 양자협상을 통한 해결을 주장한 북한과 다자협상을 주장한 미국의 입장이 수개월간 경합한 끝에, 중국 정부의 중재 노력으로 북·미·중 3자회담이 4월 23일부터 사흘간 베이징에서 개최되었다. 중국이 회담을 주선한 것은 그 기회에 미북 양자회담을 자연스럽게 유도하려는 의도였던 것으로 보이나, 중국 측의 거듭된 설득에도 불구하고 미국은 끝내 이에 응하지

않았다.[17]

동 회담에서 북한은 8,000개 연료봉의 재처리가 이미 진행 중이며 북한은 핵무기를 이미 가지고 있고 이를 해외로 이전할 수도 있다고 위협했다.[18] 이는 미국을 압박하여 어떻게든 미북 직접협상을 실현시키려는 의도였던 것으로 보인다. 그러나 북한의 벼랑끝전술은 더 이상 통하지 않았고, 미북 직접협상을 갖지 않겠다는 미국의 입장은 확고했다.

미국이 북한의 위협에 아무 반응을 보이지 않자, 결국 북한은 그로부터 1개월 후인 5월 25일 6자회담 개최에 동의한다는 입장을 천명했고, 이에 따라 3개월의 준비기간을 거쳐 8월 27일부터 29일까지 제1차 6자회담이 베이징에서 개최되었다. 제네바합의 붕괴 후 반년에 걸친 미북 간의 첨예한 대결에서 일단 미국이 판정승을 거둔 셈이었다.

이렇게 출범한 6자회담은 출범 당시부터 이미 많은 난제를 안고 있었다. 기존의 제네바합의에 포함되었던 과제들 외에도, 제네바합의의 실패를 토대로 같은 실패를 되풀이하지 않기 위한 새로운 과제들이 추가되었다. 6자회담이 출범 당시 안고 있던 핵심과제는 핵프로그램 해체 문제, 합의 이행의 문제, 경수로 문제, 대북한 안전보장 문제 등 네 가지였다.

핵프로그램 해체 문제

초기 6자회담이 직면했던 최대의 과제는 무엇보다도 북한의 핵포기 약속을 받아내고 이를 조기에 이행토록 하는 것이었다. 미국은 북한의 즉각적인 핵폐기를 최우선의 목표로 삼았고, 이러한 미국의 목표는 「완전하고

---

17 후나바시 요이치, 『김정일 최후의 도박』(2007), 465~467쪽.
18 앞의 책, 465, 469쪽.

검증가능하며 불가역적인 해체(CVID^complete, verifiable and irreversible dismantling)」라는 용어로 표현되었다.

이를 위해서는 IAEA 핵사찰의 실시, 이미 추출된 핵물질의 규명과 회수조치, 기존 핵시설의 해체와 그 부품들의 처리 문제 등 많은 과제가 산적해 있었다. 그뿐 아니라, 새로 예민한 현안으로 급부상한 HEU 프로그램 문제도 사찰을 통해 명확히 규명되고 폐기되어야 했고, 북한이 이미 제조했다고 주장하는 핵무기의 궁극적 처리 문제도 합의되어야 했다. 이는 핵폐기 협상이 제네바합의 당시보다 훨씬 어렵고 복잡하게 전개될 것임을 예고하고 있었다.

합의 이행의 문제

제네바합의가 끝까지 이행되지 못하고 8년여 만에 좌초한 점을 감안할 때, 좋은 합의를 이루는 것도 중요하지만 더욱 중요한 것은 이행이 보장될 수 있는 방식으로 합의를 이루는 일이었다. 보다 구체적으로 말하자면, 핵폐기를 먼 훗날로 미루지 말고 합의와 동시에 바로 폐기과정을 시작해야한다는 것이 미국의 입장이었다. 이는 제네바합의의 과오를 다시는 반복하지 않으려 했던 부시 행정부가 무엇보다 중시했던 원칙이기도 했다.

제네바합의는 이행의 보장이 없는 합의가 처하게 될 운명을 여실히 보여주었다. 1994년 제네바합의가 서명된 후 2002년까지 8년간 미국이 제재조치를 완화하고 중유를 공급하고 KEDO가 15억 달러 상당의 경수로 공사를 진행시키는 동안 북한이 해야 했던 조치는 단 한 가지, 핵동결이라는 현상유지 조치뿐이었다. 북한은 2002년 말 핵동결을 파기함으로써 1994년의 상황으로 되돌아갔고 그 당시 가지고 있던 모든 선택의 요소들을 그대로 다시 회복했다.

경수로와 핵무기

일반적으로 경수로(LWR^{Light Water Reactor})는 현재까지 개발된 원자로 모델 중에서 핵무기 제조에 전용되기가 가장 어려운 것으로 알려져 있다. 원자로에서 추출된 플루토늄으로 핵무기를 제조하기 위해서는 플루토늄의 순도가 90% 이상인 고농축플루토늄이 필요하나, 경수로에서 연소된 연료봉에 포함된 플루토늄은 순도가 매우 낮아 핵무기 제조용으로 부적합하기 때문이다.

그러나 이는 IAEA의 감시하에 경수로 연료봉을 정상적으로 완전 연소시켰을 때에 그렇다는 말이며, IAEA의 통제를 무시하고 원자로를 비정상적으로 가동할 경우 경수로는 거대한 핵무기용 플루토늄 생산시설로 손쉽게 전용될 수 있다.

예컨대, KEDO가 북한에 제공 예정이던 한국표준형 경수로는 통상 45개월마다 연료봉을 교체하는데, 이때 생성된 사용후연료봉에 포함된 플루토늄은 순도가 약 57%에 불과하여 핵무기 제조에 이용될 수 없다. 그러나 연료봉을 9개월 미만 연소시켜 재처리할 경우 핵무기 제조가 가능한 순도 90% 이상의 플루토늄을 추출할 수 있다.

제네바합의에 따라 북한에 제공 예정이던 2,000MW 한국표준형 원자로에서 연료봉을 9개월간 연소시켜 일괄 재처리할 경우, 이론상 순도 90%의 무기급 플루토늄을 약 300kg 추출할 수 있다. 이는 핵무기를 최소 40~50개 제조할 수 있는 엄청난 양이다.

경수로 제공 문제

경수로 제공은 제네바합의의 중추를 이루는 반대급부였기에 새로운 핵합의 도출과정에서 북한이 이를 재차 요구할 가능성이 매우 높았다. 그러나 부시 행정부는 설사 북한이 핵프로그램을 폐기하더라도 경수로는 절대 제공되어서는 안 된다는 입장이 확고했다. 이러한 미국의 입장은 무엇보다도 경수로를 이용한 북한의 대규모 핵개발 가능성 때문이었다.

허바드^{Thomas Hubbard} 주한 미국대사는 2003년 말 서울의 한 세미나 석상에서 "북한이 핵무기 개발 계획의 폐기에 동의한다 하더라도 미국은 KEDO의 경수로 사업을 재개할 계획이 없다. 만일 북한이 핵개발 계획을 명확하고 검증가능하고 불가역적인 방식으로 포기한다면, 미국은 다른 형태의 에너지 지원을 지지할 준비가 되어 있다"고 그러한 미국의 입장을 공개적으로 천명했다.

대북한 안전보장 문제

북한은 2003년 4월 개최된 북·미·중 3자회담 시, 북한의 핵개발이 미국의 대북한 적대시정책에서 비롯된 것이므로 적대시정책 철회의 증거로서「미북 불가침협정」을 체결할 것을 요구했다.[19] 이에 대한 미국의 반응은 검토할 가치도 없다는 입장이었다. 미국은 과거 어느 나라와도 불가침협정을 체결한 적이 없었고, 더욱이 미수교국인 북한과의 불가침협정 체결을 검토할 입장은 아니었다.

과거 수십 년간 미북 평화협정 체결을 주장해온 북한이 별안간 불가침협정 체결을 요구한 배경은 밝혀지지 않았으나, 북한의 진의가 무엇이었건간에 역사적으로 볼 때 불가침협정이 진정한 불가침이나 평화를 의미한 사례는 거의 한 번도 없었다. 불가침협정은 그 용어가 주는 이미지와는 달리실제로는 협정 상대방과의 불가피한 전쟁을 수년 정도 미루어두는 목적으로 사용되는 것이 역사적 관행이었다.[20]

---

19 앞의 책, 464쪽.

20 역사상 가장 유명한 불가침협정으로는 1938년 12월의 독일-프랑스 불가침협정과 1939년 8월의 독일-소련 불가침협정이 있다. 나치 독일은 1938년 불가침협정 체결을 통해 프랑스의 중립을 확보한 뒤 체코, 폴란드, 노르웨이, 덴마크, 네덜란드, 벨기에를 차례로 점령했고, 불가침협정의 잉크가 채 마르기도 전인 1940년 6월 결국은 프랑스마저 독일에 점령당했다. 독일과 소련은 1939년 불가침협정을 맺은 후 독일은 유고슬라비아와 그리스를, 소련은 폴란드, 루마니아, 발트3국, 핀란드를 각각 침공했으나, 불과 2년 후인 1941년에는 결국 양국 간에 전쟁이 발발했다.

교착상태에 빠진 6자회담

2003년 8월 제1차 6자회담이 개최된 이래 2004년 2월 제2차 회담, 같은 해 6월 제3차 회담이 개최되었다. 비록 가시적 진전은 없었으나 약 6개월마다 회담이 지속되었고, 북한 핵문제를 평화적으로 해결한다는 국제적 공감대도 형성되어 한반도 상황은 사뭇 안정을 찾아가고 있었다.

제1차 6자회담에서 참가국들은 회담이 진행되는 동안 상황악화 조치를 자제하기로 합의했고, 제2차 회담에서는 회담 정례화와 실무그룹 구성이 합의되는 등 표면적으로는 회담이 잘 진행되고 있었다. 그러나 주요 쟁점들에 관한 실질문제 협의에서는 별다른 진전이 없었다. 거의 모든 현안에서 미국과 북한의 입장이 정면 대립하여 회담은 난항을 거듭했고, 미국과 북한은 모두 인내심의 한계에 도달하고 있었다. 그나마 의장국인 중국 정부의 적극적인 중재노력이 회담을 유지시키는 거의 유일한 생명줄인 듯 보였다.

세 차례의 6자회담과 관계국들의 중재노력에도 불구하고 미국은 핵프로그램의 즉각적인 폐기를 주장하는 기본 입장에서 한 치도 후퇴할 기색이 없었고, 북한 역시 이를 거부하는 강경한 입장에 변화가 없었다. 상황을 더욱 복잡하게 만든 것은 2004년 말로 예정된 미국 대통령선거였다. 북한은 나름대로 2004년 미국 대통령선거에서 민주당 정권이 수립될 가능성에 기대를 걸고 다분히 시간이 가기만을 기다리는 기색이었다.

회담의 핵심쟁점은 ① 핵폐기 시기 문제, ②「핵의 평화적 이용 권리」 문제, ③ HEU 프로그램 문제, ④ 미북관계 정상화 문제 등이었고, 무엇보다도 미국의 선핵폐기 주장과 북한의 후핵폐기 주장이 최대의 쟁점을 형성하고 있었다. 한 가지 주목할 만한 점은, 북한이 그간 예비회담 과정에서 제기해왔던 안전보장 문제와 미북 불가침협정 문제가 정작 6자회담에서는 거론되지 않았다는 점이다. 핵심 쟁점들에 대한 논의 경과는 아래와 같았다.

핵폐기 시기 문제

미국은 자발적으로 핵개발을 포기한 리비아 모델에 따라 북한의 즉각적인 핵폐기와 완전하고 검증가능하며 불가역적인 핵폐기(CVID)를 촉구했다. 이는 핵폐기에 대한 북한의 장래 약속은 신뢰할 수 없고 구체적 행동만을 신뢰하겠다는 의지의 표현이었다. 이러한 미국의 입장은 제네바합의가 북한의 핵폐기를 경수로 공사일정과 연계시킴으로써 결과적으로 핵폐기 이행을 지연시키는 결과를 초래한 데 대한 자성에서 비롯된 것이었다.

북한은 미국이 제시한 리비아식 선핵폐기 방식에 격렬히 반대하면서, 일단 핵동결을 실시한 후 핵폐기 협상을 진행하자는 주장을 제시했다. 북한이 핵동결의 대가로 요구한 것은 미국의 대북한 에너지 지원 참여, 테러지원국 지정 해제, 대북 경제제재 해제 등 제네바합의의 수준을 훨씬 상회하는 반대급부였다.

중국 정부도 북한과 입장을 같이하여, 핵폐기 협상 이전에 일단 핵동결을 실시하고 동결의 대가를 지불하는 방안을 원자바오 총리가 부시 대통령에게 제안했다. 그러나 미국은 핵동결에는 관심이 없었다.[21] 핵동결은 북한의 추가적 핵활동을 막는 현상유지에는 도움이 될 것이나 핵문제의 조속한 해결과는 거리가 먼 구상이라는 것이 미국의 시각이었다. 미국은 제3차 6자회담에서 북한의 선핵폐기를 전제로 하는 일괄타결안을 제시했으나, 북한은 "더 이상 논의할 일고의 가치도 없다"고 일축했다.

---

21 후나바시 요이치, 『김정일 최후의 도박』(2007), 486쪽.

「핵의 평화적 이용 권리」 문제

북한은 제1차 6자회담 이래로 「핵의 평화적 이용 권리」를 주장하면서, 핵폐기는 핵의 군사적 이용에 국한되어야 한다는 주장을 전개했다. 그러나 미국은 이는 북한이 핵을 포기하고 NPT에 복귀하여 IAEA의 사찰을 받고 난 이후 논의할 문제라고 반박했다.[22] 사실 북한은 2003년 핵무기 개발을 공공연히 주장하기 시작할 때까지 영변 핵시설도 전력생산을 위한 평화적 핵시설이라고 주장해왔었다.

북한이 갑자기 「핵의 평화적 이용 권리」라는 생소한 문제를 들고 나와 지나치다 싶을 정도로 이를 거듭 강조한 배경에 관해서는 여러 가지 추측이 난무했다. 흥미로운 것은 「핵의 평화적 이용 권리」를 주장하면서 우라늄농축시설 건설을 강행하고 있는 이란의 움직임과 그러한 북한의 태도 간에 대단히 많은 유사성이 존재한다는 점이었다. 2002년부터 제기된 이란 핵문제도 이란이 「평화적 핵시설」이라는 명목으로 건설 중인 핵연료 생산시설, 즉 경수로용 핵연료봉 제조를 위한 우라늄농축시설 때문이었다.

이를 감안할 때 「핵의 평화적 이용 권리」에 대한 북한의 집착은 장차 경수로의 연료봉을 자급자족한다는 명분으로 우라늄농축프로그램의 보유를 합리화하려는 고도의 전략을 반영한 것이었다. 다시 말해서, 기존의 HEU 프로그램을 합리화하고 양성화하려는 시도일 가능성이 농후해 보였다. 이러한 의혹은 그로부터 6년이 지난 2009년 중반 북한이 경수로 연료의 자체 생산 방침과 더불어 우라늄농축 착수 방침을 외무성 성명을 통해 공식 발표함으로써 결국 사실로 확인되었다.

----

22 앞의 책, 490, 524쪽.

HEU 프로그램 문제

미국은 북한의 HEU 프로그램 문제를 수차 제기했으나, 북한 측은 "농축 우라늄 관련 설비도 과학자도 기술도 없으며, 파키스탄과 미사일 거래는 있었지만 농축우라늄 분야 거래는 전혀 없었다"고 의혹을 부인했다.[23] 그러나 북한으로부터 HEU 프로그램 보유 의혹을 반증할 만한 설득력 있는 설명은 없었다. 북한은 단지 이에 대한 원론적 부인 입장만 반복하면서 미국에게 의혹의 증거를 제시할 것을 요구했다.

제3차 6자회담에서 핵동결 문제 논의 시 미국은 핵시설과 핵무기를 포함한 모든 핵프로그램의 동결을 주장한 반면, 북한은 「현재 가동 중인 모든 핵시설」과 「NPT 탈퇴 후 재처리한 플루토늄」만을 동결대상으로 할 것을 주장했다.[24] 북한의 이러한 주장은 NPT 탈퇴 이전에 생산된 플루토늄과 HEU 프로그램을 동결대상에서 제외하려는 의도가 내포된 것이었다.

미북 관계정상화 문제

북한은 미북관계가 정상화되고 신뢰가 조성되어 미국의 위협을 느끼지 않게 되어야 핵무기의 포기가 가능하다는 입장을 주장했는데, 이는 미북관계 정상화를 핵폐기의 선행요건으로 간주한다는 의미였다. 이에 대해 미국은 관계정상화는 핵포기만으로는 실현되기 어려운 장기적 과정임을 강조하고, 9·19 공동성명 발표 직후 폐막성명을 통해 핵문제뿐 아니라 "북한의 인권 침해, 생화학무기 계획, 미사일 프로그램과 확산, 테러 및 불법활

---

23 앞의 책, 497쪽.
24 앞의 책, 500~502쪽.

동 등 모든 우려사항을 미북관계 정상화 논의의 필요 요소로서 제기해나갈 계획"이라는 입장을 천명했다.[25]

---

25 앞의 책, 538쪽.

3 9·19 공동성명과 새로운 난관

벼랑 끝에서의 회담재개

세 차례의 6자회담에서 아무 진전을 보지 못하자 북한은 차기 제4차 6자회담의 개최 일자를 잡기를 거부했다. 이는 아마도 2004년 말의 미국 대통령선거 결과를 일단 관망하려는 의도로 해석되었다. 당시 이라크 전쟁의 악화로 인해 미국 대통령선거에서 민주당이 승리할 가능성이 적지 않은 상황이었기 때문에 북한으로서는 이에 큰 기대를 걸고 있었다.

북한은 미국에 민주당 정권이 수립되면 제네바합의와 유사한 구도로의 복귀가 가능하리라 기대했을 가능성이 큰 것으로 보인다. 제네바합의와 마찬가지 방식으로 일단 핵동결을 실시하고 그에 대한 반대급부를 확보한 후 경수로를 매개로 하는 새로운 핵합의를 이룰 수만 있다면, 북한으로서는 추가로 추출한 농축플루토늄을 그대로 보유하면서 경수로 공사의 재개까지 확보하는 최선의 결과를 성취할 수 있을 터였다. 이는 당시 한국의 노무현 정부가 추구하던 해결방식과도 유사한 맥락이었다.

그러나 북한의 간절한 기대에도 불구하고 2004년 말 미국 대통령 선거에서 공화당이 승리하여 제2기 부시 행정부가 출범하게 되자 상황은 급변했다. 정권 재창출에 성공한 부시 행정부의 자신감에 북한의 좌절감이 더해짐에 따라 상황은 급속히 악화되기 시작했다. 재집권에 승리한 부시 대통령은 「압제국가의 민주화」를 기치로 내걸고 2005년 1월 20일 취임사를 통해 "세계의 압제국가들을 민주화할 것"이라고 선언했다. 부시 대통령이 비록 북한을 대상국가로 지목하지는 않았으나 문맥상 북한이 당연히 포함되는 것으로 해석되었다. 이에 앞서 라이스^{Condoleezza Rice} 국가안보좌관은 1월 8일 국무장관 인준 청문회에서 북한을 「폭정의 전초기지^{outpost of tyranny}」로 지칭하며 비판했다.

이에 대해 북한은 거세게 반발했다. 북한은 2월 10일 외무성 성명을 통해 부시 행정부의 대북한 적대시정책에 변화가 없다고 비난하면서 6자회담의 무기한 중단을 선언하는 동시에, "자위를 위해 핵무기를 제조했다"고 처음으로 핵무기 보유를 공식 선언했다. 이에 대해 미국이 별다른 반응을 보이지 않자, 북한은 5MW 원자로의 연료봉을 다시 인출하기 시작했고 5월 11일에는 연료봉 인출이 완료되었음을 발표했다.

5MW 원자로의 연료봉은 장착된 지 불과 2년밖에 안 되어 연료봉 교체 시기가 아직 성숙하지 않은 상태였다. 그럼에도 불구하고 북한이 이를 굳이 인출한 것은 미국을 위협하기 위한 의도적 조치였던 것으로 보인다. 그러나 연소기간이 짧은 까닭에 여기서 추출될 10kg 조금 넘는 플루토늄은 북한이 이미 보유한 35~40kg의 플루토늄에 비하면 별것이 아니었고, 따라서 미국에게 별다른 새로운 위협이 되지 못했다.

미국이 별 반응을 보이지 않자 북한의 벼랑끝전술은 계속되었고, 인출된 연료봉에 대한 재처리작업이 시작되었다. 상황은 점차 악화되고 있었고, 미국은 6자회담의 효용성 여부에 관한 깊은 회의에 빠진 듯했다. 이제 6자회담 과정이 붕괴되는 것은 단지 시간의 문제인 듯 보였고, 6자회담이 결렬되면 남은 방법은 유엔 안보리의 제재조치로 가는 길밖에 없었다. 국내 일각에서는 미국의 대북한 군사조치 가능성에 대한 우려가 다시 대두되기도 했다.

상황이 악화되자 위기에 처한 6자회담의 불씨를 살리려는 노력이 한국과 중국 정부를 중심으로 전개되었다. 특히 중국은 자국이 주도해온 6자회담 과정이 붕괴되는 것을 원치 않는 입장이었기에 회담의 성과 여하와 관계없이 어떻게든 회담을 지속시키려는 강한 의지를 갖고 있었다. 그것은 중국 외교의 위신과도 직결된 문제였다. 다행히도 미국과 북한 중 어느 쪽도 더 이상 상황이 악화되는 것은 원치 않는 입장이어서, 중국 정부 주도하에 제4차 6자회담이 2005년 7월 말 베이징에서 개최되었다. 2004년 6월 제3차 6자회담이 개최된 지 13개월 만의 회담재개였다.

9·19 공동성명의 태동

제3차 6자회담 이후 1년여의 공백기를 거쳐 제4차 6자회담 1단계 회의와 2단계 회의가 2005년 7월과 9월 베이징에서 잇달아 개최되었다. 위기에 처했던 6자회담이 벼랑끝에서 기사회생하여 개최되는 만큼 무언가 실질적 진전을 이루지 못하면 회담의 미래를 기약할 수 없으리라는 관계국들의 우려가 어느 때보다 고조된 상황이었다.

그 1년의 공백기 동안 미국에서는 제2기 부시 행정부가 출범했고, 라이스 국가안보보좌관이 국무장관에 취임했다. 북한은 핵무기 보유를 공식 선언했고, 새로 인출된 5MW 원자로 연료봉에 대한 재처리 작업이 7월 초 종료되어 미측에 통보되었다. 한국은 회담 재개 2주일 전인 7월 12일 신포에서의 경수로공사 종결 방침을 공식 천명했고, 그 대신 북한의 핵폐기를 전제로 200만kW(2,000MW)의 전기를 북한에 송전한다는 구상을 발표했다.

그러한 가운데 개최된 제4차 6자회담에서는 그간의 묵은 쟁점들이 다시 고개를 들었고, 핵폐기 문제 등 핵심쟁점들에 관한 미북 양측의 입장이 계속 평행선을 그리고 있었다. 다만 한 가지 긍정적 변화가 있었다면, 부시 행정부의 실세인 라이스 국무장관의 취임으로 북한 핵문제에 대한 미국 내 네오콘의 영향력이 퇴조하고 국무부의 협상권한이 과거 어느 때보다 강화되었다는 사실이었다. 그에 따른 가장 가시적인 변화는 과거와 달리 미북 양측이 수시로 직접 만나 협상을 벌인 점이었다.

약 20일에 걸쳐 진행된 제4차 6자회담의 결과 2005년 9월 19일 이른바 「9·19 공동성명」이라 불리는 포괄적 합의문이 채택되어 발표되었다. 동 회담에서의 핵심 쟁점들에 관한 협상과정을 당시 공개된 사항들을 중심으로 요약하자면 아래와 같다.

첫째, 가장 의견이 첨예하게 대립되어왔던 핵폐기 시기 문제는 이견의 폭이 너무 큰 관계로 시점에 관한 언급 없이 핵무기와 핵계획을 포기한다는 일반적 원칙만이 합의되었다. 따라서 이 문제는 9·19 공동성명 이후에도 가장 큰 미결 쟁점으로 계속 남게 되었다.

둘째, 핵폐기의 범위 문제에서, 미국은 HEU 프로그램을 폐기 대상에 포함할 것을 주장했으나 북한은 그 존재 자체를 부인하는 입장을 굽히지 않았다. 미국은 「모든 핵무기와 핵프로그램all nuclear weapons and nuclear programs」을 폐기의 대상으로 규정하고자 했으나, 북한은 그러한 포괄적 표현에 동의하지 않았다. 결국 북한의 입장을 배려한 중국 측의 제안에 따라 「모든 핵무기와 현존하는 핵프로그램all nuclear weapons and existing nuclear programs」으로 합의가 이루어졌다. 북한은 HEU 프로그램의 존재 자체를 부인하고 있었으므로, 「현존하는」 핵프로그램은 사실상 HEU 프로그램이 배제된 표현이었다.

9 · 19 공동성명 주요 내용

1. 한반도 비핵화
- 북한은 모든 핵무기와 현존하는 핵프로그램을 포기하고^{abandon} 조속한 시일 내에 NPT 협정과 IAEA 안전조치에 복귀할 것을 약속한다.
- 미국은 핵무기 또는 재래식 무기로 북한을 공격 또는 침공할 의사가 없음을 확인한다.
- 한국은 영토 내 핵무기 부재를 확인하고 비핵화공동선언에 따른 핵무기 불배치, 불배비 공약을 재확인한다.
- 남북 비핵화공동선언은 준수, 이행되어야 함을 확인한다.
- 5개국은 핵의 평화적 이용 권리를 주장하는 북한의 입장을 존중하고, 적절한 시기에 ^{at an appropriate time} 경수로 제공문제를 논의하는 데 동의한다.

2. 6자간 상호관계
- 미국과 북한은 상호 주권을 존중하고 평화적으로 공존하며, 각자의 정책에 따라 관계정상화를 위한 조치를 취할 것을 약속한다.
- 일본과 북한은 과거사와 현안 해결을 기초로 관계정상화를 위한 조치를 취할 것을 약속한다.

3. 대북한 경제협력
- 5개국은 북한에 대해 에너지 지원을 제공할 용의를 표명했다.
- 한국은 2005년 7월 12일자 200만kW(2,000MW) 대북한 송전 제안을 재확인했다.

4. 기타 사항
- 직접 관련된 당사국들은 적절한 별도포럼에서 한반도 평화체제에 관한 협상을 개최한다.
- 동북아 안보협력 증진을 위한 방안을 모색한다.
- 「공약 대 공약, 행동 대 행동」 원칙에 입각하여 단계적 방식으로 합의 이행조치를 실시한다.

셋째, 경수로 문제와 관련, 북한은 경수로 제공 보장을 명기할 것을 요구했으나 미국과 일본의 반대로 뜻을 이루지 못했다. 미국과 일본은 어떤 내용으로건 경수로 문제를 포함시키는 데 반대하는 입장이었고, 훗날 불가피하게 경수로 지원 문제가 논의되더라도 그 시기는 북한의 NPT 복귀와 핵폐기 이후가 되어야 한다는 입장이었다. 한국의 입장은 북한이 핵폐기를 이행할 경우 경수로를 포함한 핵의 평화적 이용 권리를 인정하자는 것이었는데, 이는 다분히 미·일 양국보다는 북한과 중국의 입장에 근접한 것이었다.

중국은 핵의 평화적 이용 권리에 대한 북한의 입장을 "존중하고 적절한 시점에 경수로를 제공하는 문제를 논의한다"는 애매한 문구의 삽입을 강력히 종용, 이를 관철함으로써 상당 부분 북한의 손을 들어주었다.[26] 이에 따른 해석상의 모호성을 배제하기 위해, 미국은 9·19 공동성명 발표 후 폐막성명을 통해 "북한이 검증가능한 형태로 모든 핵무기와 핵프로그램을 폐기하고 NPT에 복귀하여 핵투명성을 지속적으로 입증할 때 비로소 경수로 제공 논의가 가능하다"는 입장을 밝혔다.[27] 북한은 이에 대응하여, "경수로가 제공되기 전에는 핵폐기를 할 수 없다"는 강한 입장을 공개적으로 천명했다.

위의 세 가지 쟁점 현안들 중 가장 많은 논란을 겪은 문제는 경수로 문제였다. 북한은 제4차 6자회담 1단계 회의 당시 「핵의 평화적 이용 권리」를 주장하던 종래 입장을 슬며시 바꾸어 2,000MW의 경수로 제공을 집요하게 주장했다. 북한은 한국 정부가 제안한 2,000MW(200만kW) 대북송전 구상에 대해서는 냉담한 반응을 보이면서 경수로 제공만을 집요하게 요구했다. 극심한 에너지난에도 불구하고 굳이 오랜 세월이 소요되고 실현 전망도 불투명한 경수로를 고집하는 북한의 태도에는 석연치 않은 점이 많았다.

미국 수석대표 힐Christopher Hill 차관보는 언론 브리핑을 통해 북한의 이러한 태도를 지적하고, "북한은 한국의 대북송전 제안에는 관심을 보이지 않고

---

26 앞의 책, 529~531쪽 내용 요약.

27 미국의 폐막성명은 비공개회의에서 발표되었으나, 미국 정부는 이를 국무부 웹사이트에 공개했다.

경수로만 요구한다. 그들은 에너지를 바란 것이 아니었던가? 아니, 전력 때문이 아니다. 뭔가 다른 것 때문이라고 말하고자 한다면 우리는 그 내용을 알아야 한다"고 북한의 저의에 대한 깊은 의구심을 표명했다.[28]

북한은 경수로 제공 요구를 합리화하기 위해, "경수로 제공은 미국이 대북한 적대시정책을 해소하고 평화공존으로 나오려 하는가 하는 정치적 의지와 직결된 문제"이며 "미북 간 신뢰조성의 물질적 증거"라고 주장했다. 북한은 또한 경수로가 북한에 건설되는 것 자체만으로도 외부로부터의 공격을 억지할 수 있다는 논리와 더불어, "흑연감속로 가동을 중단하면 20만 명의 고용문제가 생긴다"는 엉뚱한 주장까지 펼쳤다.[29]

이 회담에서 중국 측은 6자회담의 장래에 대한 위기의식을 가지고 어떻게든 문서화된 합의를 도출하고자 진력했다. 사안별로 이견이 많아 문서화된 합의가 쉽지 않은 상황이었지만, 중국 정부는 맹렬한 기세로 이견의 쌍방을 압박해가면서 합의문 도출을 추진해나갔다. 한국 측도 이러한 움직임에 동참했다. 당시 한국 정부의 노력은 북한을 압박하여 조속한 핵포기를 종용하기보다는 미국을 압박하여 북한의 입장을 수용토록 하는 데 주로 초점이 맞추어졌다. 따라서 6자회담 과정에서 미·일 양국과 남·북·중·러 4국의 입장이 대립하는 상황이 종종 발생했다.

---

28 힐 차관보의 이러한 예리한 지적은 경수로를 이용한 북한의 핵개발 가능성에 대한 미국 정부의 우려가 내포된 것이다.

29 후나바시 요이치, 『김정일 최후의 도박』(2007), 528, 530, 547쪽. 북한의 "20만 명 고용문제" 제기는 근거가 없으며, 북한의 실제 핵 관련 종사자 규모는 고급인력 200여 명을 포함하여 약 3,000명 정도로 추산되었다.

9 · 19 공동성명과 제네바합의의 비교

제네바합의와 비교할 때, 9 · 19 공동성명은 즉시 이행 가능한 합의가 아니라, 핵문제 해결의 기본 방향과 원칙들을 규정한 원론적 합의의 성격이었다. 특히 핵협상의 가장 중요한 부분인 핵폐기 문제에서는 구속력 없는 일반적 원칙만 규정되었다. 요컨대, 이행을 위한 합의문이라기보다는 앞으로의 협상을 위한 구체적 의제와 과제들을 정리하여 열거한 형태를 띠고 있었다. 따라서 9 · 19 공동성명이 실제로 이행되기 위해서는 각 조항별로 세부적 이행합의가 필요했다.

한국 정부는 9 · 19 공동성명을 "평화냐 위기냐의 기로에서 평화를 선택하고 결정한 역사적 쾌거이며 한국 외교의 승리"라고 자평했다.[30] 그러나 북한과의 합의가 공통적으로 겪어야 할 이행상의 난관을 감안할 때 아직은 갈 길이 멀고도 멀었다. 9 · 19 공동성명이 북한의 비핵화를 위한 대장정에서 차지하는 의미를 평가하기 위해 9 · 19 공동성명의 주요 조항들을 제네바합의와 비교하여 검토해 보고자 한다.

> 1-2 조선민주주의인민공화국은 모든 핵무기와 현존하는 핵계획을 포기하고[abandon all nuclear weapons and existing nuclear programs] 조속한 시일 내에 핵확산금지조약(NPT)과 국제원자력기구(IAEA)의 안전조치에 복귀할 것을 공약했다.

북한이 문서상 합의를 통해 「현존하는 핵프로그램」의 포기 의사를 확인한 것은 나름대로 큰 의미가 있었다. 이는 제네바합의에 규정된 IAEA 핵사찰을 통한 핵시설 해체 원칙과 맥을 같이하는 조항이었다.

---

30 2005년 9월 19일자 통일부장관 기자회견.
    http://news.mt.co.kr/mtview.php?no=2005091915560374233&type=1

그러나 이는 북한의 핵포기 원칙에 관한 원론적 선언의 성격이었으며, 핵포기의 대상, 범위, 시기 등 구체적인 사항들은 이견의 폭이 너무 커서 합의되지 못했다.[31] 또한 북한이 그 존재 자체를 부인하는 HEU 프로그램이 「현존하는 핵프로그램」에 포함되기 어려운 한계성과 더불어, 핵무기와 핵프로그램의 「포기」가 해체와 국외반출을 의미하는 것인지 여부 등 적지 않은 모호성을 내포하고 있어, 이에 관한 구체적 쟁점들이 미결사안으로 계속 남게 되었다.

> 1-3 미합중국은 한반도에 핵무기를 갖고 있지 않으며, 핵무기 또는 재래식 무기로 조선민주주의인민공화국을 공격 또는 침공할 의사가 없다는 것을 확인했다.

이것은 북한이 제기해온 안전보장 요구에 대한 미국의 응답이다. 제네바합의에는 "미국은 북한에게 핵무기를 사용하지 않고 핵무기로 위협하지도 않는다"는 문구가 포함되어 있는데, 9·19 공동성명에는 핵무기 외에 재래식 무기 분야의 안전보장까지 추가되었다. 이는 제네바합의와 비교할 때 한층 포괄적인 안전보장 문구였다.

> 1-4 대한민국은 자국 영토 내에 핵무기가 존재하지 않는다는 것을 확인하면서, 1992년의 남북 비핵화공동선언에 따라 핵무기를 접수 또는 배비하지 않겠다는 공약을 재확인했다.
> 1-5 1992년의 남북 비핵화공동선언은 준수, 이행되어야 한다.

---

31 제네바합의의 경우는 ① 핵동결의 시점과 구체적 대상 및 동결기간 중의 IAEA 사찰 방식, ② 연료봉의 국외반출 원칙과 반출 시기, ③ 핵시설 해체의 구체적 시점 등이 상세히 규정되어 있다.

남북 비핵화공동선언에 관한 이 조항들은 한반도 핵문제의 근원이 주한 미군 핵무기 때문이라는 북한의 오랜 왜곡선전이 그대로 반영된 듯한 대목이다. 1994년의 제네바합의에는 "북한은 비핵화공동선언의 이행을 위한 조치를 일관성 있게 취한다"고 북한 측 의무사항이 명기되어 있었고, 이는 누가 보더라도 북한의 핵재처리나 우라늄농축 금지를 지칭하는 것이었다. 그러나 9·19 공동성명의 이 조항에서는 주한미군 핵무기 문제와 남한의 비핵화 의무만 구체적으로 열거되었고, 북한의 이행 의무는 "비핵화공동선언은 준수, 이행되어야 한다"는 모호한 표현 속으로 실종되었다.

요컨대, 제네바합의에서 북한의 비핵화를 위해 삽입했던 비핵화공동선언 조항이 9·19 공동선언에 와서는 남한의 비핵화를 위한 조항으로 변질된 것이었다. 이 조항들은 9·19 공동성명상의 「한반도 비핵화」라는 모호한 표현과 더불어, 북한 핵문제를 마치 남북한 공통의 핵문제인 양 포장하려는 북한의 기본전략을 여과 없이 투영하고 있다.

> 1-6 조선민주주의인민공화국은 핵에너지의 평화적 이용에 관한 권리를 가지고 있다고 밝혔다. 여타 당사국들은 이에 대한 존중respect을 표명했고, 적절한 시기에 조선민주주의인민공화국에 대한 경수로 제공 문제에 대해 논의하는 데 동의했다 agreed to discuss

이 조항을 통해, 북한은 미국이 그간 거부해온 두 가지 문제에서 교두보를 확보했다. 핵의 평화적 이용 권리를 「인정」한 것은 아니나, 일단 「존중」을 표명했으니 향후 이를 정식으로 계속 주장할 명분이 확보되었다. 또한 경수로 제공 문제도 비록 「제공 약속」을 확보하지는 못했으나 「논의」한다는 합의를 얻어냈으니 일단 교두보를 확보한 셈이었다.

미국은 경수로 지원 문제를 공동성명에 포함시키지 않으려 무진 애를 썼으나 한국이 사실상 북한 편에 서서 이를 관철하는 역할을 했으며,[32] 중국,

러시아도 이에 동조함에 따라 결국 마지못해 이를 수락했다. 이에 따른 문제점을 보완하기 위해, 미국의 힐 수석대표는 9·19 공동성명 합의 직후 회견을 통해 "북한이 핵무기와 핵프로그램을 폐기하고 NPT에 복귀하여 안전조치를 이행할 때 비로소 경수로 제공 논의가 가능하다"는 입장을 천명했다.[33] 이에 대해 북한 외무성은 다음 날 외무성 성명을 통해 "신뢰제공의 물리적 담보인 경수로 제공 없이는 우리가 이미 보유하고 있는 핵 억제력을 포기하는 문제에 대해 꿈도 꾸지 말라"는 상반된 입장을 밝혔다.[34]

> 2-2 조선민주주의인민공화국과 미합중국은 상호 주권을 존중하고, 평화적으로 공존하며, 각자의 정책에 따라 관계정상화를 위한 조치를 취할 것을 약속했다.
> 2-3 조선민주주의인민공화국과 일본은 평양선언에 따라, 불행했던 과거와 현안사항의 해결을 기초로 하여 관계 정상화를 위한 조치를 취할 것을 약속했다.

관계정상화에 대한 이 두 개의 조항은 관계정상화를 위한 조치를 취하기는 하되 그 과정에서 미국과 일본의 관심사가 사전에 해결되거나 반영되어야 한다는 것을 의미한다. 이는 제네바합의 조항 중 "상호 관심사로 되는 문제들의 해결에서 진전이 이루어지는 데 따라" 수교를 한다는 문구와 일맥상통한다.

미국은 당초 관계정상화의 구체적 조건들을 공동성명에 명기하고자 했으나 이것이 관철되지 못하자, 9·19 공동성명 발표 직후 폐막성명을 통해 "북한의 인권 침해, 생화학무기 계획, 미사일 프로그램과 확산, 테러 및 불법활동 등 모든 관심사항을 미북관계 정상화 논의의 필요 요소로서 제기해

---

32 이우탁, 『오바마와 김정일의 생존게임』(창해, 2009), 648쪽.
33 2005년 9월 20일자 프레시안 보도, 「북미, 6자합의 하루 만에 이행순서에 결정적 이견」.
34 2005년 9월 21일자 『경향신문』 보도.

나갈 계획"이라는 입장을 공개적으로 천명했다.

3-3 대한민국은 조선민주주의인민공화국에 대한 200만 킬로와트의 전력공급에 관한
2005년 7월 12일자 제안을 재확인했다.

제4차 6자회담 직전에 발표된 한국 정부의 대북송전 제안이 내포하는
기술적 난관과 천문학적 소요경비 문제는 차치하고라도, 이 제안은 정작
당사자인 북한 측으로부터 아무런 호응을 얻지 못했다.[35] 북한은 6자회담
과정에서도 대북송전 제안에 대해 냉담하고 무관심한 반응을 보였으며, 미
북 양자협의 때에는 "관심 없다"는 입장을 구체적으로 밝히기도 했다. 그
럼에도 불구하고, 이 조항은 한국 대표단의 강력한 요청에 따라 공동성명
에 포함되었다.[36]

BDA 문제의 암초에 걸린 6자회담

제네바합의 붕괴 이후 거의 3년 만에 합의된 9 · 19 공동성명으로 순풍
을 맞을 듯했던 6자회담은 그 후 미처 몇 걸음도 나가지 못하고 비틀거리
다 쓰러졌다. 그 이름도 낯선 방코델타아시아Banco Delta Asia라는 한 마카오 은

---

35 통일부가 2005년 7월 12일 공식 발표한 대북한 송전제안 발표문에 따르면, 총 소요경비는
    송배전망 설치에 5,000억 원, 변환설비 건설에 1조 원, 연간 200만kW의 전기생산 및 유지
    비용으로 매년 9,000억~1조 원이 소요될 것으로 추산되었다. 이 발표상의 수치를 그대로
    적용한다 하더라도, 불과 3년 만에 대북송전 소요경비가 2,000MW 경수로 공사비를 상회
    하게 된다.
36 후나바시 요이치, 『김정일 최후의 도박』(2007), 550쪽 참조.

행 문제 때문이었다.

미국 재무부는 9·19 공동성명이 채택되기 4일 전인 2005년 9월 15일 「애국법Patriot Act」 311조에 의거, 마카오 소재 방코델타아시아(BDA)를 「돈세탁 주요 우려 대상primary money laundering concern」으로 지정하고 이를 같은 날 재무부 홈페이지에 공지했다. 9월 20일에는 재무부 관보에도 게재되었다. 이에 따라 모든 미국 은행들이 즉각 BDA와의 거래를 중단했고, 고객들의 예금인출 사태에 직면한 BDA는 지불동결 조치를 취했다. 마카오 금융관리국은 9월 16일부터 BDA에 대한 조사에 착수했고, 9월 29일 BDA의 경영권을 잠정 인수한 마카오 당국은 BDA 계좌 중 북한과 관련된 혐의가 있는 모든 계좌(북한은행 20개, 북한기업 11개, 북한인 9개, 마카오기업 8개, 마카오인 2개 등 총 50개 계좌)를 동결했다.

이것이 그 후 1년여 동안 6자회담을 미지의 늪 속에서 허우적거리게 만든 이른바 BDA 문제의 시작이었다. 한 가지 흥미로운 것은 그 당시 매를 때린 측도 자기가 얼마나 큰 몽둥이로 때렸는지를 몰랐고 맞은 측도 자신이 얼마나 심각한 매를 맞았는지 거의 느끼지 못했다는 점이다. 이를 옆에서 바라보던 구경꾼들은 더욱 그러했다. 북한은 매 맞고 한 달이 넘은 10월 25일 외무성 대변인의 입을 통해 처음으로 이에 대한 불쾌감을 표명했으나, 그때만 해도 아직 상황 파악이 잘 되지 않은 상태였다.

이 문제는 그해 11월 9일 개막된 제5차 6자회담 1단계 회의에서 북한 대표단에 의해 비로소 최초로 심각한 현안으로 대두되었다. 김계관 부상은 BDA 문제에 관한 미국의 처사를 신랄하게 비난하고, 이는 9·19 합의를 무산시켜 이행하지 않으려는 미국의 음모로서, 미국이 동결된 BDA 예금액 2,500만 달러를 돌려줄 때까지 6자회담 참가를 거부한다는 입장을 천명했다. 이로 인해 그해 11월의 6자회담은 9·19 공동성명 이행문제를 논의도 못 해보고 사흘 만에 막을 내렸다.

BDA 문제의 배경과 시말

미국 정부가 BDA^{Banco Delta Asia}를 통한 북한의 돈세탁 협의를 포착한 것은 무기밀매와 위조지폐 거래조직을 일거에 일망타진하려는 미국 수사당국의 오랜 함정수사의 결실이었다. 그것은 소설이나 영화에서나 볼 수 있음직한 함정수사의 대단한 성공 스토리였다.

무기, 위조지폐, 마약, 위조담배 등을 미국으로 밀반입하는 범죄조직에 위장 잠입하여 그들의 행적을 추적해오던 한 FBI 수사관은 2005년 8월 미국 북동부 애틀랜틱시티^{Atlantic City} 앞바다의 호화요트 「로열 참^{Royal Charm}」 호 선상에서 딸의 위장결혼식을 개최하고, 범죄조직 구성원과 거래처 요인들을 하객으로 초청했다. 결혼식에 참석한 하객 59명은 모두 FBI에 체포되었다. 그야말로 일망타진이었다.

이에 앞서 그 FBI 요원은 하객 중 두 명으로부터 위조지폐를 구입하고 대금을 지불했으며, 그들로부터 대전차미사일, AK-47 기관총 등 불법무기를 구입하기로 계약을 체결하기도 했다. 그가 지불한 대금들이 마카오의 BDA 계좌로 입금된 것으로 확인되자, 수사당국은 BDA의 불법적 금융활동을 은밀히 내사하기 시작했다. 그 과정에서 북한이 BDA에 수십 개의 계좌를 보유하고 은행 측의 협조하에 위조지폐와 불법자금을 세탁하고 있는 정황이 파악되었다.

미국 수사당국은 이에 따라 BDA에 대한 제재조치 실시 여부를 결정하기 위한 정식 조사를 벌이기에 앞서, 미국 은행들이 선의의 피해를 입는 것을 방지하고자 BDA를 「돈세탁 주요 우려 대상」으로 지정, 발표했다. 이 조치가 발표되자 미국 은행들은 물론 한국, 중국을 포함한 다른 나라 은행들까지 즉각 반응을 일으켜 BDA와의 거래를 중단했고, 만일의 경우에 대비하여 북한과의 모든 금융거래를 거부하거나 제한했다. 이 때문에 북한은 국제사회에서 어느 은행하고도 거래를 할 수 없는 상황에 봉착하게 되었다.

BDA 문제를 둘러싸고 이를 "9·19 공동선언의 이행을 막으려는 미국 내 강경세력의 음모"라고 매도하는 주장이 북한 당국과 한국 내 일각에서 제기되었으나, 이는 터무니없는 주장이었다. 이 사건 관련 기사들은 이미 8월 26일부터 사우스차이나 모닝포스트, UPI, 월스트리트저널 등 언론을 통해 낱낱이 보도되고 있었고, 미국 재무부가 BDA를 「돈세탁 주요 우려대상」으로 지정하고 웹사이트에 공개한 9월 15일은 9·19 공동성명 문구에 관한 논의가 시작도 되기 전이었다. 중국 정부가 합의문 채택을 처음으로 추진하기 시작한 것은 그 다음 날인 9월 16일부터였다.

BDA 문제가 해결되지 않으면 6자회담에 복귀하지 않겠다는 북한의 집념은 강했다. BDA 문제로 6자회담이 중단된 1년여 기간 동안 한국, 미국, 중국 등 여러 나라들이 거듭 회담 복귀를 설득했지만 북한은 요지부동이었다. 중국은 탕자쉬엔 국무위원이 2006년 4월 평양을 방문하여 북한 지도부에 대해 직접 6자회담 복귀를 설득했으나 별 소용이 없었고, 한국도 여러 계기에 북한과 쌍무접촉을 갖고 설득을 시도했으나 효과는 없었다.

당시 BDA 문제를 극복하기 위한 외교적 노력에서 미국과 일본이 줄곧 공동보조를 취하는 모습이었고, 한국은 주로 중국과 입장이 근접한 편이었다. BDA 문제로 인해 6자회담 과정이 붕괴될 것을 우려한 한국과 중국은 BDA 문제를 우회하여 6자회담을 재개할 방안을 다각도로 시도했으나 미국과 북한은 이에 귀를 기울이지 않았다.

BDA 문제라는 생소한 사태를 겪으면서 미국 정부는 자신이 들고 있는 금융제재라는 무기가 얼마나 무서운 무기인지를 비로소 깨닫게 되었다. 재무부가 특정국가의 은행 또는 특정국가 보유의 은행계좌에 대한 의혹을 점잖게 발표만 해도 당장에 천지를 진동시킬 수 있다는 사실을 알게 되었다. 이것은 거대한 군사력을 동원할 필요도 없고 유엔 안보리의 승인을 받을 필요도 없는, 미국이 혼자서 언제 어디서든 동원할 수 있는 가공할 무기였다.

이러한 미국의 힘 앞에 모든 나라들이 숨을 죽였고, 마카오 당국은 물론 중국 중앙정부까지도 행여 여진이 미칠세라 신경을 곤두세우는 기색이 역력했다. 중국 정부는 미국의 BDA 조사에 대해 아무 불평 없이 전적인 협조를 제공했고, BDA와 거래했거나 BDA의 동결된 북한 계좌로 송금을 한 적이 있는 한국의 기업, 언론사, 단체들까지 전전긍긍하는 모습이었다.

이런 엄청난 파급효과를 보고 가장 놀란 것은 아마도 미국 정부 자신이었을 것이다. 미국은 본격적인 금융제재를 아직 시작도 하지 않고 사전경고만 했는데도 북한의 국제결제 마비사태가 발생한 것이다. 이를 바라본 많은 사람들은 이제 미국의 대북한 군사행동 가능성은 사라졌다고 생각했다. 미국이 그리도 좋은 무기를 두고 구태여 전근대적인 무기를 휘두를 이유가 없어졌기 때문이었다.

BDA 문제로 6자회담이 중단되고 9·19 공동성명의 이행이 동결되자, BDA에 대한 미국의 조치가 9·19 공동성명 내용에 불만을 품은 미국 강경파들의 음모라는 주장이 북한 당국과 한국 내 일각에서 제기되었다. 그러나 BDA의 자금세탁 의혹은 6자회담이 개최되기 한 달 전부터 진행되어온 범죄수사 현안이었고, 더욱이 미국 재무부가 BDA를 「돈세탁 주요 우려대상」으로 지정해 발표한 9월 15일은 9·19 공동성명의 추진이 채 시작도 되기 전이었다. 6자회담에서 중국 측이 9·19 공동성명의 채택을 추진하기 시작한 것은 그 다음 날인 9월 16일부터였다.

 **벼랑 끝에서 뛰어내린 북한**

미사일 강국의 망신

　BDA 문제의 늪은 생각보다 깊고 어두웠다. 2005년 11월의 6자회담이 BDA 문제로 성과 없이 끝난 후 2006년 11월 제5차 6자회담 2단계 회의가 개최될 때까지 13개월의 오랜 공백기가 계속되었다. 북한은 그 공백기를 허비하지 않고 2006년 7월 대포동미사일 시험발사에 이어 10월에는 핵실험까지 실시했다.

　BDA 문제로 미국과 끝없는 입씨름을 계속하던 중, 북한은 2006년 7월 5일 새벽 5시 장거리미사일(대포동2호 미사일) 1기를 함경북도 화대군 무수단리의 발사기지에서 시험 발사했다. 일자 선택에 있어 정치적 의미를 중시하는 북한의 관행에 비추어 볼 때 이는 다분히 미국 독립기념일을 겨냥한 것이었다. 북한의 미사일 발사 시간은 미국시간 7월 4일 오후 4시로서, 이는 매년 미국 전역을 떠들썩하게 만드는 독립기념일 폭죽행사가 시작되기 불과 몇 시간 전이었다. 이것은 북한이 1999년 9월 미국 클린턴 행정부

북한의 미사일 개발 현황					
미사일 명칭	사거리	탄두중량	추진체	시험발사	실전배치
Scud-B	300km	1,000kg	액체, 1단	1984. 4. 23	1989
Scud-C	500km	770kg	액체, 1단	1986. 5. 7	1989
Scud-D	700km	500kg	액체, 1단	-	2000
노동미사일	1,300km	700kg	액체, 2단	1993. 5. 29	1996
대포동1호	2,200km	740kg	액체2단+고체1단	1998. 8. 31	-
대포동2호	6,700km	1,000kg	액체2단+고체1단	2006. 7. 5	-

와 「미사일 발사 유예조치^{moratorium}」에 합의한 이래 7년 만에 이를 파기했음을 의미했다.

북한이 발사한 대포동2호 미사일은 사거리가 대포동1호 미사일보다 훨씬 긴 장거리미사일이었다. 1998년 시험발사한 사거리 2,200km의 대포동1호 미사일이 알래스카의 끝자락 정도에 미친 데 비해, 추정 사거리가 최대 6,700km에 달할 것으로 추정되던 대포동2호 미사일은 미국 본토를 직접 위협할 수 있는 미사일로서, 이미 1990년대 말부터 미국의 비상한 관심사였다.

대포동2호 미사일의 시험발사는 이미 각종 정보보고를 통해 한달여 전부터 예견되어온 터라, 미국과 일본은 모든 관측장비를 동원해 미사일 궤적 추적을 준비했다. 그러나 그러한 만반의 준비가 무색하게도, 발사된 미사일은 불과 25초 동안 약 10km를 비행한 후 공중폭발했고, 파편이 발사대 부근과 러시아 영해에까지 흩어졌다. 미사일 강국 북한의 명성을 무색케하는 참담한 실패였다.

북한의 대포동미사일 시험발사는 BDA 문제로 미북 양측이 팽팽하게 대립하던 상황하에서 미국에 심리적 압력을 가함으로써 뭔가 양보를 얻어 보려는 시도였던 것으로 추정된다. 그러나 미국은 북한이 미사일 발사를 강행할 것으로 확신하면서도, 이를 만류하지 않고 유엔 안보리 결의안 준비

등 발사 이후에 취할 조치들을 차분히 준비해나갔다. 어쩌면 미국은 내심 북한이 미사일 발사를 강행하여 중국과 러시아의 지지를 상실하고 이를 계기로 유엔 안보리 결의를 통과시키는 것이 더 낫다는 생각을 했는지도 모른다.

그러나 중국과 러시아는 마지막 순간까지도 북한이 미사일 발사를 강행하지 못할 것으로 믿었고, 북한의 미사일 발사 움직임을 미국에 대한 압박시위 정도로 생각했다. 북한의 기술수준으로 볼 때 대륙간탄도미사일 발사는 어림도 없고, 오히려 미국이 상황을 과장하고 있다고 생각하는 기색이었다. 그러나 북한이 미사일 발사를 강행함으로써 이들의 예측은 빗나갔다.

북한은 대포동미사일 발사와는 별도로 그 전후에 휴전선 인근의 동해안 미사일기지(깃대령)에서 총 6발의 노동미사일과 스커드미사일을 발사했다. 그것은 시험발사가 아니라 다분히 무력시위 차원의 발사였다. 아마도 이는 미국을 겨냥한 대포동미사일과 일본을 목표로 하는 노동미사일, 그리고 한국을 사정거리로 하는 스커드미사일을 동시에 발사함으로써 세 나라가 모두 북한의 손아귀에 있음을 과시하려는 압력시위였던 것으로 보인다.[37]

미사일에 관한 기본 상식

미사일은 비행방식에 따라 탄도미사일[ballistic missile]과 순항미사일[cruise missile]로 구분된다. 탄도미사일은 고전적 방식의 미사일로서, 야구공을 던질 때와 같이 로켓 추진체에 의해 비스듬히 상공으로 발사되어 최고 정점에 이른 후 포물선을 그리며 자유낙하하는 미사일이다. 로켓 추진체의 출력과 발사 각도에 의해 사거리[range]가 결정된다. 제2차 세계대전 당시 나치 독일이 개발한 V2 로켓이 최초의 탄도미사일이었다. 북한이 보유한 노동미사일, 대포동미사일 등도 모두 탄도미사일이다.

---

37 당시 일본 정부는 노동미사일 발사에 대해 발끈한 반면, 한국 정부의 반응은 평온했다. 스커드미사일이 남쪽이 아닌 동북쪽으로 발사된 데 무게를 두는 분위기였다. 다만, 당시 이상희 합참의장은 북한의 미사일 발사에 대해 「무력시위」라는 개념정의를 내렸다.

한편, 순항미사일^{cruise missile}은 1980년대 미국이 처음 개발한 첨단 미사일로서, 제트엔진을 추진체로 하는 일종의 무인비행체(UAV)이다. 독일이 2차대전 당시 영국 공습에 사용했던 V1 로켓이 그 효시라 볼 수 있다. 1991년 걸프전과 2003년 이라크 전쟁에서 이라크를 초정밀 폭격하는 데 두각을 나타냈던 토마호크 미사일이 대표적인 순항미사일이다. 순항미사일의 사거리는 100km 이내의 단거리부터 3,000km 정도까지 다양하며, 목표물과 주변 지형을 사전에 입력시켜 발사하고 GPS 등을 이용해 부단히 위치를 수정하면서 날아가기 때문에 정밀도가 매우 높다.

나름대로 생각이 있어 일을 벌이기는 했겠지만, 여하튼 그 대가로 북한은 많은 것을 상실했다. 첫째, 그간 북한을 상당 부분 두둔하고 동정해왔던 중국과 러시아의 노여움을 사서 이들의 지지를 상실했고, 둘째, 미국에게 유엔 안보리 제재를 추진할 명분을 주었으며, 셋째, 미사일 수출 강국인 북한이 보유한 미사일 기술의 한계성을 만천하에 알리는 계기가 되었고, 넷째, 일본 정부에게 미사일방어체제(MD)를 강화하기에 충분한 국내정치적 명분을 제공하게 되었다.

북한이 대포동미사일을 발사하자, 오랫동안 이를 예견해왔던 미국은 드디어 올 것이 왔다는 냉정한 반응이었고, 중국은 실망을 금치 못했으며, 일본과 러시아는 분노했다. 러시아가 분노했던 것은 대포동미사일 시험발사가 러시아 영해를 아슬아슬하게 피해 지나가는 궤도를 선택했던 관계로 폭발된 파편의 일부가 영해에까지 들어와 떨어졌기 때문이었다. 일본은 대포동미사일뿐 아니라 다분히 일본을 염두에 두고 발사한 것으로 추정되는 노동미사일 발사에 대해 분노했다.

이 때문에 미사일 발사 이후의 사후처리에는 일본이 가장 선도적으로 나섰다. 미사일 발사 직후 미·일 양국의 협조하에 유엔 안보리에서의 대북한 제재결의가 추진되었는데, 결의안 제출은 일본이 주도했다. 일본이 제시한 결의안 초안은 유엔헌장 제7장에 따른 경제제재 조치를 포함한 강력한 안이었다.[38] 일본의 초안은 미사일 문제뿐 아니라 북한 핵문제 관련 사항까지 모두 포함하고 있는 문자 그대로 포괄적인 대북한 규탄 및 제재 결의안이었다.

중국은 거부권 발동을 위협하면서 유엔헌장 제7장이 원용된 제재조항의 삭제를 요구했으나, 대포동미사일 발사로 큰 충격을 받았기 때문인지 위협의 강도가 그리 심각해 보이지는 않았다. 일본은 입장을 굽히지 않았고, 중국의 거부권 행사 가능성을 감수하고 표결을 강행할 태세였다. 한국의 노무현 정부는 처음에는 헌장 제7장 원용문제에 침묵을 지켰으나, 이것이 점차 첨예한 현안으로 부상하게 되자 이에 반대하는 강한 입장을 공개적으로 천명함으로써 중국 측 입장에 동조했다. 거의 고립상태였던 중국으로서는 뜻밖의 구세주를 만난 셈이었다.

일본과 중국 간의 협상 결과, 헌장 제7장을 원용하는 문구는 삭제하되 나머지 문안은 일본 초안상의 강한 표현을 대부분 수용하는 방향으로 타협이 이루어졌다. 그리하여 미사일 발사 후 열흘 만인 7월 15일 안보리 결의 1695호가 상정되어 만장일치로 채택되었다. 중국은 당초 기권 가능성이 예견되었으나, 아마도 북한에 대한 불만의 표시로, 찬성표를 던졌고 러시아도 북한의 미사일 실험에 대한 분노의 뜻으로 찬성을 했다. 놀랍게도 북한은 안보리 결의 채택 과정에서 결의 채택을 저지하거나 문구를 완화하기 위한 교섭을 전혀 시도하지 않았고, 과거 안보리 결의가 추진될 때마다 반복해왔던 위협적인 발언도 하지 않았다.

---

38 유엔헌장 제7장이란 유엔 안보리가 이행 의무를 수반하는 강제조치를 결의할 때 헌장상의 근거로서 원용하는 강제조치 조항으로서, 41조에 비군사적 조치를, 42조에 군사적 대응조치를 규정하고 있다.

유엔 안보리 결의 1695호 요지

안보리는 국제 평화와 안전 유지를 위한 특별한 책임하에 다음과 같이 행동한다.

(1) 북한의 2006년 7월 5일 탄도미사일 발사를 규탄^{condemn}

(2) 북한의 탄도미사일 프로그램과 관련된 모든 활동 중단 및 기존 미사일 발사유예 공약의 재확인을 요구

(3) 각국은 미사일과 미사일 관련 물자 등이 북한의 미사일 또는 WMD 프로그램에 이전되지 않도록, 자국 법령에 따라 국제법에 부합되게 주의를 기울이고 방지할 것을 요청

(4) 북한으로부터 미사일 및 관련 물자를 수입하거나 미사일 또는 WMD 프로그램과 관련된 자금을 북한에 이전함에 있어 국제법에 부합되게 주의를 기울이고 방지할 것을 요청

(5) 북한의 긴장고조 행동 자제 및 비확산 우려 해소 필요성 강조

(6) 전제조건 없는 6자회담 복귀 및 9·19 공동성명 이행, 모든 핵무기와 현존하는 핵 프로그램 포기, NPT와 IAEA 안전조치로의 조기 복귀를 강력히 촉구

(7) 6자회담을 지지하고 조속한 재개를 요청하며, 모든 회담 참가국들이 검증가능한 한반도 비핵화를 평화적으로 달성하고 9·19 공동성명 이행 노력을 강화할 것을 촉구

이렇게 채택된 안보리 결의 1695호는 북한의 미사일 발사를 규탄하고 탄도미사일 프로그램의 전면 중단과 미사일 관련 물품의 대북한 수출입 금지를 촉구했을 뿐 아니라, 북한의 NPT 복귀와 핵사찰 수용 및 조건 없는 6자회담 복귀를 촉구하는 등 미사일과는 무관한 북한 핵문제까지 거론한 포괄적 대북한 결의였다.

이는 1993년 5월의 안보리 결의 825호(북한의 NPT 복귀 촉구) 이래 최초의 대북한 결의였고, 2002년 북한 핵문제가 재발된 이래 채택된 최초의 안보리 결의이기도 했다. 이는 또한 유엔 안보리가 역사상 최초로 북한을 규탄한^{condemn} 결의이기도 했다. 유엔 안보리는 1950년 북한이 무력으로 남침을 했을 때에도 소련의 반대 때문에 북한을 「규탄」조차 하지 못하고 「심각한 우려^{grave concern}」를 표명했을 뿐이었다.

전 세계의 이목을 집중시킨 채 실시되었던 북한의 대포동미사일 시험발

사는 북한, 미국, 일본에게 각기 다른 파장을 남겼다. 그것은 아마도 북한에게는 좌절감을, 미국에게는 안도감을, 일본에게는 경각심을 주는 계기가 된 듯하다.

북한의 경우, 대포동미사일 시험발사가 실패함에 따라 국내외적으로 위신이 크게 실추되었음은 물론이고 사상 처음으로 유엔 안보리의 규탄결의까지 받는 처지가 되었다. 그뿐 아니라 북한이 보유한 대미 압박수단이 모두 소진됨에 따라 이제 미국을 압박하고 강성대국의 면모를 과시할 수단은 핵실험 한 가지밖에 남지 않은 상황이 초래되었다. 그것이 그해 말 불가피하게 북한의 핵실험을 앞당기는 이유가 되었는지도 모른다.

한편, 미국은 대포동미사일의 참담한 실패를 지켜보면서, 북한의 핵미사일이 미국 본토를 위협하기 위해서는 아직 요원한 세월이 필요하리라는 안도감을 갖게 되었을 것으로 보인다. 이와는 달리, 일본은 대포동미사일 시험발사를 통해 커다란 경각심을 갖게 되었다. 앞으로 상당기간 동안 북한 핵미사일이 미국을 겨냥하는 것이 불가능하다면 현실적으로 한국이나 일본이 그 표적이 될 수밖에 없을 것이기 때문이었다. 더욱이 일본을 겨냥한 약 200기의 노동미사일은 이미 1996년부터 실전 배치가 되어 있었기에, 남은 수순은 여기에 핵무기를 탑재하기 위한 핵무기의 소형화 과정뿐이었다.

강성대국 최초의 핵실험

대포동미사일 시험발사가 실패로 끝나고 이에 대한 유엔 안보리의 규탄결의안이 통과되자, 곧이어 북한이 머지않아 핵실험을 실시할지도 모른다는 말들이 각국 정부로부터 흘러나오기 시작했다. 그러한 예측은 주로 세 가지 측면에서 제기되었다.

첫째는 핵협상의 측면이었다. 9·19 공동성명에도 불구하고 핵협상의 가장 중요하고 예민한 부분에 대한 쟁점은 그대로 남아 있었다. 그것은 핵폐기 시기의 문제였다. 미국이 요구하는 선핵폐기와 이를 거부하는 북한의 입장이 정면충돌하고 있었다. 미국은 제네바합의 식의 해결구도를 절대 수용할 수 없으며 어떤 형태로든 북한의 핵폐기가 조기에 이루어져야 한다는 입장이었고, 관계정상화, 평화체제 문제, 경수로 문제 논의 등 북한이 원하는 모든 요소들을 핵폐기 개시 이후로 미루어두고 있었다. 반면에 북한은 선핵폐기는 절대 수용할 수 없고 관계정상화, 경제지원, 경수로 제공 등이 선행되어야 한다는 입장이었다.

북한은 핵무기가 김정일 체제의 마지막 보루라는 점에서 선핵폐기를 수용할 수 없는 입장이었고, 미국은 대량파괴무기에 의한 테러 방지를 21세기 국가안보의 초석으로 삼고 있어 선핵폐기 정책의 양보는 고려 대상이 될 수 없었다. 따라서 이 문제는 북한이나 미국의 어떤 전략적 결정이 선행되지 않는 한 해결될 수 없는 어려운 명제가 되어 있었고, 미국과 북한은 각기 상대방에게 전략적 결단을 강요하기 위한 위협과 압박외교를 단계적으로 강화하고 있었다.[39]

큰 칼을 먼저 뽑은 것은 북한이었는데, 큰 맘 먹고 실시한 대포동미사일 시험발사가 만인이 지켜보는 가운데 실패로 돌아가고 사상 처음으로 유엔의 규탄결의까지 받게 되자, 북한으로서는 핵실험이라는 마지막 카드를 뽑을 수밖에 없는 상황이 되었다. 북한은 유엔 안보리의 대북한 결의가 채택된 직후 외무성 성명을 통해 안보리의 조치를 비난하면서 "보다 강경한 물리적 조치"의 실시를 공언했다.

---

39 하영선, 「북핵위기와 한반도 평화」, 하영선 편, 『북핵위기와 한반도 평화』(EAI, 2006), 19~20쪽에서 발췌.

둘째는 정치군사적 측면이다. 북한은 2005년 2월 10일 핵무기 보유를 공식 발표했고 그 후에도 수차례 이를 강조했으나, 아무도 이에 귀를 기울이지 않았고 북한을 대하는 다른 나라들의 태도도 달라진 것이 없었다. 북한은 미국에게 핵보유국으로 대우해줄 것을 요구하면서 핵무기를 추가 생산하겠다고 거듭 위협했으나 북한을 핵보유국으로 인정할 수 없다는 미국의 입장은 요지부동이었다. 그 때문에 핵무기만 개발하면 모든 것이 해결될 줄 알았던 북한의 계획에 차질이 생겼고, 따라서 북한으로서는 핵실험을 통해 보다 명확하게 자신이 핵보유국임을 국제사회에 보여줄 필요가 있었다.

끝으로, 셋째 이유는 핵개발의 기술적 측면이다. 플루토늄핵탄은 우라늄핵탄과는 달리 제조 공정이 매우 까다롭고 고도의 정밀성을 요하는 관계로 핵실험을 해야 비로소 그 성능이 확인될 수 있다. 미국이 1945년 인류 최초로 핵무기를 제조했을 때에도 우라늄핵탄은 단 1개를 제조해 핵실험 없이 히로시마에 투하했으나, 플루토늄핵탄은 2개를 제조해 그중 1개로 핵실험을 거친 후 나머지 1개를 나가사키에 투하한 바 있다.

현재는 컴퓨터를 이용한 시뮬레이션으로 핵실험을 대체하는 방법도 개발되어 있으나, 이는 수많은 핵실험을 통한 데이터의 축적을 전제로 하고 있으므로 북한으로서는 해당사항이 없었다. 더욱이 핵무기를 소형화하여 미사일에 장착하는 기술을 개발하려면 어차피 핵실험은 불가피하게 실시되어야 했다. 과거 핵보유국들은 핵무기의 새로운 디자인을 개발할 때마다 영국은 평균 4~5회, 미국은 6회, 프랑스는 20회 정도 핵실험을 실시한 바 있었다.

북한이 핵실험을 하려는 구체적 조짐이 확인된 것은 대포동미사일 시험 발사로부터 불과 한 달도 안 된 시점이었다. 9월 중반에 이르러서는 핵실험장으로 추정되던 시설에 언제라도 실험이 실시될 수 있는 준비가 갖추어졌다. 북한의 정치적 결정만이 남은 상황이었다. 이런 상황은 당시 미국 언론 보도를 통해 흘러나왔다.

미국은 북한이 곧 핵실험을 단행하리라는 것을 확신했고 초읽기 대비에 돌입했다. 그러나 대포동미사일 시험발사 때와 마찬가지로 중국과 러시아의 생각은 달랐다. 설사 그런 움직임이 있더라도 이는 미국에게 심리적 압력을 넣기 위한 허장성세일 뿐이며 실제 핵실험을 할 여건은 못 된다는 것이었다. 요컨대, 미국은 정보를 가지고 말을 하고 있었고 다른 대부분의 나라들은 나름대로의 희망사항을 통해 상황을 평가하고 있었다. 북한의 핵실험을 앞두고 그 시기 내내 6자회담 참가국들 간에 전개되었던 이처럼 혼란스러운 판단의 괴리는 주로 미국과 여타 국가들 간의 엄청난 정보력 격차에서 비롯된 것이었다.

핵실험을 불과 6일 앞둔 시점인 10월 3일 북한은 외무성 성명을 통해, "미국의 안보리 결의 채택, 군사연습 및 무력증강 책동, 대북한 경제고립 및 제재봉쇄의 국제화, 시한부 최후통첩 등 고립 압살책동을 더 이상 수수방관할 수는 없다"고 하면서 "앞으로 안전성이 철저히 담보된 핵실험을 하게 될 것"이라고 천명했다. 이는 북한이 처음으로 핵실험 실시 의지를 명시적으로 밝힌 성명이었다.

이러한 북한의 발표에 대해, 미국과 영국은 그것이 핵실험 단행을 위한 예정된 수순이라는 평가를 내린 반면, 중국과 러시아는 미북 직접대화와 핵협상에서의 양보를 얻어내기 위한 압박전술에 불과하며 핵실험이 임박한 것은 아니라는 상반된 평가를 내렸다. 한국 정부는 미국과의 정보협조를 토대로 만일의 경우에 대비한 준비는 갖추고 있었으나, 심정적으로는 중국, 러시아의 견해로 기울고 있었다.

이러한 국제사회의 논란을 비웃기라도 하듯, 북한은 10월 9일 오전 10시 35분 마침내 함경북도 길주군 풍계리의 지하갱도에서 지하핵실험을 실시했다. 이 갱도는 북한이 1998년부터 핵실험장 용도로 건설한 시설이었고, 그러한 용도상의 의혹 때문에 지속적인 감시의 대상이 되어온 곳이었다. 풍계리 핵실험장이 건설되기 시작한 1998년은 미국 클린턴 행정부의 대북한 관여정책에 따라 대북한 관계개선과 인도적 지원이 상승세를 타고 있던 시기였고, 한국에서는 김대중 정부가 햇볕정책 추진과 더불어 대북한 경제지원을 본격화해가던 시기였다.

북한에는 풍계리 외에도 핵실험에 사용할 만한 지하시설이 여러 개 있었으나, 북한은 그 시설이 오래전부터 미국의 감시대상임을 언론보도 등을 통해 뻔히 알면서도 보라는 듯이 풍계리에서 핵실험을 실시했다. 핵실험 준비과정에서 이를 숨기거나 은폐하려는 기색도 없었다. 중국 정부는 핵실험 당일 아침 북한으로부터 11시에 핵실험을 실시한다는 통보를 받고 이를 10시 30분경 한국 정부에 통보했다. 그러나 북한이, 아마도 미국의 방해공작에 대한 우려 때문에, 핵실험을 고의적으로 30분 앞당겨 실시하는 바람에 한국 정부는 중국 정부의 사전통보와 한국지질자원연구소의 핵실험 지진파 탐지보고를 거의 같은 시각에 접수하게 되었다.

핵실험에 관한 기본 상식

1945년 7월 미국이 최초의 핵실험을 실시한 이래 지구상에서 무려 2,000여 회의 핵실험이 실시되었고 이들 중 74%는 지하핵실험이었다. 미국과 러시아(구소련 포함)는 1990년대 초까지 간헐적으로 핵실험을 실시했고, 중국과 프랑스도 1990년대 중반까지 핵실험을 실시한 바 있다. 그 밖에 인도는 1974년과 1998년, 파키스탄은 1998년, 북한은 2006년과 2009년 핵실험을 실시했다.[40]

각국의 핵실험 현황(2009년 말 현재)

국 명	최초 원폭실험	최초 수폭실험	핵실험 횟수
미 국	1945	1952	1,032
소련/러시아	1949	1955	715
영 국	1952	1957	45
프랑스	1960	1968	210
중 국	1964	1967	44
인 도	1974	-	6
파키스탄	1998	-	6
북 한	2006	-	2

핵실험은 신형 탄두를 개발하거나 기존 핵탄두의 성능을 개량할 때 실시된다. 이를 위해서는 통상 수십 차례의 핵실험이 필요한 것으로 알려져 있다. 특히 플루토늄탄의 경우, 기폭장치 제조가 대단한 정밀성을 요하는 까닭에 핵실험 실시가 필수적이다. 첨단과학을 이용하여 컴퓨터 시뮬레이션simulation으로 핵실험을 대체하는 방법이 일부 선진국에서 개발되어 있으나, 이를 위해서는 핵실험 데이터 축적이 긴요한 관계로 어차피 최소 몇 차례의 핵실험은 실시되어야 한다는 것이 정설이다.

지하핵실험장은 통상 만일의 경우 발생할지도 모르는 방사능 오염을 피하기 위해 인구밀집지역으로부터 멀리 떨어지고 지하수원이 없는 사막이나 산악지대에 건설된다. 먼저 지형에 따라 수직 또는 수평으로 수백 미터의 갱도를 파고 밑바닥에 핵폭탄 또는 핵폭파장치를 설치한다. 갱도의 길이는 핵무기의 위력 정도에 따라 통상 200~1,000m 정도이다. 갱도의 지름은 1~3m이며, 갱도 내부는 방사능 오염을 막기 위해 시멘트와 석고, 철판 등으로 겹겹이 둘러친다.

설치가 끝나면 갱도 입구를 시멘트, 암석, 천구조물 등으로 봉쇄한 후 원격조정 장치를 이용해 폭파시킨다. 폭파 시간은 나노초(10억분의 1초) 단위의 짧은 시간이다. 핵폭발이 일어나면 엄청난 고열에 의해 핵무기 주변의 암석, 시멘트, 철판 등이 용암처럼 녹아내려 유리구슬과 같은 형상을 띠게 되고, 방사능 물질들은 그 안에 차단되어 갇히게 된다. 이 때문에 정상적 상황에서는 방사능이 외부로 유출되지 않는다.

북한 조선중앙통신은 핵실험이 실시된 지 1시간 10분 후 "지하핵실험이 성공적으로 진행되었으며, 방사능 누출이 전혀 없었다"고 핵실험 사실을 공식 발표했다. 그러나 북한의 핵실험 사실을 미국 등 관계국들이 과학적으로 최종 확인하는 데는 몇 주일이나 되는 시간이 걸렸다. 폭발 강도가 너무 약해서 핵실험임을 단정할 수가 없었기 때문이다. 그래서 제논과 크립톤이라는 2가지 특정 방사능 입자가 바람에 날려와 탐지될 때까지 거의 한 달을 기다려야 했다.

핵실험 강도는 1kt 미만인 것으로 최종 평가되었다. 통상적인 핵실험의 강도가 20kt 내외인 데 비해, 북한의 핵실험은 세계 여러 곳에서 측정된 지진파 강도를 모두 비교해 보아도 1kt이 채 안 되는 강도였다. 폭발강도가 이처럼 부실했던 것은 아마도 기폭장치의 결함으로 인해 핵물질들이 제대로 분열반응을 일으키지 못했기 때문인 것으로 추정되었다. 이러한 세간의 평가를 의식한 듯, 북한은 실험이 실패한 것이 아니라 처음부터 소형 핵무기를 실험한 것이었다고 주장했다.

유엔 안보리의 대북한 제재결의

북한이 핵실험을 실시한 직후 유엔 안보리는 신속하게 움직였다. 핵실험 당일 안보리가 즉각 소집되어 유엔헌장 제7장을 원용하는 제재조치의 논의가 개시되었다. 결의안 제출은 미국이 주도했고, 일본은 그 달의 안보리 의장국으로서 제재결의안 논의에 적극 개입했다. 미국은 핵실험 바로 다음 날인 10월 10일 유엔헌장 제7장이 원용된 강제적 경제제재 결의안 초안을 안보리 이사국들에게 배포하는 등 신속한 행보를 보였다.

북한은 핵실험 후 이틀이 지난 10월 11일 외무성 대변인 담화를 통해 미국의 핵위협과 제재가 핵실험의 이유라고 주장하면서, 유엔 안보리 등의 집단적 제재에 대해 "물리적 대응조치를 취해 나갈 것"이라고 위협했다. 불과 석달 전 대포동미사일 시험발사에 대한 안보리 제재결의가 추진될 당시 아무 반응을 보이지 않았던 것과는 대조적인 모습이었다. 그러나 안보리에서의 제재조치 논의는 북한의 반응에 개의치 않고 진행되었다. 어느 누구도 북한의 위협에 귀를 기울이지 않았고, 어느 나라도 안보리의 대북한 제재결의 추진에 반대하지 않았다.

이번 안보리 결의안의 경우도 최대 이슈는 유엔헌장 제7장 원용문제였다. 중국은 이번에도 이를 막기 위해 앞장섰다. 중국은 대북한 제재결의 채택 자체에는 반대하지 않았으나, 다만 헌장 제7장을 원용하는 것은 궁극적으로 군사제재조치로까지 비화될 우려가 있으므로 수용할 수 없다는 입장이었다. 그러나 아무도 이에 동조하는 국가는 없었다.

중국의 반대에도 불구하고 강제적 제재조치가 발동되어야 한다는 미국과 일본의 의지는 확고했고, 대포동미사일 발사 당시 중국과 더불어 헌장 제7장의 원용에 반대했던 한국 정부도 이번에는 중국과 입장을 달리했다. 협상 결과, 유엔헌장 제7장을 원용하되 그중 비군사적 조치 항목인 41조를 명기하는 것으로 절충이 이루어졌다. 그리하여 결의안 전문에 "유엔헌장 제7장하에 행동하며 41조하에서 조치를 취한다"는 표현이 사용되었다.

중국은 북한에 대한 어떠한 군사제재도 반대한다는 입장이었지만, 어느 때보다도 강력하게 북한의 핵실험에 대한 불만을 표출하면서 유엔의 대북한 제재결의 채택에 신속하게 협조했다. 경제제재에 반대하지도 않았고 유엔의 행동을 지연시키려 하지도 않았다. 이번에야말로, 중국이 차마 찬성하지 못하고 기권을 할 것이라는 일각의 예상에도 불구하고, 중국 정부는 제재결의에 찬성표를 던졌다.

이런 과정을 거쳐 북한이 핵실험을 한 지 불과 5일 만인 10월 14일 유엔 안보리는 북한에 대한 강제적 경제제재 조치를 규정한 안보리 결의 1718호를 만장일치로 채택했다. 과거 1990년대 이래 유엔 안보리에서 북한 핵 문제와 관련하여 수많은 제재조치 논의가 있어왔으나 수개월간 논의만 한 채 아무 행동을 취할 수 없었던 것과 비교하면, 북한의 핵실험에 대한 국제사회의 대응은 대단히 신속했다고 볼 수 있다.

유엔 안보리 대북한 제재결의 1718호

• 북한에 대한 결정사항
 - 북한의 핵실험 규탄
 - 추가 핵실험 및 탄도미사일 발사 자제, NPT 탈퇴 발표의 철회, NPT 및 IAEA 안전 조치로의 복귀, 탄도미사일 프로그램의 중단 및 미사일 발사유예 약속 재확립 요구
 - 완전하고 검증가능하며 불가역적인 방법으로 핵무기와 현존 핵프로그램을 포기,

여타 현존하는 WMD 및 탄도미사일 프로그램도 포기해야 함을 결정

- 유엔 회원국의 의무사항
  - 금수조치: ① 탱크, 장갑차량, 대구경 대포, 군용 항공기, 공격용 헬기, 전함, 미사일 등 무기, ② WMD 품목 및 WMD 프로그램에 기여할 수 있는 품목, 물자, 장비, 상품, 기술, ③ 사치품에 관한 북한과의 교역 금지
  - 원조금지: 상기품목(사치품 제외)의 공급, 제조, 보수, 사용에 관한 기술훈련, 자문, 용역, 지원 등의 대북한 제공 금지
  - 금융제재: 북한의 WMD 및 탄도미사일 프로그램에 연루된 자금, 금융자산 및 경제적 자원의 동결
  - 입국통제: 북한의 WMD 및 탄도미사일 프로그램과 관련된 개인의 입국 및 경유 금지
  - 화물검색: 자국 법령과 국제법에 부합되도록 북한행, 북한발 화물 검색

유엔 안보리 결의 1718호는 유엔 창설 후 채택된 최초의 대북한 제재결의였다. 더욱이 그것은 북한의 동맹국이자 전통적 후견자인 중국까지 찬성에 가담하여 만장일치로 채택되었다는 점에서 큰 의미가 있었다. 한국전쟁 당시에도 유엔 안보리는 소련의 거부권 행사로 인해 북한에 대한 아무런 제재결의를 할 수가 없었고, 적대행위 중지와 대한국 지원을 요청하는 권고결의밖에 할 수 없었다. 안보리 결의 1718호는 유엔헌장 제7장이 원용된 강제조치였던 까닭에, 모든 유엔회원국이 이행 의무를 갖는 법적 규정이 되었다.

북한의 핵개발 및 미사일 개발과 관련하여 이 결의가 뜻하는 바는 매우 의미심장했다. 가장 특기할 만한 것은 이 결의가 국제법상 일반적으로 합법화되어 있는 몇 가지 사항을 북한에 대해서는 금지사항으로 규정했다는 점이었다.

- 모든 핵프로그램의 포기를 규정함으로써, NPT 협정 및 여타 국제법상 금지되지 않은 핵재처리와 우라늄농축도 금지(결의 6항)
- 국제법상 합법적 행위인 탄도미사일 개발을 금지(결의 7항)
- 국제법상 합법적 행위인 주요 재래식 무기의 대북한 수출을 금지(결의 8항 a, b)

이로 인해 북한은 이 제재조치가 해제될 때까지 NPT 복귀 여하와 관계없이 핵무기의 개발과 보유가 금지되었고, 남북 비핵화공동선언에 의존하지 않더라도 북한의 핵재처리와 우라늄농축이 유엔 결의에 의해 불법화되었으며, 통상적으로 모든 국가에 개방된 합법행위인 미사일 개발과 수출입, 재래식 무기 수출입이 모두 금지되었다. 북한은 그간 핵개발과 미사일 개발 및 수출을 정당한 주권행위라고 주장하면서 이에 대한 부당한 간섭을 비난해왔는데, 이제는 그러한 「주권적 권리」를 주장할 수 없게 되었다. 북한이 그러한 의무와 구속에서 벗어나기 위해서는 유엔에서 탈퇴하는 방법밖에 없었다.

북한은 유엔 제재결의 채택 후 이틀간 침묵을 지키다가 10월 17일 외무성대변인 성명을 통해 "핵실험은 자주적이고 합법적인 권리행사"였다고 주장하고, 안보리 결의는 "북한에 대한 선전포고로 볼 수밖에 없으며, 안보리 결의를 통해 자주권과 생존권을 침해할 경우 가차 없이 무자비한 타격을 가하겠다"는 상투적 위협을 반복했다.

한반도 관련 유엔 안보리 결의 연혁

결의 제82호(1950. 6. 25): 북한의 38선 이북으로의 철군과 적대행위 중지 촉구
결의 제83호(1950. 6. 27): 북한의 침략 격퇴를 위한 각국의 지원 권고
결의 제84호(1950. 7. 7): 미국 지휘하 통합사령부에 대한 지원 권고 및 유엔기 사용 승인
결의 제85호(1950. 7. 31): 통합사령부에 구호요건 결정 요청
결의 제88호(1950. 11. 8): 한국 내 유엔사령부의 특별보고서 토의에 중공대표 참석 초청
결의 제90호(1951. 1. 31): 「남침 비난」 의제를 안보리 의제에서 삭제(만장일치)

결의 제702호(1991. 8. 6): 남북한의 유엔가입을 총회에 권고(만장일치)
결의 제825호(1993. 5. 11): 북한의 NPT 탈퇴 선언에 대한 재고 촉구(만장일치)
결의 제1695호(2006. 7. 15): 대포동미사일 시험발사 규탄 결의(만장일치)
결의 제1718호(2006. 10. 14): 북한의 핵실험에 대한 비군사적 제재 결의(만장일치)

한국의 발등에 떨어진 불

대북한 제재결의가 유엔 안보리에서 만장일치로 통과되자, 이로 인해 한국 정부의 발등에는 불이 떨어졌다. 문제는 대북한 압박을 위해 남북관계를 어느 정도까지 조정할 것인가 하는 것이었다. 그중에서도 가장 예민한 사안은 금강산/개성공단 사업의 조정문제와 PSI(대량파괴무기 확산방지구상) 가입문제였다.

한국 정부가 특히 걱정했던 것은 미국이 금강산 사업과 개성공단 사업의 중단을 요구해올 가능성이었다. 개성과 금강산 사업에 관한 미국의 우려는 새삼스러운 것이 아니었고, 이미 한미 양국 간의 오랜 현안이었다. 미국이 이들 사업을 유독 문제삼았던 것은 그것들이 여타 대북한 지원사업과는 달리 북한에게 대규모의 현금을 공급하는 사업이며, 따라서 북한의 핵개발과 무력증강에 기여할 수 있다는 이유 때문이었다. 힐Christopher Hill 국무부 동아태 차관보는 당시 방한 기자회견에서 "금강산 사업은 북한에 현금을 만들어 주기 위한 사업"이라고 공개적 비판을 제기했다.

중국 인민대의 스인홍時殷弘 교수도 2007년 6월 방한 시 언론 인터뷰를 통해 한국의 대북한 정책을 수수께끼라고 평가하면서, "북한이 극단적으로 부정적으로 나와도 한국은 계속 관광을 하고 있다. 그 많은 돈은 북한 주민이 아닌 인민군에게 사용된다. 중국도 여기에 우려를 갖고 있다"고 지적했다.[40] 중국 정부는 북한에 대해 원유, 석탄, 식량 등 연간 수억 달러 규모의 경제지원을 제공하고 있으나 현금은 일체 지원하지 않고 있는 것으로 알려져 있다.

이러한 문제점에도 불구하고 당시 남북관계를 극히 중시하던 한국의 노무현 정부가 금강산 사업과 개성공단 사업의 중단에 동의하리라 기대하기는 어려웠다. 따라서 미국은 그 사업들의 중단을 내심 원하기는 했으나 이를 한국 정부에 공식 요구하지는 않았다. 미국 부시 행정부가 핵실험에 따른 대북한 추가 제재의 차원에서 한국 정부에 요청한 것은 당시로서는 비교적 협조가 용이해 보이는 PSI 참여 문제였다.

PSI는 대량파괴무기와 미사일의 확산을 막기 위해 이의 수송을 원천적으로 차단하기 위한 국제적 협력네트워크로서, 각 참여국들이 국제법과 국내법의 테두리 내에서 자국 영해/접속수역과 항만에서의 WMD(대량파괴무기) 물품 수송혐의 선박 검색, 자국 영공에서의 WMD 수송혐의 항공기 영공통과 거부, 착륙요구, 검색 등 모든 가용한 합법적 수단들을 동원하는 방식으로 운용되는 비확산체제의 중요한 축이었다.

PSI(대량파괴무기 확산방지구상)에 관한 기본 상식

PSI^{Proliferation Security Initiative}는 대량파괴무기(WMD) 비확산 의무를 자발적으로 수용하는 국가에 대해서만 비확산 의무가 부과되는 현행 국제 비확산체제가 내포하고 있는 맹점을 보완하기 위해, 2003년 5월 미국 주도하에 미국, 일본 및 유럽 등 11개국에 의해 출범되었다.

2003년 9월 발표된 PSI 차단원칙 성명^{Statement of Interdiction Principles}에 나타나 있듯이, PSI는 비확산 이념을 공유하는 동질적인 국가들 간의 협력을 통해 WMD와 그 운반수단(미사일)의 수송을 원천적으로 차단하기 위해 모든 합법적 수단을 강구하는 것을 목표로 하고 있다. WMD 수송 차단을 위해 PSI 참여국의 영공, 영해/접속수역 및 항만에서의 WMD 관련 물품 수송혐의 항공기 및 선박에 대한 검색·압류 등 수단들이 동원되며, 그 상세 내용은 다음과 같다.

---

40 『중앙일보』, 2007년 6월 13일자.

PSI는 2003년 5월 미국, 일본, 호주, 영국, 프랑스, 독일 등 11개 국가로 출범했으나, 확대를 거듭하여 2006년 당시에는 이미 가입국이 80개국에 달하고 있었다. 여기에는 모든 NATO 회원국과 EU 가맹국, 러시아 포함 모든 독립국가연합(CIS) 회원국, 모든 걸프협력기구(GCC) 회원국, 다수의 아랍연맹Arab League 회원국과 ASEAN 회원국 등이 망라되어 있었다.

중국은 PSI가 국제해양법상의 무해통항권[41]을 저해한다는 입장에 따라 이에 가입하지는 않았으나 자국 영해와 항구, 공항에서 PSI 차원의 협조요청에 성실하게 동참하고 있었다. 더욱이 안보리 결의 1718호는 모든 유엔 회원국이 「북한행, 북한발 화물의 검사 등 협력조치」를 취하도록 규정함으로써 북한에 대해 PSI와 유사한 감시조치를 취하도록 의무화하고 있었다.

북한이 PSI 활동의 핵심 대상국 중 하나임을 감안할 때, 북한과 활발한

---

41 무해통항권이란, 무장을 하지 않은 모든 선박은 연안국에게 피해를 주지 않는 한 타국의 영해를 자유롭게 항해할 권리가 있다는 국제해양법상의 원칙이다.

물적 교류를 갖고 있던 한국의 PSI 가입 문제는 당시 이미 중요한 국제적 현안으로 부각되어 있던 터였다. 특히 남북 간의 물품 이동에 대한 통관절차가 상대적으로 허술했던 개성공단은 대북한 전략물자 통제의 측면에서 하나의 잠재적 허점으로서 우려의 대상이 되고 있었다.[42]

당시 한국 내에서는 PSI 가입 문제를 둘러싸고 많은 논란이 있었다. 그러나 그것은 정책논쟁이 아니라 다분히 이념논쟁이었다. 논리적으로는 한국이 국제사회의 대세인 PSI 가입을 회피할 아무 이유가 없었다. 당시 진보진영을 중심으로 대두되었던 PSI 가입 반대론의 거의 유일한 논거는 "한국해군이나 해경이 공해상에서 북한 선박을 차단하는interdict 과정에서 남북한 사이에 무력충돌이 일어날 수 있다"는 것이었다.[43]

그러나 PSI 활동은 국제법에 따라 연안국의 공권력 행사가 인정되어 있는 영해 및 접속수역 내에서의 활동에 국한되며, 접속수역 밖 공해상에서의 제3국 선박 차단은 PSI의 활동 영역도 아니었고 국제법상 허용되는 사항도 아니었다.[44] 국제협정 등을 통해 공해상에서 자국선박에 대한 검색을 스스로 허용한 국가의 선박에 대해서는 예외적으로 공해상에서의 검색이

---

42 『동아일보』 2007년 10월 10일자 및 『문화일보』 2007년 10월 11일자에 보도된 개성공단의 허술한 전략물자 반출입 통제 관련 보도 및 사설 참조.

43 PSI 문제에 관한 북한의 입장은 "바다에서의 테러리즘이고 국제법의 전면 위반이며, 북한에 대한 전쟁행위이고 핵전쟁의 서곡"이라는 것이다. 이는 북한이 대량파괴무기와 미사일 품목을 수출입하고 있음을 스스로 인정하는 주장이라고도 볼 수 있다.

44 접속수역은 출입국관리, 통관, 위생상의 법령위반을 단속하기 위한 연안국의 공권력 행사가 인정되는 영해 밖의 일정수역(영해밖 12해리)으로서, 「영해 및 접속수역에 관한 협정」(1958) 및 「유엔 해양법협정」(1994)에 의해 연안국의 권리가 인정되어 있다. 동 협정에 따르면 외국 선박(군함 및 정부선박 제외)은 일반적으로 외국 영해와 접속수역에서 무해통항권을 가지나, 무력시위나 행사, 군사기기 탑재, 오염행위, 어로활동 등 혐의가 있을 경우 연안국이 정선, 승선, 검색, 압류 등 조치를 취할 수 있다. 동일한 내용이 한국 국내법인 「영해 및 접속수역에 관한 법률」(1978)에도 규정되어 있다.

허용되나, 북한은 이를 인정한 바 없으므로 해당사항이 없었다. 따라서 한국의 PSI 가입으로 인해 「공해상에서의 남북 간 무력충돌」이 야기될 수 있는 경우는 실제로는 존재하지 않았다.

그러한 가능성을 우려했던 사람들은 아마도 미국이 남태평양 공해상에서 일본, 호주 등과 더불어 실시하는 PSI 차단훈련을 TV뉴스를 통해서 보고 그랬는지도 모른다. 그러나 그것은 서울을 방위하는 향토예비군이 송추, 벽제 등 교외에 나가 훈련을 받는 것과 마찬가지였다.

PSI와는 별도로, 2004년 남북 간에 합의된 「남북해운합의서의 이행과 준수를 위한 부속합의서」(제2조 6, 8, 9항)는 한국 해역 내의 지정된 항로를 항해하는 북한 선박이 무기 또는 무기부품을 수송하거나 평화, 공공질서 또는 안전보장을 해칠 경우 정선, 승선, 검색, 퇴거요구가 가능하도록 이미 규정하고 있었다. 남북해운합의서상의 「한국 해역」은 영해나 접속수역보다 훨씬 폭넓은 수역을 의미한다. 따라서 한국이 PSI에 가입하건 말건 북한 선박과의 관계에서 달라질 것은 아무것도 없었다.

더욱이 대량파괴무기나 미사일을 제3국으로 몰래 수출하기 위해 항행 중인 북한 선박이 구태여 검색의 위험을 감수하고 한국의 영해나 접속수역을 통과할 가능성은 현실적으로 상상도 할 수 없었다. 북한이 이들 물품을 고객에게 수송하기 위해 거쳐야 할 어떠한 해상수송로도 한국의 영해나 접속수역을 관통해야 할 필요는 전혀 없었다.

그럼에도 불구하고 한국 정부는 미국의 PSI 가입 요청을 거부했다. 그것은 미국이 한국에 대해 그나마 가지고 있던 조금 남은 기대에 찬물을 끼얹기에 충분했다. 그것은 남북해운합의서 규정과 유엔 안보리 결의 1718호에도 불구하고 한국 정부가 대량파괴무기와 미사일 및 동 부품을 선적한 북한 선박의 한국 영해 통과를 방치하겠다는 의사의 표시로밖에는 해석될 수 없기 때문이었다.

5

파국의 늪을 건너서

6자회담 재개와 미국의 궤도변경

유엔 안보리 제재조치까지 완료되자 6자회담을 조속히 재개하여 상황을 대포동미사일 발사 이전의 상태로 회복시키려는 움직임이 한국과 중국을 중심으로 활발히 전개되었다. 어떻게든 미국과 북한을 설득해서 BDA 문제를 해결해보려는 노력도 병행되었다.

그러나 미국의 입장은 많이 달랐다. BDA 문제에 대한 기존 입장에는 변화가 없었고, 더욱이 북한이 핵실험까지 실시한 마당에 마치 아무 일도 없었던 것처럼 이전의 협상모드로 복귀할 수는 없다는 것이었다. 회담을 재개하려면 북한이 9·19 공동성명의 초기단계 조치라도 곧바로 이행한다는 보장이 있어야 한다는 입장이었다. 북한의 입장에도 변화가 없었다. BDA 문제가 사전에 해결되어야 하며, 9·19 공동성명의 초기단계를 이행하는 데는 이의가 없으나 그에 앞서 제재해제 등 미국의 대북한 적대시정책 해소를 위한 가시적 조치가 선행되어야 한다는 것이었다.

미국과 북한의 줄다리기가 계속되는 사이에 관계국들 간에는 난국타개를 위한 여러 구상들이 난무했다. 북한을 제외한 5자회담, 미·중·일 3국 고위회담, 북·미·중 3자회담, 남·북·미 3자회담 구상 등이 그것이었다. 이 중에서 현실적으로 관련국들이 수용 가능했던 구상은 북·미·중 회담뿐이었고, 결국 중국 정부의 주선으로 3국의 6자회담 수석대표 회담이 10월 31일과 11월 28일 두 차례에 걸쳐 개최되었다. 사전합의를 통해 회담의 진전이 보장되어야 6자회담을 재개할 수 있다는 미국의 확고한 입장을 반영하여, 두 차례의 북·미·중 3자회담에서는 차기 6자회담에서의 초기 단계 이행조치에 대한 협상이 이루어졌고 상당한 의견 접근을 보았다. 북한의 요구에 따라 6자회담 기간 중 별도로 BDA 문제에 관한 미북 재무당국 간 양자협의를 병행한다는 합의도 이루어졌다.[45]

이처럼 미북 양측의 입장이 수렴됨에 따라 2006년 12월 18일부터 22일까지 베이징에서 제5차 6자회담 2단계 회의가 개최되었다. 13개월 만의 회담 재개였다. 북한의 요구에 따라, 19일부터 이틀간 미북 재무당국 간의 BDA 문제 협의도 병행되었다. 핵문제와 BDA 문제는 별개라는 전제하에 미국이 BDA 문제 협의에 동의한 것이었지만 같은 시기, 같은 도시에서 두 개의 회의가 개최되었기 때문에 아무래도 이들 사이의 상호연계성을 피할 수는 없었다.

13개월 만에 속개된 6자회담에서 북한은 예상했던 대로 BDA 문제의 선결을 시종일관 주장했고, 미북 BDA 협상에서 별다른 진전이 없자 핵문제의 구체적 논의를 거부했다. 미국은 동 회담에서 과거에는 상상도 할 수 없

---

45 2006년 10월 31일 북·미·중 베이징 3자회동에서 6자회담 재개가 원칙적으로 합의되었고, 2006년 11월 28일 북·미·중 제2차 베이징 3자회동에서는 9·19 공동성명 초기단계 이행조치의 핵심적 내용이 합의되었다.

었을 만큼 유화적인 구상을 북한 측에 제시했다. 당시 미측이 제시한 구상은 훗날의 2·13 합의와 매우 유사한 내용이었다. 그러나 북한은 BDA 문제 해결이 선행되지 않는 한 협상권한이 없다고 했다.

북한이 이처럼 BDA 문제 해결에 집착을 보인 배경에 대해서는 여러 가지 추측이 있다. BDA 동결자금이 권력기관 소유였기 때문이라는 설, 체면 때문이라는 설, 돈 자체가 중요했다는 설, 차제에 대북 금융제재의 해제를 추구했다는 설, 6자회담에서의 핵폐기 논의를 지연시키고자 BDA 문제를 이용했다는 설 등이 있으나 구체적 이유가 확인된 바는 없다.

오랜만의 6자회담이 BDA 문제로 좌초하자, 이 문제를 해결하기 위해 이듬해인 2007년 1월 16일부터 18일까지 미북 양측이 베를린에서 비밀리에 만나 양자회담(힐 차관보-김계관 부상)을 가졌다. 2002년 말 제네바합의가 파기된 이후 미국과 북한이 6자회담 테두리 밖에서 양자회담을 개최한 것은 이것이 처음이었다.

이 회담을 계기로 표면화된 미국의 혁명적인 대북한 정책 변화는 매우 인상적이었다. 베를린에서의 미북 합의는 북한이 그간 요구해온 거의 모든 사항을 수용한 것이었고, 마치 북한과의 오랜 입씨름에 지친 미국이 백기를 든 것과도 같은 모양새였다. 미국의 이러한 정책 변화는 2·13 합의 이행과 10·3 합의 타결과정에서는 물론, 그 이후의 여러 협상과정에서도 그 기조가 유지되었다. 이는 네오콘이 지배하던 과거의 부시 행정부 같으면 상상도 못 할 일이었다. 오래전부터 미국의 융통성을 촉구해왔던 한국과 중국 정부는 이를 환영했고, 미국과 혼연일체의 공조체제를 유지했던 일본 정부는 충격을 받은 모습이었다.

부시 행정부가 클린턴 행정부 말기의 대북한 정책을 연상시키는 유연하고 전향적인 모습으로 돌변한 배경에 대해서는 여러 추측이 있었으나, 지배적인 견해는 2006년 중간선거 패배 이후의 변화된 미국 국내정치 판도와 2008년 미국 대통령선거 때문이라는 것이었다. 2006년 11월 공화당이 중간선거에서 패배한 후 부시 행정부는 상하원에서 공히 다수를 차지한 민주당으로부터 이라크 문제, 북한 핵문제, 이란 핵문제 등 쟁점 현안에 관한 정책을 집중 공격받게 되었다. 이러한 상황이 2008년 대통령선거에 미칠 악영향을 감안하여 부시 행정부로서는 북한 핵문제에 대한 새로운 해법의 추구가 불가피했다는 것이다.

2002년 이래 북한 핵문제 해결 추진과정을 보면 북한 비핵화의 기치를 높이 든 미국이 앞장을 서고 다른 나라들은 이에 협조도 하고 불평도 해가면서 따라가는 형국이었다. 그런데 미국이 국내정치적 이유로 어느 날 갑자기 정책을 바꾸어 미지의 길로 접어든 것이었다. 그러한 변화의 이유에 대해 별다른 납득할 만한 설명도 없이, 같은 나라의 정책이라고는 도저히 생각할 수 없는 돌변한 모습으로 미국은 뒤도 돌아보지 않고 자기 자신의 길을 갔다.

2 · 13 합의와 BDA 문제의 종식

이처럼 급변한 미국과 북한이 2007년 1월 베를린에서 문을 닫아걸고 개최했던 쌍무회담에서 9 · 19 공동성명의 초기단계 이행방안에 대한 상당한 수준의 합의가 이루어지자, 이를 토대로 2월 8일부터 13일까지 제5차 6자회담 3단계 회의가 개최되었고, 여기서 이른바 「2 · 13 합의」라 불리는 「9 · 19 공동성명 이행을 위한 초기단계 조치」가 합의 발표되었다.

9 · 19 공동성명 이행을 위한 초기단계 조치(2 · 13 합의)

- 아래 초기단계 조치를 60일 이내에 이행
  - 재처리시설을 포함한 영변 핵시설의 폐쇄shut down 및 봉인, IAEA 사찰관 복귀
  - 추출된 플루토늄을 포함한 모든 핵 프로그램 목록 논의
  - 미북관계 정상화를 위한 양자회담 개시, 「테러지원국 및 대적성국교역법」 적용 해제과정 개시
  - 평양선언에 의거하여 일북관계 정상화를 위한 양자회담 개시
  - 60일 이내에 중유 5만 톤 상당의 긴급 에너지 지원 제공

- 초기단계 조치 이후의 조치
  - 핵 프로그램 신고와 현존 핵시설 불능화disablement 기간 중 중유 100만 톤 상당 지원 제공
  - 초기단계 조치가 이행되는 대로 동북아 안보협력 증진 모색을 위한 6자 장관급 회담 개최
  - 직접 관련된 당사국들이 적절한 별도 포럼에서 한반도 평화체제 협상 개최
  - 2007년 3월 19일 제6차 6자회담 개최
  - 5개 실무그룹을 구성, 30일 이내 최초회의 개최(한반도 비핵화, 미북관계 정상화, 일북관계 정상화, 경제/에너지 협력, 동북아 평화안보체제)

2 · 13 합의는 9 · 19 공동성명에 언급된 「모든 핵무기와 현존하는 핵프로그램의 포기」의 과정을 동결-불능화-신고-폐기의 4단계로 나누어 그중 동결 부분에 관한 이행절차를 구체화한 것이었다. 어려운 문제들에 관한 논의는 뒤로 미루고 가장 합의가 용이한 최초단계만 합의한 것이기는 했으나, 일단 합의이행의 과정을 출범시키고 그 이행시기를 60일 내로 규정하여 이행의 지연을 막는 시한개념을 설정한 것은 성과라 할 수 있었다.

또한 제네바합의의 경우와 같이 핵동결 기간 중 매년 일정량의 중유를 제공하는 방식을 택하지 않고 총량 개념에 입각하여 핵시설 폐쇄의 대가는 총 5만 톤, 불능화조치의 대가는 총 100만 톤으로 규정한 것도 북한의 지연전술을 견제할 수 있는 유용한 장치로 평가되었다. 북한이 고의적으로 다음 단계의 합의를 지연시키더라도 최소한 그 기간 중 에너지가 계속 제공

되는 모순은 피할 수 있기 때문이었다.

2·13 합의에는 비확산 분야에서 사용하지 않는 두 개의 생소하고 모호한 핵심용어가 포함되었는데, 그것은 「폐쇄^{shut down}」와 「불능화^{disablement}」라는 개념이었다. 이것은 미국과 북한 사이의 타협 불가능한 이견을 극복하고 2·13 합의를 출범시키는 데 기여했으나, 결국 그 모호성으로 인해 두고두고 많은 문제를 야기했다.

북한은 6자회담 초기부터 제네바합의 때처럼 반대급부를 전제로 하는 핵시설의 동결^{freeze}을 우선 실시하고 폐기 문제는 추후 별도로 협상하자는 주장을 전개했었는데, 2·13 합의에 등장한 「폐쇄」라는 용어는 「동결」에 대한 미국 조야의 거부반응을 피하기 위해 미국 협상팀이 고안해낸 신조어였다. 그러나 용어의 외형적 차이와 무관하게 폐쇄는 바로 동결을 의미했다. 그리고 그것은 북한의 고집스런 태도에 지친 미국이 마침내 북한에게 무릎을 꿇었음을 의미했다.

한편, 2·13 합의에서 핵동결과 핵폐기 사이의 중간단계로 신설된 불능화 단계는 북한의 전통적 지연전술인 「살라미전술^{salami tactic}」의 전형적 행태를 연상시킨다.[46] 「불능화」라는 단어는 얼핏 보면 마치 핵시설의 「해체^{dismantlement}」를 의미하는 듯 느껴지나, 나중에 북한의 핵시설 재가동 과정에서 입증되었듯이 복구에 1~2개월 정도밖에 걸리지 않는 눈가림식 불능화에

---

46 살라미^{salami}란 작은 소시지가 여러 개 이어져 있는 이탈리아산 훈제 소시지의 명칭이다. 1990년대 제네바협상 당시 북한이 하나의 현안을 재주 좋게도 여러 단계로 쪼개어 각 조각별로 이행을 거부하거나 지연시키는 협상전술이 마치 살라미를 닮았다고 해서, 미국 협상가들이 이러한 북한의 협상행태를 "살라미 전술^{salami tactic}"이라고 명명했다. 예컨대, 핵폐기와 반대급부를 일괄 협상하지 않고 핵폐기를 잘게 쪼개서 핵동결, 동결감시, 핵시설신고, 신고검증, 핵불능화, 핵폐기 등으로 세분하여 협상함으로써, 궁극적인 핵폐기 이행을 최대한 지연시키고 각 이행단계별 반대급부를 극대화하는 전술을 의미한다.

불과했다. 곧바로 핵시설 해체로 진입할 수 없는 현실과 어떻게든 한 발짝이라도 진전을 이루어야만 하는 강박감이 「불능화」라는 불필요한 중간단계를 탄생시켰던 것이다.

더욱이 2·13 합의에서는 이러한 개념의 「불능화」가 그나마도 북한의 의무사항으로 명기되지 못했다. 핵프로그램 신고와 현존 핵시설 불능화 기간 중 북한에게 중유 100만 톤을 제공한다는 의무사항은 구체적으로 명기되어 있으나, 정작 신고와 불능화가 북한의 의무사항으로 규정되지는 않았다. 북한이 불능화와 신고를 이행하면 중유 100만 톤을 받을 권리가 있고, 이행하기 싫으면 거부해도 그만인 합의였다. 이 때문에 실제 이행을 위해서는 추가적인 합의가 필요했고, 이는 후일 이른바 「10·3 합의」라 불리는 「9·19 공동성명 이행을 위한 제2단계 조치」로 가시화되었다.

한편, 2·13 합의가 이루어진 지 약 1개월 후 미국은 미북 베를린회담(2007년 1월)에서의 합의에 따라 BDA에 대한 조사를 완료하고, 그간 밝혀진 불법적 영업행위들을 토대로 3월 14일 BDA에 대한 공식 제재조치를 발표했다. 이 조치에 따라 미국 금융기관들은 BDA에 계좌를 유지할 수 없게 되었고, BDA는 직접 또는 간접적으로 미국 금융시스템에 접근하는 것이 금지되었다. 그로부터 나흘 후인 3월 18일 미국 재무당국은 미북 간 사전양해에 의거, BDA의 북한 예치금 전액을 동결해제하고 반환한다는 방침을 발표했다.

그러나 북한은 반환 자금이 손에 들어오기 전까지는 믿을 수 없다면서 3월 19일로 예정된 차기 6자회담 참석을 거부했고, 4월 13일까지 이행토록 되어 있는 핵시설 폐쇄, 사찰관 복귀, 핵프로그램 신고목록 논의의 이행도 연기했다. BDA가 동결 해제한 북한 자금이 러시아 중앙은행을 거치는 복잡한 과정을 거쳐 북한의 손에 들어간 것은 2·13 합의 후 4개월여가 지난 6월 25일이었다.[47]

북한은 이날 외무성 대변인 성명을 통해 BDA 문제의 종식을 선언하고 2·13 합의 이행방침을 천명했다. 이에 따라 7월 15일에는 5MW 원자로, 재처리시설, 핵연료공장 등 3개 시설에 대한 동결조치가 이루어졌고, 이에 대한 IAEA 사찰관의 동결감시가 시작되었다. 이로써 영변의 핵시설들은 1994년 제네바합의 서명 직후와 유사한 동결상태에 돌입하게 되었다.

북한은 BDA 문제를 구실로 대포동미사일 시험발사와 핵실험도 했고, 2007년 초에는 언제 그런 일이 있었냐는 듯 태연히 6자회담에 돌아와 당초의 요구대로 2,500만 달러 전액을 회수하는 데 성공했다. 이는 집요한 북한 외교가 이룩한 하나의 큰 성과였다고도 말할 수 있을 것이다. 그러나 그것은 어쩌면 북한의 소탐대실이었는지도 모른다. 그 시기에 북한과는 정반대의 정책을 통해 선핵폐기 방식을 선택함으로써 「리비아 방식」이라는 신조어까지 만들어냈던 리비아는 2006년 5월 15일 미국과의 국교 정상화와 더불어 테러지원국 명단에서 삭제됨으로써 28년에 걸친 국제사회의 제재로부터 완전히 해방되었다.

한편, 미국은 불법행위가 확인된 북한계좌를 정치적 합의에 의해 모두 동결 해제했지만, 동결되었던 2,500만 달러의 북한 예치금보다 훨씬 많은 성과를 올린 것으로 평가된다. 첫째, 국제 금융시장에서 미국이 갖고 있는 막강한 힘을 널리 인식시키는 계기가 되었고, 둘째, 각국 은행들이 테러자금 및 여타 불법자금들에 대해 편의를 제공하는 것을 방지하는 일벌백계의 효과가 있었으며, 셋째, 북한의 불법자금 운용을 어렵게 만들어 위폐, 마약, 무기밀거래 등 불법행위를 위축시키는 결과가 초래되었다. 넷째, 미국

---

47 6자회담 당사국들은 당초 북한의 BDA 예치금을 중국은행Bank of China을 통해 북한에 송금하는 방안을 추진했으나, 중국은행이 대외 신인도 저하 가능성을 우려하여 이를 거부함에 따라 부득이 러시아 중앙은행을 통한 송금이 이루어졌다.

은 1년 반에 걸친 BDA 북한계좌 조사를 통해 북한의 불법자금 현황 및 운용 방식, 북한과 불법거래 관계를 맺고 있는 고객 명단, 전 세계 북한계좌에 대한 정보 등 많은 귀중한 정보를 손에 넣었을 것으로 추정된다.

BDA는 과거 김대중 정부의 대북한 불법송금 창구로 알려져 있던 은행이다. 그 외에도 한국의 여러 기업, 언론사, 민간단체들이 BDA를 통해 북한에 합법적 또는 불법적 송금을 해온 것으로 알려져 있다. 미국은 BDA 자료들에 대한 조사를 통해 이러한 거래들에 대해서도 구체적 정보를 상당부분 확보했을 것으로 추정된다.

10 · 3 합의, 새로운 파국의 씨앗

북한의 핵시설 동결이 이행된 직후인 2007년 7월 개최된 제6차 6자회담에서는 핵시설 불능화와 핵프로그램 신고를 위한 구체적 방안이 집중 논의되었다. 논의의 핵심은 불능화와 신고의 범위, 그리고 이에 대한 반대급부 제공 문제였다. 불능화의 다음 단계인 핵폐기 협상이 언제 어떤 형태로 타결될지 불투명한 상황이었음을 감안할 때, 핵동결과 핵폐기 중간에 구름다리처럼 위치한 이 협상은 미국과 북한 모두에게 한 치라도 더 유리한 고지를 선점해야 하는 중요한 협상이었다. 경우에 따라서는 핵협상이 이 단계에서 더 나아가지 못하고 장기간 고착화될 가능성도 적지 않은 상황이었기에 이를 염두에 두고 입지를 확보해야 하는 협상이었다.

미국으로서는 불능화조치가 사실상의 핵폐기 개시가 될 수 있도록 최대한의 불능화조치를 확보하는 한편, 본게임인 핵폐기 협상에 대비하여 미국이 보유한 협상 레버리지를 가능한 한 많이 보존해야 할 입장이었다. 반면에 북한으로서는 가급적 최소한의 불능화조치를 하는 한편, 다음 단계인 핵폐기 협상의 장기화나 결렬에 대비하여 미국으로부터 최대한의 반대급부를 확보해야 하는 상황이었다. 2008년으로 예정되었던 한국의 신정부 출범과 미국 대통령 선거가 내포하는 불확실성을 감안할 때 더욱 그러했다.

핵시설 불능화와 더불어 양대 핵심 쟁점인 핵프로그램 신고 문제에서 미국은 핵시설과 모든 핵물질(이미 핵무기 제조에 사용된 핵물질 포함)은 물론 쟁점사안인 HEU 프로그램까지 신고의 범주에 포함시키려 노력했다. 또한 2007년 9월 이스라엘에 의해 제기된 북한과 시리아 간의 핵협력 의혹 문제도 신고의 대상에 포함되어야 한다는 입장이었다. 반면, 북한으로서는 신고의 대상을 영변 핵시설과 영변에서 생산된 농축플루토늄에 국한시키려 했다.

2007년 7월과 9월의 2차례 회의를 거쳐 10·3 합의라 불리는 「9·19 공동성명 이행을 위한 제2단계 조치」가 합의되어, 제2차 남북정상회담을 하루 앞둔 10월 3일 발표되었다. 2·13 합의에서 막연히 규정되었던 불능화 조치와 핵프로그램 신고는 10·3 합의에 의해 비로소 북한의 의무사항으로 명기되었고, 이행시한을 비롯한 구체적 사항들도 합의되었다.

9·19 공동성명 이행을 위한 제2단계 조치(10·3 합의)

- 2007년 12월 31일까지 핵시설 불능화와 핵프로그램 신고 완료
  - 5MW 원자로, 재처리시설, 연료봉공장의 불능화를 2007년 12월 31일까지 완료
  - 미국이 주도하는 전문가그룹이 구체적 불능화조치 준비
  - 북한의 모든 핵프로그램에 대한 완전하고 정확한 신고를 2007년 12월 31일까지 실시

- 2·13 합의에 따른 반대급부 제공
  - 북한의 조치 이행과 병행하여 테러지원국 명단 삭제와 「대적성국교역법」 적용 종료
  - 중유 100만 톤 상당의 대북한 경제/에너지 지원 제공

- 적절한 시기에 베이징에서 6자 외교장관회담 개최

그러나 10·3 합의는 10월 4일의 남북정상회담에 앞서 이를 타결하고자 서둘러 합의된 까닭에 모호성이 적지 않았다. 그리고 이 때문에 합의 이행 과정에서 심각한 이견과 논란이 지속되었다. 합의의 핵심내용에 관한 현저한 해석상의 이견은 북한이 2009년 다시 벼랑끝전술로 나와 제2차 핵실험을 실시할 때까지 해소되지 않았다.

10·3 합의의 핵심적 문제점은 세 가지였다. 첫째, 핵프로그램 신고의 대상과 방식이 구체적으로 정의되지 않아 각기 다른 해석의 여지를 남기게 되었다. 특히 가장 중요한 HEU 프로그램과 핵무기가 신고 대상에 포함되는 것인지 여부가 명확히 규정되지 않았다. 미국 협상팀은 구체적 사항이 비공개 양해사항으로 합의되어 있다고 주장했으나, 그 후 이행과정을 거치면서 그것은 사실과 상당한 거리가 있는 것으로 밝혀졌다.

둘째, 북한이 핵시설 불능화와 핵프로그램 신고를 이행하고 이와 병행하여 제재해제 및 경제/에너지 지원을 제공한다고만 규정되어 있을 뿐, 이들 상호간의 이행절차상 연계성과 시간적 상관관계가 규정되지 않았다. 10·3 합의 이행과정에서 미국과 북한 사이에 의무불이행 책임을 상호 전가하는 상황이 전개된 것은 어쩌면 당연한 귀결이었다.

셋째, 더욱 심각한 문제점은 핵신고에 반드시 수반되어야 할 「검증verification」 문제가 한마디도 언급되지 않았다는 점이었다. 핵프로그램 신고는 검증을 통해 그 정확성이 확인되어야 비로소 유효한 것이며, 검증이 수반되지 않은 일방적 신고는 무의미하다. 특히 핵물질 신고에 대한 검증은 반드시 이루어져야 한다. 핵물질 보유량의 검증이 중요한 이유는 그것이 핵폐기 단계에서 폐기의 대상이 될 핵물질의 양을 의미하는 것이기 때문이다. 따라서 북한이 자발적으로 신고하는 핵물질의 양을 제대로 검증하지 못하고 인정하는 일이 발생한다면, 그에 따른 핵폐기도 불완전한 핵폐기가 될 수밖에 없었다.

제2차 남북정상회담의 문턱에서 서둘러 타결된 10 · 3 합의가 내포한 이러한 문제점들은 10 · 3 합의가 직면할 수밖에 없는 이행상의 숙명적 난관을 예고하고 있었다. 10 · 3 합의는 미북 간의 타협이 사실상 불가능한 몇 가지 핵심 쟁점을 우회함으로써 9 · 19 공동성명의 이행을 한 발짝 더 진전시키는 어려운 역할을 수행하기는 했으나, 그러한 접근방식은 그 자체 내에 새로운 파국의 씨앗을 내포할 수밖에 없었다.

제 3 부

제3차 북핵위기와 환상의 종말

그대가 무언가 희망을
가지게 될 때 그대는 거짓 속에
있다. 희망은 존재의
허구성으로부터 나오는 것.
희망이 없을 때 삶은
진실로 존재한다.
그때 처음으로 진정한 삶이
시작된다.

_오쇼 라즈니쉬

1

검증문제, 그 진실의 덫

핵폐기로 가는 최초의 관문

핵프로그램의 신고와 그에 대한 검증은 북한의 비핵화를 위한 대장정에 있어서 중요한 역사적 의미를 내포하고 있다.[1] 1990년대 초 이래로 북한과의 핵협상이나 핵합의 이행이 도중에 좌초된 것은 대부분 핵사찰, 즉 검증 문제 때문이었다. 1991년 말 개시된 남북 상호핵사찰 협상은 어떻게든 진정한 핵사찰을 피하려는 북한의 태도로 인해 결렬되었다. 1992년 개시된 IAEA의 대북한 핵사찰은 북한이 은닉된 미신고 핵시설에 대한 사찰을 거부하고 NPT에서 탈퇴함에 따라 중단되었다. 제네바합의는 핵사찰의 단계에 진입도 못한 채 그 문턱에서 붕괴되었다.

---

1 「검증verification」이란 「핵사찰nuclear inspection」을 통해 「신고declaration」의 정확성 여부를 확인하는 과정으로서, 핵시설과 핵물질 운용에 있어서 불법행위의 유무를 가리는 재판과도 같은 중요한 과정이다.

이처럼 북한의 핵시설과 핵물질은 역사상 한 번도 제대로 검증된 적이 없었다. 따라서 9 · 19 공동성명의 이행을 통해 북한의 핵프로그램에 대한 신고와 검증이 성공적으로 완료될 경우, 북한 핵문제는 사상 최초로 1994년 제네바합의가 서명되던 시점의 상황을 넘어 진정한 진전의 첫걸음을 내딛게 될 터였다.

9 · 19 공동성명에서 2 · 13 합의와 10 · 3 합의에 이르는 당시의 협상구도를 감안할 때, 협상이 성공적으로 진전될 경우 북한의 핵폐기 과정은 아래 도표에서 보듯이 ① 핵시설 동결, ② 핵시설 불능화, ③ 핵프로그램 신고와 검증, ④ 핵폐기(핵시설, 핵무기의 해체 및 핵물질의 국외반출)의 4개 단계를 거쳐 이행될 전망이었다.

북한의 핵폐기 과정 개념도				
핵시설 ⇨	동결	불능화	신고/검증	핵시설 핵심부분 파괴(또는 완전 불능화)
핵물질 ⇨	동결/불능화에 불포함		신고/검증	핵물질 국외반출
HEU ⇨	동결/불능화/신고에 불포함			우라늄농축시설 핵심부분 파괴(또는 완전 불능화)
핵무기 ⇨	동결/불능화/신고에 불포함			핵무기 완전해체
	← 가역적 단계 reversible stage →		← 불가역적 단계 irreversible stage →	

위의 4개 단계 중 동결, 불능화, 신고/검증은 번복 가능한 「가역적 조치 reversible measure」이고 마지막 단계인 핵폐기는 「불가역적 조치 irreversible measure」에 해당되었다. 북한의 비핵화 과정을 가역적 조치와 불가역적 조치의 두 단계로 구분하여 인식하는 것은 매우 중요하다. 왜냐하면 가역적 조치는 언제라도 번복가능한 조치인 까닭에 그 단계에서는 북한의 진정한 의도를 확인하는 것이 불가능하기 때문이다. 북한 핵문제를 둘러싼 북한과의 진정한 진실게임은 불가역적 단계인 핵폐기 협상 단계에서 비로소 시작된다.

10 · 3 합의 이행과정에서 신고와 검증 과정은 가역적 조치의 마지막 단

계인 동시에 불가역적 단계로 진입하는 관문으로서 심대한 의미를 내포하고 있었다. 그것은 6자회담을 통한 핵협상의 향방과 북한의 진의를 가늠할 수 있는 최초의 「진실의 문」이기도 했다. 그러기에 그 과정을 쉽사리 통과하리라 예측한 사람은 거의 없었다.

북한과의 핵협상이 부시 행정부가 협상 초기에 의도했던 것처럼 처음부터 핵프로그램 신고 및 검증을 거쳐 바로 핵폐기로 가지 못하고 신고에 앞서 동결과 불능화라는 불필요한 요소가 삽입된 것은 이러한 「진실의 문」에 이르는 시기를 최대한 늦추려는 북한의 의도가 반영된 결과였다. 그나마도 그러한 동결과 불능화조치는 핵폐기의 4대 대상인 ① 핵시설, ② HEU 프로그램, ③ 핵물질, ④ 핵무기 중 핵시설 한 항목에 대해서만 이루어졌고, HEU 프로그램을 포함한 나머지 대상들은 추후 별도의 협상을 필요로 하는 보류된 영역으로 남게 되었다.

핵신고를 둘러싼 진실게임

10 · 3 합의 직후부터 개시된 핵프로그램 신고를 위한 미북 협상에서 가장 큰 쟁점이 된 것은 신고의 범위 문제였다. 10 · 3 합의는 신고의 대상을 「핵프로그램」으로 규정하고 있었고, 이에 앞서 합의된 9 · 19 공동성명은 핵프로그램과 핵무기를 별도의 카테고리로 분리하여 규정하고 있었다. 따라서 핵무기까지 신고대상에 포함시킬 수 있다는 미국 협상대표단의 공언에도 불구하고 논리적으로 핵무기는 신고의 대상이 될 수 없었다.

따라서 실질적인 최대 쟁점은 HEU 프로그램을 핵시설 신고에 포함시킬 것인가 하는 문제였다. 북한은 HEU 프로그램을 보유하고 있지 않으며 따라서 이는 신고의 대상이 될 수 없다는 입장을 고수했다. 미국이 그간 북한이 밀수입한 것으로 밝혀진 고강도 알루미늄관의 사용처를 추궁하자, 북한은 이를 미사일 제조에 사용했다고 주장하면서 미국 핵협상 관계자를 초청하여 창고에 가득 쌓인 알루미늄관을 보여준 후 그 샘플을 제공하기도 했다. 그러나 그 샘플에서 우라늄농축을 입증하는 방사능 입자가 검출되어 북한을 곤경에 빠뜨리기도 했다.

북한의 비핵화를 위해 HEU 프로그램은 반드시 규명되고 제거되어야 할 사안이었다. 영변 핵시설이 모두 폐기된다 하더라도 HEU 프로그램이 잔존한다면 아무 의미가 없고, 오히려 더욱 은밀하고 효과적인 핵무기 생산의 길을 열어주는 것이 되기 때문이었다. 영변의 5MW 원자로가 이미 사용불가능할 정도로 노후화되었고 재처리시설에서의 비밀스런 작업도 더 이상 가능하지 않음을 감안할 때, 만일 북한이 핵무기 생산을 계속하려는 의지를 갖고 있다면 HEU 프로그램은 이 모든 문제점을 해결할 수 있는 최적의 대안이 될 수 있었다.

HEU 프로그램이 내포한 이러한 문제점을 감안할 때, 핵시설 신고 단계에서 HEU 프로그램 문제를 분명하게 매듭짓고 넘어가는 것은 북한의 비핵화 실현을 위한 긴요하고도 불가결한 요소였다. 부품조달이나 기술상의 이유로 북한이 HEU 프로그램을 중도에 포기했을 수도 있었을 것이나, 그러한 포기 사실을 확인하기 위해서라도 HEU 프로그램은 반드시 신고대상에 포함되어 검증을 받는 것이 필요했다.

신고의 대상 문제에서 또 하나의 쟁점은 북한과 시리아 간 핵협력 문제, 즉 핵확산의 문제였다. 이스라엘은 시리아가 비밀리에 건설 중이던 알키바르Alkibar 원자로를 2007년 9월 6일 공습하여 파괴했는데, 공습에 앞서 촬영된 동영상에 따르면 원자로의 형태가 영변 원자로와 매우 유사했고 시설 내부에서 북한 핵기술자들의 모습이 포착되었다.[2] 미국은 이 사안을 중시하고 신고대상에 포함시킬 것을 요구했으나 북한은 사실무근이라고 하면서 이를 거부했다. 미국은 비공개 합의사항으로라도 HEU 문제와 북한-시리아 핵협력 문제를 신고에 포함시키고자 백방으로 시도했으나 뾰족한 성과는 없었다. 갈 길이 바쁜 미국이 더 이상의 추궁을 포기함에 따라 결국 북한은 자신의 고집스런 입장을 관철하는 데 성공했고, 그에 따라 신고의 대상은 HEU 프로그램을 제외한 핵시설과 핵물질에 국한되었다.

사실 북한의 핵시설은 이미 1992년 IAEA에 신고된 바 있어 핵시설 신고에서 별다른 새로운 정보가 나올 것은 없었다. 유일한 관심사는 북한이 1992년 당시 IAEA 신고에서 누락시킨 2개의 「미신고시설」, 즉 은닉된 폐기물저장소들이 6자회담에서의 핵시설 신고에 과연 포함될 것인가 하는 점이었다.[3] 우려했던 바와 같이 북한이 2008년 6월 26일 중국 정부에 제출한 핵시설 신고서에는 문제의 은닉된 시설들이 포함되지 않았다. 북한이 폐기물저장소라는 명목으로 새로운 핵시설을 신고하기는 했으나, 이는 북한이 1992년 당시 문제의 2개 폐기물저장소를 숨기기 위해 급조해 건설한 위장시설을 지칭하는 것으로 추정된다.

핵물질 신고의 경우도 상황은 마찬가지였다. 핵물질 신고에서 최대 관심사는 북한이 1992년 이전에 총 10~12kg의 농축플루토늄을 추출하고도 80g만 추출한 것으로 IAEA에 허위 신고한 부분이었다. 북한이 이미 핵실험까지 하고 스스로 핵보유국임을 주장하는 마당에 핵물질 양을 숨길 필요가 있겠는가 하는 낙관론도 있었으나, 핵물질을 일부만 신고하고 나머지는 은닉함으로써 핵폐기 이후에도 수 개의 핵무기를 은밀히 보유하려 할지도

---

2 당시 이 사항은 성격상 비밀사안으로 취급되었으나, 미국 정보당국에 의해 2008년 4월 24일 공개되어 CNN, 『워싱턴포스트』 등 미국 주요 언론에 보도되었다.

3 동 2개의 폐기물저장소는 1993년 초 IAEA의 특별사찰 요구와 북한의 NPT 탈퇴를 촉발시킨 북한 핵문제의 핵심시설로서, 1992년 이전 북한이 비밀리에 추출한 플루토늄의 정확한 양을 검증하기 위한 필수적 시설로 간주되고 있다.

북한의 고농도 플루토늄 보유 현황(2008년 당시 추정치)				
구분	1단계 재처리	2단계 재처리	3단계 재처리	총계
원자로 연소기간	1986. 10~1989. 3	1989. 6~1994. 4	2003. 2~2005. 4	
연료봉 재처리시기	1992년 이전	2003. 6 (북한 주장)	2005. 7 (북한 주장)	
플루토늄 추출량	10~12kg	25kg	10~14kg	45~51kg
비고	미 정부 발표	헤커 교수 추산	헤커 교수 추산	핵무기 6-8개 해당

모른다는 견해도 적지 않았다.

국제사회 일각의 혹시나 하는 기대에도 불구하고 북한이 제출한 핵물질 신고서는 1992년의 주장을 거의 그대로 반영한 것이었다. 북한은 38.5kg의 플루토늄을 생산했고 그중 26kg을 핵무기 제조에 사용했다고 신고했다.[4] 그나마도 이는 5MW 원자로 불능화조치 이후 꺼내서 보관 중이던 8,000개 연료봉들을 모두 재처리할 때 추출될 플루토늄 추가분 6~7kg을 합친 수치 였기 때문에 실질적인 신고량은 31kg 정도에 불과했으며, 이는 당시 국제 사회가 추정하고 있던 핵물질 총보유량 45~51kg에 비해 14~20kg이 적은 양이었다. 이러한 국제사회의 추산치와 북한의 신고량 간의 차이는 핵무기 최소 2~3개에 해당되는 분량이었다.

북한이 1992년에 이어 2008년에도 재차 핵물질 양을 허위로 신고한 것 은 그 이상의 보다 심각한 메시지를 담고 있었다. 그것은 북한이 자신의 허 위신고 사실을 숨기기 위해서라도 신고내용에 대한 철저한 검증을 허용하 지 않으리라는 점이었다. 신고내용을 제대로 검증만 한다면 북한의 허위신

---

4 Bruce Bennett, "North Korea's WMD Capability and the Regional Military Balance: A US Perspective, *The Korean Journal of Security Affairs*, Volume 14, Number 2, December 2009, pp. 7~35 및 2008년 5월 10일자 『동아일보』 보도, 「北 신고서 40~50쪽 중국에 제출」 참조.

고 사실이 금방 드러나게 될 것이기 때문이었다. 보유 중인 핵물질의 양을 축소해 은폐하려는 북한의 이러한 태도는 아직도 숨겨야 할 무엇인가가 남아 있음을 의미했고, 이는 북한의 핵포기 의지에 대한 근본적 의문을 야기하기에 충분했다. 만일 핵포기의 반대급부에 관한 미국과의 정치적 흥정이 북한의 주목적이었다면 핵물질의 양을 솔직히 신고하더라도 얼마든지 협상을 벌일 수 있었을 것이기 때문이다.

북한은 핵신고가 완료되었음에도 불구하고 미국이 검증문제를 이유로 제재조치 해제를 지연시키자, 미국을 압박하기 위해 영변 핵시설에 대한 불능화조치의 중단(8월 14일)에 이어 불능화된 시설에 대한 복구 작업을 개시하고(9월 3일) 재처리시설의 봉인과 감시장비를 제거(9월 24일)하는 등 낯익은 벼랑끝전술을 구사했다. 부시 행정부 종료를 불과 3개월 남긴 시점에 핵협상 파국의 위기를 맞게 된 미국은 검증문제 해결을 일단 뒤로 미룬 채 2008년 10월 11일 대북한 테러지원국 제재를 해제했다.[5]

미국 국내법상의 테러지원국 제재조치 개요

1. 군수품 수출통제
  - 「무기수출통제법Arms Export Control Act」에 의거, 미국산 군수품의 수출, 재수출 및 이를 지원하는 행위, 미국 군수품 획득을 위한 신용거래, 지급보증, 여타 재정지원 제공 금지
  - 「수출관리법Export Administration Act of 1979」에 의거, 이중용도품목 및 관련 기술 수출 시 사전허가 필요

---

5 2008년 9월 9일자 『워싱턴포스트』는 미국 정부 관계자를 인용하여 미측이 "핵시설 검증에 응해야 테러지원국 명단에서 삭제해주겠다는 전제조건을 북한 측에 분명히 구두로 전달했다"고 언론에 밝힌 것으로 보도했다(이우탁, 『오바마와 김정일의 생존게임』, 601쪽). 이 말을 액면 그대로 해석하자면, 첫째, 서면 또는 구두의 합의가 없었고, 둘째, 미측이 희망사항을 구두로 북한 측에 일방적으로 전달했으며, 셋째, 이에 대해 북측으로부터 동의가 없었다는 의미가 된다. 이는 검증에 관한 합의가 없었다는 북한 측의 주장과도 일맥상통한다.

2. 대외원조 금지
- 「대외원조법Foreign Assistance Act of 1961」에 의거, 테러지원국에 대한 일체의 원조 금지 및 테러지원국을 원조하는 국가에 대한 원조 금지
- 「국제금융기관법International Financial Institutions Act」에 의거, 테러지원국에 대한 국제금융기관의 차관 제공에 반대하도록 의무화

3. 여타 제재조치
- 「국제안보 및 개발협력법International Security and Development Cooperation Act of 1985」에 의거, 테러지원국으로부터의 특정 상품 및 용역 수입 금지
- 「무역법Trade Act of 1974」에 의거, 테러지원국에 대한 개도국 특혜관세(GSP) 적용 금지

미국의 대북한 테러지원국 제재 해제는 북한이 1987년 테러지원국으로 지정된 이래 20여 년에 걸친 해제 노력이 결실을 맺는 감격적인 순간이었다.[6] 그것은 강석주 북한 외교부 부부장이 맨주먹과 뚝심만으로 46억 달러짜리 2,000MW 경수로 발전소를 거저 얻어낸 1994년의 제네바합의와도 비견될 만한 북한 외교의 승리였다.

부시 행정부는 그로부터 두 달 후인 12월 8일부터 10일까지 대통령 임기 만료를 불과 40일 앞두고 개최된 6자회담 수석대표회의에 마지막 희망을 걸었다. 그러나 제재해제 이전에도 불가능했던 합의가 해제 이후에 합의된다는 것은 상식적으로 기대하기 어려웠으며, 결국 검증문제 협상에서 아무 성과를 거두지 못했다. 12월 16일자 『월스트리트 저널』은 라이스 장관과 힐 차관보가 북한의 구두약속을 믿고 이를 부시 대통령이 북한을 테러지원

---

6 북한에 대한 미국의 테러지원국 제재는 1987년 발생한 「대한항공 여객기 폭파사건」(일명 김현희 사건)이 서울올림픽을 방해하기 위한 북한 당국의 소행으로 밝혀짐에 따라 레이건 행정부에 의해 취해진 조치였다. 클린턴 행정부 말기인 2000년 6월 「대적성국교역법」에 따른 미국의 대북한 제재조치가 대부분 해제된 이래, 테러지원국 제재는 미국이 북한에 대해 적용하는 최후의 주요 제재조치였다. 그 때문에 이를 해제하는 것은 북한에게 있어서 대미외교의 최우선 목표였다.

국에서 제외토록 하는 데 활용했지만 일단 미국의 양보를 얻어낸 북한은 이제 검증에 필요한 최소한의 것조차 제출하기를 거부하고 있다고 논평했다. 동 신문은 이어서, 그러한 북한의 행동은 아마도 라이스 국무장관과 힐 차관보를 제외하면 크게 놀랄 일도 아니라고 비꼬았다.[7] 한편, 북한은 그러한 구두약속의 존재 자체를 부인하고 있다.

정권 말기의 부시 행정부가 검증문제의 논란 속에서 시간에 쫓기면서 단행했던 테러지원국 제재 해제조치는 신고/검증 단계를 어떻게든 적당히 마무리하여 10·3 합의의 이행 완료를 선언한 후 그 다음 단계인 핵폐기 협상을 다음 정권으로 넘기려는 의도의 소산이 아니었나 싶다. 미국 정부는 북한이 신고내용에 대한 실효적 검증을 받지 않을 경우 테러지원국 제재를 복원하겠다고 공언하면서 선 제재해제 방침을 합리화하려 했으나, 그것은 미국 국내법상 가능한 일이 아니었다. 법 규정상 테러지원국 지정은 새로운 테러행위의 증거가 있어야 가능한 일이기 때문이었다.

미국이 테러지원국 제재를 해제한 후 불과 반년 만에 그러한 우려는 현실로 다가왔다. 북한은 2008년 4월 핵협상 파기를 선언하고 동결과 불능화 조치를 원상복구시켰다. 결국 북한은 아무 손실 없이 테러지원국 제재를 해제하는 데 성공했고, 미국은 대북한 협상에서 최대의 레버리지인 테러지원국 제재를 헛되이 상실한 형국이 되었다. 그러나 다행스럽게도 테러지원국 제재 해제에 따른 실질적 효과가 그리 크지는 않았다. 테러지원국에 대한 제재조치는 공산국가에 대한 제재, WMD 확산국가에 대한 제재, 핵실험 실시국가에 대한 제재 등 잔존하는 미국의 대북한 제재조치와 그 내용이 대부분 중복되어 있어 테러지원국 제재를 해제하더라도 제재조치가 실질적으로 해제될 수는 없는 구조였기 때문이었다.[8]

---

7 이우탁, 『오바마와 김정일의 생존게임』(창해, 2009), 646쪽.

대북한 테러지원국 제재 해제의 영향

① 대북한 원조 금지 공산국가에 대한 일반적 제재규정과 핵실험 실시국가에 적용되는 Glenn 수정안 등에 의거, 미국의 대북한 원조금지 조치 지속
② 국제금융기관의 차관제공 금지 공산국가에 대한 제재규정, Glenn 수정안 등에 의거 제재 지속
③ 군수물자 수출 통제 WMD 확산방지 규정, 전략물자 수출통제 규정 등에 의거 수출통제 지속
④ 특혜관세(GSP) 부여 금지 공산국가에 대한 제재규정에 의거 계속 금지

테러지원국 제재 해제 후 미국의 잔여 대북제재 현황

분야	제재 내용	제재 근거	관련 법률
무역	MFN(최혜국대우) 및 GSP(개도국 특혜관세) 부여 금지	공산국가	「무역법Trade Act of 1974」 401, 402, 406, 409, 502(b)조
	민감품목 및 서비스 수출 제한(컴퓨터, S/W, 안보통제 물품 등 제한)	공산국가, 국가안보	「수출관리법Export Administration Act 1979」 5조, 6조
	핵물질, 장비, 민감기술 수출금지	핵실험 (2006. 10)	「원자력법」 129조
	무기판매, 군수품 수출입, 이중용도 물품 수출, 정부구매 등 규제	WMD확산, 미사일	「무기수출통제법」 73조, 「수출관리법」 11B조, 「이란, 북한, 시리아 비확산법」 3조
	군사원조, 무기판매, 이전, 군수품 수출 등 제한	핵실험	「무기수출통제법」 102조(일명 Glenn Amendment)
금융	북한선적 선박의 소유, 임차, 운영, 보험가입 금지	WMD확산	「방위개발법Defense Production Act 1950」 704조
	지정단체 자산의 동결(2005. 6. 28)	국가위기, WMD확산	「국제경제위기권한법」, 「국가위기법」
	수출입은행 융자, 지불보증 제한	공산국가, 핵실험, WMD확산	「수출입은행법Export-Import Bank Act 1945」 2(b)조

---

8 미국은 테러지원국 해제에 앞서 이러한 문제점을 북한 측에 이미 설명했으므로 북한도 이에 대해 모르는 바는 아니었다.

대외 원조	대외원조 및 농산물 판매 제한	외교관계 미개설	「대외원조법Foreign Assistance Act 1961」 620(t)조
	인도적 지원 외의 대외원조 제한	공산국가	「대외원조법」 620(f)조
	국제기관의 지원 금지, 대북 차관 제공 국제기관에 대한 출자 제한	공산국가	「대외원조법」 307조, 「브레튼우즈 협정 법Bretton Woods Agreement Act」 5(b)조
	군사원조 제한	WMD확산	「무기수출통제법」 101조

검증문제의 덫에 걸린 협상

검증문제는 신고보다 더욱 어려운 과제였다. 신고는 북한이 마음대로 하면 되지만 검증은 그에 대한 국제사회의 심판을 받는 과정이었기에, 그리고 북한이 핵무기와 HEU 프로그램을 제외하고 핵시설과 핵물질에 대한 신고만 하기로 했음에도 불구하고 그 분야에서조차 아직 완전한 투명성을 보여줄 의사를 갖고 있지 않았기에, 검증문제를 둘러싼 지극히 어려운 협상이 예고되어 있었다.

그런 어려움에 대한 이심전심의 교감이 있어서인지, 2007년 한 해 동안 2·13 합의와 10·3 합의를 논의하는 과정에서 검증문제는 쌍방 간에 거의 거론조차 되지 않았고, 합의문에도 한마디 언급이 없었다. 공식 합의문에는 물론이고 비공개 양해사항에도 검증문제는 포함되지 않았다. 요컨대 미국 협상팀은 북한의 신고내용을 검증 없이 그대로 접수하고 그에 대한 반대급부를 제공한 후, 장시간이 소요될 다음 단계인 핵프로그램 해체 협상으로 모든 것을 미루려는 움직임을 보였다.

이것은 협상의 기술적 측면에서는 매우 쉽고 성과가 보장된 방식이었으나, 북한 핵문제의 원천적 해결 필요성이라는 측면에서는 많은 위험성이 내포된 협상방식이었다. 무엇보다도 북한의 자의적 신고를 검증 없이 액면 그대로 인정함으로써 북한의 신고내용에 대해 정당성을 부여하게 될 개연성이 있었다. 또한 이로 인해 핵폐기 후에도 상당량의 핵물질이 계속 은닉될 가능성을 열어두게 될 우려가 있었다. 북한이 신고한 핵물질 보유량과 국제사회의 추정치 사이에 핵무기 2~3개분에 달하는 14~20kg의 커다란 괴리가 있었음을 감안할 때 이는 심각한 문제였다.

이러한 위험스런 협상 추세에 처음으로 제동을 건 것은 2008년 2월 출범한 한국의 이명박 정부였다. 이명박 대통령은 2008년 4월 취임 후 최초의 한미 정상회담을 가진 뒤 공동기자회견을 통해 "북한의 핵을 검증하는 것은 매우 중요한 과정"이며 "신고와 검증이 불성실하게 되면 지금은 쉽게 넘어가지만 먼 훗날 더 큰 화를 불러올 수 있다"고 문제를 제기했다.[9] 미국과 북한으로서는 뜻밖의 복병을 만난 격이었다. 북한 핵문제가 남북관계의 종속변수에 불과했던 노무현 정부와는 달리 이명박 정부는 북한 핵문제의 해결을 우선순위에 두었고, 이의 철저한 해결을 위해 신고에 대한 검증이 반드시 필요하다는 입장이었다.

이에 따라 검증 문제가 2008년 초부터 처음으로 국제사회에서 공론화되기 시작했고, 놀라울 정도로 짧은 시간 내에 미국 조야에서는 검증을 요구하는 목소리가 압도적 대세를 이루어갔다. 신고 내용의 정확성 여부가 검증되어야 한다는 논리는 너무도 당연한 것이었기에, 그 당위성에 대해 아무도 반론을 제기하지 못했다. 이러한 여론의 대세에 밀려 검증문제가 6자회담 관계국들 사이에서 논의되기 시작했고, 이는 10 · 3 합의의 이행에서 가장 중요하고 예민한 쟁점으로 급부상했다. 이는 북한의 각본과 페이스에 따라 진행되어온 2 · 13/10 · 3 합의 이행체제에 제동이 걸렸음을 의미했다.

---

9 이우탁, 『오바마와 김정일의 생존게임』(창해, 2009), 563쪽.

북한은 검증문제가 10·3 합의 논의 과정에서 협의되거나 합의된 바 없어 이행의 대상이 아니라고 주장했다. 검증 문제에 관해 미북 사이에 비공개 합의가 있었다는 미국 협상팀의 주장에도 불구하고, 신고에 검증이 수반된다는 명시적 합의가 이루어진 적은 없었다. 그러나 검증문제를 합의문에 포함시키지 않은 배경이야 어쨌건 간에, 검증되지 않은 신고는 아무 의미가 없는 것이므로 명시적 합의 여하와 관계없이 검증은 신고에 당연히 수반되어야 할 과정이었다.

채무자가 꾸었던 돈을 갚으면서 이를 세어보지 못하게 한다면 채권자는 이를 갚았다고 인정해야 할 것인가? 세어보고 금액이 맞아야 비로소 채무 변제가 성립하는 것이다. 차용증에 채권자가 돈을 세어볼 수 있다는 조항이 포함되어 있어야만 돈을 세어볼 수 있는 것은 아니다. 만일 채무자가 돈을 갚으면서 그 돈을 세어보지 못하게 한다면, 그것은 금액이 맞지 않음을 자인하는 것과 마찬가지다.

미국 협상팀은 예기치 못했던 검증문제의 덫을 어떻게든 극복해보려고 북한과 다각적인 절충을 모색했고, 2008년 내내 많은 비공개 협상이 진행되었다. 그러나 북한은 신고내용에 대한 실효적 검증을 받으려는 의사가 전혀 없었다. 검증을 한사코 거부하는 이러한 북한의 고집스런 태도는 신고내용의 성실성을 스스로 부정하고 있었다. 이는 북한의 핵포기 의지 여하와 직결된 문제였기에, 한국이나 미국으로서도 적당히 양보할 수 있는 사안은 아니었다.

한편, 검증문제에 관한 각국 정부의 입장과 국제여론이 불리하게 돌아가자, 북한은 분위기 호전을 위해 2008년 6월 26일 핵시설과 핵물질에 대한 신고서를 중국에 제출한 데 이어, 다음 날에는 불능화조치의 상징으로서 5MW 원자로 냉각탑의 폭파장면을 전 세계에 생중계하는 쇼를 벌였다. 『뉴욕타임스』 보도에 따르면 당시 미국 정부가 냉각탑 폭파 쇼를 위해 북한에

2008년 6월 27일 영변 5MW원자로 냉각탑 폭파

지불한 경비는 무려 250만 달러에 이르는 것으로 알려졌다.[10]

그러나 5MW 원자로는 이미 2006년 당시부터 연간 수십 차례 가동이 중단되는 등 더 이상의 가동이 사실상 불가능한 노후시설이었기에, 미국이 막대한 예산을 들여 폭파 쇼를 벌인 데 대한 시선은 결코 곱지 않았다. 대북협상파인 잭 프리차드 KEI 소장조차도 이를 「정치 쇼」라고 규정하면서, "영변 핵시설은 이미 낡고 오래되어 쓸모없게 된 것이지만, 북한이 협상을 통해 엄청난 대가를 얻게 되었다"고 지적했다.[11]

---

10 2008년 6월 27일자 『뉴욕타임스』 및 6월 28일자 KBS-TV 보도 참조.
11 이우탁, 『오바마와 김정일의 생존게임』(창해, 2009), 575쪽.

                    *   *   *

　냉각탑 폭파 쇼 전후하여 검증문제에 관한 미북 사이의 비공개 협상이
활발히 이어졌고, 마침내 7월 10일부터 12일까지 베이징에서 6자회담 수
석대표회의가 개최되었다. 그러나 검증의 주체, 대상, 방식에 대한 한·
미·일 정부와 북한 사이의 첨예한 이견은 조금도 해소되지 않았다. 거기
에는 정치적 쇼나 협상의 기술만으로는 해소될 수 없는 근본적이고도 실질
적인 이견이 존재하고 있었다. 검증에 관한 협상의 핵심쟁점은 ① 검증 주
체, ② 검증 대상, ③ 검증 방식 등 세 가지였다.

　먼저 검증의 주체 문제에서 최대 관건은 IAEA를 어느 정도 관여시키느냐
하는 문제였다. IAEA가 기존의 확립된 검증절차에 따라 주도적으로 검증
을 수행하는 것이 가장 바람직할 것이나, 북한은 자신이 NPT 회원국이 아
니라는 이유로 IAEA의 개입을 거부하고 6자회담 참가국들에 의한 검증을
주장했다. 이는 IAEA의 철저한 핵사찰로 인해 신고의 허구성이 드러나는
것을 피하기 위한 고려였던 것으로 추정된다.

　만일 북한이 핵프로그램을 성실하게 신고했다면 IAEA가 국제적으로 확
립된 절차에 따라 실시하게 될 검증을 피할 이유는 없었다. IAEA의 검증을
거부한다는 것은 숨겨야 할 무엇이 아직 남아 있다는 의미였다. IAEA의 검
증활동은 이미 확립된 검증절차에 따라 실시되는 것이어서 융통성이나 정
치적 타협의 여지가 없기 때문이었다. 미국 역시 IAEA의 사찰을 통해 신고
내용의 불일치가 드러나 협상이 붕괴되는 상황을 우려해서인지 IAEA를 검
증 주체로 포함시키는 문제에 대해 적극성을 보이지 않았다.

　두 번째 쟁점인 검증의 대상 문제에서, 북한은 검증 대상이 신고된 핵시
설에 국한되어야 한다는 입장인 반면, 미국은 신고의 정확성을 검증하기
위해 신고되지 않은 시설에 대해서도 검증이 필요하다는 입장이었다. 미측

이 말하는 「신고되지 않은 시설」이란 1992년 북한이 IAEA에 핵시설 신고를 할 당시 고의적으로 은닉했고 2008년 6월의 핵시설 신고에서도 누락시킨 두 개의 「미신고 폐기물저장소」를 지칭하는 것이었고 나아가 은닉된 우라늄농축시설(HEU 프로그램)까지 포함된 개념이었기에, 북한은 이에 강력히 반대했다.

검증 대상에 관한 협상과정에서 한때 북한은 1990년대 초 남북 핵협상 당시 꺼내들었던 낡은 주장을 들고 나왔다. 북한 핵시설뿐 아니라 남한 핵시설도 검증의 대상이 되어야 한다는 것이었다. 그러나 한국의 핵시설은 이미 IAEA로부터 부단히 핵사찰을 받는 중이었고, 북한이 주장하는 소위 「주한미군 핵무기」는 논리상 북한의 핵무기와 동시에 검증받아야 할 사안이었기에, 북한의 이러한 주장은 자가당착의 모순을 내포한 해프닝에 불과했다.

세 번째 쟁점인 검증의 방식 문제에서 이견은 더욱 첨예했다. 미국은 모든 과학적 방법을 동원한 철저한 현장검증과 더불어 추가적 분석을 위한 시료채취와 반출까지 필요하다는 입장이었던 반면, 북한은 시료의 채취와 반출은 물론이고 사찰단의 계측장비 지참조차도 허용하지 않는 단순한 핵시설 「방문visit」만을 허용할 수 있다는 입장이었다. 쉽게 말하자면 5개국 대표들이 빈손으로 와서 핵시설 관광이나 하고 가라는 말이었다.

7월 12일 발표된 6자회담 수석대표회의 언론발표문에는 검증문제와 관련하여 시설방문, 문서검토, 기술자 인터뷰의 3원칙이 합의되었다는 내용이 포함되었으나, 관심을 모았던 「시료채취sampling」라는 말은 어디도 없었다.[12] 보다 근본적인 문제는 미국이 북한의 검증 반대 주장을 사실상 수용하여 사찰inspection 또는 검증verification이 아닌 핵시설 「방문visit」으로 개념을 정의

---

12 앞의 책, 583쪽.

하는 데 동의한 점이었다. 다만 미국 협상팀은 북한과의 비공개 협상을 통해 동 방문을 「과학적 절차에 따라」 진행한다는 점에 합의함으로써, 과학적 절차라는 모호한 개념에 시료채취가 포함되는 것으로 해석할 여지를 남겨 두고자 했다.[13]

그러나 북한은 이에 협조하지 않았다. 북한으로서는 당초 목표로 했던 미국의 대북한 테러지원국 제재가 10월 11일 해제되고 나자 더 이상 모호성의 그늘에 진실을 숨기고 있을 이유가 없었다. 북한은 미국 대통령선거가 끝나고 오바마 행정부의 도래가 확정된 직후인 11월 12일 외무성 대변인 담화를 통해 시료채취에 대한 거부 입장을 공개적으로 천명했고, 이것으로 외교적 융통성의 여지는 사라졌다.

외교협상에서 쌍방 간에 타협할 수 없는 심각한 이견이 있을 때, 이를 각자 편리한 대로 달리 해석하기 위해 이따금 모호한 용어가 사용되곤 한다. 과거 남북한 간의 합의문에도 그런 문구가 적지 않았다. 혹자는 이를 「창조적 모호성」이라 부르기도 한다. 그러나 여기에는 한 가지 간과해서는 안 될 진실이 있다. 그런 방식으로 무리하게 합의를 추구할 경우, 합의문 채택은 가능할지 몰라도 그 합의는 해석상의 이견으로 인해 숙명적으로 이행되지 못한다는 점이다. 시료채취 문제에 관한 미북 협상은 그 전형적인 사례였다. 검증문제를 둘러싼 극복될 수 없는 이견은 결국 10·3 합의의 이행을 좌초시키고 제3차 북핵위기를 초래하는 도화선이 되었다.

이는 북핵 협상을 지켜보던 많은 이들에게 실망과 낙담을 안겨주었지만, 그러한 파국이 예상 밖의 진전은 아니었다. 파국은 이미 오래전부터 예정된 것이었다. 미국과 북한 사이에 실재하는 인식과 입장의 엄청난 괴리를 「창조적 모호성」과 같은 외교적 수사로 메우고 덮어나가는 데는 명백히

---

13 2008년 12월 9일 RFA(자유아시아방송) 보도내용 참조(앞의 책, 621쪽).

한계가 있었다. 그 이유는 무엇보다도, 미국이 협상을 통한 북한 핵문제의 해결에 실낱같은 희망을 계속 걸고 있었던 반면, 북한은 협상을 통해 핵을 포기할 진정한 의사를 갖고 있지 않았기 때문이었다.

2008년 초 신정부 출범 이래 가시화된 한국 정부의 대북한 정책 변화도 이러한 상황전개에 적지 않은 영향을 미쳤다. 과거 노무현 정부 시절에는 한국이 미국보다 더 유연한 입장에서 북한과 미국 사이의 중재자 역할을 자임했고 중국과 더불어 미국의 양보를 압박하는 일이 빈번했으나, 이명박 정부 출범 이후 한국 정부의 입장은 오히려 미국의 지나치게 유화적인 입장을 견제하는 위치에 있었다.

2

20년 만에 깨어난 미몽

오바마 행정부 출범의 파장

2002년 말 발생한 제2차 북핵위기는 2003년 8월 6자회담이 출범한 이래 2005년의 9·19 공동성명, 2007년의 2·13 합의, 10·3 합의 등을 통해 외형상으로나마 수습 국면을 맞았으나, 2008년 초부터 초미의 관심사가 된 검증문제의 늪에서 끝내 헤어날 수 없었다. 그러던 중 2009년 5월 북한의 제2차 핵실험으로 협상은 결정적인 파국을 맞게 되었다. 이러한 상황의 도래는 2009년 초 출범한 미국 오바마 행정부와 불가분의 관계를 맺고 있다.

사실 미국에 오바마 행정부가 출범하기를 지구상에서 누구보다 학수고대해온 것은 아마도 북한이었을 것이다. 북한은 2002년 제2차 북핵위기 발발 이후 부시 행정부와의 거래에 큰 어려움을 느꼈고, 그 때문에 미국과의 협상을 최대한 지연시키면서 2004년 미국 대통령 선거에서 민주당 정권이 들어서기를 기다렸다. 그러나 부시 대통령의 재선으로 북한의 소박한 꿈은 깨어졌고, 다시 4년간 고난의 세월을 보내야 했다. 다행히도 북한은 2004

년 선거에서 재집권한 제2기 부시 행정부의 급속한 온건선회 덕분에 적지 않은 외교적 성과를 얻을 수는 있었지만, 공화당 행정부로부터 원하는 모든 것을 얻는 데는 아무래도 한계가 있었다.

그래서 북한은 오래전부터 2008년의 미국 대통령선거를 기다려왔다. 북한이 원했던 것은, 1970년대 말 주한미군 철수를 집요하게 추진했던 카터 대통령이나 또는 1994년 제네바합의를 통해 북한에게 46억 달러짜리 경수로 발전소를 덥석 안겨주었던 클린턴 대통령과 같은 또 한 명의 민주당 출신 산타클로스 대통령이었다. 2008년 말 협상이 파국으로 가는 와중에서도 북한이 강경한 입장을 고수했던 배경에는 곧 출범할 민주당 행정부에 대한 부푼 기대가 상당 부분 자리 잡고 있었다. 북한은 2004년 미국 대통령선거를 앞둔 시기에도 민주당 케리 후보의 당선을 기대하면서 강경한 대미 행보를 보인 바 있었다.

2008년 말 오바마 대통령의 당선이 확정되기가 무섭게 북한이 남북 간 육로통행을 제한하고 직통전화를 단절한(12월 1일) 데 이어, 이듬해인 2009년 벽두부터 "남북 전면대결 태세 진입"을 경고하고(1월 17일), 정치군사적 긴장완화 및 NLL 관련 모든 남북합의의 무효화를 선언한 것(1월 30일)도 오바마 행정부에 대한 기대와 무관하지 않았다. 북한은 진보적인 오바마 행정부의 출범으로 필시 미북 관계가 급속히 개선될 것을 확신하면서, 보라는 듯이 미리부터 소위 통미봉남 정책의 수순에 돌입한 것이었다.

그러나 그것은 미국 민주당 행정부의 본질에 관한 북한의 몰이해에 기인한 오판이었다. 북한이 2002년 제네바합의 붕괴 당시부터 6년 동안이나 기다려온 민주당 행정부는 북한이 기대했듯이 부시 행정부보다 북한에 더 호의적이지도 않았고, 북한과 무원칙하게 타협하거나 북한의 벼랑끝전술에 쉽사리 굴복하지도 않았다. 아마도 카터 행정부와 클린턴 행정부 시대의 경험이 북한에게 민주당 행정부에 대한 특별한 호감을 심어준 듯하나, 그들 두 정권의 대북한 유화정책이 민주당 정권 대외정책의 전형적 형태는 아니라는 점을 북한은 간과하고 있었다.

미국의 국내정치에서 공화당과 민주당의 가장 큰 차이점은, 공화당이 원칙보다는 국가이익에 충실하고 방법론상에서 융통성이 적은 반면, 민주당은 방법론에 대해서는 유연하나 자신이 신봉하는 원칙과 명분의 수호에 대해서는 공화당보다 더욱 입장이 명확하고 단호하다는 점이다. 원칙의 문제에서 단호한 민주당의 태도는 역사적 사실에 의해서도 쉽게 입증된다.

예를 들어, 미국 현대사에서 우리가 기억할 만한 중요한 군사적 조치들은 대부분 민주당 행정부에 의해 이루어졌다. 미국의 제1차 세계대전 참전(1917년, 윌슨), 제2차 세계대전 참전(1941년, 루스벨트), 한국전쟁 참전(1950년, 트루먼), 제3차 세계대전의 문턱까지 갔던 쿠바 미사일 위기(1961년, 케네디), 미국의 베트남전 개입(1961년, 케네디), 미국 지상군의 베트남 파병(1965년, 존슨) 등이 모두 민주당 행정부에 의해 취해진 조치였다. 1990년대 이후의 걸프전과 이라크 전쟁, 아프간 전쟁을 제외한 모든 중요한 전쟁에의 참전은 예외 없이 민주당 행정부에 의해 이루어진 셈이다.

북한이 마음씨 좋은 민주당 행정부의 표상처럼 생각하고 있는 클린턴 행정부도 사실상 그리 유약하지는 않았다. 비록 카터 전 대통령의 방북으로 계획이 좌절되기는 했으나, 클린턴 행정부는 1994년 주한미군의 막대한 희생이 예상되는 한반도 전쟁의 위험을 감수하고 유엔 안보리의 대북한 제재조치 추진을 강행하려 했고, 당시 국방장관이었던 페리^{William Perry}는 북한이 2009년 제2차 핵실험을 실시하자 "북한에 대해 외과수술적 폭격^{surgical strike}을 단행해야 한다"며 강경한 태도를 보였다.

그러한 민주당이 전통적으로 중시하는 민주주의, 인권, 비확산 등 핵심적 가치들 중에서 비확산 문제에 관한 오바마 행정부의 관심은 유별나다. 오바마 대통령은 당선 직후인 2008년 11월 발표된 「오바마-바이든 플랜^{The}

Obama-Biden Plan」을 통해 핵무기로 무장한 테러리스트의 위협과 불량국가들에 의한 핵확산 위험을 미국에 대한 가장 심각한 위험요소로 제시했고, 2010년 4월에는 워싱턴에서 제1차 핵안보정상회의를 개최했다. 오바마 행정부는 핵확산 위협에 대처하기 위해 「핵무기 없는 세계의 구현」을 정책목표로 삼고 있으며, 그 핵심 대상은 북한과 이란이다.

그러한 이유로, 2009년 1월 출범한 오바마 행정부는 민주당 정권의 출범을 학수고대해온 북한의 오랜 기다림이 무색하게도, 북한 핵프로그램의 「불가역적이고 검증가능한 해체」를 촉구하면서 이를 위한 철저한 검증의 필요성을 강조했다. 북한 핵문제에서 제2기 부시 행정부가 추구했던 모호하고 유화적인 입장들은 한순간에 사라졌고, 오히려 제1기 부시 행정부 당시의 강경한 입장으로 정책적 회귀가 이루어졌다. "북한의 검증가능한 핵폐기가 이루어져야 미북관계 정상화가 가능하다"는 부시 행정부의 기본 입장도 그대로 승계되었다.

이런 상황하에서 북한이 꿈꾸어온 핵보유국 지위 인정, 미북 수교 등은 설 땅이 없어졌고, 오랜 세월 황폐화되었던 한·미·일 3국의 대북한 공조체제는 점차 강화되어갔다. 이것은 북한이 대미협상에서 오랫동안 간직해온 환상의 종말을 의미했다. 이에 대한 반작용으로 핵무장을 지상 목표로 추구하는 북한의 실체가 점차 베일을 벗게 됨에 따라 미국이 북한에 대해 품었던 실낱같은 희망도 무너졌다. 이처럼 미국과 북한이 핵협상에서 상대방에 대해 품었던 동상이몽의 해묵은 환상은 거의 같은 시기에 막을 내리게 되었다.

북한 핵문제에 관한 오바마 행정부의 단호한 입장은 한국 이명박 정부의 새로운 대북정책과 더불어 북핵 협상구도에 심대한 변화를 가져왔다. 그뿐 아니라, 북한 핵문제 20년의 역사를 통해 거의 항상 강경과 온건의 다른 편에 서서 갈등과 이견을 겪어왔던 한국과 미국은 아마도 역사상 처음으로 아무런 이견 없이 같은 배를 타게 되었다. 오바마 행정부 출범 직후 클린턴 국무장관이 최초로 서울을 방문했을 때 한미 양국의 입장에는 공개적으로 든 비공개적으로든 한 치의 이견도 없었고, 이러한 양국의 일치된 입장은 뒤이어 개최된 한미정상회담에서도 거듭 재확인되었다.

이로 인해 북한이 부시 행정부하에서 와신상담하면서 꿈꾸어온 파격적인 미북관계 개선의 환상은 여지없이 깨지게 되었다. 아울러, 대미 전략의 현란한 성공을 통해 한국 정부의 대북정책 변화를 압박해보려던 이른바 통미봉남의 전술도 좌절을 맞게 되었다. 과거 어느 때보다 견고한 협조체제를 구축해가는 한미관계의 행보 앞에서 「강성대국」을 향한 북한의 꿈이 설 자리는 없었다.

다시 벼랑 끝에 선 북한

개인이건 국가이건, 통상적인 방식으로 타개하기 어려운 고도의 난관에 처하게 되면 과거 자신이 성공했던 시절을 떠올리고 그 당시에 사용했던 방식을 재차 사용하게 되기 마련이다. 오바마 행정부라는 예상치 못한 암초를 만나 대응책 마련에 부심하던 북한이 택한 방식도 마찬가지였다. 미국에서 오바마 행정부가 출범한 이후 워싱턴으로부터 북한 핵문제에 대한 단호한 입장들이 쏟아져 나오고 한·미·일 3국 간의 결속이 강화되는 움직임을 보이자, 북한은 미국의 인내심과 의지를 떠보기라도 하려는 듯 현상타파를 위한 상황악화 조치에 돌입했다.

북한이 오바마 행정부 초기에 그런 행태를 보이리라는 것은 과거 1993년 김영삼 정부 및 클린턴 행정부 초기와 2003년 노무현 정부 초기에 발생했던 1, 2차 핵위기의 경험에 비추어 볼 때 충분히 예견된 사안이었다. 과거에도 북한은 한국이나 미국이 정권교체로 혼란에 처해 있을 때 종종 강도 높은 현상타파 조치를 통해 상대방의 대응 의지를 약화시키면서 상당한 전리품을 거두어가곤 했었다.

현상타파를 시도하는 북한의 조치는 예상치 못한 엉뚱한 곳에서 시작되었다. 북한은 2009년 3월 17일 두만강 유역에서 취재하던 미국 언론사 여기자 두 명을 불법월경 혐의로 체포한 데 이어, 3월 30일에는 개성공단에서 현대아산 직원 한 명을 북한체제 비방이라는 불투명한 이유로 체포했다. 두 사건의 시점이 근접한 것이 우연의 일치일 수도 있으나, 이는 다분히 북한에 대해 비우호적인 정책변화를 보이고 있던 한국과 미국의 새 정부에 대한 경고와 심리적 압박의 성격을 띠고 있었다고 볼 수 있다.

그러나 북한의 이러한 인질외교는 이를 북한 핵문제와 분리하여 대응하려는 양국 정부의 견고한 입장 때문에 별다른 효과를 거두지 못했고, 오히려 북한 정권의 비인도적 실체에 대한 국제사회의 여론 악화에 기여했을 뿐이었다.[14]

북한은 이어서 다음 달 초인 4월 5일 장거리 미사일 시험발사를 단행하고, 이를 우주로켓 「은하2호」의 발사라고 주장했다. 2006년 당시 대포동2호 발사에 따른 유엔 안보리의 규탄결의를 경험했던 터라, 북한은 「우주로켓 발사」 계획을 오래전부터 국제사회에 사전통보했다. 시험발사 결과, 2006년과 달리 1단로켓 분리가 성공적으로 이루어졌고 사거리도 꽤 향상되었으나, 2단로켓의 추진력 부족으로 인해 이를 우주궤도에 진입시키는 데는 실패했다.

---

14 이들 억류된 인사들은 수개월 후 안보리의 대북한 제재조치에 따른 북한의 대남, 대미 유화 제스처의 일환으로 풀려났다. 여기자 두 명은 2009년 8월 5일, 현대아산 직원은 8월 13일 각각 귀환했다.

평화적인 「우주로켓 발사」라는 북한의 주장에도 불구하고, 유엔 안보리는 이를 미사일 시험발사로 간주하여 안보리 제재결의 1718호 위반으로 규탄하는 내용의 의장성명을 만장일치로 채택했다. 의장성명은 또한 2006년 채택 후 이행보류 상태에 있던 대북한 제재결의 1718호를 즉각 이행하기 위한 조치를 제재위원회가 취하도록 촉구했다. 추가적 대북제재 결의 채택을 막으려는 중국 정부의 입장을 존중하여 의장성명이라는 형태로 채택되기는 했으나, 단지 형식만 의장성명이었을 뿐 내용상으로는 제재결의를 능가하는 강하고 구체적인 내용들을 담고 있었다.

이에 대해 북한은 이튿날 발표된 외무성 성명을 통해 "우리 인민에 대한 참을 수 없는 모독이며, 천추에 용납 못 할 범죄행위"라고 비난하고, "6자회담에 다시는 참가하지 않을 것이며 6자회담의 어떤 합의에도 더 이상 구속되지 않을 것"이라고 선언했다. 북한은 또한 불능화된 핵시설을 모두 원상회복시키고 보관 중인 연료봉을 재처리하겠다는 입장과 더불어, 독자적인 경수로 건설을 적극 검토하겠다는 계획도 밝혔다. 실제로 북한은 5MW 원자로의 연료봉을 2009년 4~8월에 걸쳐 재처리하여 6~7kg의 농축플루토늄을 추가로 추출했고, 이로써 북한이 보유한 무기급 농축플루토늄의 총량은 핵무기 7~9개분인 51~58kg으로 늘어났다.

그러나 북한의 이러한 상투적 벼랑끝전술에 대한 국제사회의 반응은 담담했다. 북한은 이미 2008년 9월부터 사실상 핵시설 원상복구 작업을 진행해왔기 때문에 새로울 것이 없었고, 연료봉 재처리를 해봐야 50kg 내외에 달하는 기존의 핵물질 보유량을 6~7kg 늘리는 데 불과하다는 인식이 일반적이었다. 또한 독자적으로 경수로를 개발하겠다는 주장은 북한의 기술수준과 국제적 핵수출 통제체제 및 안보리 제재결의 1874호를 감안할 때 별다른 큰 위협이 되지는 못했다.

국제사회가 북한의 위협에 아랑곳하지 않고 안보리 제재조치 1718호의 전면이행을 위한 수순에 돌입하자, 북한은 4월 16일 영변에 상주하던 IAEA 감시요원을 추방했고, 4월 25일에는 외무성 성명을 통해 연료봉 재처리 개시를 발표했다. 이어서 북한은 4월 29일 외무성 성명을 추가로 발표하여 안보리의 조치를 거듭 비난하면서, 안보리가 이를 철회하고 사과하지 않으면 핵실험과 대륙간탄도미사일(ICBM) 발사시험을 실시하겠다고 위협했다. 북한은 또한 독자적인 경수로발전소 건설을 위한 첫 단계 조치로 "핵연료를 자체 생산하기 위한 기술개발을 지체 없이 시작할 것"이라고 밝힘으로써, 이를 구실로 우라늄농축을 공공연히 추진해나갈 의도를 강력히 시사했다.[16]

경수로 연료를 자체 생산하겠다는 북한의 위협은 북한이 그간 부인해왔던 우라늄농축시설, 즉 HEU 프로그램의 존재를 드디어 기정사실화하려 한다는 점에서 관심을 끌었으나, 이 역시 새삼스럽게 놀랄 일은 아니었다. 북한이 6자회담 초기에 「핵의 평화적 이용 권리」를 집요하게 주장했을 때

---

15 William Porter, "The Iranian Nuclear Challenge: Are We Asking the Right Questions?" 2007년 12월 3~5일 제6차 한·유엔 합동 군축비확산회의 발표문.

16 북한이 4월 25일과 4월 29일 외무성 성명에서 언급한 경수로 독자개발과 핵연료 자체생산은 우라늄농축프로그램과 불가분의 관계를 맺고 있다. 북한이 핵무기를 포기하지 않은 채 경수로를 독자개발할 경우, NPT 협정과 안보리 제재조치 1874호에 따라 어느 나라도 북한에 핵연료를 공급할 수 없으며, 따라서 북한은 경수로를 가동하기 위한 핵연료를 독자적으로 제조해야만 한다. 그리고 경수로의 핵연료를 제조하기 위해서는 반드시 우라늄농축시설을 필요로 한다. 이를 감안할 때, 북한이 경수로 독자개발과 핵연료 자체생산을 언급한 것은 명백히 우라늄농축시설의 보유를 합리화시키고 이를 통해 HEU 프로그램을 공개적으로 추진해나가기 위한 수순이었다. 북한은 제2차 핵실험 실시 후인 2009년 6월 13일 외무성 성명을 통해 우라늄농축에 착수하겠다는 방침을 발표함으로써 마침내 그 본심을 드러내었다. 우라늄농축프로그램(UEP)은 핵연료 생산을 위한 저농도우라늄(LEU) 프로그램과 핵무기 제조를 위한 고농도우라늄(HEU) 프로그램으로 구분되나, 이를 위한 우라늄농축시설은 사실상 동일한 시설이다.

부터 그러한 의도는 사실상 이미 예견된 것이었다.「핵의 평화적 이용」차원에서 경수로 핵연료의 자급자족을 위해 우라늄농축시설을 보유하겠다는 논리는 이란이 이미 오래전부터 사용하고 있는 논리이기도 했다.

북한이 4월 29일 외무성 성명을 통해 유엔 안보리의 사과를 요구하면서 핵실험과 대륙간탄도미사일 발사실험을 하겠다고 위협한 데 대해, 미국 국무부 대변인은 논평을 통해 "핵실험 위협 등은 북한을 더욱 고립시킬 뿐"이라고 강조하면서 "안보리가 사과할 것으로 보지 않는다"고 북한의 요구를 일축했다. 한국 정부도 외교통상부 대변인 논평을 통해 "북한의 성명은 유엔 안보리 결의 및 의장성명을 통한 국제사회의 일치되고 단합된 결정에 정면으로 도전하는 것"이며, "앞으로의 상황악화에 따른 국제적 책임은 전적으로 북한에 있다"고 경고했다.

국제사회가 북한의 벼랑끝전술에 동요하는 기색을 보이지 않자, 북한은 마침내 많은 사람들이 예측했던 마지막 카드를 뽑아들었다. 2009년 5월 25일 함경북도 길주군에서 북한의 제2차 핵실험이 전격 실시되었다. 진도 4.5의 지진파가 관측된 점에 비추어 핵폭발 용량은 대체로 2.5~4.5kt 정도로 추정되었다. 2006년의 핵실험에 비해서는 기술이 크게 향상된 것이었으나, 그 핵실험이 주변 국가들에 미치는 정치적 충격파는 2006년과는 비교할 수 없이 미약했다. 핵실험과 동시에 2006년과 마찬가지로 단거리 미사일 위협발사도 병행되었으나, 이 역시 이미 널리 알려진 북한의 상투적 수법에 불과하여 별 관심사가 되지 못했다.

국제사회는 북한의 핵실험에 대한 조용하고도 단호한 대응조치에 돌입했다. 한국 정부는 북한의 군사적 보복조치 위협에도 불구하고, 핵실험 바로 다음 날 수년간의 쟁점현안이던 PSI 전면참여 발표를 단행했다. 또한 핵실험 직후 소집된 유엔 안보리는 북한에 대한 추가 제재조치를 논의한 결과, 6월 12일 강력한 내용의 대북한 제재결의 1874호를 만장일치로 채택했

- 북한에 대한 결정사항
  - 핵실험 규탄, 추가 핵실험 및 탄도미사일 발사 금지, 탄도미사일 관련 모든 활동 중단, 미사일 발사 모라토리엄 재확립 결정
  - 결의 1718호의 즉각적이고 완전한 이행, NPT 탈퇴선언의 즉각 철회, NPT 및 IAEA 복귀 요구, 모든 회원국들의 1718호상의 의무 이행 촉구
  - 북한이 완전하고 검증가능하며 불가역적인 방식으로 모든 핵무기와 핵프로그램을 폐기하고, IAEA에 대해 투명성을 제공할 것을 결정

- 유엔 회원국의 의무사항
  - 무기금수: 북한의 모든 무기수출 금지, 소형무기를 제외한 모든 무기수입 금지
  - 화물검색: 모든 북한출입 의심화물에 대한 각국 영토 내 검색과 기국 동의하 공해상 검색 촉구, 금지품목 발견 시 압류 및 처분, 의심스런 북한선박에 대한 운행지원 서비스 제공 금지
  - 금융제재: 북한의 WMD · 미사일 활동에 기여 가능한 예금 · 자산 · 재원의 동결을 포함한 금융거래 금지
  - 원조금지: 대북무역 관련 공적지원 금지, 인도 · 개발 · 비핵화 촉진 목적 외의 신규 무상원조와 금융지원 및 계약체결 금지

다. 동 제재결의에는 북한의 핵개발과 미사일 확산활동을 차단하고 자금줄을 조이기 위한 다양한 조치들이 망라되었다.

2006년의 1718호 결의와 마찬가지로 유엔헌장 제7장 41조(비군사적 강제조치)가 원용된 강제적 제재조치로 채택된 안보리 결의 1874호는 ① 북한의 모든 무기수출을 금지했고, ② 북한을 출입하는 모든 의심스런 화물에 대한 각국 영해에서의 검색을 의무화했으며, ③ 북한의 대량파괴무기(WMD)와 미사일 개발에 기여할 수 있는 모든 금융거래를 금지했고, ④ 특수목적 이외의 대북한 원조와 지원을 전면 금지시킨 강력한 제재조치였다.

안보리 결의 1874호는 북한의 합법적이고 통상적인 경제활동을 제외한 대부분의 대외무역과 대외 금융거래 및 대북한 원조제공을 금지시키거나 제한하는 조치였다. 북한의 대외무역에서 안보리 결의가 직접적으로 규제

하고 있는 것은 WMD와 미사일을 포함한 무기거래뿐이지만, 북한을 출입하는 의심스런 화물들에 대한 검색 권한을 유엔 회원국들에게 부여함으로써 북한의 주요 외화수입원인 마약, 위폐, 위조담배 등의 불법거래까지도 크게 위축시키는 광범위한 부수적 효과를 기할 수 있게 되었다. 이러한 대북한 제재조치가 추구하는 목표는 명백했다. 그것은 북한의 비정상적 외화수입을 철저히 차단함으로써 핵무기와 미사일 개발에 필요한 자금원을 봉쇄하자는 것이었다. 그것은 또한 북한의 체제유지 비용 조달을 봉쇄함으로써 정치적 압박을 가하는 의미도 내포하고 있었다.

북한은 6월 13일 외무성 성명을 통해 유엔 안보리의 제재결의 채택을 비난하면서 ① 보유 플루토늄의 전량 무기화, ② 우라늄농축 착수, ③ 대북한 봉쇄에 대한 군사적 대응 등을 천명했다. 국제사회에 대한 이러한 북한의 위협은 그간 은닉해왔던 우라늄농축프로그램의 보유를 공식화하려는 의도를 명확히 드러낸 것 외에는 별다른 새로운 내용이 없었다.

국제사회는 북한의 위협을 철저히 무시하는 가운데 제재조치의 철저한 이행을 위한 외교적 결속을 다지기 위해 분주히 움직였다. 2006년의 안보리 제재결의 1718호와 새로운 제재결의 1874호의 이행을 조기에 본격화하기 위해 미국 정부가 분주히 움직였고, 북한을 출입하는 의심스러운 선박들을 검색하기 위한 국제적 협력 네트워크도 성공적으로 구축되어 다방면에서 북한을 고강도로 압박해나갔다.

한편, 이에 앞서 5월 26일 발표된 한국 정부의 PSI 전면참여 결정에 대해, 북한은 판문점 인민군대표부 명의의 위협적인 성명을 통해 이를 강력히 비난하면서 ① PSI 가입을 선전포고로 간주하고, ② 더 이상 정전협정에의 구속을 거부하며, ③ 서해 5도와 주변수역에서의 안전을 보장할 수 없다는 입장을 천명했다. 이들은 그간 수없이 반복되어온 상투적 위협들이었다.

한국 정부는 이러한 북한의 위협에 개의치 않고 만일의 도발사태에 대비한 군사적 대응조치들을 취해나감으로써, 한국 정부가 더 이상 북한의 군사적 위협에 굴하지 않을 것임을 분명히 했다. 북한은 인민군대표부의 위협성명이 발표된 지 10여 일 후인 6월 11일 엉뚱하게도 개성공단 토지임차료를 5억 달러 추가 납부하고 북한 노동자의 임금을 네 배로 인상할 것을 요구해왔으나, 한국 정부는 이에 대해서도 의연한 자세로 대응했다.

이러한 제반 상황의 전개에서 볼 수 있듯이, 북한 핵문제를 둘러싸고 20년간이나 북한의 기만전술과 위협공세에 시달려 왔던 국제사회가 뒤늦게나마 북한 행태의 본질을 파악하고 더 이상 이에 휘둘리지 않으려는 이심전심의 결의를 보이게 되었다. 과거 한국(김영삼 정부)이 강경할 때는 미국이 대규모 식량원조를 제공했고 미국이 강경할 때는 한국(김대중, 노무현 정부)이 대규모 원조를 제공해주어, 북한은 한미 양국의 틈새에서 이익을 취하곤 했으나, 양국이 이심전심의 공조를 통해 북한의 벼랑끝전술에 대응하는 상황하에서 북한의 전통적 전략은 먹혀들지 않았다.

그것은 북한이 전가의 보도로 사용해온 벼랑끝전술의 종말을 의미하는 것이기도 했다. 스캇 스나이더^{Scott Snyder}가 그의 저서 『벼랑끝 협상^{Negotiating on the Edge}』에서 기술했듯이, 반복적으로 구사되는 벼랑끝전술에 익숙해진 여러 나라들이 마침내 이를 무시해버리는 단계에 도달한 것이었다.

잃어버린 20년의 미몽

2009년 4월과 5월 북한이 장거리 미사일 발사와 핵실험을 전후하여 국제사회를 향해 쏟아 부은 비난과 위협들은 현란하기 이를 데 없었고 북한이 국제사회를 향해 취할 수 있는 모든 위협들을 집약한 백과사전과도 같았다. 핵실험, ICBM 시험발사, 연료봉 재처리, 우라늄농축 실시, 보유 플루토늄의 전량 무기화, 불능화 시설 원상복구, 군사적 대응 등을 연일 위협하면서 모든 가면과 분장을 벗어던진 북한의 적나라한 나신裸身을 접하면서, 세계는 비로소 20년간의 오랜 미몽에서 깨어나게 되었다.[17]

1993년, 2002년, 그리고 2008년 세 차례에 걸쳐 거의 동일한 양상으로 다람쥐 쳇바퀴 돌 듯 반복되어온 북핵위기의 전개, 해소, 재발과정을 되돌아보면서, 그리고 북한의 선의에 한 가닥 기대를 걸고 북한을 달래가며 그 위기들을 수습했던 그간의 기억들을 반추해보면서, 국제사회는 문득 이심전심으로 그간 국제사회가 북한에게 기만당해왔다는 점과 국제사회의 북한 핵문제 대처방식에 무언가 심각한 오류가 있음을 깨닫게 되었다.

1990년대 이래 북한이 촉발시킨 세 차례의 한반도 핵위기는 그 발생배경, 전개과정, 수습방식, 그리고 수습된 위기가 재차 파국에 이르는 과정들이 놀라울 정도로 흡사했다. 2002년 제2차 북핵위기 당시 부시 행정부는 제네바합의의 실수를 다시는 반복하지 않겠노라 굳은 결심을 하고 강경한 대처에 나섰으나, 제2기 부시행정부에 들어와서는 북한의 협상전략에 휘말려 초심을 상실하고 또 한 차례의 실수를 반복했을 뿐이었다. 세 차례 핵위기의 유사성을 구체적으로 열거하자면 다음과 같다.

첫째, 세 차례의 핵위기는 항상 한국과 미국에서 새 정부가 들어서는 시기를 전후하여 발생했다. 우연일 수도 있고 고의일 수도 있으나, 제1차 북핵위기는 클린턴 행정부와 김영삼 정부 출범 직후에, 제2차 북핵위기는 노무현 정부 출범 직전에, 그리고 제3차 북핵위기는 오바마 행정부 출범 직

---

17 당시 북한이 벼랑끝전술에 따라 취했던 중요한 조치들은 4월 5일 장거리미사일 발사, 4월 14일 핵시설 원상복구 및 연료봉 재처리 방침 선언, 4월 16일 IAEA 사찰관 추방, 4월 29일 핵실험 실시 및 ICBM 시험발사 방침 발표, 5월 25일 제2차 핵실험 실시 등이다.

후에 발생했다.

이는 아마도 정권교체기에 대외정책의 뼈대조차 형성되지 못한 혼란한 상황에서 위기가 발생할 경우 이에 제대로 대처하기 어려운 약점을 이용했던 것으로 보인다. 특히 미국의 경우, 차관보급 이상 고위관리의 대부분이 수개월에 걸쳐 의회 청문회를 통과해야 하는 국내정치적 특성상 북한 핵문제를 관할하는 부서들이 지휘관도 없는 상태에서 위기상황을 맞아야 했다. 예컨대, 2009년 5월 북한의 제2차 핵실험 당시 국무부의 비확산담당차관, 동아태차관보, 한국담당 부차관보와 국방부 아태차관보 등이 공석상태였다.

둘째, 북한이 핵문제를 위기상황으로 몰고 가기 위해 동원한 수단이나 행동양태도 매우 유사했다. 북한은 벼랑끝전술 차원에서 NPT 탈퇴, 핵동결 파기, IAEA 사찰관 추방, 연료봉 재처리, 미사일 발사, 핵실험 등 극단적 상황악화조치들을 단기간에 집중 투입함으로써 상대방의 저항의지를 약화시키고 파국의 공포를 확산시키곤 했다.

북한이 벼랑 끝에서 여러 가지 의도적인 상황악화조치들을 숨 가쁘게 몰아치고 위기를 조성하면, 이에 놀란 국제사회는 「평화적 해결」을 명분으로 위협에 굴복하여 애매한 외교적 수사로 치장된 합의문 한 장을 얻어내고는, 기약할 수 없는 미래의 약속에 대해 값비싼 대가를 지불하곤 했다. 결국 게임은 항상 북한의 승리로 막을 내렸다.

북한은 벼랑끝외교 과정에서 군사적 수단의 사용을 수차 공언하기도 했으나, 이는 단지 위협수단에 불과했고 어떤 군사행동이 실제로 준비되거나 시도된 적은 없었다. 북한은 1993년 제1차 북핵위기 발생 시, 유엔 제재조치를 추진하면 선전포고로 간주하겠노라 위협하면서 서울을 불바다로 만들겠다고 공언하기도 했으나, 제1차 북핵위기 전 기간을 통해 북한이 실제로 군사적 행동을 준비한 흔적은 없었다.

셋째, 합의를 통해 핵위기가 해소되는 방식도 매우 유사했다. 합의가 어려운 핵폐기 과정은 뒤로 미루어두거나 미합의 상태로 방치한 채 가장 쉬운 과정인 핵동결에 초점이 맞추어졌다. 그 이후의 과정은 다음 정권으로 미루거나 하늘의 뜻에 맡겨졌다.

1994년의 제네바합의에는 8년 이상의 세월이 소요되는 경수로 공사가 완공된 후 영변 핵시설을 해체한다는 점만 언급되었을 뿐, 막대한 양의 플루토늄을 내포한 사용후연료봉의 궁극적 처리방향에 대해 구체적 합의가 없었고, 북한이 이미 보유한 핵물질에 대해서는 일언반구도 언급이 없었다. 2005년의 9·19 합의에도 핵시설 폐기에 대해서는 언급이 없고 "모든 핵무기와 현존하는 핵프로그램을 포기한다"는 단 한 줄의 원론적 문구가 전부였다.

1989년 북한 핵문제가 국제적 관심사가 된 이래 많은 합의가 이루어졌지만, 그 어떤 합의문에서도 최종적 비핵화가 명확히 합의된 바는 없었다. 어떤 합의도 값비싼 대가 제공을 수반하는 핵동결의 단계를 넘어 불가역적인 다음 단계로 단 한 뼘이나마 진입한 바 없었고, 길고 긴 동결단계의 끝이 바로 합의 이행의 끝이었다.

더욱이 국제사회가 비싼 보수를 지불하는 유급휴가에 해당되는 핵동결의 기간을 북한은 결코 헛되이 낭비하지 않았다. 그 기간에도 핵실험 준비를 위한 고폭실험 실시, 영변 핵시설을 대체할 HEU 프로그램 추진, 핵무기 운반체계 확보를 위한 장거리 미사일 제조 등 동결되지 않은 활동들이 부단히 계속되었다. 구체적 예를 들자면, 북한은 제네바합의에 따른 핵동결 기간인 1997년부터 2002년 9월 사이에 평북 구성시 용덕동에서 70여 차례의 고폭실험을 실시했다.[18] 결국 수많은 협상과 합의와 반대급부 제공에도

---

18 2003년 7월 10일 고영구 국정원장의 국회 정보위원회 답변. 7월 11일자 『중앙일보』 보도 참조.

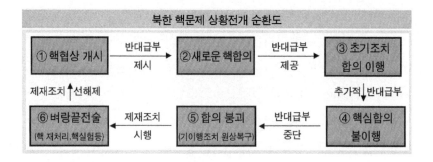

북한 핵문제 상황전개 순환도

① 핵협상 개시 → (반대급부 제시) → ② 새로운 핵합의 → (반대급부 제공) → ③ 초기조치 합의 이행

(제재조치↑선해제) / (추가적↓반대급부)

⑥ 벼랑끝전술 (핵 재처리, 핵실험등) ← (제재조치 시행) ← ⑤ 합의 봉괴 (기이행조치 원상복구) ← (반대급부 중단) ← ④ 핵심합의 불이행

불구하고 국제사회는 북한의 핵무장을 저지하지도 지연시키지도 못했다.

넷째, 핵위기 수습을 위해 채택된 합의가 다시 파기되어 재차 핵위기에 이르게 되는 원인과 과정도 흡사했다. 핵동결의 대가로 상당한 경제적 대가를 지불하는 합의를 하고, 그 대가를 지불하는 동안은 합의가 원만히 이행되다가, 정작 북한이 검증이나 핵폐기를 이행해야 할 시점이 오면 위기는 시한폭탄과도 같이 어김없이 재발되었다. 그러면 기존의 합의는 폐기되고, 새로운 합의를 위해 다시 대가를 지불해야 했다. 요컨대, 북한의 합의 파기를 견제할 수 있는 제도적 장치가 존재하지 않았고, 합의의 이행은 순전히 하늘의 뜻에 맡겨졌다.

그리 될 수밖에 없었던 가장 중요한 이유는 북한의 가역적 조치에 대한 반대급부로 불가역적 대가를 제공한 합의상의 오류 때문이었다. 합의가 깨어지면 북한은 동결하거나 불능화했던 핵시설들을 원상복원시킴으로써 아무것도 상실하지 않고 합의 이전의 상태로 돌아갔지만, 이를 위해 지불한 금전적 보상과 제재조치 해제 등 불가역적 대가들은 철회할 방법이 없었다. 국가 또는 사인 간의 합의가 이행되는 것은 일방이 합의를 파기할 경우 그에 따른 손실이 강요되는 「손실의 균형」 원칙이 적용되기 때문이다. 합의의 어느 일방이 손실 없이 합의를 파기할 수 있다면 합의는 언제라도 쉽게 깨어질 수 있다.

1994년의 제네바합의를 이행하는 과정에서 한·미·일 3국은 북한이 단순히 영변 핵시설의 동결을 유지하고 있는 8년 동안 무려 400만 톤의 중유(5.2억 달러)를 제공했고, 경수로 건설을 위해 15억 달러를 지출했으며, 미국은 수차례에 걸쳐 대북한 제재조치를 해제하여 금융·무역 분야의 제재를 대부분 해제했다.[19] 이들이 제네바합의의 이행을 위해 그처럼 진땀을 흘리는 동안, 북한은 노후한 영변 핵시설을 대체할 HEU(고농축우라늄) 프로그램의 구축에 매진했고, 핵무기 탑재가 가능한 노동미사일(1997년)과 스커드-D 미사일(2000년)을 실전배치했으며, 대포동1호 장거리 미사일의 시험발사(1998년)를 실시했다.

2002년 말 제네바합의가 붕괴되었을 때 북한이 상실한 것은 아무것도 없었다. 동결되었던 핵시설은 재가동되었고, 수조에 보관되었던 연료봉은 재처리되어 핵무기 3~4개 분량인 약 25kg의 플루토늄을 생산했다. 그간 부단히 개발되어온 대포동2호 미사일 시험발사(2006년)도 실시되었다. 오랜 동결기간 동안 영변 핵시설들이 꽤 노후화되었다는 것이 유일한 문제였으나, 이들은 2007년 2·13/10·3 합의를 통해 다시 비싼 값에 팔려 나갔다.[20]

---

19 미국의 대북한 제재조치는 클린턴 행정부에 들어와서 역사상 처음으로 본격적인 해제가 시작되었다. 1995년 1월 제네바합의에 의거 통신과 일부 금융거래를 포함한 부분적 제재조치 해제가 있었고, 클린턴 행정부 말기인 2000년 6월에는 미·북한 관계 개선을 위한 분위기 조성의 일환으로 대폭적인 추가 제재해제가 실시되었다. 그 주요 내용은 ① 대부분의 북한산 상품 및 원료의 수입 허용, ② 민감하지 않은 물자와 용역의 수출을 대부분 허용(대부분의 소비재 포함), ③ 농업, 광업, 석유, 목재, 시멘트, 운송, 인프라, 관광 등 분야의 투자 허용, ④ 미국인의 북한에 대한 송금 허용, ⑤ 미국 선박과 항공기의 북한 입국 및 북한으로부터의 선적 허용 등이다. 이용준, 『북한핵: 새로운 게임의 법칙』(2004), 87~88쪽 참조.

20 2007년의 10·3 합의는 북한이 영변의 5MW 원자로, 재처리시설, 핵연료공장 등 3개 핵시설을 불능화하는 대가로 수억 달러에 달하는 100만 톤의 중유를 제공할 것을 약속하고 있다.

제1차~제3차 북핵위기의 전개 및 해소 과정			
구분	제1차 북핵위기(1993~1994)	제2차 북핵위기(2002~2006)	제3차 북핵위기(2008~?)
발생 사유	은닉된 2개 폐기물저장소에 대한 IAEA의 대북한 특별사찰 거부	핵동결 기간 중 북한의 우라늄농축 (HEU)프로그램 추진	핵시설/핵물질 부실신고 및 검증 거부
전개 과정	'93. 1. 20 클린턴 행정부 출범 '93. 2. 25 김영삼 정부 출범 '93. 3. 12 북한, NPT 탈퇴 '93. 5. 11 안보리, NPT 복귀 촉구 '94. 4. 18 패트리어트 미사일 한국 배치 '93. 5. 29 노동미사일 시험발사 '93. 7. 19 미북 핵협상 결렬 '94. 3. 19 남북 핵협상 결렬 '94. 3. 22 한국군 특별경계령 '94. 5. 4 5MW 핵연료봉 무단 인출 '94. 6. 13 북한, IAEA 탈퇴	'02. 12. 12 북한, 핵동결 파기 선언 '02. 12. 26 IAEA 사찰관 추방 '03. 1. 10 북한, NPT 탈퇴 '03. 2. 25 노무현 정부 출범 '03. 2. 26 5MW 원자로 재가동 '03. 8. 27 6자회담 과정 개시 '03. 10. 3 5MW 연료봉 재처리 '09. 7. 5 대포동2호 미사일 시험발사 '09. 7. 15 유엔 안보리 규탄결의 '06. 10. 9 제1차 핵실험 '06. 10. 14 유엔 안보리 제재결의	'08. 8. 14 핵시설 불능화 중단 '08. 9. 24 재처리시설 동결 파기 '09. 1. 20 오바마 행정부 출범 '09. 4. 5 북한, 장거리 로켓 발사 '09. 4. 13 유엔 안보리의장 규탄성명 '09. 4. 14 북한, 6자회담 거부 선언 '09. 4. 15 IAEA 감시요원 추방 '09. 5. 25 제2차 핵실험 '09. 6. 12 유엔 안보리 제재결의 '09. 6. 13 북한, 우라늄농축 착수 선언 '09. 8월 5MW 연료봉 재처리 완료
해결 방식	미북 제네바합의(1994) - 매년 중유 50만 톤 제공 - 경수로 2기 완공 시 핵시설 해체	6자회담 2 · 13/10 · 3 합의(2007) - 불능화/신고 이행 시 중유 100만 톤 제공 및 테러지원국 제재 해제	

2·13/10·3 합의를 이행하는 과정에서도, 북한이 핵동결과 눈가림식
불능화조치를 이행하는 동안 한·미·일·중·러 5개국은 중유 약 80만
톤 상당의 에너지와 물자를 제공했고, 미국은 「대적성국교역법」상 제재조
치 적용면제와 테러지원국 제재조치 해제를 이행했다.[21] 그러나 북한은 테
러지원국 제재 해제(2008년 10월)가 발효되기가 무섭게 검증조치 거부(11
월)를 선언했고, 모든 6자회담 합의사항의 파기와 핵시설 원상복구(2009년
4월)를 선언했으며, 곧이어 장거리미사일 발사와 제2차 핵실험을 실시했
다. 또한 연료봉 재처리를 추가로 실시하여(2009년 4~9월) 농축플루토늄 보
유고를 6~7kg 늘렸다.

---

21 미국의 대북한 제재조치 법체계에서, 「대적성국교역법」은 주로 금융 및 무역을 규제하고
   있고, 「대테러법」은 주로 민감품목의 거래와 대외원조 분야의 제재조치를 규정하고 있다.

2009년 5월 북한의 제2차 핵실험이 실시되자, 한미 양국 정부를 필두로 북한 핵문제에 관한 국제사회의 시각에는 두 가지 커다란 변화가 찾아왔다. 첫째는 북한의 목표는 핵무장 그 자체이며 따라서 북한이 협상을 통해 핵을 포기할 가능성은 희박하다는 깨달음이었다. 둘째는 합의를 하고 반대급부를 받은 후 다시 합의를 파기하고 재협상을 벌이는 북한의 상투적 협상전략에 다시는 기만당하지 않겠다는 결의였다.

이러한 자각의 소리는 한미 양국 정부뿐 아니라 평소 목소리를 잘 내지 않던 중국 학계에서까지 봇물처럼 쏟아졌고, 그것은 순식간에 국제사회의 대세가 되었다. 무엇보다도 인상적인 변화는, 그간 대북한 핵협상의 중심에 서 있었고 따라서 과거 핵협상의 오류들로부터 가장 자유롭지 못했던 미국이 그러한 자각의 선두에 선 점이었다. 클린턴 국무장관은 물론 오바마 대통령까지 직접 나서서 북한 핵문제에 대한 새로운 인식과 접근의 필요성을 거듭 강조했다.

이러한 자각의 과정을 거쳐 국제사회는 비로소 북한 핵문제에 대한 오랜 미몽에서 깨어나게 되었다. 미몽에서 깨어나는 데 걸린 시간은 북한 핵문제가 처음 제기된 1989~2009년까지 무려 20년이었다. 이유야 어쨌건, 그 20년의 세월은 거듭되는 판단의 오류와 비현실적 희망의 미몽 속에서 「진실의 시간」의 도래를 자의 반 타의 반 지연시켜온 「잃어버린 20년」이었다. 그 20년의 세월은 국제사회가 북한에게 핵무장을 통한 「강성대국」 실현을 추구할 시간적 여유와 함께 그에 소요되는 자금의 일부까지 공급해온 모순과 혼돈의 세월이기도 했다.[22]

---

22 국제사회가 무역, 원조 등 방법을 통해 북한에 공급해온 자금의 규모는 연간 약 10억 달러 정도로 추산된다. 여기에는 대북 식량지원 5억 달러 내외(쌀 100만 톤 기준), 한국의 대북한 모래, 해산물, 버섯 등 수입대금 3억 달러 내외, 금강산 사업 및 개성공단 사업 등이 포

새로운 도전과 새로운 기회

2009년 초부터 국제사회가 북한 핵문제에 관한 과거의 미몽에서 깨어나 북한의 핵무장이라는 실체적 진실을 직시하게 된 것은 다행스런 일이었으나, 이를 막기에는 이미 때가 늦은 시점이었다. 북한은 이미 최소 6~7개의 핵무기를 제조할 만한 분량의 핵물질을 비축했고 두 차례의 핵실험을 실시했으며, 또한 비록 실패하기는 했지만 두 차례의 장거리미사일 발사시험을 마친 후였다. 그런 상황하에서 외교적 수단을 통해 북한의 핵포기를 실현한다는 것은 거의 불가능에 가까운 일이었다.

그러나 그럼에도 불구하고, 국제사회가 뒤늦게나마 과거의 오류를 자각하고 북한 핵문제에 대한 새로운 접근을 모색하게 된 것은 다행스런 일이었다. 북한이 부시 행정부 8년을 거치면서 미국의 압력에 굴하지 않고 버티는 생존의 전략을 배웠듯이, 국제사회도 북한의 거듭되는 벼랑끝전술에 시달리면서 그들의 기만과 협박에 의연히 대응할 수 있는 지혜를 터득한 것이었다. 아이러니컬하게도 그것은 북한의 제2차 핵실험이 가져온 최대의 수확이라고도 할 수 있었다. 또한 그러한 상황을 초래한 것은 북한의 커다란 정책적 실수이기도 했다.

북한의 제2차 핵실험과 그것이 초래한 제3차 북핵위기가 가져다준 또 하나의 중요한 부산물은 대북한 정책 전반에 관한 확고한 한미 공조관계의 구축이었다. 그것은 과거 장기간에 걸쳐 심각한 상처를 입었던 한미관계의

함된다. 중국의 대북한 식량, 원유, 석탄 지원량은 베일에 싸여 있으나, 대체로 연간 수억 달러 규모로 추산된다. 2008년 북한의 제2차 핵실험 이래 한국과 국제사회가 대규모의 대북한 식량지원을 중단한 이유 중의 하나는 식량지원의 인도적 성격에도 불구하고 그것이 북한의 해외 식량수입을 대체함으로써 결과적으로 핵개발과 군비증강에 필요한 자금을 마련해주는 결과가 초래되고 있기 때문이다.

건고한 복원을 의미했으며, 동시에 난국에 처한 북한 핵문제의 해결을 위한 새로운 기회의 도래를 의미하는 것이기도 했다.

1990년대 초 한미공조라는 용어가 태동한 이래 줄곧 나름대로의 대북정책 공조가 이루어져 왔지만, 앞에서도 언급한 바 있듯이 양국은 공교롭게도 거의 항상 강경과 온건의 서로 다른 편에 서 있었고, 그 때문에 적지 않은 이견과 마찰이 지속되었다. 이는 북한 핵문제에 효과적으로 대처하는데 하나의 커다란 걸림돌이기도 했다. 그러한 이견과 마찰은 노무현 정부와 제1기 부시 행정부하에서 극치를 이루었고, 이 때문에 2003년 출범한 6자회담의 울타리 내에서는 양국 사이에 크고 작은 잡음이 그치지 않았다. 그러던 양국관계는 한국의 이명박 정부와 미국의 오바마 행정부하에서 발생한 제3차 북핵위기로 말미암아 물샐틈없는 공조관계로 급속히 변모되었다. 만일 새로운 북핵위기의 도래라는 외부적 변수가 없었다면 한미 양국이 과연 그처럼 신속하게 과거의 갈등과 불신을 극복하고 아무 이견 없이 호흡을 맞추는 것이 가능했을지 의문이다.

북한 핵문제에 관한 주변국들의 정책성향 추이

	(유화정책)				(압박정책)	
노태우 정부 - 부시 행정부			일본	한국	미국	남북관계 진전과 일북 수교교섭
김영삼 정부 - 클린턴 행정부		미국	일본	한국		김영삼 정부의 제네바합의 거부감
김대중 정부 - 클린턴 행정부	한국	미국		일본		일본 납북자 문제의 대두
김대중 정부 - 부시 행정부(1)	한국		일본/미국			부시 행정부의 대북한 강경정책
노무현 정부 - 부시 행정부(1)	중국/러시아	한국		일본/미국		노무현 정부의 대북한 유화정책
노무현 정부 - 부시 행정부(2)	중국/러시아	한국	미국	일본		제2기 부시 행정부의 대북정책 변경
이명박 정부 - 부시 행정부(2)	중국/러시아		미국	한국	일본	이명박 정부의 대북정책 변경
이명박 정부 - 오바마 행정부	중국	러시아		한국/일본/미국		오바마 행정부 출범과 제2차 핵실험

참고로 1989년 북한 핵문제가 처음 대두된 이래 한미 양국이 보여왔던 입장의 혼란스런 변화상을 정리해보면 대체로 앞의 도표와 같은 양상이 되지 않을까 싶다. 도표에서 보다시피, 중국, 러시아, 일본은 대체로 안정적 입장을 유지해온 반면, 한국과 미국의 정책은 정권 교체와 국내정치적 상황변화에 따라 급속한 변화를 거듭해왔다. 그리고 이러한 변화들은 불가피하게 양국관계 전반에 심대한 영향을 미치곤 했다.[23]

---

23 도표에서 중국과 러시아의 입장이 노무현 정부 이후 시기에만 표기된 것은 2003년 6자회담이 출범하기 이전에는 북한 핵문제가 한·미·일 3국만의 의제였고 중국과 러시아는 북핵 협상에 관여되지 않았기 때문이다.

3 미래의 과제와 난관들

북한은 핵포기 의지를 갖고 있는가?

앞으로 국제사회가 북한 핵문제의 해결을 위해 나아갈 길은 많은 불확실성과 난관으로 가득 차 있다. 그럼에도 불구하고 북한이 진정으로 핵을 포기할 의사만 가지고 있다면, 국제사회는 희망을 가지고 북한을 설득하기 위한 끈질긴 노력을 기울여 나가야 할 것이다. 그러나 만일 북한이 핵을 포기할 의사를 가지고 있지 않다면, 협상을 통한 비핵화 달성의 기회는 매우 제한적이 될 것이다. 그 경우, 어떤 방법을 통해 북한이 핵포기 결단의 좁은 문으로 들어가도록 압박해나갈 것인가 하는 것이 최대의 과제가 될 것이다.

북한은 핵포기 의지를 갖고 있는가? 이것은 제1차 북한 핵위기 당시부터 제기되어온 가장 큰 의문이며, 북한 핵문제에서 가장 중요한 핵심 명제이다. 판단하기 쉽지 않은 사안이기는 하나, 반드시 규명하고 거듭 재확인하면서 넘어가야 할 사안이다.

북한은 핵포기 의지를 갖고 있는가? 이에 대한 객관적이고 정확한 판단을 내리는 것은 매우 중요하다. 왜냐하면 이에 대한 인식과 판단 여하에 따라 핵문제에 대처하는 방식이 전혀 달라질 수밖에 없고, 그릇된 판단에 기초한 정책은 숙명적으로 실패할 수밖에 없기 때문이다. 그러기에 이 문제야말로 모든 이념과 편견과 정치적 고려와 낭만적 희망사항을 배제하고 오직 냉철한 현실인식을 바탕으로 실체적 진실에 입각하여 판단해야 할 사안이다.

북한은 핵포기 의지를 갖고 있는가? 북한은 과거 핵포기 의사를 수차례 표명했다. "핵을 보유할 의사도 능력도 필요도 없다"는 김일성의 호언장담에서 제네바합의와 9·19 공동성명에 이르기까지, 지난 20년간 핵포기 의사의 표명으로 해석될 수 있는 공언과 약속은 결코 적지 않았다. 그러나 진정한 핵포기 의지의 표출은 그러한 원론적 의사표명 이상의 무언가를 필요로 한다. 북한이 미국에게 적대시정책 포기를 행동으로 보여줄 것을 요구하고 있듯이, 북한 역시 핵포기 의지를 행동으로 보여주는 것이 필요하다. 그러나 그러한 행동은 한 번도 없었다.

1992년의 남북 핵협상, 1994년 미국과의 제네바회담, 1994년부터 2002년까지의 제네바합의 이행과정, 2002년 말 이후 제네바합의가 파기되는 과정, 2003년 이래의 6자회담과 두 차례의 핵실험, 2007년과 2008년에 이르는 불능화와 신고 과정, 그리고 검증 문제에 관한 2008년의 협상 과정을 통해 북한이 국제사회에 보여준 행동들을 반추해볼 때, 한 가지 분명한 것은 북한이 핵을 포기할 정치적 의지를 갖고 있다고 추정할 만한 객관적 증거는 한 번도 확인된 적이 없었다는 점이다.

북한은 핵포기 의지를 갖고 있는가? 북한은 지난 20년간 안전보장과 체제보장만 이루어지면 미국과의 협상을 통해 핵을 포기할 의사를 갖고 있다고 주장해왔고, 국내외의 많은 사람들이 막연한 희망을 가지고 이러한 북한의 주장을 비호하기도 해왔다. 그러나 북한의 무모하고 부단한 핵개발 의지는 그러한 주장의 진실성을 스스로 부정한다. 적어도 현재까지는 북한이 핵을 포기할 의지보다는 포기하지 않으려는 의지가 더욱 선명해 보인다. 북한을 그나마 잘 이해해주려 애쓰는 중국 관변학자들조차도 북한이 핵무기를 포기할 가능성을 말하는 사람은 거의 없다. 친북성향의 중국학자들은 북한이 체제 유지를 위해 절대 핵을 포기하지 않을 것이므로 한반도의 평화를 위해 국제사회가 이러한 불가피한 현실을 인정해야 한다고 주장한다. 반면에, 북한에 대해 특별한 애정이 없는 중국학자들은 북한이 체제 유지를 위해 핵을 절대 포기하지 않을 것이므로 북한의 비핵화를 위해서는 북한 정권의 붕괴 또는 체제변경 외에는 달리 해결책이 없다고 말한다.

북한은 핵포기 의지를 갖고 있는가? 2009년에 들어와 북한이 재차 핵위기를 조성하면서 미사일 발사, 핵실험 등 급속한 상황악화 조치를 취한 배경을 북한 내부의 권력승계 문제와 연결지어 편리하게 해석하려는 견해들이 적지 않다. 그러나 북한 정권의 강경한 태도에 대해 논리적 정당성을 부여하는 듯한 그러한 평가는 북한이 권력승계 문제가 대두되기 전까지는 핵포기 의지를 갖고 있었다는 검증되지 않은 전제를 내포하고 있다. 과연 북한은 이미 갖고 있던 핵포기 의지를 권력승계를 위한 내부단속 필요성 때문에 포기한 것일까?

제3차 북핵위기는 북한의 권력승계 문제 때문에 발생한 것이 아니라, 10·3 합의에 이미 내재되어 있던 시한폭탄이 예정대로 폭발한 것일 뿐이었다. 10·3 합의상의 핵시설 불능화 및 신고는 북한이 반대급부를 전제로 취할 수 있는 가역적 조치의 마지막 단계였다. 그 바로 뒤에는 불가역적 단계인 검증과 핵폐기의 과정이 입을 벌리고 있었다. 따라서 핵폐기를 이행할 의사가 없었던 북한이 10·3 합의에서 약속된 반대급부를 최대한 챙긴 시점에서 예정된 수순에 따라 상황을 위기로 몰고 간 것은 어쩌면 당연한 귀결이었다.

이처럼 북한의 핵포기 가능성이 지극히 불투명한 것이 엄연한 현실임을 감안할 때, 북한 핵문제에 대처하는 전략은 무엇보다도 이러한 불편한 진실을 여과 없이 액면 그대로 받아들이는 토대 위에서 검토되어야 할 것이다. 또한 북한과의 핵합의는 이에 관한 진실을 최대한 속히 초기단계에서 검증할 수 있는 방향으로 추구되어야 할 것이다. 제네바합의와 같이 이에 대한 검증을 먼 훗날로 미루고 하늘의 뜻에 맡기는 합의는 사상누각일 뿐이다.

만일 북한이 협상을 통해 핵을 포기할 의지를 갖고 있지 않은 것으로 밝혀진다면 어찌할 것인가? 그렇다면 국제사회는 북한이 스스로 핵포기 의지를 갖지 않을 수 없는 환경을 조성하기 위해 머리를 맞대고 지혜를 짜내야 할 것이다. 북한이 스스로 핵보유의 득실을 심각하게 검토하고 핵보유에 따른 이익보다 손실이 훨씬 크다는 자각에 도달할 수 있도록 하기 위해, 핵보유에 엄중한 대가가 수반된다는 사실을 말이 아닌 행동으로 보여주어야 할 것이다. 국제사회의 이러한 노력은 북한 핵문제를 평화적으로 해결하기 위해 필요한 불가결한 최소한의 조건이 될 것이다.

오류의 극복을 위한 과제

2003년 8월 6자회담이 개시된 이래 그간 추구되어온 「협상과 설득을 통한 해결 노력」의 성적표를 들여다보면, 과연 북한이 핵을 포기할 의지를 조금이라도 갖고 있는지 의아스럽고, 그간 6자회담을 통해 성취된 것이 과연 무엇인가 하는 의문을 갖게 된다.

국제사회가 북한 핵문제를 둘러싸고 지난 20여 년간 시행착오를 거듭해

6자회담 개시 이래 상황호전 및 상황악화 요소		
연도	상황호전 요소	상황악화 요소
2003	제1차 6자회담 개최(8. 27~29)	북한, 8,000개 연료봉 재처리 완료(9월)
2004	제2차 일·북한 정상회담(5. 22, 평양)	
2005	6자회담, 9·19 공동성명 채택(9. 19)	북한, 핵무기 보유 공식발표(2. 10) 북한, 연료봉 인출 완료, 재처리 개시(5. 11) 북한, 8,000개 연료봉 재처리 완료(7월) 미국, BDA에 대한 금융조치 실시(9. 16)
2006	1년 만의 6자회담 재개(12. 18~22)	북한, 대포동2호 미사일 시험발사(7. 5) 안보리, 대북 규탄결의 채택(7. 15) 북한, 제1차 핵실험 실시(10. 9) 안보리, 대북 제재결의 1718호 채택(10. 14)
2007	6자회담, 2·13 합의 채택(2. 13) 미국, BDA 북한계좌 동결 해제(4. 11) 북한, 영변 핵시설 동결(7. 14) 동결감시 위한 IAEA 사찰관 상주(7월) 핵동결에 따른 대북한 중유공급 개시(7월) 6자회담, 10·3 합의 채택(10. 3)	북한의 대시리아 핵협력 의혹 대두(9월) 북한, 불능화/신고 시한 불이행(12. 31)
2008	북한, 핵시설·핵물질 신고서 제출(6. 26) 북한, 5MW 원자로 냉각탑 폭파(6. 27) 미국, 대북 테러지원국 제재 해제(10. 11)	북한, 불능화 시설 복구 개시(9. 3) 북한, 영변 재처리시설 동결 해제(9. 24) 북한, 시료채취 거부입장 천명(11. 12)
2009		북한, 장거리 미사일 시험발사(4. 5) 북한, IAEA 사찰관 추방(4. 16) 북한, 제2차 핵실험 실시(5. 25) 안보리, 대북 제재결의 1874호 채택(6. 12) 북한, 우라늄농축 착수 방침 발표(6. 13) 북한, 연료봉 8,000개 재처리 완료 발표(11. 3) 남북 해군 간 대청해전(11. 10) 북한, NLL 이남 해상사격구역 선포(12. 21)
2010		해군초계함 천안함 피격 침몰(3. 26) 북한, 금강산 시설몰수/인력추방 통보(4. 23) 북한의 연평도 포격 사건(11. 23)
2012	미·북한, 핵/미사일 실험 잠정 중단 합의(2. 29)	북한, 제3차 장거리 미사일 시험 발사(4. 13) 북한, 제4차 장거리 미사일 시험 발사(12. 12)
2013		북한, 제3차 핵실험 실시(2. 12) 북한, 영변 원자로 재가동 선언(4. 2)

온 점은 차치하고라도, 6자회담이 개시된 2003년 이후의 상황전개만 보더라도 객관적 상황이 호전되기는커녕 지속적으로 악화되어왔음을 여실히 알 수 있다. 그 기간 중 북한 핵문제를 둘러싸고 발생했던 상황호전 요소와 상황악화 요소들을 정리해보면 앞의 표와 같다.

앞에서도 설명했듯이, 지금까지의 세 차례에 걸친 북핵위기를 둘러싼 상황전개는 핵폐기를 향한 진정한 진전은 없이 다람쥐 쳇바퀴 돌듯이 동일한 과정을 반복해온 것이 사실이다. 과거 북한에 대해 내심 호감을 가졌거나 한 가닥 희망을 가지고 해피엔딩을 기대했던 사람들까지도 더 이상 부인할 수 없을 만큼 상황은 명백해졌고, 거기에 내포된 북한의 의도 또한 명백해졌다.

지금까지의 전략에 무언가 오류가 있었고 이제는 무언가 새로운 접근을 해야 한다는 공감대는 여러 곳에서 나타나고 있다. 문제는 무엇을 어떻게 바꾸어야 할 것인가 하는 것이다. 과거의 악순환을 더 이상 반복하지 않기 위해서는 그러한 악순환이 일어날 수밖에 없었던 원인을 먼저 규명해야 한다. 합의→파기→핵위기로 이어지는 지난 20년간의 고질적 악순환은 왜 계속 반복되고 있는 것일까?

그 가장 중요한 이유는 두 가지였다. 첫째 이유는, 시간이 항상 북한의 편에 있었기 때문이었다. 합의가 잘 이행되건 파기되어 위기가 초래되건 북한은 항상 시간의 이점을 갖고 있었고, 상대방은 시간에 쫓기는 불리한 상황을 감수해야 했다. 핵위기의 시간이 길면 길수록 북한은 보다 많은 핵물질을 추가 생산할 수 있었고, 따라서 협상 타결이 오래 지연될수록 파국을 우려한 국제사회는 협상에서 더 많은 양보를 했고 더 많은 대가를 제공했다. 수년마다 선거를 치러야 하는 민주주의 국가들의 국내사정과 핵협상 담당자들의 짧은 인사 주기도 이에 한몫을 했다.

둘째 이유는, 그처럼 불리한 여건하에서 이룩된 불완전한 합의였음에도 불구하고, 그나마도 이행이 보장될 만한 제도적 장치가 존재하지 않았다는 것이다. 과거 대부분의 핵합의들은 북한이 합의를 파기하더라도 별로 손해를 입을 것이 없는 형태로 구성되었다. 이미 획득한 반대급부를 소급해서 포기할 필요도 없었고 특별한 처벌조치도 없었다. 이러한 문제점들은 압박수단을 포기하고 어떻게든 반대급부만으로 북한을 설득해서 조기에 한 발짝이라도 진전을 이루어보려던 국제사회의 조급한 노력의 소산이었다.

물론 그동안에도 당근과 채찍을 병행하려는 시도가 없었던 것은 아니나, 이들은 모두 스스로 포기되었다. 1994년 제1차 북핵위기 과정에서 채찍을 병행하기 위해 유엔 안보리의 대북한 제재조치가 추진된 바 있었으나, 한미 양국은 제재조치를 선전포고로 간주하고 군사적으로 대응하겠다는 북한의 위협에 굴복하여 결국 이를 추진하지 못했다. 2002년 이래의 제2차 북핵위기 당시에도 마카오 소재 BDA 은행에 대한 제재조치가 북한에 대한 하나의 압박수단으로 부각된 바 있었으나, 이를 먼저 해제하지 않는 한 협상에 응하지 않겠다는 북한의 고집스런 협상전략에 밀려 미국은 1년여 만에 이를 포기한 바 있었다.

이러한 상황을 감안할 때, 북한의 비핵화를 실현하기 위한 국제사회의 새로운 접근방법은 무엇보다도 시간이 일방적으로 북한의 편에 있는 불균형한 상황의 타개로부터 시작해야 할 것이다. 그러기 위해, 국제사회는 핵협상에서 어떻게든 조기에 쉽사리 진전을 이룩하려는 조바심에서 벗어나야 할 것이며, 또한 시간이 북한의 편에 있지 않다는 점을 북한 지도부가 스스로 깨닫도록 할 수 있는 협상 환경의 조성에 관심을 기울여야 할 것이다.

아울러, 「반대급부 제공을 통한 북한의 비핵화」라는 고정관념의 유혹에서 벗어나, 보다 냉철한 시각으로 현실을 직시해야 할 것이다. 특히 경제난에 처한 북한에게 적절한 당근만 제공하면 핵무장을 통한 「강성대국」 구현을 포기하고 자발적으로 비핵화의 길로 나오게 되리라는 근거 없는 환상에서 벗어나야 한다. 경제난에 처한 한국에게 북한이 대규모 경제지원을 제공한다면 한국은 자유민주주의와 국가안보를 포기할 수 있을 것인가를 생각하면 해답은 자명하다. 인식과 전략의 오류는 지난 20년으로 충분하다.

핵폐기 과정의 수많은 미로들

6자회담에서 논의되어왔던 북한의 핵폐기 과정은 동결-불능화-신고-검증-폐기의 5단계로 구성되어 있다. 이 때문에 최종 단계인 핵폐기 과정을 마치 전체 과정의 1/5 정도를 점유하는 간단한 과정인 것으로 인식하는 경향이 없지 않다. 그 때문에 세 번째 단계인 북한의 핵신고 이행으로 북한의 핵폐기 과정이 60% 정도는 완료된 것처럼 착시현상을 일으키기도 한다.

그러나 실상 핵폐기 과정은 중요도로 보나 소요기간으로 보나 복잡성 면으로 보나 전체 과정의 90% 이상을 점유하는 예민하고도 복잡한 과정이다. 「핵폐기」라는 간단해 보이는 단어의 내부에는 수많은 세부단계들이 압축되어 있고 그 각각의 세부단계 속에는 그 이전의 동결이나 불능화 단계와는 비교도 되지 않는 커다란 난제들이 무수히 자리 잡고 있다. 다만, 그간 핵폐기 문제가 6자회담 등에서 구체적으로 논의된 적이 거의 없는 관계로 그 실체가 베일에 가려져 과소평가되고 있을 뿐이다.

「핵폐기」라는 짧고 간단해 보이는 용어를 구성하는 두 개의 단어, 즉 「핵」과 「폐기」는 각각 여러 구성요소를 내포하고 있다. 「핵」에는 ① 영변 핵시설, ② 핵물질, ③ HEU 프로그램, ④ 핵무기의 4개 요소가 포함되어 있다. 「폐기」 과정의 구성요소는 폐기 대상별로 일부 다르기는 할 것이나 대체로 ⓐ 핵심부분의 파괴, 해체 또는 국외반출, ⓑ 비핵심부분의 완전해체 등 두 개의 요소로 구성되어 있다.

북한의 핵폐기 과정 세부개념도					
영변 핵시설 ⇨	동결/불능화	신고	검증	핵심부분 해체(또는 영구불능화)	완전해체
우라늄농축시설 ⇨		신고	검증	핵심부분 해체(또는 영구불능화)	완전해체
핵물질 ⇨		신고	검증	핵물질 국외반출(농축플루토늄+농축우라늄)	
핵무기 ⇨		신고	검증	핵무기 국외반출	핵무기 제조시설 해체
	← 가역적reversible 단계 →			← 불가역적irreversible 단계 →	

* 도표에서 진한 부분은 이미 이행된 부분, 연한 부분은 미이행 부분임.

이러한 모든 요소를 포함하여 북한의 핵폐기 과정을 가상적 도표로 그려보면 위와 같다. 이 도표를 보면 북한의 비핵화를 위해 지금까지 걸어온 길이 얼마나 왜소한지, 그리고 앞으로 가야 할 길이 얼마나 멀고 험난할 것인지를 확연히 알 수 있다. 그리고 이들 전 과정을 종래의 협상방식으로 하나씩 단계적으로 협상하고 이행해나갈 경우 얼마나 많은 세월을 필요로 할 것인지, 또한 협상과정에서 얼마나 많은 반대급부를 제공해야 하고 얼마나 많은 파국의 함정들이 도사리고 있을 것인지 능히 짐작할 수 있다.

위 도표상의 핵폐기 과정 중 가장 중요한 단계는 핵시설 핵심부분의 해체(또는 영구 불능화)와 핵물질/핵무기의 국외반출이 될 것이다. 국외로 반출될 핵물질의 범주에는 이미 핵무기에 장착된 농축플루토늄은 물론, HEU 프로그램을 통해 비밀리에 생산된 농축우라늄도 반드시 검증을 통해 규명되어 포함되어야 한다.

핵폐기 과정의 복잡성에 비추어 볼 때, 설사 북한과의 본격적인 핵폐기 협상이 개시된다 하더라도 이의 타결에는 장기간의 시일이 소요될 전망이다. 만일 북한이 진정으로 핵을 포기할 의지를 갖고 있지 않다면 협상은 더욱 어려워질 것이다. 특히 핵물질을 국외로 반출하는 문제는 1994년의 제네바합의에서도 끝내 합의가 이루어지지 않은 사항이었다. 제네바합의에는 사용후연료봉의 최종적인 처리를 추후 협의한다는 말이 포함되어 있을 뿐, 핵물질의 궁극적 처리에 관해서는 일언반구도 언급이 없었다.

*   *   *

향후 핵폐기 협상의 주요 쟁점은 「핵폐기 대상」의 문제, 「핵폐기 시기」의 문제, 「핵폐기 방법론」의 문제 등 세 가지가 될 전망이다. 첫 번째 난제인 「핵폐기 대상」의 문제는 가장 어려운 사안이다. 과거 제네바합의 당시에는 협상이 비교적 단순했다. 영변의 핵시설과 이미 추출된 핵무기 1개 분량의 플루토늄만이 협상의 대상이었다. 그래서 핵시설을 동결하여 플루토늄의 추가 생산을 막고, 경수로 완공 시 핵시설 해체와 더불어 이미 생산된 플루토늄을 국외 반출하는 문제가 미국과 북한 간에 추가로 협의될 예정이었다.

그러나 북한의 2006년 핵실험 이후 폐기해야 할 대상은 무려 네 가지로 늘어났다. 이를 비교적 해결이 쉬운 것부터 순서대로 열거하자면, ① 영변 핵시설 해체, ② HEU 프로그램 해체, ③ 핵물질 폐기, ④ 핵무기 폐기 등 네 개의 카테고리로 구분된다. 9 · 19 공동성명의 이행을 위한 2 · 13/10 · 3 합의는 그중 한 항목인 영변 핵시설 해체를 위한 준비운동 정도 단계에 불과했다. 훨씬 많은 난관이 예상되는 나머지 세 카테고리의 폐기 문제는 논의가 시작도 되지 못한 상황이다.

1990년대 초 이래 북한 핵문제를 해결하기 위한 협상은 주로 영변의 핵시설에 초점이 맞추어져 왔다. 2005년의 9 · 19 공동성명과 후속조치인 2 · 13/10 · 3 합의 역시 마찬가지였다. 그러나 영변의 5MW 원자로가 노후화하여 이미 2006년부터 사실상 가동이 불가능한 상황이고 무리하게 풀가동해봐야 연간 6~7kg의 핵물질을 추가할 수 있을 뿐임을 감안할 때, 협상의 우선순위를 새로운 상황에 맞추어 전면 재검토할 필요가 있다. 앞으로의 핵폐기 협상은 더 이상 낡은 영변 핵시설의 언저리를 한가로이 맴돌아서는 안 될 것이며, 이미 추출된 핵물질의 처리와 은닉된 HEU 프로그램의 해체에 가장 높은 우선순위가 부여되어야 할 것이다. 북한 핵문제에 있어 현시점에서 가장 위험한 요소는 핵무기에 장착된 플루토늄을 포함한 핵물질이며, 미래의 가장 위험한 요소는 HEU 프로그램이 될 것이기 때문이다. 영변의 노후 핵시설과 껍질만 남은 핵무기의 처리는 그 다음 순서가 되어도 급할 것이 없다.

과거 국제사회에서는 HEU 프로그램을 단지 영변의 플루토늄 핵시설에 대한 하나의 보조적 프로그램 정도로 간주하는 경향이 있었으나, 이러한 시각은 재고될 필요가 있다. 노후하고 국제적 감시에 노출된 영변 핵시설과 비교할 때, 북한이 차세대 핵개발 프로그램으로 추진 중인 원심분리 방식의 HEU 프로그램은 북한이 현재 겪고 있는 플루토늄 프로그램(영변 핵시설)의 애로사항들을 거의 완벽하게 해결해줄 수 있을 만큼 많은 장점들을 갖고 있기 때문이다. 특히 HEU 프로그램은 영변 핵시설과는 달리 대규모 시설을 필요로 하지 않고 방사능 방출도 별로 없어 공장, 광산, 군부대, 지하실, 땅굴 등 어디든 은밀하게 설치할 수 있으며, 연간 1개의 핵무기를 제조하기 위한 1,000개의 P-2형 원심분리기를 설치하는 데 필요한 면적이 약 900m²에 불과하다. 과거 1990년대 남아공$^{South Africa}$의 비밀 핵개발에 이용된 HEU 시설은 IAEA가 상상도 못 할 한적한 해변의 공장에 설치되어 있었다.

이러한 까닭에 일단 HEU 시설이 가동되면 외부의 감시가 불가능하고 은밀한 핵활동이 가능하다. 시설이 외부에 노출될 경우에는 해체하여 다른 장소에 이동 설치할 수도 있고, 분산 은닉시킬 수도 있다. 그뿐 아니라, 플루토늄핵탄의 기폭장치 제조공정이 매우 까다로운 데 비해, 우라늄을 이용한 포신형 핵탄은 핵실험이 불필요할 정도로 제조방법이 간단하다. 미국이 1945년 세계 최초로 제조한 우라늄핵탄은 핵실험도 거치지 않고 바로 히로시마에 투하된 바 있다.

　두 번째 난제인 「핵폐기 시기」의 문제는 9·19 공동선언 채택 과정에서 이미 장시간 논의된 바 있지만, 미국의 선핵폐기 주장과 북한의 후핵폐기 주장이 극명하게 대립되고 있다. 북한은 제재조치의 완전 해제와 미북관계 정상화를 통해 미국의 대북한 적대시정책이 종식되고 경수로 제공까지 이루어져야 핵폐기가 가능하다는 입장이며, 그에 더하여 미북 평화협정까지 핵폐기의 선행조건으로 추가하고 있다.

　북한의 이러한 선행조건 주장은 핵폐기에 앞서 최대한의 전리품을 확보하려는 협상전략이라기보다는, 미국이 수용하기 어려운 난제들을 선결요건으로 제기함으로써 핵폐기 개시 시점을 장기간 지연시키거나 협상 타결을 불가능하게 만들려는 의도로 분석된다. 따라서 북한의 요구를 액면 그대로 받아들여 선행조건들에 관한 협상을 시도하는 것은 매우 신중히 생각할 문제다. 특히 한반도 평화체제 문제와 같은 난제를 핵협상과 결부시키는 것은 핵협상을 기약 없이 장기화시키고 북한에게 핵포기 거부의 명분만 만들어주게 될 위험성을 내포하고 있다.

　북한이 원하는 평화협정, 경수로 등 요구사항들과 핵폐기를 연계하여 동시에 이행하는 방안도 이론상으로는 상정 가능할 것이나, 여기에는 커다란 함정이 도사리고 있다. 한반도 평화체제 합의에 소요될 수년의 시간과 경수로 건설에 필요한 최소 5~10년의 시간을 감안할 때, 이는 북한이 사실상의 핵보유국으로 존재하는 시기가 그만큼 장기화됨을 의미한다. 그 기간은 북한이 핵무기와 운반체계 기술을 정예화하고 HEU 프로그램까지 완성할 수 있는 시간적 여유를 의미하는 것이기도 하다. 더욱이 그 시기에 가서 북한이 핵폐기 약속을 이행하리라는 보장도 없다.

　북한이 핵을 포기할 의지를 갖고 있지 않다면 모든 가용한 수단을 동원하여 핵폐기의 시기를 최대한 늦추려 할 것이다. 그러나 만일 북한이 진정한 핵포기 의지를 갖고만 있다면 핵폐기의 네 가지 카테고리인 영변 핵시설, HEU 시설, 핵물질, 핵무기에 대한 불가역적 폐기 조치를 동시에 이행하는 것도 기술적으로는 아무 문제가 없다. 장기적 과제인 핵시설의 완전 해체는 그 후 얼마든지 시간을 두고 실시하면 될 것이다.[24]

세 번째 난제는「핵폐기 방법론」의 문제이다. 북한이 설사 위의 네 가지 카테고리의 폐기에 모두 원칙적으로 동의한다 하더라도, 이를 구체적으로 이행하는 방법론에서 첨예한 의견 충돌이 예상된다. 이에 관한 합의가 제대로 이루어지지 못할 경우, 합의의 이행이 도중에 중단되고 제네바합의의 전철을 밟게 될 우려도 있다.

최대 쟁점은 아마도 핵물질과 핵무기의 국외반출 문제가 될 것이다. 보다 구체적으로 말하자면, ① 핵물질과 핵무기를 핵시설 해체와 동시에 폐기할 것인가, 아니면 추후 별도협상을 통해 논의할 것인가 하는 문제와 ② 보유 중인 핵물질과 핵무기에 장착된 핵물질을 국외로 반출할 것인가, 아니면 IAEA 감시하에 북한 내에 보관할 것인가 하는 문제이다. 이들 쟁점은 핵폐기 협상 전체를 통틀어 가장 어려운 난제가 될 전망이며, 이에 대한 북한의 입장은 북한의 핵포기 의지 여하를 극명하게 보여주는 단서가 될 것이다.

북한은 핵폐기에 대한 반대급부를 극대화하고 핵폐기의 시기를 최대한

---

24 핵시설 폐기의 맨 마지막 단계인 핵시설의 완전 해체는 장구한 세월을 요하는 작업이다. 그 이유는 무엇보다도 핵시설 해체로 인해 발생하는 엄청난 양의 고준위 방사능 폐기물을 처리하는 문제 때문이다. 과거 핵시설을 실제로 해체한 경험이 있는 프랑스와 벨기에의 경우, 핵시설의 완전한 해제에는 계획수립에 10년, 시행에 15~20년 등 총 25~30년의 세월이 소요되었다. Jooho Whang & George Baldwin, *Dismantlement and Radioactive Waste Management of North Korean Nuclear Facilities* (New Mexico, USA: Sandia National Laboratories, 2005) 참조.

늦추기 위해 네 개의 카테고리를 각각 분리하여 협상하려 할 가능성이 크다. 핵폐기 협상과 이행 기간을 장기화함으로써, 기존의 핵물질과 핵무기를 장기간 계속 보유하는 효과를 얻을 수 있을 것이기 때문이다. 북한은 또한 영변 핵시설만 해체하고 그에 대한 반대급부를 받은 후 핵물질과 핵무기는 어떻게든 포기하지 않고 끝까지 보유하려 할 가능성도 적지 않다. 북한은 이미 핵무기 폐기 문제가 6자회담에서의 협상 대상이 아니라는 점을 수차 천명한 바 있다. 어쩌면 북한은 영변의 핵시설과 핵물질, 핵무기는 포기하더라도 HEU 프로그램만은 계속 은닉함으로써 비밀리에 핵무기를 계속 생산하려 할지도 모른다.

그중 어느 경우가 되었건, 북한의 비핵화에는 성공하지 못하고 에너지 제공, 경제지원, 미북 수교 등 반대급부만 제공하는 최악의 상황이 초래될 수 있다. 만일 핵시설, 핵물질, HEU 프로그램, 핵무기의 폐기를 일괄 타결하여 동시에 이행하지 못하고 북한의 협상전술에 말려 이들을 각각 분리 협상하고 분리 이행하는 일이 발생한다면, 북한의 완전한 비핵화는 요원한 과제가 될 것이다.

숨겨진 늪과 함정들

북한은 6자회담이 개시된 이래 핵포기의 선결요건으로 세 가지 사항을 요구하고 있는데, 경수로 지원, 한반도 평화체제 수립, 그리고 미북관계 정상화가 그것이다. 그러나 북한의 이러한 요구에는 예기치 못한 늪과 함정들이 숨어 있어 주의를 요한다. 그것들은 이미 질곡에 빠져 있는 북한과의 핵협상을 더욱 헤어나오기 어려운 깊은 늪지대로 인도하여 핵협상의 본질과 목표를 잃어버리게 할 만한 함정들을 내포하고 있다. 북한과의 핵협상이 기본적으로 시간과의 싸움이라는 점을 생각할 때, 이는 핵협상의 성패와 직결된 중요한 문제이다. 이것들을 단순히 주고받기식 핵협상에서의 반대급부 정도로 평가절하하는 시각은 재고되어야 할 것이다. 그중에서 가장 주목을 요하는 것은 경수로 지원 문제와 평화체제 수립 문제이다.

경수로 지원 문제

북한은 핵폐기의 대가로 경수로 제공을 요구하면서 그것이 완공되기 전에는 핵폐기를 할 수 없다는 입장을 고집하고 있다. 그러나 북한의 비핵화를 위해 경수로를 제공한다는 협상개념에는 아래와 같은 세 가지 함정이 내포되어 있다.

첫째, 핵폐기의 시기를 경수로 완공 시기와 연계하기로 합의하게 될 경우, 핵폐기의 시기가 최소 5~6년(신포 경수로 공사 재개시) 또는 8~10년(새로운 경수로 건설 시) 지체되는 것을 피할 수 없다. 이것은 북한이 사실상의 핵보유국으로서 행세하는 기간이 그만큼 장기화됨을 의미한다. 경수로가 제공되어야 핵을 폐기하겠다는 북한의 오랜 주장은 대북한 에너지 제공이라는 시각에서 보면 얼핏 그럴싸해 보이지만, 여기에는 경수로가 완공될 때까지 핵무기, 핵물질, 핵시설을 그대로 보유하겠다는 의도가 숨어 있다. 이처럼 북한의 핵무기 보유가 오랫동안 사실상 묵인되는 것도 문제지만, 더 심각한 문제는 경수로가 완공되는 시점에 가서 북한이 핵을 실제로 전면 폐기하리라는 보장이 없다는 점이다. 북한이 경수로가 완공되는 데 필요한 긴 세월 동안 핵보유를 기정사실화하고 핵폐기 시점에 가서 이행을 거부할 경우, 이는 북한을 「사실상의 핵보유국」으로 방치하는 첩경이 될 수 있다.

둘째, 북한이 경수로 완공 후 약속대로 핵폐기를 이행한다 하더라도, 추후 마음먹기 따라서는 경수로를 이용한 핵무기의 대량생산이 가능하다.

2,000MW 용량의 한국표준형 경수로를 핵개발에 이용할 경우, 약 9개월 만에 최대 300kg의 무기급 농축플루토늄을 생산할 수 있다. 핵무기 제조에 통상 6~8kg의 농축플루토늄이 소요되는 점을 감안할 때, 이는 핵무기 40~50개에 해당되는 엄청난 양이다.[25] 국내외 일각에서는 이를 방지하기 위해 북한에 건설되는 경수로를 외국 정부나 국제기관이 위탁 관리하는 방안도 제기한 바 있으나, 북한이 핵개발을 위해 경수로 시설을 강제로 접수코자 할 경우 이를 막을 수 있는 방법은 현실적으로 존재하지 않는다.

셋째, 북한이 경수로를 보유할 경우 핵연료의 자급자족을 구실로 우라늄농축시설 보유를 합리화하려 할 가능성이 매우 높다. 이것은 북한의 HEU 프로그램 보유 의혹과도 직결된 사안으로서, 매우 주의를 요하는 대목이다. 북한은 이미 2010년 4월과 6월에 걸쳐 경수로 연료의 자급자족 방침과 이를 위한 우라늄농축 착수 방침을 발표함으로써 그러한 의도를 공개적으로 드러낸 바 있다.[26] 북한이 비밀리에 추진 중인 원심분리형 우라늄농축 프로그램은 현재 이란이 핵개발을 위해 보유하고 있는 시설과 동일한 시설이며, 또한 파키스탄이 1990년대 이래 핵무기 제조를 위해 보유하고 있는 시설과도 같은 시설이다.

북한이 영변에 보유하고 있는 흑연감속로 방식 원자로의 연료봉 제작은

---

25 한국표준형 경수로가 생산할 수 있는 무기급 플루토늄의 양과 그 산출근거에 관해서는 다음 장에서 별도로 상세 기술한다.

26 유엔 안보리가 2009년 4월 13일 북한의 장거리미사일 발사를 규탄하는 의장성명을 채택하자, 북한은 다음 날 성명을 통해 이를 비난하면서 ① 6자회담 거부 및 모든 6자회담 합의 파기, ② 핵시설 원상복구 및 재처리 실시, ③ 독자적 경수로 건설의 적극 검토를 천명했다. 이어서 4월 29일에는 ① 핵실험 실시, ② ICBM 발사, ③ 경수로연료 자체생산 방침을 발표했다. 또한 북한은 2009년 5월 제2차 핵실험 후 안보리 제재결의 1874호가 채택되자 6월 13일 성명을 통해 ① 보유 플루토늄 전량을 무기화하고, ② 우라늄농축에 착수하며, ③ 대북 봉쇄 시 전쟁행위로 간주하여 군사적으로 대응하겠다는 방침을 천명했다.

우라늄농축시설을 필요로 하지 않으며, 경수로의 연료봉을 제조할 경우에만 우라늄농축 공정을 필요로 한다.[27] 따라서 경수로를 하나도 보유하고 있지 않은 북한이 우라늄농축시설의 보유를 대외적으로 정당화하기 위해서는 반드시 경수로를 보유하는 것이 필요하다. 경수로가 없이는 북한이 핵연료를 자체 조달하기 위한 「핵의 평화적 이용 권리」를 운운할 여지가 없게 된다. 따라서 북한에게 경수로를 제공하는 것은 북한에게 기존 HEU 프로그램의 보유를 정당화할 합법적 명분을 제공하는 것이 된다.[28]

이러한 문제점들을 감안할 때, 핵폐기의 대가로 경수로를 제공한다는 구상은 북한 핵문제를 해결하기보다는 문제를 더욱 복잡하고 심각하게 만들 위험성을 내포하고 있다. 따라서 이는 상당한 숙고를 요하는 사항이며, 대북한 에너지 지원이라는 순진한 시각에서 바라보거나 협상의 편의를 위해 쉽게 결정할 문제가 결코 아니다.

평화체제 수립 문제

북한은 2005년 7월 22일 외무성 대변인 성명을 통해, "평화체제 수립은 한반도의 비핵화 목표를 달성하기 위해 반드시 거쳐가야 할 노정"이라고 규정하고, 미북 평화체제가 수립되면 미국의 대북한 적대시정책과 핵위협

---

27 경수로의 연료봉을 생산하기 위해서는 천연우라늄에 포함된 0.7%의 U^{235}를 3~5%로 상향시키기 위한 우라늄농축시설을 필요로 한다. 이 우라늄농축시설을 이용하여 U^{235}를 90% 이상으로 농축시키면 핵무기 제조에 필요한 고농축우라늄이 생성된다.

28 현재 이란은 러시아산 경수로 1기를 보유하고 있는데, 이의 가동에 필요한 핵연료봉의 자급자족을 명분으로 「원자력의 평화적 이용 권리」를 내세우며 우라늄농축프로그램의 설치와 가동을 강행하고 있다. 유엔과 미국 등 국제사회는 이란의 이러한 행동이 노골적인 핵개발 의도를 반영하는 것으로 판단하고 있다.

도 없어지므로 자연히 한반도의 비핵화로 이어지게 될 것이라고 주장했다. 이러한 북한의 주장은 매우 주의를 요하는 대목이다. 그것은 북한이 미북 평화협정을 통해 대남정책의 오랜 걸림돌이었던 한미동맹과 주한미군 문제를 해결하겠다는 의지의 표현이기 때문이다.

미국 정부는 이에 대한 반대 입장을 이미 명확히 천명한 바 있다. 부시 미국 대통령은 2006년 9월 시드니 APEC 정상회담 계기에 개최된 한미 정상회담에서 노무현 대통령이 한반도 평화체제의 조기수립 필요성을 제기한 데 대해 "북한이 핵무기를 보유하는 한 평화협정을 체결하지 않을 것"이라고 말하고, "평화협정을 통해 한국전쟁을 종결하기 위해서는 북한이 먼저 검증가능하게 핵프로그램을 폐기해야 한다"는 입장을 천명했다.[29] 이러한 부시 행정부의 시각은 오바마 행정부에 의해 그대로 승계되었다.

현존하는 한반도 정전협정을 평화협정으로 대체하는 문제는 고도의 법적·군사적 요소가 내포된 민감하고도 어려운 문제이다. 이는 한미동맹 문제, 주한미군 문제, 한미 합동군사훈련 문제 등과 같은 안보문제는 물론, 서해 북방한계선(NLL) 문제와 같은 영토문제까지 관련된 예민한 현안이므로, 국가안보를 담보로 협상해야 할 사안이다. 따라서 이는 핵협상보다 더 어려운 협상이 될 수도 있으며, 최소한 핵협상을 촉진하기 위한 인센티브 정도로 사용될 부차적인 사안은 아니다.[30]

---

29 부시 대통령의 발언 내용은 2007년 9월 8일자 『문화일보』 보도 및 2007년 11월 20일자 『조선일보』에 게재된 조지타운대 빅터 차 교수의 기고문 「No Strategy, but Theology」에서 인용한 것이다.

30 한국 정부는 2005년의 9·19 공동성명 문안 협상에서 평화체제 문제를 문안에 포함시키기 위해 주도적 역할을 수행했다. 이는 당시 노무현 정부가 NLL 문제의 원천적 해결에 큰 관심을 갖고 있었던 것과 무관하지 않으며, 2007년 제2차 남북정상회담을 계기로 한반도 종전선언 채택을 추진했던 것과도 맥을 같이하는 것으로 보인다.

NLL은 한국전쟁과 그에 따른 정전체제의 산물이다. 따라서 평화체제 수립을 통해 한반도의 전쟁상태가 법적으로 종식되면 NLL은 존립 근거가 상실되며, 유엔해양법에 따라 12해리 영해와 중간선 원칙에 따른 새로운 해상 경계선이 그어져야 한다. 평시상태에서는 12해리의 영해와 12해리의 접속수역만 인정되고 그 바깥 부분은 공해로서 모든 국가에 개방되어야 하는 것이 확립된 국제법이기 때문이다. 전쟁상태가 법적으로 종식되어 NLL이 사라지고 남북한이 공히 12해리(22km) 영해를 적용할 경우, 서해 5도는 북한 영해와 등을 마주 댄 공해상의 고립된 섬이 된다. 서해 5도는 모두 북한 해안으로부터 양측 영해 폭의 합인 24해리에 미달되는 거리에 위치하고 있기 때문이다.[31]

최악의 상황은 국제법상의 12해리 영해 개념을 적용하지 않고 북한이 1977년 일방적으로 선포한 50해리(92km)의 「군사수역」 개념을 적용한 채 서해 해상경계선을 재획정하는 경우가 될 것이다. 이 경우 서해 5도는 북한 수역에 갇힌 고립된 섬이 된다. 북한은 이미 1999년 9월 기존 군사수역의 유지를 전제로 중간선 원칙에 따른 새로운 서해 해상경계선 설정을 천명함으로써 서해 5도를 북한의 배타적 수역 내에 위치한 고립된 섬으로 개념정의한 데 이어, 2000년 3월에는 「서해 5개 섬 통항질서」를 일방적으로 공포하여 이들 섬에 출입하는 모든 선박은 북한이 지정한 폭 2해리의 수로를 이용토록 요구한 바 있다.

따라서 한반도에 군사적 대치상황이 실재하고 있는 현 상황하에서 평화

---

31 서해 5도와 북한 영토 사이의 거리는 모두 10~20해리(1해리는 1,850m)에 불과하다. 따라서 남북한이 각각 12해리 영해를 설정할 경우, 북한 영해와 서해 5도의 영해가 중첩되게 된다. 이 경우에는 북한 해안과 서해 5도 간의 중간선을 영해의 경계로 설정하는 것이 국제해양법의 일반적 원칙이다.

체제 수립을 통해 NLL이 폐지될 경우, 수도권 인근 서해안과 서해 5도의 안보에 치명적 위험이 예상된다. 과거 이 해역에서 벌어진 두 차례의 연평해전(1999, 2002)과 대청해전(2009), 그리고 천안함 폭침과 연평도 포격사건(2010)을 생각할 때 더욱 그러하다.

「한반도 평화체제 수립」이라는 용어가 풍기는 명분은 그럴싸하고 이를 통해 핵협상을 몇 걸음 진전시킬 수 있을지도 모르지만, 과연 무엇을 위한 평화체제이며 그 파급효과가 어떠할지를 숙고해야 할 것이다. 평화협정은 무력대결 종식의 결과로 형성된 실재하는 평화를 문서로 정리한 것일 뿐, 평화협정이 무력대치 상태를 종식시키거나 평화를 창조할 수는 없다. 평화협정이 없어서 한반도에 군사적 대치상황이 존재하는 것도 아니고, 평화협정을 체결한다고 해서 그것이 사라지는 것도 아니다.

서해 북방한계선(NLL) 문제에 관한 기본 상식

NLL^{Northern Limit Line}, 즉 서해 북방한계선은 1953년 한국전쟁 휴전 당시 유엔군 측이 설정한 해상 휴전선 개념의 선으로서, 한반도의 정전^{armistice} 상태가 장기화됨에 따라 사실상의 남북 간 해상경계선과 같은 역할을 하고 있다. 북한은 NLL의 인정을 거부하면서 수십 년간 이에 지속적으로 도전해오고 있다. 서해에서 남북한 해군 사이에 발생한 두 차례의 연평해전(1999, 2002)과 대청해전(2009), 그리고 천안함 폭침(2010)과 연평도 포격사건(2010)은 북한이 이를 물리적 방법으로 해결하려는 과정에서 발생한 무력충돌이었다.

북한의 주장은 다음 지도에서 보듯이 NLL을 등거리선 원칙에 따라 재획정하자는 것이다. 북한의 주장에 따르면 서해의 광활한 해역이 북한 수역으로 전환되고 백령도, 대청도, 소청도, 연평도 등 4개 섬은 북한 수역 내의 고립된 섬으로 남게 되어 심각한 안보위협에 처하게 된다.

유엔해양법에 따르면 해상경계는 통상 육지로부터의 등거리 원칙을 따르게 되어 있으므로 북한 측 주장은 얼핏 일리가 있는 듯이 보이나, 이는 중대한 허구성을 내포하고 있다. 한반도 평화협정이 체결될 경우, 남북 양측의 영해는 국제법에 따라 폭 12해리(22km)의 좁은 해역이 될 것이므로, 서해 5도는 북한 측 주장처럼 북한 수역 내의 섬이 아니라 북한 영해와 접한 공해상의 섬이 되는 것이 국제법 규정에 부합된다. 서해 5도는 모두 북한 해안으로부터 24해리에 미달되는 거리에 위치하고 있어, 북한 영해(12해리)와 이들 섬의 영해(12해리) 사이에도 중간선 원칙이 적용되기 때문이다.

　요컨대, 북한의 NLL 폐지 주장은 한반도 전쟁상태를 전제로 하는 이른바 전쟁수역 (50해리, 92km)의 개념을 계속 유지하면서 서해 해상경계 획정에 있어서만 평시국제 법을 적용하자는 것이다. 다시 말해서, 북한이 주장하는 해상경계선 재획정은 평화상 태의 회복과는 거리가 멀고, 단지 북한이 일방적으로 선포한 전쟁수역이 남쪽으로 대 폭 확대됨을 의미하는 데 불과하다.

　* 2007년 10월 12일자 『동아일보』 보도.

　북한은 한국전쟁 57주년인 2007년 6월 25일 NLL 폐지에 불응하는 한국 정부를 비난 하면서, "불은 불로, 미친개는 몽둥이로 다스리는 법"이라는 극한적 표현과 함께 "무 자비한 징벌 의지"를 경고했다. 노무현 정부는 NLL 문제에 대한 북한의 지대한 관심 을 감안하여 그해 10월 남북정상회담에서 NLL 문제를 전향적으로 논의하고자 했고 그 일환으로서 「종전선언」 채택을 통해 평화체제 수립을 기정사실화하는 방안을 검토했 으나, 국내 여론의 강력한 반발로 이를 백지화한 바 있다.

제 4 부

새로운 선택의 기로에서

자유와 생명은
날마다 싸워서
이를 획득하는 자만이
누릴 자격이 있다.

_요한 볼프강 폰 괴테, 『파우스트』 중에서

전략적 재점검의 필요성

심판대에 오른 「평화적 해결」 정책

북한 핵문제의 「평화적 해결」 원칙은 2003년 시작된 6자회담 과정의 벽두에 하나의 대원칙으로 확립되어 오늘에 이르고 있다. 이는 당시 서슬이 시퍼렇던 부시 행정부에 대한 남북한과 중국의 공통된 우려가 반영된 결과였다. 특히 북한은 네오콘이 지배하던 부시 행정부가 북한 핵문제의 군사적 해결을 추구할 가능성을 크게 우려하고 있었기에 6자회담을 통해 「평화적 해결」을 최우선적 원칙으로 확립하는 데 총력을 기울였다.

사정은 한국 정부도 유사했다. 2003년 초 출범과 동시에 북핵위기에 휩싸인 노무현 정부의 가슴을 억눌렀던 가장 큰 걱정거리 중 하나는 미국이 한국 정부와 협의 없이 어느 날 갑자기 영변 핵시설을 공습할지도 모른다는 불안감이었다. 1994년 제1차 북핵위기 당시 클린턴 행정부가 북한을 선제공격하려 했다는 근거 없는 유언비어가 이러한 불안감을 더욱 부추겼다. 한국 정부의 그러한 불안감은 북한 핵문제의 「평화적 해결」 원칙을 유례

없이 강조하는 정책으로 표출되었다. 이 문제에 관한 한 남북한과 중국 사이에는 일종의 연합전선이 형성되었다. 그러나 「평화적 해결」에 최우선의 가치를 부여했던 한국 정부의 입장은 핵문제의 「철저한 해결」에 역점을 두었던 부시 행정부의 정책과는 적지 않은 괴리가 있었다.

「평화적 해결」은 당초에는 단지 미국의 군사조치를 견제하기 위한 「비군사적 해결」의 의미였다. 따라서 그 개념에는 설득과 협상은 물론 경제제재와 같은 비군사적 압박까지 모두 포함되어 있었다. 그러나 그 의미는 시간이 갈수록 압박수단을 배제한 「협상과 설득을 통한 외교적 해결」이라는 개념으로 변모되어, 핵문제 해결 과정에서 미국의 대북한 협상력을 현저히 약화시키는 요소가 되기도 했다. 따라서 6자회담 벽두에 「평화적 해결」 원칙을 관철시킨 것은 당시 한국 노무현 정부의 외교적 개가인 동시에 북한과 중국 외교의 승리이기도 했다.

협상과 설득을 통한 북한 핵문제의 「평화적 해결」이라는 명제에는 거부하기 어려운 도덕적 정당성이 내포되어 있다. 그러나 문제는 외교적 협상과 설득만을 통해 과연 북한의 핵폐기를 실현할 수 있을 것인가 하는 점이다. 이러한 방식의 해결이 가능하기 위해서는 무엇보다도 북한의 핵포기 의지가 전제되어야 하며, 아울러 북한을 외교적으로 설득하는 데 필요한 충분한 반대급부의 요소들이 마련되어 있어야 한다. 그러나 현실은 그렇지가 못하다.

첫 번째 요소인 북한의 핵포기 의지 보유 여부는 앞에서 설명한 바와 같이 아직 불확실성의 영역이다. 그러나 장차 북한의 핵포기 의지가 사실로 확인될 가능성은 두 차례의 핵실험 이후 점차 사라지고 있다. 특별한 상황 변화가 없는 한, 가까운 장래에 북한이 별안간 생각을 바꾸어 핵을 포기하는 정치적 결단을 내리게 될 가능성은 희박하다고 보는 것이 현실적인 판단이 아닐까 싶다.

두 번째 요소인 반대급부 문제에서도 불확실성은 존재한다. 미국이 이미 10·3 합의를 통해 대북한 제재조치의 대부분을 해제한 관계로, 과거 북한의 최대 관심사였던 제재해제 분야에서는 더 이상 인센티브가 존재하지 않는다. 따라서 핵폐기의 대가로 북한에 지불될 수 있는 반대급부는 경제/에너지 지원 정도밖에는 남은 것이 없다. 북한은 핵폐기의 선행조건으로 경수로 제공, 미북관계 정상화, 미북 평화협정 체결 등을 요구하고 있으나, 그중 어느 것도 손쉽게 제공될 수 있는 것은 없으며, 더욱이 그것들은 북한이 주장하는 핵포기의 필요조건일 뿐 충분조건은 아니다.

이처럼 북한 핵문제의 「평화적 해결」 가능성에는 아직 많은 불확실성이 존재한다. 그러한 불확실성이 존재하는 진정한 이유는 핵협상의 미래에 관한 선택권을 모두 북한이 독점하고 있기 때문이다. 북한에게 핵포기 의지가 없을 경우, 6자회담은 타결도 결렬도 되지 않고 장기간 공전될 가능성이 크다. 이것은 결과적으로 북한의 핵보유가 장기간에 걸쳐 사실상 기정사실화 됨을 의미하며, 이는 6자회담에 임하는 북한의 기본 전략인지도 모른다. 그러나 북한의 자발적 핵포기를 전제로 하는 「평화적 해결」 시나리오에는 이러한 상황전개에 대한 해결책이 마련되어 있지 않다.

반대급부 제공을 통해 북한의 핵개발을 포기시키고자 하는 「평화적 해결」 전략은 북한이 반대급부를 대가로 핵을 포기할 정치적 의지를 갖고 있을 때 비로소 유효하다. 만일 그런 의지가 존재하지 않는다면 이 전략은 결코 성공할 수 없다. 과거 한때 한국 정부가 10년간이나 매년 수천억 원의 대북협력기금을 쏟아 붓고도 북한의 개혁과 개방을 한 치도 유도할 수 없었던 것과 마찬가지 이치다.

세간의 농담에 따르면, 바늘 한 개로 코끼리를 죽일 수 있는 방법이 세 가지 개발되어 있다. 첫째는 한 번 찌르고 죽을 때까지 무한정 기다리는 방안, 둘째는 죽을 때까지 계속 찌르는 방안, 셋째는 코끼리 옆에서 기다리다가 자연사하기 직전에 찌르는 방안이다. 만일 북한이 핵포기 의지를 갖고 있지 않다면, 외교적 협상을 통해 북한의 비핵화를 이룩하려는 국제사회의 노력은 코끼리 죽이기의 두 번째 방안처럼 실현 불가능한 목표를 눈앞에 두고 하염없이 바늘로 찌르기만 하는 공허한 노력이 될지도 모른다.

북한 핵문제를 해결하기 위한 현존하는 모든 전략과 시나리오는 북한이 외교적 협상을 통해 핵을 포기할 의지를 갖고 있으리라는, 또는 지금은 없더라도 앞으로 언젠가는 그런 의지를 갖게 되리라는 가정을 토대로 한 것이다. 따라서 만일 북한이 핵무기를 포기할 의사를 원천적으로 갖고 있지 않다면, 그리고 앞으로도 스스로 핵을 포기할 가능성이 보이지 않는다면, 현재의 전략들은 원점에서 재검토되는 것이 필요할 것이다. 더욱이 북한은 2012년 12월 장거리미사일 시험 발사를 성공적으로 마치고, 2013년 2월에는 핵무기의 소형화와 고도화를 위한 제3차 핵실험까지 실시한 상황이다. 그러한 상황하에서 협상을 통한 북한의 핵 포기가 상식적으로 과연 가능할 것인가에 대한 냉철한 성찰이 이루어져야 할 것이다.

새로운 선택의 기본 조건

북한의 핵포기 의지 보유 여부가 극히 불투명한 현실을 감안할 때, 북한의 비핵화를 달성하기 위한 한국과 국제사회의 노력은 무엇보다도 북한이 핵을 포기하지 않을 수 없는 환경을 조성하는 데 초점이 맞추어져야 할 것이며, 그것이 협상의 성공 여하를 좌우하게 될 전망이다. 과거 제네바합의 이래의 많은 실패 사례들을 반추해볼 때, 북한의 비핵화 의지를 유도하고 확보하기 위한 협상 전략은 아래와 같은 몇 가지 요건을 필요로 한다.

첫째, 「당근」과 더불어 「채찍」이 병행되어야 한다. 수레를 움직이는 데 있어서 당근은 끄는 힘이고 채찍은 미는 힘이다. 끌고 미는 힘이 합쳐져야 수레가 수월하게 움직일 수 있다. 당근과 채찍stick and carrot이 병행되어야 한다는 귀에 익은 개념은 북한과의 핵협상이 개시된 1990년대 초 이래 그 필요성이 수도 없이 강조되어왔으나 최소한 2008년까지는 그러한 전략이 실행에 옮겨진 적은 한 번도 없었다.[1] 그 이유는 무엇보다도 채찍의 사용이 북한의 강한 반발을 초래하여 협상을 붕괴시키고 한반도 평화를 위태롭게 할 수 있다는 우려감 때문이었다.

과거 북한과의 핵협상에서 미국은 매번 북한보다 불리하고 시간에 쫓기는 입장에서 협상을 진행해야 했다. 그 가장 큰 이유는 시간이 항상 북한의 편에 있었기 때문이다. 북한은 협상이 순조롭지 못하거나 불리하게 돌아갈 경우, 종종 회담 개최 자체를 거부하거나 핵동결 파기를 위협하거나 또는 핵시설 가동을 통해 핵물질 추출량을 증가시키는 방식으로 미국을 압박했고, 시간에 쫓긴 미국은 이를 막기 위해 많은 양보가 수반된 불완전한 합의의 도출에 만족해야 했다. 반면에 북한으로서는 급할 것이 아무것도 없었다. 협상이 결렬되든 장기간 지연되든 북한으로서는 급할 것도 손해를 볼 것도 없었고, 오히려 핵활동을 공공연히 계속할 명분을 부여해줄 뿐이었다.

이러한 과거의 실패 사례를 감안할 때, 북한의 제1차, 제2차 핵실험을 계기로 채택된 유엔 안보리의 강력한 대북한 제재조치 1718호(2006)와 1874호(2009)는 대북한 핵협상에서 효율적인 채찍의 요소로서 중요한 의미를 지니고 있다. 이들 안보리 제재조치의 도래가 내포한 가장 큰 의미는 시간이 더 이상 일방적으로 북한의 편에 머무르지 않게 되었다는 점이다. 북한이 협상 타결을 지연시키거나 상황악화 조치를 실시할 경우, 그만큼 핵물

---

1 1990년대 초 남북 핵협상 과정에서는 팀스피리트 훈련이 유용한 압박수단으로 사용되었으나, 그나마 제네바합의 서명 이후 영구 폐지되었다.

질 추출량을 증대시키고 핵개발을 진척시킬 수 있는 반면, 그에 비례하여 안보리 제재조치의 장기화에 따른 경제난의 고통을 감내해야 할 뿐 아니라 그로 인해 체제불안이 야기될 가능성을 각오해야 하기 때문이다. 이는 북한 핵문제의 해결 지연이 더 이상 북한의 일방적 이익이 되는 시대가 가고 그에 따른 이익과 손실이 병존하는 시대, 아니 어쩌면 북한이 감내해야 할 손실이 이익보다 더 클 수도 있는 시대가 왔음을 의미한다.

이러한 상황변화는 핵협상의 전략적 균형을 근본적으로 변화시킬 수 있는 좋은 기회를 우리에게 제공하고 있다. 최소한 북한의 상대국들이 일방적으로 시간에 쫓겨 협상의 졸속 타결을 감수해야 할 필요성은 없어진 셈이다. 북한의 제2차 핵실험과 이에 따른 안보리 제재조치 강화 이후 미국이 다분히「의도적 무관심benign neglect」전략에 따라 대북협상을 서두르지 않고 안보리 제재규정에 따라 북한의 자금줄 차단에 주력했던 것도 이러한 인식의 반영으로 보인다. "유인책은 필요 없다. 도발에 대한 대가는 반드시 치러야 한다. 북한은 고립과 경제난으로 견딜 수 없게 되어, 시간이 지나면 결국 대화로 나올 것"이라는 캠벨Kurt Campbell 국무부 동아태차관보의 발언은 그러한 인식과 전략을 반영하고 있다.[2]

물론, 북한은 자신이 처한 이러한 불리한 상황을 누구보다 잘 알고 있을 것이다. 따라서 2005년 BDA 금융제재 당시와 마찬가지로 제재조치의 선해제를 협상 재개의 선결요건으로 집요하게 주장할 개연성이 예상된다. 그러나 만일 국제사회가 협상의 조기 재개에 급급하여 이러한 북한의 요구를 수용한다면, 이는 과거의 오류를 다시 반복하는 결과를 초래하게 될 것이다. 북한의 그러한 집요한 기도에 대해 국제사회가 어떻게 대처할 것인가

---

2 2009년 7월 19일 커트 캠벨 국무부 동아태차관보의 방한 기자회견 내용(『조선일보』2009년 7월 20일자 보도).

하는 것은 새로운 핵협상의 장래와 직결된 중요한 선택이 될 것이다.

둘째, 「단계적 해결 전략」의 유혹에서 탈피해야 한다. 협상의 용이한 진전을 위해 쉬운 문제부터 해결하려는 유혹을 버리고, 시간이 걸리더라도 가장 어려운 문제로 바로 접근해가는 것이 필요하다. 다시 말해서, 과거 수차례나 실패가 입증된 단계적 접근방식의 굴레에서 탈피하여, 설사 협상에 많은 시간이 소요되더라도 곧바로 핵폐기 단계로 진입해 들어가는 새로운 협상방식을 검토할 필요가 있다. 유엔 안보리의 대북한 제재조치와 북한의 어려운 경제상황, 그리고 유동적인 북한 내부정세 등을 감안할 때, 시간은 더 이상 일방적으로 북한의 편에 있지 않으며 점차 북한에 불리한 방향으로 이동하고 있다. 따라서 이러한 여건 변화를 십분 활용하여, 시간적 여유를 가지고 어렵더라도 핵폐기 단계로 직접 접근해나가는 새로운 접근법을 시도할 필요성이 있다.

북한이 핵폐기에 절대 동의하지 않을 것이므로 그런 합의는 불가능하다는 반론이 응당 제기될 것이나, 초기단계에 핵폐기 합의가 불가능하다면 후속단계에서도 핵폐기 합의는 불가능할 것이다. 왜냐하면 핵폐기 합의의 가능 여부는 기본적으로 북한의 핵포기 의지 여하에 달린 일이며, 합의의 시기나 반대급부의 내용에 의해 크게 좌우될 사안은 아니기 때문이다. 또한 이러한 방식의 협상 타결에 아무리 오랜 시간이 소요된다 하더라도, 최소한 수많은 단계를 거쳐 마지막으로 핵폐기 단계에 진입하려는 기존방식보다는 적은 시간이 소요될 것이기 때문이다.

과거 제네바합의와 2·13/10·3 합의는 영변에서의 핵활동을 일단 중단시키는 긍정적 기능에도 불구하고, 정작 가장 중요한 핵폐기 단계의 근처에는 얼씬도 못한 채 핵동결 조치의 문전을 맴돌았을 뿐이었다. 제네바합의의 경우 영변 핵시설 폐기까지의 로드맵은 합의되었으나 경수로 건설을 위해 최소 8년간 핵폐기를 유예할 권리가 북한에게 부여되었고, 9·19 공동성명이나 2·13/10·3 합의의 경우는 핵폐기 일정에 관한 원론적 합의조차 없었다. 두 경우 모두 북한은 단순히 영변에서의 핵활동을 중단하는 대가로 적지 않은 정치적·경제적 반대급부를 제공받았다. 그뿐 아니라 북한은 그 기간 중 영변 핵시설 밖에서 핵무기의 완성과 새로운 핵프로그램(HEU)의 도입을 위한 부단한 활동을 그치지 않았다.

그간 단계적 조치를 전제로 협상이 진행되어온 이유는 주로 두 가지였다. 첫째 이유는 북한이 핵폐기를 지연시키기 위해 핵폐기 논의의 개시조차 거부하면서 불필요한 선결과정을 거듭 추가하는 「살라미전술」을 구사했기 때문이다. 둘째 이유는 쉬운 문제부터 조금씩 단계적으로 접근하는 것이 합의도 쉽고 대외적으로 협상이 계속 진전되는 모양새를 보여주는 데도 유리했기 때문이다.

2·13/10·3 합의의 경우, 신고/검증과 핵폐기의 두 단계로 가야 할 협상과정에 불필요한 단계가 추가되고 세분화되어 동결-불능화-신고-검증-폐기의 5단계로 늘어났다. 이로 인해 핵폐기 단계로의 접근이 계속 차단됨에 따라 핵폐기 협상의 개시 시점은 점점 멀어져 갔고, 제공해야 할 반대급부의 양은 점차 늘어갔다. 또한 그 때문에 북한의 핵포기 의지 여하는 계속 미지의 상태로 남을 수밖에 없었고, 협상의 표면적 진전에도 불구하고 핵폐기를 향한 진정한 진전은 이루어진 것이 없었다.

협상이 이처럼 단계적으로 세분화되어 순서에 따라 진행되어야 할 불가피한 기술적 이유는 없었다. 만일 북한이 진정한 핵포기 의지를 갖고 있다면, 처음부터 바로 핵폐기 단계로 진입하는 것도 기술적으로는 별 문제가 없었다. 예컨대, 핵시설과 핵물질에 대한 전면적 검증을 개시함과 동시에 이와 병행하여 핵시설 해체와 핵물질의 국외반출을 실시함으로써 모든 것을 한 단계에 마무리할 수도 있었을 것이다.

셋째, 합의 이행을 보장하기 위한 장치가 마련되어야 한다. 북한과의 과거 핵협상 경과를 되돌아볼 때, 합의의 이행은 합의의 타결보다 더욱 중요한 과제이다. 과거 제네바합의를 비롯하여 수차례 북한과의 핵합의가 있었으나 제대로 끝까지 이행된 합의는 없었다. 그 이유는 북한이 합의를 파기하더라도 이를 통해 잃을 것이 거의 없었고 따라서 합의의 이행 여부가 순전히 북한의 자의적 결정에 맡겨져 있었기 때문이다.

앞에서 언급했듯이, 국가 또는 사인 사이의 합의가 이행되는 것은 일방이 합의를 불이행할 경우 그에 상응하는 손실을 입게 되기 때문이다. 즉, 양측 사이에「손실의 균형」이 존재하고 있기 때문이다. 합의를 파기하더라도 손실을 입을 것이 없다면, 더욱이 합의를 파기하더라도 이미 얻은 이익들이 그대로 보전될 수 있다면 누구라도 합의 파기의 유혹을 받게 될 것이며, 따라서 그 합의는 이행되기 어려울 것이다.

합의 이행의 초기단계에 상대방에게 많은 반대급부를 제공하면 그만큼 협상 타결은 쉬울 것이나 동시에 그만큼 합의가 중도에 파기될 가능성은 높아진다. 제공되는 반대급부가 불가역적인 것이라면 그 가능성은 더 높아진다. 초기에 많은 반대급부를 제공함으로써 초기합의의 타결을 쉽게 하려는 이른바「선순환적 협상」방식에는 이러한 함정이 숨어 있다. 이러한 오류를 되풀이하지 않기 위해서는, 북한의 불가역적 핵폐기가 시작되기 전에는 어떠한 반대급부도 제공되지 않는 것이 가장 바람직할 것이다. 만일 반대급부 제공이 불가피한 상황이라면, 합의가 파기되거나 이행이 지연될 경우 자동적으로 소멸되거나 오히려 불이익을 안겨줄 수 있는 성격의 반대급부를 제공하는 것이 긴요하다.

북한이 2·13/10·3 합의를 파기하고 핵활동을 재개한 후 미국 의회에서는 이미 실시된 테러지원국 제재 해제를 취소하기 위한 법 개정 움직임이 있었지만, 이는 현실적으로 가능성이 별로 없었다. 만일 가역적 조치인 핵시설 불능화의 대가로 제재해제라는 불가역적 반대급부를 제공하지 않고 제재조치의 적용을 잠정동결하는 방식으로 대칭적 합의를 했었다면, 북한이 합의 파기에 앞서 적어도 한두 번은 더 고심을 했을 것이고, 합의 파기 후 제재조치가 즉각 복원될 수 있었을 터였다.

현재 발효 중인 유엔 안보리의 대북한 제재조치 1718호 및 1874호 역시 앞으로 6자회담 등을 통해 이룩될 핵합의의 이행을 보장하기 위한 중요한 요소가 될 수 있다. 이들 제재조치를 북한의 전면 핵폐기가 번복 불가능한 시점에 도달할 때까지 그대로 유지시킴으로써, 북한이 협상을 지연시키거나 합의 이행을 기피하지 못하도록 견제하는 효과를 기대할 수 있다.

2

북한 핵문제의 사슬을 넘어서

상황 인식의 패러다임 전환

북한 핵문제의 해결을 위한 「새로운 선택」의 기본 조건들을 앞에 몇 가지 열거했지만, 사실 이것들은 그리 새로운 것은 아니다. 그러한 방식으로 협상을 타결하여 북한 핵문제를 일거에 해결하려던 시도는 1994년 제네바 협상 당시에도 있었고, 2002년 제네바합의가 붕괴된 직후에도 있었고, 2003년 6자회담이 출범한 이후에도 몇 차례 추진되었다. 그러나 이에 대한 북한의 완강한 반대에 밀려 타협을 하는 과정에서 이러한 시도들은 얼마 버티지 못하고 포기되었다.

그들이 더 버틸 수 없었던 이유는 지난 20년간의 대북 핵협상 경험을 통해 누차 확인된 바 있는 북한의 비타협적 태도 때문이었다. 다시 말해서, 협상에서 한번 제기한 입장을 여간해서는 완화하거나 포기하지 않고 끝까지 관철하고야 마는 북한의 집요한 협상행태 때문이었다. 구소련으로부터 완강하고 집요한 협상 기술을 터득한 북한은 협상에서 자기입장을 고집하는 요지부동의 자세를 취하고 의도적으로 장기간에 걸쳐 똑같은 제안을 반복하면서 회담을 끝없이 지연시키는 마라톤회담을 하는 데 익숙해 있었다.[3] 북한으로서는 협상이 장기화되어도 아무것도 잃을 것이 없어 전술적으로 협상 타결을 최대한 지연시키고자 했던 반면에, 상대측의 협상가들은 그들의 임기 중 단기간 내에 협상을 타결해야 하는 불리한 상황에 처해 있었다.

그러나 그것이 전부는 아니었다. 지난 세월 대북한 핵협상이 번번이 실패하거나 이행이 좌초되었던 배경에는 보다 원천적이고 중요한 이유가 있었다. 그것은 핵협상에 임하는 북한 당국의 본심, 즉「핵포기 의지의 부재」때문이었다. 북한은 핵개발에 따른 국제적 압력에도 불구하고 지난 20년간의 핵협상에서 요지부동의 협상 태도를 고수하고 있는데, 이를 단순히 보다 많은 반대급부를 확보하기 위한 협상전술이라고 간주하는 것은 그간의 핵협상 양상을 감안할 때 지나치게 낙관적이고 안일한 해석인 것으로 보인다. 핵폐기 문제에 대한 북한의 집요하고도 강경한 거부반응을 감안할 때, 거기에는 단순한 협상전술 이상의 보다 본질적인 무엇인가가 숨어 있다고 보는 것이 타당할 것이다. 즉, 북한에게 있어 핵무기 보유는 다른 목적을 위한 수단이 아니며 핵보유 그 자체가 목표일 가능성이 크다는 점에 대해 인식을 새로이 할 필요가 있다.

북한이 수많은 난관에도 불구하고 그처럼 핵무기 보유를 집요하게 추구하고 있는 이유는, 북한에게 있어 핵보유가 단순한 안보유지 수단이 아니고 북한이 주장하듯이「미국의 대북한 적대시정책에 따른 자위적 조치」도 아니며, 북한의 대남·대미 전략의 핵심인 동시에 나아가「강성대국」건설 및 체제유지와 직결된 사안이기 때문이라는 추정이 가능하다. 유엔 안

---

3 송종환,『북한 협상행태의 이해』(오름, 2002), 141쪽.

보리의 거듭된 제재조치와 한국 정부의 대북한 경협 중단에 따른 국제적 고립과 심각한 경제난에도 불구하고 핵개발에 대한 미련을 버리지 못하고 있는 북한의 태도는 그러한 추정에 신빙성을 더해준다. 이를 감안할 때, 북한 핵문제를 해결하기 위한 국제사회의 노력은 그것이 단순히 북한에게 경제지원을 해준다고 해결될 사안도 아니고 북한이 주장하듯이 「안보 우려」를 해소해준다고 해결될 일도 아니라는 냉철한 상황인식에서 출발해야 할 것이다.

새로운 선택과 그 방법론

이러한 새로운 상황인식을 토대로 북한의 비핵화를 달성해나가기 위해서, 국제사회는 그간 북한 핵문제의 좁은 테두리에 갇혀 「핵포기와 그에 상응하는 대가의 지불」이라는 단순 공식에 속박되어온 기존의 협상전략에서 벗어나 보다 넓은 공간에서 해답을 구해야 할 것이다. 이를 위해서는 우리 스스로가 북한 핵문제의 사슬에서 벗어나는 것이 급선무이다. 우리 스스로가 북한 핵문제의 오랜 고정관념에서 벗어나 인식의 새로운 지평을 열고 한반도 문제의 장래와 연계된 거시적이고 포괄적인 해결전략을 모색해야 하며, 그러한 토대 위에서 북한의 생존구조 전반에 광범위한 영향을 미칠 수 있는 창조적 방안들을 강구해나가야 할 것이다. 그렇게 함으로써 북한의 핵보유 의지를 내심으로부터 소멸시키는 데 전략적 초점이 맞추어져야 할 것이다.

북한 핵문제 해결전략을 그런 방향으로 수정해나갈 경우, 유엔 안보리의 강력한 대북한 제재결의 1874호는 하나의 유용한 출발점이 될 수 있을 것이다. 북한의 무기 수출을 전면 금지하고 북한을 출입하는 의심스런 화물

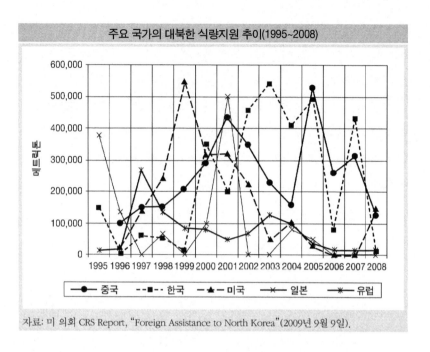

주요 국가의 대북한 식량지원 추이(1995~2008)

자료: 미 의회 CRS Report, "Foreign Assistance to North Korea"(2009년 9월 9일).

에 대한 검색과 압류를 규정한 안보리 제재결의 1874호로 인해 연간 약 5~10억 달러에 이르는 북한의 각종 불법 무역들(마약, 무기, 위조지폐, 위조 담배 등)이 적지 않게 위축될 것으로 보인다.[4] 이는 2006년 핵실험 이후 국제사회의 대북한 식량지원이 급속히 감소된 데 따른 수억 달러의 원조액 손실과 더불어 북한의 재정에 상당한 압박을 초래하게 될 전망이다.[5] 설사 그것이 북한에게 어떤 결정적 타격은 주지 못한다 할지라도, 최소한 북한

---

4 북한의 불법무역 규모 추정치는 2007년 2월 16일자 미 의회 CRS Report, 「North Korean Crime-for-Profit Activities」 참조.

5 국제사회의 대북한 식량지원 감소에 대해서는 2009년 9월 9일자 미 의회 CRS Report, 「Foreign Assistance to North Korea」, pp. 12~14 참조. 과거 한때 북한은 국제사회로부터 연간 100만 톤 내외의 식량(약 5억 달러)을 지원받았으나, 2006년의 핵실험 이후에는 한국, 미국, 중국의 식량 지원이 모두 급속히 감소되었다.

이 과거처럼 핵무기와 미사일 개발에 수억 달러의 거금을 선뜻 투입하는 것은 쉽지 않게 될 것이다.

그러나 그것이 북한이 처한 어려움의 전부는 아니다. 북한에게 심각한 재정적 어려움을 안겨주는 가장 크고 직접적인 요인은 국제사회의 제재조치도 아니고 식량지원 감소도 아닌 다른 곳에 있다. 한국과 일본이 북한의 핵개발과 천안함 사태 등 각종 도발에 대응하여 2008년 이래 시행 중인 쌍무적 제재조치들로 인해 북한은 연간 10억 달러 내외의 추가적 외화 손실을 보게 되었다.[6] 이는 북한의 전반적 외화수급 구조를 감안할 때 대단한 비중을 차지하는 금액으로서, 북한에게 어느 다른 제재조치보다도 직접적이고 치명적인 타격을 주게 될 전망이다.

2009년도 북한 무역통계(남북교역 제외)에 따르면 북한의 연간 수출액은 10.6억 달러, 수입액은 23.5억 달러로서, 무역수지가 12.9억 달러의 적자를 기록하고 있다.[7] 이 수치를 감안할 때, 한국과 일본의 대북한 제재조치에 따른 10억 달러 안팎의 외화수입 손실은 북한의 연간 총수출액과 맞먹는 엄청난 규모이다. 이는 또한 북한의 총 무역수지 적자폭의 3/4에 해당되는 액수이기도 하다. 그중에서도 특히 한국 정부의 대북경협 중단(2008년)과 무역 및 북한관광 중단(2010년)에 따른 연간 7~9억 달러의 외화 손실은 북한의 연간 대중국 수출 총액인 7.9억 달러(2009년 기준)를 상회하는 액수로서, 이는 중국의 무상원조를 포함한 어떤 다른 방법으로도 만회되기 어려운 치명적 손실이라 볼 수 있다.

---

6 미국과 EU도 북한의 핵실험 등에 따른 쌍무적 제재조치를 발동한 바 있으나, 대북한 무역액과 원조액이 워낙 적은 관계로 실질적 영향은 거의 없었다.

7 KOTRA의 북한 대외무역 통계 참조. 북한은 2005년 이래 매년 10~15억 달러의 무역적자를 보이고 있으며, 이는 남북교역을 무역통계에 합산하여 계산할 경우에도 마찬가지다.

한국과 일본의 제재조치에 따른 북한의 외화 손실액(연간 8~11억 달러)			
국명	제재조치 내용	연간 손실액	비고
한국	경제원조/식량지원 중단 (2008년 3월)	4~6억 달러[8]	식량지원 1~2억, 비료지원 1억, 민간지원 1억, 경제지원 및 기타 1~2억 달러
한국	금강산/개성 관광 중단 (2008년 7월/11월)	0.3억 달러[9]	금강산관광 0.2억 달러, 개성관광 0.1억 달러
한국	천안함 사건 관련 제재조치 (2010년 5월)	2.8억 달러[10]	남북교역 중단 2.3억, 위탁가공 중단 0.5억 달러
일본	북한 핵실험 관련 경제제재 (2006년 10월)	1~2억 달러	핵실험에 따른 북한상품 수입 중단 1~2억 달러, 대북한 송금 규제 연간 수천만 달러

북한이 외국으로부터 현금차관을 도입하는 사례는 거의 없으므로, 북한은 매년 10~15억 달러에 달하는 고질적 무역적자를 외국으로부터의 현금지원, 관광수입 등 무역외 수입과 불법무역 등을 통해 메워가고 있을 것으로 추정되고 있다. 그러나 북한의 대외무역에서 차지하는 점유율이 78.5% (2009년 기준)에 달하는 대중국 무역의 경우, 무역 적자가 11억 달러에 달하여 북한의 외화 획득에 전혀 도움이 안 되며,[11] 연간 수억 달러 규모로 추정

---

8 한국 정부와 민간 NGO의 연간 대북한 무상지원 액수는 나라지표(www.index.go.kr)에 수록된 통일부의 대북지원 자료 및 2010년 12월 2일자 미 의회 CRS Report, 「North Korea: Economic Leverage and Policy Analysis」, pp. 46~47에 수록된 통계수치를 참조했다. 한국 통일부 및 수출입은행 통계를 인용한 동 CRS Report에 따르면, 2007년의 경우 한국의 대북한 무상지원 액수는 식량지원 1.57억 달러, 비료지원 1.03억 달러, NGO 지원 1.35억 달러, 경제지원 및 기타 2.4억 달러 등 총 6.35억 달러에 달한다.

9 2010년 4월 22일자 오마이뉴스 보도, 「대북 관광사업 중단, 남북한의 경제 손실은?」 참조.

10 2010년 6월 11일자 연합뉴스가 KDI 『북한경제리뷰』 2010년 5월호를 인용하여 보도. 동 보고서에 따르면, 개성공단을 뺀 대북한 일반교역 및 위탁가공무역 등이 중단되면 북한 입장에서는 남북교역량 6억 8,000만 달러가 차질을 빚게 되며, 2009년 북한의 대남 일반교역 흑자가 2억 3,400만 달러이고 위탁가공무역 수입이 5,000만 달러임을 감안할 때 북한의 순수 외화손실은 연간 2억 8,400만 달러에 이를 것이라는 추산이다.

되는 중국의 대북한 원조 역시 모두 현물(원유, 석탄, 식량 등)로 제공되고 있어 북한의 외화부족에는 별다른 도움이 안 된다. 따라서 북한으로서는 대부분의 외화부족액과 핵무기 및 미사일 개발 등에 필요한 특수자금을 주로 남한으로부터의 각종 현금성 수입과 무기, 마약 거래 등 불법무역으로 충당해왔을 것으로 추정된다.

이를 감안할 때, 한국으로부터의 외화 유입이 대부분 차단되고 일본 정부의 대북한 제재조치[12]로 조총련계의 대북한 송금도 급감하고 있는 상황 하에서 유엔 안보리의 제재조치 1874호와 대북한 PSI 활동 강화로 불법무역까지 크게 위축될 경우, 북한으로서는 핵과 미사일 전력의 증강은 물론 정상적 무역결제마저 불가능한 상황이 도래할 가능성이 예견된다. 한국 정부가 2010년 5월 발표한 대북한 제재조치에서 개성공단 사업이 제외되기는 했으나, 개성공단 북한 근로자의 연간 임금은 2009년 기준 약 4,000만 달러[13]에 불과하여 큰 도움은 되지 않는다.

북한은 이러한 경제적 충격을 완화시키기 위해 수출대상국과 위탁가공 거래국의 변경 등을 강구할 것으로 보이나, 현재 북한의 대남 수출품목이 고사리, 조개류 등 농림수산물과 모래, 아연, 석탄 등으로 구성되어 있어

---

11 2009년 무역량 기준으로 볼 때 북한의 대중국 수출은 7.9억 달러, 수입은 18.9억 달러로서, 11억 달러의 무역적자를 보이고 있다. 북한은 중국으로부터 원유, 석유, 기계류, 공산품 등을 주로 수입하고, 석탄, 철광석, 의류제품 등을 주로 수출하고 있는데, 남북교역을 제외하면 북한의 대중국 무역의존도는 무려 78.5%에 달하며 무역 의존도가 매년 5% 이상 지속적으로 증가 추세에 있다(KOTRA의 북한 대외무역 통계 참조).

12 일본 정부는 2006년 이래 북한의 핵실험에 대한 제재조치로서 1,000만 엔 이상의 대북 송금 시 신고를 의무화하는 조치를 취해왔으나, 2010년 5월 천안함 사건에 따른 독자적 제재조치 강화의 차원에서 신고 기준액을 300만 엔으로 대폭 강화하고, 일본인의 북한 방문 시 지참하는 현금 신고기준도 30만 엔에서 10만 엔으로 하향 조정했다. 일본에서 북한으로 송금되는 외화는 연간 수천만 달러 수준이다.

13 KDI, 『북한경제리뷰』 2010년 5월호에 기술된 2009년도 추정치.

대체 국가를 찾기가 쉽지 않을 전망이다. 중국의 경우 역시 북한의 수출품목이 대부분 중국의 수출품목과 중첩되거나 중국이 필요로 하지 않는 물품들이어서 수입 수요가 거의 없는 실정이다.[14] 설사 그것이 가능하다 할지라도 한국의 대북 경제원조와 식량지원 중단에 따른 4~6억 달러의 현금 손실은 만회할 방법이 없다. 따라서 북한의 무역결제 불능 사태를 막기 위해서는 대북한 무역에서 큰 흑자를 보고 있는 중국이 외상결제 폭을 대폭 확대하는 방법밖에 없을 것이나, 중국이 연간 10억 달러에 달하는 외화부족분의 대부분을 메워주는 것은 현실적으로 가능해 보이지 않는다.

국내외 일각에서는 북한의 후견자 역할을 수행하고 있는 중국이 북한의 붕괴를 막고 한반도의 현상을 유지하기 위해 대북한 경제지원을 파격적으로 증대시킬 가능성을 우려하기도 한다. 또한 그러한 중국의 조치가 국제사회의 대북한 제재를 무력화하고 북한의 대중국 예속화를 심화시킬 가능성에 대한 우려도 제기되고 있다. 그러나 중국의 전통적 대북정책 기조와 중국 조야의 대북한 인식에 비추어 볼 때, 중국의 경제지원은 북한이 근근이 생존을 유지할 수 있는 최소한의 수준에서 크게 벗어나기 어려울 것으로 보인다. 더욱이 중국의 대북한 경제지원은 오랜 관행에 따라 원유, 석탄, 식량, 생필품 등 현물로 지원될 전망이므로, 북한이 체제유지와 무력증강을 위해 절실히 필요로 하는 거액의 현금을 중국으로부터 조달하는 것은 현실적으로 불가능할 것이다.

이러한 상황하에서 북한이 핵과 미사일 능력을 지속적으로 증강시키고 2012년 강성대국 건설을 달성하는 것은 현실적으로 불가능할 수밖에 없다. 따라서 북한으로서는 무슨 수단을 동원해서라도 한국과의 교역을 정상화하고 한국으로부터의 경제원조 재개를 관철해야 할 절박한 상황에 처해

---

14 2010년 6월 11일자 연합뉴스가 KDI 『북한경제리뷰』 2010년 5월호를 인용하여 보도.

있음을 쉽게 짐작할 수 있다. 북한이 2008년 이래로 한국 정부의 대북정책 변경을 집요하게 요구하면서 대남 압박을 위한 남남갈등 선동과 군사적 보복조치 위협은 물론 대청해전, 천안함 격침, 연평도 포격과 같은 군사적 행동까지 강행하고 있는 것은 북한이 처한 이러한 심각한 난관과 결코 무관하지 않을 것이다.

이러한 상황을 종합으로 감안할 때, 현 시점에서 북한이 간절히 필요로 하는 거액의 현금을 공급할 수 있는 독보적 위치에 있는 한국이야말로 중국을 능가하는 가장 강력한 대북한 견제와 압박 수단을 보유하고 있다고 볼 수 있다. 다시 말해서, 북한에 대한 가장 강력한 잠재적 영향력을 보유하고 있는 것은 중국이 아니라 바로 한국이며, 대북한 경제지원 전략을 포함한 한국 정부의 견고한 대북정책 그 자체가 북한에 대한 가장 강력한 무기이자 협상도구라 할 수 있다. 문제는 그간 남북한 당국이 혹은 이를 모르고 있었거나 혹은 이를 알면서도 모르는 체해왔다는 점이다.

남북한 사이에 존재하는 이러한 숨겨진 경제적 역학관계의 실체에 대한 인식을 조금만 깊이 한다면, 그리고 이를 무력화하기 위한 북한의 상투적 위협에 굴하지 않고 그에 따른 정당한 권리를 행사할 용기를 잃지 않는다면, 한국 정부는 얼마든지 강력한 협상력을 가지고 북한을 상대로 북한 핵문제와 남북한 관계의 해결을 위한 새로운 게임을 벌여나갈 수 있을 것이다. 나아가 한국 정부의 의지 여하에 따라서는 1993년 초 김영삼 정부가 스스로 포기하고 미국에게 양도했던 대북한 핵협상의 주도권을 회복하는 것도 가능할 것이다.

미래를 위하여

  천안함 사태와 연평도 포격을 포함하여 북한이 2008년 이래 보이고 있
는 강경하고 위협적인 대남 태도는 북한이 기존의 대미, 대남 전략에 따라
핵보유와 경제지원 획득을 동시에 달성해나감에 있어서 별안간 직면하게
된 거대한 난관에 대한 북한 당국의 당혹감과 다급한 상황인식을 여실히
반영하고 있다. 북한 당국의 강경한 정치적·군사적 수사에도 불구하고,
상황은 점차 북한에게 그들이 원치 않는 정치적 결단을 요구하고 있다.
  북한의 갖은 유혹과 위협에도 불구하고 국제사회가 현행 압박수단들을
확고하고 일관성 있게 유지하는 '전략적 인내심'을 발휘할 수 있다면, 앞으
로 남북관계와 대북협상의 패러다임은 과거와 많이 달라질 수 있을 것이
다. 대북한 제재조치의 효력에 의문을 표시하는 유화론자들의 시각에도 불
구하고, 한국을 포함한 국제사회 전반의 대북한 경제적 압박 기조가 흔들
림 없이 유지되고 있는 사실만으로도 시간은 이제 더 이상 북한의 편에 머
무르지 않게 되었기 때문이다. 그리고 시간이 감에 따라 북한에게 점증하
는 고난을 가져다줄 이러한 제재조치가 유지되는 한, 북한은 남북관계나
핵문제 등 현안에서 과거처럼 느긋하게 지연전술을 쓸 여유를 점차 상실하
게 될 것이기 때문이다.
  북한이 2009년 8월 4일 클린턴 전 대통령을 평양으로 초치하여 억류 중
인 미국 여기자 두 명을 조건 없이 석방한 데 이어 개성공단 억류직원을 석
방하고(8월 13일), 남북 간 육로통행 제한조치를 해제하고(8월 21일), 나포
되었던 남한 선박과 선원을 송환하는(8월 29일) 등 한미 양국에 대해 일련의
유화적 제스처를 연출한 것은 그러한 조짐의 작은 시작이라고 볼 수 있을
것이다. 그에 대한 한미 양국의 즉각적인 화답을 기대하던 북한이 그해 말
부터 인내심을 잃고 대청해전(11월 10일), NLL 수역 해상사격구역 선포(12

월 21일), 천안함 사건(2010년 3월 26일), 연평도 포격(11월 23일), 금강산 관광지구 시설 몰수 및 관리인원 추방(2011년 8월 22일) 등 군사적·비군사적 도발을 계속하고 있는 것 또한 동일한 조짐의 다른 표현이라고 볼 수 있다.

한국을 포함한 국제사회의 대북한 제재조치가 장기간에 걸쳐 성공적으로 이행될 경우, 이에 따른 경제난으로 체제의 위기에 직면하게 될 북한으로서는 핵보유를 위해 체제위기를 감내할 것인지 아니면 체제보전을 위해 핵을 포기할 것인지를 놓고 진지한 고민을 하지 않을 수 없는 시점을 언젠가는 맞게 될 것이다. 북한이 그러한 중대한 기로에 처하여 더 이상 선택을 미룰 수 없다는 자각에 도달하게 될 때, 북한의 비핵화에 관한 진정한 협상이 비로소 처음으로 시작될 수 있을 것이다. 그러한 시기의 도래가 과연 가능할 것인지 여부와 얼마나 빨리 도래할 수 있을 것인지는 궁극적으로 이 문제에 대한 한국 정부와 중국 정부의 정책과 태도에 달려 있는 것으로 보인다.

기원전 218년 한니발의 로마 침공으로 시작된 로마와 카르타고 간의 16년에 걸친 제2차 포에니전쟁 당시, 로마는 매년 20만에 이르는 대병력을 동원하여 한니발을 몰아내고자 치열한 전투를 벌였으나 4만여 명에 불과한 한니발군의 신출귀몰한 전략으로 번번이 참패를 면치 못했다. 그러나 한니발 전쟁이 16년째 이르던 해, 새로 취임한 로마군 총사령관 스키피오가 기존의 방어전략을 전면 수정하여 지중해를 건너 카르타고 본토 공격을 감행함에 따라 한니발은 위기에 처한 본국 정부의 지시로 부득이 로마에서 철수했고, 그해 스키피오의 로마군은 적지 카르타고의 자마평원에서 한니발군을 완파하고 승리를 얻었다.

북한 핵문제를 비확산문제라는 좁은 테두리 내에서 해결하고자 했던 과거의 온갖 노력들이 실패를 거듭해온 이상, 국제사회는 더 이상 과거와 같은 방식을 통해 해결을 추구하는 것이 비현실적임을 스스로 인정하는 용기를 발휘할 때가 되었다.

이제 국제사회는 북한이 20년간이나 견고한 성채를 지키고 있는 핵문제의 협곡에서 벗어나, 사방이 탁 트인 넓은 평원으로 무대를 옮겨야 할 필요가 있다. 20년간의 요새화로 고착화되어 더 나아갈 수도 물러설 수도 없는 핵협상의 전선에서 탈피하여, 이제 새로운 각오와 새로운 전략으로 무장하고 새로운 전선으로 이동해야 할 때가 되었다. 그곳에 요새와 해자를 만들어 식량과 탄약을 비축하고, 북한이 성채에서 스스로 뛰쳐나와 자신의 궁극적 운명을 결정하도록 선택을 요구하는 새로운 해결전략에 눈을 돌려야 할 때다.

에필로그

　북한 핵문제에 관한 6자회담은 1990년대 초 이래로 국제화의 정도가 점차 심화되어가고 있는 한반도 문제의 한 단면을 보여준다. 2005년의 9·19 공동성명을 통해 평화체제 문제까지 북한 핵문제의 해결 과정과 연관성을 맺게 됨에 따라, 남북한 관계가 순수한 독립변수로서 존재할 수 있는 영역은 더욱 줄어들었다고 볼 수 있다. 이러한 한반도 문제의 국제화 추세는 한반도 문제의 해결에 도움이 될 수도 있고 오히려 부담이 될 수도 있다. 그러나 우리가 의도했건 의도하지 않았건 간에 그것은 이미 현실로서 우리에게 다가와 있다.

　현재 진행 중인 핵협상 과정을 통해 북한 핵문제가 과연 해결될 수 있을 것인지, 그리고 언제 어디까지 해결될 수 있을지는 아직 미지수다. 그러나 한 가지 분명한 것은, 이미 20년 동안이나 이 땅의 평화를 짓눌러온 북한 핵문제를 이제는 어떻게든 해결해야 할 시점이 되었다는 점이다. 우리의 국가안보와 순탄한 경제발전을 위해서나, 남북관계의 진정한 발전을 위해서나, 우리는 북한 핵문제라는 해묵은 멍에에서 이제 그만 벗어나야 한다.

앞으로도 그 무거운 화약고를 등에 떠메고 살아가기엔 우리에게는 지켜야 할 소중한 것들이 너무도 많다.

한반도 문제의 국제적 성격에 비추어 볼 때, 북한 핵문제의 해결을 위해서는 한반도 문제에 관여하는 동북아시아의 주변 국가들이 상당한 수준의 인식을 공유하는 것이 매우 중요하다. 왜냐하면 북한 핵문제는 하나의 독립된 현안이 아니라 한반도 문제 그 자체와 불가분의 관계를 맺고 있는 고도의 복합적인 현안으로 발전되어가고 있기 때문이다. 작게는 북한 핵문제, 크게는 한반도 문제를 둘러싸고 주변 국가들 간에 적지 않은 인식의 차이가 존재하고 그것이 때로 한반도 문제의 해결에 장애가 되어온 것이 사실이나, 이를 극복하기 위한 변화의 조짐은 느린 속도로나마 시작되고 있다. 그러한 변화는 다분히 북한 자신의 실책 또는 무리수에 의해 초래된 것이기는 하지만, 북한 문제를 바라보는 주변 국가들의 시각에 상당한 변화의 조짐이 나타나고 있다.

미국의 경우, 과거 남북관계가 냉각되어 북한이 경제적 어려움에 처할 때는 미국이 나서서 대규모 식량을 지원해주었고, 한국 정부와 미국 정부, 미국 공화당 정부와 민주당 정부가 거의 매번 각기 강경과 온건의 엇갈린 길을 가곤 했지만, 북한의 제2차 핵실험 이후에는 모두 한 목소리를 이루고 있다. 2009년 출범한 민주당의 오바마 행정부에 대한 북한과 대북한 유화론자들의 당초 기대와는 달리, 미국은 북한의 잘못된 행위에 대해 보상하지 않겠다는 확고한 태도를 보이고 있다. 최소한 미국은 독립기념일에 미사일 7발을 쏜다거나 핵실험과 미사일 발사에 총 7억 달러 이상의 외화를 낭비하는 비정상적 행위에 대해 이를 두려워하거나 보상을 지불할 내색은 전혀 보이지 않고 있다.[15] 일본 역시 비교적 진보적인 민주당 정부가 출

---

15 김석우 & 홍성국, 『통일은 빠를수록 좋다』(기파랑, 2010), 18~19쪽.

범한 이후에도 기존의 강경한 대북한 정책에 아무 변화가 없었다.

중국은 지금도 북한과의 동맹조약[16]을 계속 유지하면서 전통적 우호관계에 따른 역할을 수행하고 있으나, 북한의 핵실험 이후 느리게나마 정책적 변화의 조짐을 보이고 있다. 중국이 2006년과 2009년 두 차례 상정된 유엔 안보리의 대북한 제재결의에 대해 거부권을 행사하거나 기권하지 않고 찬성에 가담한 것은 그 가시적 예로 볼 수 있다. 중국의 안보를 위해 북한의 현상유지를 희망하는 중국 정부의 전통적 「완충지대론」은 아직 존속되고 있으나, 대북한 정책을 변경해야 한다는 현실주의론이 주로 학계인사들을 중심으로 점차 확산되고 있다. 이러한 현실주의적 시각을 대변하는 베이징대 주펑朱鋒 교수나 인민대 스인홍時殷弘 교수 등 일부 한반도문제 전문가들은 북한이 비정상적인 행동으로 한반도 긴장을 고조시키는 것은 중국의 대북정책이 기존 틀에서 크게 벗어나지 않았기 때문이라고 분석하면서, 중국의 온건유화적인 대북정책을 재검토해야 한다고 주장하고 있다.[17]

미국 외교협회(CFR)의 한반도 문제 태스크포스Task Force는 2010년 6월 발표된 대한반도 정책 보고서에서 북한 핵문제의 해결을 위한 국제사회의 향후 정책 옵션을 ① 「묵인acquiescence」, ② 「봉쇄와 관리containment & management」, ③ 「반격rollback」, ④ 「체제변화regime change」의 4단계 목표로 구분했다.[18] 국제사회는 그간 말로는 ③의 「반격」 정책을 천명하면서도 실제 협상에서는 다

---

16 1961년 체결된 중국과 북한 간의 동맹조약(우호협력 및 상호원조에 관한 조약) 제2조는 체약 일방이 무력침공을 당하여 전쟁상태에 처하는 경우 상대국은 모든 힘을 다하여 지체 없이 군사적 원조를 제공할 것을 규정하고 있으며, 제3조는 체약 상대방에 반대하는 어떠한 동맹 체결이나 어떠한 행동 또는 조치에도 참가하지 않을 것을 규정하고 있다.

17 김석우 & 홍성국, 『통일은 빠를수록 좋다』(기파랑, 2010), 248쪽.

18 CFR Task Force Report, 「U.S. Policy Toward the Korean Peninsula」(Brookings Institute Press, 2010).

분히 ②항의 「봉쇄와 관리」 수준에 머물러온 것이 사실이다. 제네바합의가 그러했고, 9·19 공동성명 역시 그 범주에서 벗어나지는 못했다. 그렇게밖에 할 수 없었던 이유에 대해서는 앞에서 이미 충분히 설명한 바 있다.

앞으로 북한 핵문제가 궁극적으로 어떤 형태로 진전될지는 예측을 불허하지만, 그것은 단순히 핵문제의 해결과정에 그치지 않고 한반도 문제 전체의 향방에 심대한 영향을 미치게 될 가능성이 적지 않다. 만일 앞으로 국제사회가 북한의 비핵화를 위한 「반격」 정책을 진지하게 추진해나간다면, 그 과정에서 북한의 벼랑끝전술로 인해 한반도의 긴장 상태가 장기간 지속되는 국면이 도래할 수 있으며, 이는 곧 남북관계의 장기간 경색으로 인해 북한의 경제난이 감내하기 어려운 수준으로 악화될 가능성을 의미한다. 그 경우 한국이나 미국의 정책적 의지 여하와 관계없이 북한 자신의 선택에 의해 ④항의 「체제변화」를 포함하는 한반도 질서의 근본적 개편으로 바로 연결될 가능성, 다시 말해서 한반도 문제의 「엔드게임endgame」이 개시될 가능성을 배제할 수 없다. 한반도에서의 엔드게임은 북한 핵문제와 평화체제 문제를 포함하여 남북한이 한반도의 운명을 둘러싸고 반세기 이상 벌여온 크고 작은 모든 게임의 종말을 의미하게 될 것이며, 따라서 기존의 어느 게임보다 복잡하고 치열한 고난도의 게임이 될 것이다.

이러한 가능성은 우리가 북한 핵문제의 해결과정에서 보다 큰 지혜와 통찰력과 용기를 가지고 능동적인 역할을 수행할 것을 요구하고 있다. 그 이유는, 우리가 우리 자신의 명운이 걸린 이 중요한 문제에 정면으로 맞서지 못하고 방관자가 될 경우, 그 해결 과정의 일환으로 진행될 한반도의 질서 개편에서도 소외가 불가피해질 것이기 때문이다. 또한 우리가 북한 핵문제를 우리 자신의 일로 생각하건 미국과 북한 사이의 문제로 폄하하건 간에, 북한의 핵무장으로 인해 가장 큰 위험에 노출된 나라는 북한과 등을 맞대고 살아가는 우리 자신이라는 엄연한 사실에는 아무 변화가 없기 때문이다.

필사즉생 필생즉사必死則生 必生則死라는 우리 선조의 금언은 북한 핵문제를 둘러싸고 난관에 처한 남북한 양측이 공히 귀를 기울여야 할 귀중한 지혜라는 생각이 든다.

부록

보다 전문성을 요하는 독자들을 위하여

1. 핵무기의 원리와 제조과정

핵폭발의 원리

북한 핵문제를 둘러싸고 북한과 IAEA, 미국 등 사이에 벌어지고 있는 논쟁의 핵심을 이해하기 위해서는 핵무기와 관련된 최소한의 과학기술 지식이 필수적이다. 핵무기의 이러한 과학기술적 측면을 정확히 이해하지 못하면 북한 핵문제, 이란 핵문제 등을 둘러싸고 제기되는 여러 국제정치적 논란의 핵심을 정확히 이해할 수 없으며, 다분히 피상적이고 정치적인 판단 밖에는 할 수 없게 된다.

---

* 이 부록은 북한 핵문제에 관한 보다 전문적이고 기술적인 지식을 필요로 하는 독자들을 위한 추가적 설명이므로, 이러한 상세정보를 필요로 하지 않는 독자들은 이 부분을 생략해도 무방하다. 그러나 북한 핵문제의 본질과 논란의 배경을 보다 깊고 명확하게 이해하기 위해서는 이러한 군사과학적, 과학기술적, 법적, 제도적 측면에 대한 지식이 필수적 요소이다.

너무 상식적인 얘기가 될지 몰라도, 핵무기란 한 개의 원자가 특정 조건 하에서 두 개의 상이한 원자로 쪼개질 때, 즉 핵분열 반응을 일으킬 때 발생하는 막대한 에너지를 이용한 폭탄이다. 농축우라늄 1g이 완전 핵분열 할 때 생성되는 에너지는 석유 9드럼 또는 석탄 3톤을 연소시킬 때 나오는 에너지와 동일하다. 이러한 핵분열 반응을 천천히 일으켜 그 에너지를 평화적으로 이용하는 것이 원자력에너지이고, 한꺼번에 반응시켜서 파괴적 목적에 사용하는 것이 핵무기이다. 원자력의 평화적 이용과 군사적 이용은 결국 종이 한 장 차이에 불과하다.

이란과 북한은 국가주권론에 입각하여 원자력에너지의 평화적 이용에 관한 권리를 주장하고 있으니, 핵무기의 평화적 이용과 군사직 이용 사이에는 정치적 의도의 차이가 있을 뿐 근본적 차이가 있는 것은 아니다. 이는 총기 휴대가 호신용인지 범죄용인지를 구별할 수 없는 것과 같은 이치다. 호신용과 범죄용 총기의 유일한 차이점은 총기를 휴대한 사람의 의도뿐이다. 핵의 평화적 이용과 군사적 이용 사이의 이러한 애매하고도 취약한 경계선을 함부로 넘나들지 못하도록 규정하고 있는 것이 「핵비확산조약(NPT$^{Nuclear\ Non\text{-}proliferation\ Treaty}$)」이고, 이의 이행을 감시하기 위한 국제기관이 「국제원자력기구(IAEA)」이다. 핵확산이 국제평화에 미치는 막대한 영향 때문에 그 외에도 수많은 국제기관과 다자협정, 쌍무협정들이 이의 이행을 감시하고 있다.

핵무기에 필요한 핵분열 반응을 일으킬 수 있는 원소로서 현재까지 발견된 것은 우라늄^{Uranium}과 플루토늄^{Plutonium} 두 가지다. 우라늄과 플루토늄이라고 해서 모두 핵분열 반응을 일으키는 것은 아니고, 그들 원소 중에서도 특정한 숫자의 중성자를 내포하고 있는 것만 핵폭발이 가능하다. 그중에서 대표적인 물질은 우라늄235(U^{235})와 플루토늄239(Pu^{239})이다. 천연 상태의 우라늄 중에서 U^{235}가 차지하는 비중은 0.7%에 불과하며, Pu^{239}는 천연 상태에서는 존재하지 않고 우라늄이 핵분열을 일으킬 때 그 부산물로 생성되는 물질이다. 핵비확산 문제에서 이것은 매우 중요한 개념이다. 핵무기 제조와 관련된 모든 시끄러운 사건들이 바로 이 U^{235}와 Pu^{239}를 비밀리에 생산하고 농축하거나 외부로부터 획득하는 과정에서 파생되는 것이기 때문이다.

핵분열 물질인 U^{235}나 Pu^{239}의 원자핵에 중성자 한 개를 충돌시키면 우라늄 원자가 상이한 두 개의 원자로 쪼개지는데, 이를 핵분열이라고 한다. 이때 평균 2~3개의 중성자가 방출되는데, 이 중성자들이 각각 다시 다른 원자핵들과 충돌하여 핵분열 반응을 일으키고, 그 결과 다시 각각 2~3개씩의 중성자가 생성되는 과정이 반복된다. 그 결과 모든 원자핵이 연쇄적으로 핵분열 반응을 일으키게 되는데, 이것이 바로 핵무기의 폭발 원리인 「연쇄반응」이다. 핵무기를 구성하는 핵물질 전체가 연쇄반응을 일으키는 시간은 1나노초^{nanosecond}(10억분의 1초) 미만의 극히 짧은 시간이다.

핵분열 물질로 연쇄반응을 일으키기 위해서는 일정량 이상의 핵분열 물질이 필요한데, 이것을 「임계량^{critical mass}」이라고 부른다. IAEA 기준에 따르면, 핵무기 1개를 제조하기 위한 농축 핵물질 소요량은 플루토늄 8kg, 우라늄 25kg이다. 이는 보통의 기술수준에서 TNT 약 2만 톤에 해당되는 20kt의 핵무기를 제조할 수 있는 양이다. 그러나 현재는 과학기술의 발전으로 핵무기 1개당 통상 플루토늄 6~8kg, 우라늄 18kg 정도가 소요된다.

미국이 히로시마에 투하한 우라늄핵탄은 64.1kg의 농축우라늄으로, 나가사키에 투하한 플루토늄핵탄은 6.2kg의 농축플루토늄으로 각각 제조되었다. 미국이 제조한 우라늄핵탄은 우라늄농축기술상의 한계로 인해 우라늄을 90%까지 농축시키지 못하고 70%로 농축된 우라늄을 사용했는데, 이 때문에 우라늄을 무려 64.1kg이나 사용했다. 소형 전술핵무기를 만드는 최첨단 기술로는 1kg 미만의 핵물질로도 핵폭발이 가능하나, 이는 극소수

히로시마와 나가사키에 투하된 핵탄두 비교		
구분	우라늄핵탄(히로시마)	플루토늄핵탄(나가사키)
사용 핵물질	고농축우라늄 64.1kg	플루토늄 6.2kg
중량	4.04ton	4.67ton
폭발강도	15kt[kilo ton]	22kt
피해현황	약 13.5만 명 사망	약 6.4만 명 사망

국가만이 보유하고 있는 첨단기술이다.[2]

핵폭발 시 이들 핵물질이 모두 분열반응을 일으키지는 못한다. 플루토늄탄의 경우 20kt의 위력을 내기 위해서는 6~8kg의 농축플루토늄 중에서 1kg 남짓만 핵분열을 일으키면 된다. 실제로 히로시마, 나가사키핵탄의 경우에도 전체 핵물질의 약 20%만이 핵분열에 성공한 것으로 분석되고 있다. 1kt의 위력을 내기 위해서는 핵물질 중 56g만 완전히 핵분열을 일으키면 된다.[3]

우라늄농축과 플루토늄재처리

우라늄농축

핵무기는 그 제조 원료에 따라 「우라늄핵탄」과 「플루토늄핵탄」으로 나뉜다. 우라늄핵탄은 천연 상태의 우라늄을 정제하여 그 속에 포함된 U^{235}의 비율을 0.7%에서 90% 이상으로 농축시켜 만드는 것인데, 이 과정을 「우라늄농축」이라 한다.[4] 북한이 1990년대 말부터 비밀리에 추진함으로써

---

2 핵물질의 임계량은 밀도의 제곱에 반비례하는 성질을 갖고 있는데, 이 원리를 이용해서 고성능 고폭장치로 폭파 순간 강한 압력을 형성하여 핵물질을 고도로 압축시킴으로써 소량의 핵물질을 임계상태에 도달하도록 하는 것이 핵무기 소형화의 기술이다.

3 국방부, 『대량살상무기 문답백과』(2004), 35쪽.

2002년 말 제네바합의의 붕괴를 초래했던 「HEU$^{\text{Highly Enriched Uranium}}$」 프로그램이 바로 그것이다.

우라늄농축은 천연우라늄으로부터 생성된 금속우라늄을 가스 상태의 육불화우라늄(UF^6)으로 변환시킨 후 여기서 U^{235}를 분리해내는 공정인데, 이 때문에 IAEA의 핵사찰 시 UF^{6}의 존재는 우라늄농축활동의 직접적인 증거가 된다. 우라늄농축의 방식으로는 기체확산법, 원심분리법, 레이저분리법, 화학교환법, 전자분리법 등 여러 방법이 개발되어 있다. 이들 중 가장 널리 이용되는 우라늄농축공정은 기체확산법과 원심분리법이다. 주요 핵보유국들은 대부분 기체확산법을 이용하여 핵무기를 제조하는데, 이를 위한 우라늄농축시설의 건설과 운용을 위해서는 엄청난 건설비와 천문학적 양의 전기가 소요되는 것으로 알려져 있다.

이에 비해 원심분리법을 채용한 우라늄농축시설은 가격이 비교적 저렴하고 기체확산법 공정에 비해 전기가 1/50 정도밖에 소모되지 않는다.[5] 연간 핵무기 1개(농축우라늄 20kg 기준)를 생산하기 위해서는 약 1,000대의 원심분리기^{centrifuge}가 필요한데, 이를 설치하는 데 불과 900m^2 미만의 작은 면적만을 필요로 한다. 또한 방출되는 방사능도 매우 적어서 어디에든 쉽게 설치할 수 있다는 장점이 있다. 이 때문에 원심분리법을 이용한 우라늄농

---

4 핵무기를 만들기 위해 반드시 90% 이상의 우라늄농축이 필요한 것은 아니다. 히로시마에 투하된 우라늄탄은 약 70%의 농축우라늄으로 제조되었다.

5 주요 핵보유국들의 농축우라늄 대량생산체제인 기체확산법의 경우 소요전력이 2,300~2,500kW/SWU에 달하나, 원심분리법을 사용할 경우는 이의 2%에 불과한 50kW/SWU 정도의 적은 전력으로 가동이 가능하다. 북한이 전력사정상 우라늄농축프로그램을 보유할 수 없으리라는 학계 일각의 반론은 기체확산법과 원심분리법을 혼동한 데 기인하는 오류이다. SWU$^{\text{Separation Work Unit}}$는 우라늄농축의 양을 표기하는 표준단위이다.

기체확산법: 다수의 작은 구멍(약 1.6억 개/㎠)이 있는 특수 격막을 통해 육불화우라늄
(UF^6) 가스를 흘려보낼 때 가벼운 원소(U^{235})가 더 많이 통과되는 원리를 이용하며, 엄
청난 양의 전기가 필요하다. (전력소요량: 2,300~2,500kwh/SWU)

원심분리법: 원통 속의 UF^6 가스를 고속 회전시켜 원심력을 이용하여 분리하는 방법으
로서, 무거운 U^{238}은 회전통 바깥쪽으로 밀려나고 상대적으로 가벼운 U^{235}는 안쪽으로
모이는 원리를 이용한다. (전력소요량: 50kwh/SWU)

레이저분리법: U^{235} 원자에만 흡수되는 특수 레이저를 투사한 후 이를 음이온판에 집
적시키는 방법으로서, 아직 연구개발 단계이다.

축의 경우 필요한 수의 원심분리기만 확보되면 어디서든 좁은 공간에서 농
축우라늄의 은밀한 생산이 가능하다.

　미국이 1945년 핵무기를 처음 제조했을 당시, 2005년 화폐 기준으로 약
500억 달러가 소요되었고 이 중 90%가 핵물질 추출을 위해 사용되었다.
그러나 오늘날 원심분리법을 사용할 경우 수억 달러만 들이면 농축우라늄
공장을 건설할 수 있고, 일단 공장이 건설되면 그리 큰 운영비가 소요되지
않는다. 북한이 추진 중인 것으로 알려진 HEU 프로그램은 이 원심분리법
을 채용하고 있고, 과거 리비아가 추진했던 핵개발도 같은 방식을 채용하
고 있었다. 현재 국제사회가 이란의 핵활동에 대해 의혹을 제기하고 있는
것도 바로 이 원심분리법을 통한 우라늄농축시설의 건설 때문이다.

플루토늄재처리

　우라늄을 이용한 핵무기 제조와는 달리, 플루토늄핵탄의 제조는 원자로
와 재처리시설을 필요로 한다. 천연 상태의 우라늄을 정제하여 핵연료봉을
만들고, 그것을 실험용원자로나 원자력발전소에서 연소시키면 그 결과물
로서 사용후연료봉spent fuel이 생성된다. 그 속에는 약 1%의 플루토늄이 포함

되어 있는데, 연료봉에서 여타 원소들을 제거하고 이를 분리해내는 과정을 「재처리reprocessing」라 하며, 그에 필요한 시설이 「재처리시설reprocessing plant」이다.

플루토늄을 이용한 핵무기 제조는 공정이 비교적 쉽고 우라늄농축에 비해 가격이 저렴하여 개도국의 핵무기 개발에 주로 이용된다. 플루토늄핵탄을 제조하는 데 필요한 경비는 연간 핵무기 1개 규모의 플루토늄 생산을 위한 흑연감속로(북한의 5MW 원자로와 비슷한 규모) 건설에 0.57~1.7억 달러, PUREX 공법의 재처리시설 건설에 0.2~0.59억 달러, 플루토늄 생산비용 0.24~0.73억 달러, 핵무기 설계와 제작에 0.33~1.6억 달러 등 총 1.9~4.9억 달러가 소요되는 것으로 추산되고 있다.[6]

그러나 이러한 핵무기 제조 방식은 원자로를 반드시 필요로 하고 대규모의 재처리시설을 은닉하기가 쉽지 않기 때문에 IAEA의 핵사찰이나 첩보위성의 감시에 쉽게 노출되는 문제점이 있다. IAEA는 재처리시설의 방사능 계측을 통해서, 그리고 미국은 위성을 이용한 재처리시설 굴뚝의 연기 분석을 통해서, 재처리된 플루토늄의 양을 비교적 정확하게 추산해내는 기술을 보유하고 있다.

한편, 플루토늄재처리가 반드시 군사적 목적만을 위한 것은 아니다. 원자력발전소에서 사용한 막대한 양의 사용후연료봉을 무한정 보관할 수는 없기 때문에, 재처리를 통해 여기에서 추후 핵연료로 재활용될 수 있는 핵물질(플루토늄)을 추출해내고 나머지는 폐기하는 것이 일반적이다. 이를 위해 몇몇 나라에서 상업용 재처리시설이 운용되고 있고, 대표적으로 영국, 프랑스, 일본, 러시아를 꼽을 수 있다. 한국의 경우에도 사용후연료봉 보관시설이 한계에 도달하면 이를 해외에 위탁하여 재처리할 수밖에 없는 실정

---

6 Stephen M. Myers, *The Dynamics of Nuclear Proliferation* (University of Chicago Press, 1984).

이다. 한국은 비핵화공동선언과 한미 원자력협력협정 등을 통해 핵재처리를 스스로 포기했기 때문에 자체적으로 연료봉을 재처리할 수 없다.

우라늄핵탄과 플루토늄핵탄

앞에서 언급한 우라늄탄과 플루토늄탄은 단지 원료로 사용되는 핵물질이 상이할 뿐 아니라 물질의 물리적 성질, 농축 방식, 기폭장치 제조방식 등 모든 면에서 크게 상이하다. 이번 항에서는 전항에서 기술한 우라늄탄과 플루토늄탄의 차이점을 과학기술적 측면에서 보다 심도 있게 분석, 기술하고자 한다. 이것은 2002년 말 제기된 HEU 문제의 핵심을 이해하기 위해 매우 중요하다. 이것을 이해하지 못하면, 북한이 왜 HEU 프로그램을 추구하고 미국은 왜 그것을 저지하기 위해 제네바합의를 파기하면서까지 그리도 집착하는지를 진정으로 이해하기 어렵다.

핵물질 제조 공정상의 차이

천연상태의 우라늄은 99.27%의 U^{238}과 0.72%의 U^{235} 등으로 구성되어 있는데, 여기서 U^{238}을 제거하여 핵분열 물질인 U^{235}를 일정비율 이상으로 농축한 것이 농축우라늄이다. 3~5%로 농축한 것이 경수로의 연료로 사용되는 저농축우라늄(LEU)이고 90% 이상으로 농축하면 핵무기용 고농축우라늄(HEU)이 된다. 농축의 방법으로는 앞서 설명한 바와 같이 기체확산법과 원심분리법이 주로 사용되고 있는데, 동일한 농축과정을 수없이 반복하여 U^{235}의 비율을 조금씩 단계적으로 증가시켜가는 것이 농축우라늄 제조 공정이다. 핵무기용 고농축우라늄을 만들기 위해서는 기체확산법의 경우 수만 회, 원심분리법의 경우 수천 회에 걸쳐 이 같은 농축과정을 반복해야 한다.

한편, 플루토늄의 경우는 물리적 성질이 이와 많이 다르다. 플루토늄은 자연 상태에서는 존재하지 않고 핵연료로 사용된 우라늄이 원자로에서 핵분열을 일으킬 때 부산물로 생성되는 물질로서 방사능이 매우 강하다. 연소된 핵연료봉으로부터 이물질을 제거하고 그 속에 포함된 약 1%의 플루토늄만을 분리해내는 공정을 재처리^{reprocessing}라 부른다.

재처리는 원자로에서 연소된 사용후연료봉$^{spent\ fuel}$을 3~5개월간 수조에 넣어 냉각시킨 후 이를 3~4cm 길이로 잘라 질산에 녹여 다른 원소들을 제거하고 플루토늄을 분리해내는 화학적 공정이다. 1993~1994년 북한은 이른바 「액체폐기물저장소」를 군사시설이라는 이유로 IAEA에 공개하지 않았고 그 때문에 유엔 안보리의 제재조치가 추진되었는데, 이처럼 연료봉을 질산에 녹여 재처리하는 과정에서 생성된 액체폐기물이 저장되어 있는 곳이 바로 액체폐기물저장소이다. 여기에는 플루토늄 재처리의 가장 확실한 증거들이 보존되어 있다.

재처리를 거쳐 순수 플루토늄을 분리해낼 경우 그것이 모두 핵무기 원료로 쓰이는 것은 아니다. 분리해낸 플루토늄 속에는 Pu^{238}, Pu^{239}, Pu^{240}, Pu^{241} 등 여러 가지 플루토늄 원소들이 혼합되어 있는데, 이들 중 Pu^{239}의 비율이 90%가 넘어야 무기용 플루토늄으로 사용 가능하다. 우라늄의 경우와 한 가지 크게 다른 점은, 여러 플루토늄 원소들 중에서 Pu^{239}만을 따로 분리시키는 것이 원소의 물리적 성질상 불가능하다는 점이다. 추출된 플루토늄들 중에서 Pu^{239}가 차지하는 비율은 연료봉의 연소기간에 따라 스스로 결정되며, 재처리 과정에서 그 비율을 조정하는 것은 현재의 과학기술상 사실상 불가능하다. 따라서 Pu^{239}가 90% 이상 포함된 고농축플루토늄을 생산하기 위해서는 연료봉에 포함된 플루토늄 원소들 중 Pu^{239}의 비율이 90%가 넘는 시점에 원자로 가동을 중단하고 연료봉을 추출하는 것이 필수적이다.

연료봉의 연소 초기에는 플루토늄 전체의 양은 매우 적으나 여기 포함된 Pu^{239}의 농도는 거의 100%에 가깝다. 연소가 진행될수록 전체 플루토늄의 양은 점차 많아지나 여기 포함된 Pu^{239}의 비율은 점차 낮아지게 된다. 따라서 가장 많은 양의 무기급 플루토늄을 추출하기 위해서는 플루토늄의 비율이 90% 이하로 떨어지기 직전에 연료봉을 추출하여 재처리하는 것이 필요하다. 북한이 보유한 흑연로의 경우는 이 시점이 3년 내외이고 경수로의 경우는 약 9개월이다. 그 시기 이전에 플루토늄을 추출할 경우 순도는 더욱 양호하나 전체적인 플루토늄의 양이 적어서 비효율적이다. 영변 5MW 원자로의 경우, 최고출력의 75%로 가동한다고 가정할 때 연간 핵무기 1개분인 6.8kg의 무기급 플루토늄을 생산할 수 있다.[7]

경수로의 연료봉은 통상 약 45개월 연소 후 교체하는데, 이때는 Pu^{239}의 순도가 90%보다 훨씬 낮은 57% 내외로 떨어지기 때문에 설사 재처리를 한다 해도 핵무기를 제조하기 어렵다. 일본이 보유한 막대한 양의 플루토늄은 대부분 이러한 상태의 플루토늄이다. 미국이 1960년대에 이러한 플루토늄으로 핵실험에 한 번 성공한 바가 있기는 하나, 핵분열 반응을 일으키기가 매우 어렵고 성능도 조악하여 핵무기 제조에는 부적합하다.

핵폭발 방식상의 차이

핵폭발을 일으키기 위해서는 연쇄반응에 필요한 최소한의 질량인 임계질량 이상의 핵물질이 필요하며, 평소에는 폭발을 방지하기 위해 임계질량 상태가 되지 않도록 핵물질을 여러 조각으로 분리시켜두었다가 필요시 순간적으로 결합시켜 임계질량 상태가 되도록 해야 한다. 이것을 「기폭장치」라 부른다. 핵무기 기폭장치 제조방식에는 「포신형」과 「내폭형」의 두 가지가 있다. 히로시마에 투하된 우라늄탄은 포신형으로, 나가사키에 투하된 플루토늄탄은 내폭형으로 설계되었다.

---

7 국방부, 『대량살상무기 문답백과』(2004), 34쪽.

핵무기 기폭장치의 두 가지 유형[8]

포신형Gun-type / 내폭형Implosive-type

    포신형은 우라늄탄에만 사용되는 방식인데, 핵물질을 두 조각으로 나누어 두었다가 핵폭발 시 하나의 덩어리로 결합시킴으로써 초임계질량으로 만드는 방식이다. 히로시마에 투하된 우라늄탄Little Boy은 이 방식을 채용했다. 포신형은 첨단기술 보유국에서는 더 이상 사용하지 않는 원시적인 방식이나, 충분한 우라늄만 있다면 기술 수준이 낮은 국가나 테러조직 등도 핵무기를 쉽게 제조할 수 있는 매우 간단하고 신뢰성 높은 방식이다.

    반면에, 플루토늄탄은 물리적 성질상 포신형으로는 제조할 수가 없고 내폭형으로 제조해야 한다. 내폭형은 미임계상태의 핵물질 주위를 강력한 고폭약high explosives으로 둘러싸고 안쪽을 향해 폭발시킴으로써 순간적으로 높은 압력을 형성하여 초임계상태로 만드는 방식이다. 나가사키에 투하된 플루토늄탄Fat Man은 이 방식으로 제조되었다. 당시에는 고폭약이 아직 개발되기 전이어서 수 톤에 달하는 대량의 TNT가 기폭장치 제조에 사용되었다.

    플루토늄은 우라늄과는 달리 물질적 특성이 매우 불안정하여 평시에도 부단히 스스로 핵분열 반응을 일으킨다. 따라서 이를 방지하기 위해 플루토늄 덩어리를 여러 조각으로 나누어 각 조각 사이에 차단막을 설치했다가 핵폭발 시 고폭약의 막대한 압력을 이용하여 이를 순간적으로 한 개의 완

---

8 Wikipedia: The Free Encyclopedia 자료. http://en.wikipedia.org

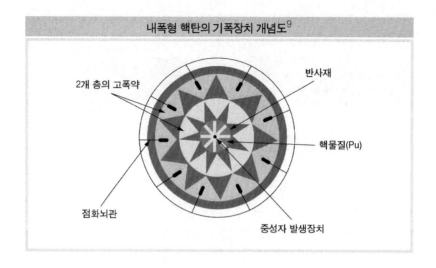

내폭형 핵탄의 기폭장치 개념도[9]

2개 층의 고폭약
반사재
핵물질(Pu)
점화뇌관
중성자 발생장치

벽한 구형으로 결합시키는 복잡한 장치가 필요하다.

이를 위해서는 플루토늄을 둘러싸고 있는 고폭약이 나노초(10억분의 1초) 단위의 정밀성을 가지고 동시에 폭발해야 하기 때문에 엄청난 정밀도의 첨단기술을 필요로 하며, 기폭장치의 성능을 검증하기 위한 핵실험이 수반되어야 한다. 기폭장치의 정밀도 수준에 따라 핵무기 소형화 기술 수준도 결정된다.

우라늄탄과 플루토늄탄의 이러한 차이점을 감안할 때, 플루토늄보다는 우라늄으로 핵탄을 제조하는 것이 훨씬 용이하다는 점을 쉽게 알 수 있다. 우라늄탄은 농축우라늄만 확보되면 핵실험을 거치지 않고도 간단히 제조할 수 있으나, 플루토늄탄의 제조는 고도의 정밀기술과 핵실험을 반드시 필요로 한다. 고폭장치가 정교하고 강력할수록 적은 양의 핵물질로도 핵분열 반응이 가능하고 핵물질의 폭파 비율도 높아지기 때문에, 선진 핵보유

9 이춘근, 『과학기술로 읽는 북한 핵』(생각의나무, 2005), p. 150.

국들의 경우 우라늄탄도 모두 내폭형으로 제조하고 있다. 특히 전술핵무기와 같은 소형 핵탄의 경우 정교한 고폭장치 제조가 최대 관건이다.

미국은 제2차 세계대전 당시 2개의 플루토늄탄과 1개의 우라늄탄을 제조하여 플루토늄탄 1개를 핵실험에 사용했다. 우라늄탄은 제조 방법이 간단하여 핵실험도 거치지 않고 바로 히로시마에 투하되었다. 핵실험을 통해 성능이 검증된 플루토늄탄보다 오히려 우라늄탄을 먼저 사용한 것이다. 미국은 당시 핵실험에 앞서 무려 약 2,500회의 고폭실험을 실시했는데, 이는 대부분 플루토늄탄의 기폭장치를 제조하기 위한 것이었다.

수소폭탄과 전술핵무기

핵무기는 전략적 차원의 의미를 가진 대용량의 전략핵무기와 직경 1~2km 내외의 제한된 지역만을 초토화시키는 소용량의 전술핵무기로 구분된다. 전략핵무기에는 핵폭탄, 수소폭탄, 중성자탄 등이 있고, 전술핵무기에는 핵포탄, 핵지뢰, 핵배낭 등이 있다. 북한이 제조 중인 핵무기는 전략핵무기에 해당되고, 과거 한국에 배치되었던 것으로 알려진 주한미군 핵무기는 전술핵무기였다.

현재 핵보유국들이 실전 배치하고 있는 전략핵무기는 앞에서 기술한 통상적인 원자폭탄이 아니라, 대부분 여기서 한 단계 더 진보된 「수소폭탄」이거나 또는 수소폭탄의 원리를 가미하여 파괴력을 대폭 향상시킨 복합형 핵무기들이다. 따라서 일반적으로 「전략핵무기」는 수소폭탄을 의미한다. 기술적으로는 핵무기 개발 후 3~5년 정도가 지나면 수소폭탄 개발이 가능한 것으로 알려져 있다. 원자폭탄 개발 후 수소폭탄 개발까지 걸린 시간은 미국 7년, 소련 6년, 중국 3년이었다.

핵폭탄이 핵분열 반응을 이용한 폭탄인 데 비해 수소폭탄은 그와 반대로 핵융합 반응을 이용한 폭탄이다. 특정한 수소 원자에 고온과 고압을 가하면 이들이 서로 결합하여 보다 무거운 제3의 원소로 변화되면서 핵분열보다 훨씬 많은 에너지가 발생하는데, 이 원리를 이용한 것이 수소폭탄이다.[10] 이는 태양열이 생성되는 원리이기도 하다. 수소폭탄이 핵융합 반응을 일으키기 위해서는 엄청난 고온과 고압이 필요하기 때문에 이를 위해 원자폭탄이 기폭장치로 사용된다. 핵무기를 기폭장치 정도로 사용하는 폭탄이니 그 위력이 어떠할지는 상상이 가고도 남을 것이다.

수소폭탄의 위력은 이론상 거의 한계가 없는 것으로 알려져 있다. 핵융합의 원료가 되는 수소 원자만 많이 사용하면 얼마든지 대용량의 수소폭탄을 제조할 수 있다. 수소폭탄은 최소 1Mt(메가톤)의 위력을 갖고 있다. 현재 실전 배치된 수소폭탄 중 가장 강력한 것은 20Mt 정도인 것으로 알려져 있다. 히로시마와 나가사키에 투하된 핵폭탄의 파괴력이 각각 15kt, 22kt이었음을 감안할 때, 현재 실전 배치된 수소폭탄들은 이의 50~1,000배에 달하는 가공할 파괴력을 갖고 있다.

이와 비교할 때, 「전술핵무기」는 성격이 전혀 다르다. 전술핵무기는 핵무기의 위력을 최소화하여 국지적 전투에서 재래식 무기와 유사한 용도로 사용하기 위해 제작되었다. 통상 1kt(TNT 1,000톤 상당) 이하로 제작되며, TNT 1톤 위력의 초소형 전술핵무기까지 개발된 것으로 알려져 있다. 이는 동서냉전 당시 미국이 소련과 동구권 제국의 압도적인 기갑부대 전력에 대처하기 위해 개발한 것으로서, 대규모 적 기갑부대가 밀집한 지역에 투하

---

10 수소폭탄에 사용되는 수소 원자는 통상적인 수소 원자보다 중성자 수가 많은 중수소이다. 중수소는 물 1리터에 약 0.03g이 포함되어 있는데, 이 양만 가지고도 서울-부산을 두 번 이상 왕복할 수 있는 양의 휘발유(300리터)와 맞먹는 에너지를 낼 수 있다(이춘근, 『과학기술로 읽는 북한 핵』(생각의나무, 2005), 33~34쪽).

하여 이들을 일거에 파괴하기 위한 무기였다. 같은 이유로 과거 한반도에도 전술핵무기가 배치되어 있었던 것으로 알려져 있다.[11] 소량의 핵물질로 핵분열 반응을 일으키는 것은 매우 어려운 첨단기술이기 때문에 현재 극소수 국가만이 전술핵무기를 보유하고 있다.

미국은 동서냉전이 종료된 직후인 1991년 말 냉전체제 해체에 따른 자발적 핵감축의 일환으로 해외에 배치된 전술핵무기를 전면 철수했다. 그에 따라 한반도 핵무기도 철수되었고, 그해 12월 18일 한국 정부는 한국 내 핵무기 부재를 공식 선언했다.

한편, 핵무기와 혼동하기 쉬운 무기에 「열화劣化 우라늄탄」이라는 것이 있는데, 이는 핵무기나 핵분열과는 아무 관련성이 없는 재래식 무기이며, 방사능도 거의 없다. 천연우라늄에는 0.7%의 U^{235}가 포함되어 있는데, 열화우라늄은 우라늄을 농축하고 남은 부산물로 생성되기 때문에 U^{235}의 비중이 천연상태보다 오히려 더 작다. 우라늄은 지구상에 천연상태로 존재하는 원소 중 가장 무거워서 이것으로 탄환을 만들 경우 투과력이 매우 강하기 때문에, 탱크 등 장갑차량을 관통하는 효율적인 무기가 되고 있다.

---

11 전술핵무기는 미국의 재래식 무기 전력이 소련에 비해 열세였던 냉전시대에 그 군비 격차를 상쇄하기 위해 고안된 것이다. 재래식 무기에 관한 한 미국과 견줄 나라가 존재하지 않는 현 상황에서 전술핵무기는 사실상 존재 이유가 없어졌다고 할 수 있다.

2. 북한의 핵시설과 핵능력

북한의 핵시설 현황

원자력의 평화적 이용과 비평화적 이용이 종이 한 장 차이에 불과하듯이, 원자력을 평화적으로 이용하는 시설과 핵무기를 만드는 시설 역시 종이 한 장 차이에 불과하다. 시설의 내용은 사실상 거의 동일하며, 단지 이를 어떤 목적으로 사용하고 그에 대한 국제사회의 감시를 받는가의 여부만이 차이점이라고 할 수 있다.

북한의 핵시설 현황을 열거해보면 핵무기 생산을 자급자족할 수 있는 모든 요소가 구비되어 있음을 한눈에 알 수 있다. 설계, 규모, 운용 등에서 핵의 평화적 이용과 거리가 멀어 보이는 시설들이 있고, 순수 핵개발용 시설도 발견된다. 앞서 설명한 플루토늄탄 제조공정에 북한 핵시설들을 대비시켜보면 다음과 같다.

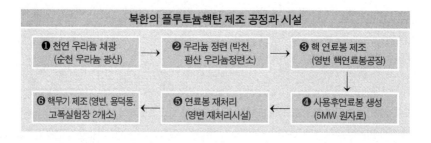

이상의 과정 중에서 ①~④ 과정은 원자력의 평화적 이용과 핵무기 제조과정이 중첩되는 영역이고, ⑤~⑥ 과정은 순수하게 핵무기 제조를 위한 과정이다. 물론 핵재처리를 통해 원자력 발전에 필요한 핵연료를 재생산하

는 기술이 일부 국가에서 개발된 것은 사실이지만, 북한은 이러한 재생연료를 사용할 수 있는 원자로나 기술을 보유하고 있지 못하다. 따라서 북한의 재처리시설은 핵무기 제조 외에는 용도가 없다.

그럼에도 불구하고 1990년대 초 북한 핵문제가 국제문제로 불거지기 시작한 이래 북한은 영변의 핵시설이 모두 전력생산을 위한 평화적 용도의 핵시설이라고 강변해왔다. 김일성 주석이 직접 나서서 북한은 핵무기를 개발할 의지도 능력도 필요도 없다고 주장했고, 중국과 러시아는 이러한 북한 주장에 동조했다. 한국 정부와 학계 내에도 미국이 남북관계 진전을 막기 위해 북한 핵문제를 부당하게 과대포장하고 있다고 믿은 사람들이 결코 적지 않았다.

그러나 2002년 말 핵동결 파기 후 북한의 핵개발 의도는 노골화되어 마침내 2006년 10월 핵실험을 단행하기에 이르렀고, 이로 인해 북한의 핵무장 의지 여부에 대한 오랜 논쟁은 종식되었다. 영변 핵시설은 어느 모로 보나 처음부터 핵무기 개발을 목표로 건설된 것이었다. 이들의 제원을 살펴보면 그것들이 처음부터 원자력의 평화적 이용과는 거리가 먼 시설이었음을 어렵지 않게 알 수 있다.

4기의 원자로

국제사회의 감시 대상이 되는 북한 원자로는 총 4기이다. 영변에 IRT-2000(7MW)과 5MW 원자로 등 2개의 흑연로가 가동되어왔고, 제네바합의로 핵동결이 실시될 당시 50MW(영변)와 200MW(태천)의 대형 흑연로를 추가로 건설 중이었다. IRT-2000 연구용원자로는 1965년 소련이 영변에 건설한 것으로서, 당초 2MW 용량이었으나 북한이 자체기술로 두 차례에 걸쳐 출력을 각각 4MW, 7MW로 증강시켰다. 10% 농축우라늄을 연료로 사용하는 경수로 방식의 원자로이며, 북한이 NPT에 가입하기 이전인 1977년부터 IAEA와의 부분핵안전협정에 따른 정기 핵사찰을 받아왔다. 그럼에도 불구하고 북한이 이를 이용해 소량의 플루토늄을 생산한 바 있음을 1992년 시인함에 따라 IAEA 사찰의 문제점이 드러나기도 했다.

영변의 5MW 실험용원자로는 영국이 1950년대에 핵무기용 플루토늄 생산을 위해 가동했던 「콜더홀Calder Hall 원자로」를 모델로 하고 있으며, 1979년부터 자체 기술로 소련도 모르게 극비리에 건설하여 1986년 10월 본격 가동에 들어갔다.[12] 북한은 당시 영국이 대외에 공개했던 원자로의 설계도면을 토대로 5MW 원자로를 건설한 것으로 추정된다. 이 모델은 핵무기용 플루토늄 생산을 목적으로 설계한 원자로이기 때문에 열효율이 매우 낮아서 (20%) 발전용으로는 부적합하나, 핵무기용 플루토늄 제조에는 매우 효과직인 모델이다. 이 원자로에서는 연간 평균 핵무기 1개분(6~8kg)의 플루토늄을 생산할 수 있다.

그 밖에도 1994년 제네바합의 협상 당시 2개의 대규모 원자로가 완공을 불과 1~2년 앞두고 공사가 진행 중이었다. 1985년 착공된 영변의 50MW 원자로는 1995년에, 1989년 착공된 평북 태천의 200MW 원자로는 1996년에 각각 완공될 전망이었다. 1992년 IAEA에 신고할 당시 북한은 이들을 전력발전용이라고 주장했으나, 전력생산을 위한 터빈발전기나 송전선을 설치하려던 흔적은 어디에도 없었다.

50MW 원자로와 200MW 원자로가 완공될 경우, 연간 고농축플루토늄 생산 추정량은 각각 55kg과 210kg이었다.[13] 이는 핵무기를 매년 33~44개

---

12 참고로, 5MW 원자로의 용량은 북한이 1992년 이를 IAEA에 신고할 당시 전력생산용 원자로라고 주장하면서 원자력발전소의 용량산출 방식(전력생산량 기준)에 따라 5MW라고 신고한 데 따른 것이다. 그러나 이 원자로는 실제로는 전력생산용 원자로가 아닌 실험용원자로이며, 실험용원자로의 용량산출 방식(원자로출력 기준)에 따르면 용량이 IRT-2000의 3배가 넘는 약 25MW에 달한다.

생산할 수 있는 플루토늄의 양이다. 50MW 원자로는 프랑스가 1960년대 초 핵무기용 플루토늄 생산용으로 건설했던 「G-2 모델」의 흑연로이고, 200MW 원자로는 5MW와 동일한 「콜더홀 모델」이었다. 이들은 제네바합의로 건설이 동결되었다가 2002년 12월 동결 해제되었으나, 공사가 재개되지는 않았다.

원자로 부대시설

영변 원자로를 가동시키기 위한 부대시설로서 우라늄광산, 우라늄정련소, 핵연료봉 공장 등이 있다. 북한은 평남 순천에 천연우라늄을 캐기 위한 두 개의 우라늄 광산을 보유하고 있으며, 순천, 선봉, 흥남, 평산, 평원 등지에 고품위 우라늄 약 2,600만 톤이 매장되어 있다. 이 중 채굴 가능한 우라늄은 약 400만 톤 정도로 추정된다. 북한은 우라늄광산에서 채광된 우라늄 원광을 정련하기 위한 2개의 우라늄정련소를 평안북도 박천과 황해북도 평산에 운영 중이다. 우라늄정련은 채광된 우라늄을 가공하여 불순물을 제거하고 0.7%의 U^{235}와 99.3%의 U^{238}로 구성된 노란색의 분말인 「정제우라늄^{yellowcake}」을 제조하는 공정이다.

영변의 핵연료봉 공장에서는 정제된 우라늄을 섭씨 600도로 가열하여 U^{235}의 비율이 0.7%에서 2~4%로 상향된 이산화우라늄으로 변환시킨 후, 이를 천연금속우라늄으로 고형화하여 연료봉을 제작한다.[14] 5MW 원자로에는 중량이 50톤에 달하는 8,000개의 핵연료봉이 장착되며, 북한은 현재

---

13 이춘근, 『과학기술로 읽는 북한 핵』(생각의나무, 2005), 81쪽.
14 참고로 5MW 원자로의 연료봉은 천연우라늄으로부터 생성된 금속우라늄을 직경 3cm, 길이 3cm의 원통형 막대로 성형한 후 이를 길이 50cm의 원통형 마그네슘 케이스에 일렬로 넣어 제작한다.

까지 2~5년 주기로 연료봉을 교체해왔다. 영변 핵연료봉 공장은 제네바합의에 따른 핵동결 조치로 가동이 중단되었다가 2002년 12월 동결이 해제되었다. 그 밖에 북한에는 15개의 핵 연구시설이 있고, 핵 전문인력은 고급인력 200명을 포함하여 약 3,000명에 달하는 것으로 알려져 있다.

핵무기 개발용 시설

이상 언급된 북한의 핵시설들은 모두 핵무기와 무관하게 어느 나라에나 있을 법한 핵시설들이다. 핵무기 개발을 위한 북한의 비밀스런 활동은 그 다음부터 시작된다. 영변의 「재처리시설」은 핵의 평화적 이용과 군사적 이용 사이를 가로지르는 경계선이다. 북한은 재처리를 통해 핵무기용 농축 플루토늄을 은밀히 제조하고 이와 관련된 증거의 말소를 시도함으로써 금단의 선을 넘어섰다.

북한은 영변 핵단지 내에 길이 180m, 폭 20m, 높이 6층의 거대한 재처리시설을 보유하고 있다. 세 개의 핫셀hot cell로 구성된 이 시설의 연간 재처리 능력은 약 200~300톤으로 추정되는데, 이는 5MW 원자로의 연료봉 8,000개를 연간 4~6회 재처리할 수 있는 용량이다. 북한이 이처럼 대규모의 재처리시설을 건설한 것은 후속 원자로인 50MW와 200MW 원자로 연료봉의 재처리까지 염두에 두고 건설했기 때문인 것으로 추정된다. 북한은 1992년 IAEA와의 안전조치협정에 따라 핵시설을 최초로 신고할 당시 방사화학실험실Radiochemistry Laboratory이라는 묘한 명칭으로 이를 신고했으나, IAEA 사찰 결과 전형적인 재처리시설로 확인되었다.

핵개발과 관련된 또 하나의 시설로서 「고폭실험장」을 들 수 있다. 플루토늄탄의 제조를 위해서는 고폭실험이 필수적인데, 북한은 영변 핵시설단지 인근과 용덕동(영변 북서쪽 40km)에 두 개의 고폭실험장을 운영하고 있다. 북한은 1983년부터 140여 회의 고폭실험을 통해 핵무기 기폭장치(고폭장치) 제조 기술을 연구했다. 북한은 제1차 북핵위기 당시인 1991~1994년 동안만 해도 70여 차례 고폭실험을 실시한 바 있으며, 제네바합의에 따른 핵동결 기간인 1997년부터 2002년 9월 사이에도 평북 구성시 용덕동에서 70여 차례의 고폭실험을 실시했다.[15]

북한의 핵물질 보유현황

1993년 북한이 NPT를 탈퇴한 이래 영변 핵시설에 대한 IAEA의 핵사찰이 없었던 까닭에, 북한이 보유한 플루토늄의 구체적 양은 검증된 바 없다. 각국 정부나 연구소들은 가용한 정보를 토대로 여러 가지 가정을 대입시켜 플루토늄 추출량을 추정하고 있을 뿐이다. 북한은 그동안 4단계에 걸쳐 영변의 원자로에서 인출된 연료봉을 재처리하여 무기급 플루토늄을 추출했다.

첫째 단계는 1992년 IAEA의 최초 핵사찰을 받기 이전에 이루어진 것으로 추정되는 재처리이다. 이 시기의 플루토늄 추출량에 대해서는 여러 의견이 있으나, 5MW 원자로를 1986년 가동 개시한 후 1989년 3월에 연료봉을 전면 교체한 것으로 가정할 때(900일 가동 기준), 약 10~12kg의 고농축플루토늄을 추출했으리라는 것이 일반적 견해이다.

둘째 단계는 1994년 5월 인출하여 수조에 9년간 보관해왔던 8,000개 연료봉을 2003년 6월(북한 주장) 재처리 완료한 데 따른 플루토늄이다. 1989년 6월 연료봉을 장입한 후 1994년 5월 연료봉 무단인출을 강행할 때까지 약 5년간 연소시킨 8,000개 연료봉은 연소기간이 긴 관계로 플루토늄 추출

---

15 2003년 7월 10일 고영구 국정원장의 국회 정보위원회 답변. 7월 11일자 『중앙일보』 보도 참조.

량도 많았다. 플루토늄의 구체적 양에 관해서는 설이 구구하나, 여기서는 동 분야의 전문가인 헤커Siegfied Hecker 교수가 2005년 11월 발표한 연구결과에 따라 이를 25kg으로 가정하고자 한다.[16]

셋째 단계는 제2차 북핵위기 발생 이후인 2003년 2월 5MW 원자로에 연료봉을 새로 장착하여 2005년 4월까지 약 2년간 연소시킨 후 2005년 7월 (북한 주장) 재처리 완료한 플루토늄이다. 이때 추출된 플루토늄의 양에 관한 헤커 교수의 추산치는 10~14kg이다.

넷째 단계는 2006~2007년에 걸쳐 약 1년간 연소시킨 후 2007년 영변 핵시설에 대한 불능화조치 차원에서 인출한 연료봉으로서, 북한 측 발표에 따르면 제3차 북핵위기 발생 당시인 2009년 4월부터 8월에 걸쳐 재처리가 이루어졌다. 이들 연료봉으로부터 추출한 플루토늄의 양은 6~7kg으로 추산된다.

이상의 네 차례에 걸친 재처리를 통해 북한이 추출 가능한 플루토늄 총량은 51~58kg 정도이다. 핵무기 1개 제조에 필요한 플루토늄의 양이 6~8kg임을 감안할 때, 이는 핵무기 7~9개에 해당되는 양이다. 그러나 북한이 10·3 합의에 따라 2008년 중국 정부에 신고한 핵물질 추출량은 총 38kg 정도인 것으로 알려졌다. 이는 국제사회의 추산치보다 14~20kg이 적은 양으로서, 추후 검증을 통한 규명이 필요한 대목이다. 정확한 추출량은 영변 핵시설에 대한 핵사찰이 이루어진 후에나 산출 가능하다. 이에 더하여, 북한이 현재 추진 중인 것으로 추정되는 HEU 프로그램을 통한 농축우라늄 생산도 중요한 변수이다. 북한은 연간 우라늄핵탄 3개 이상의 제조가

---

16 8,000개의 연료봉 재처리 시 추출된 핵물질의 양에 관해서는 헤커 교수의 25kg 견해 외에도 17~27kg 추출설, 24~32kg 추출설, 21~25kg 추출설 등 여러 가지 견해가 있으나, 어느 것이 더 옳다고 판단할 구체적 근거는 없으며 모두 추정치이다.

북한의 고농축플루토늄 추출량(추정)				
구분	1단계 재처리	2단계 재처리	3단계 재처리	4단계 재처리	합계
원자로 연소기간	1986. 10~1989. 3	1989. 6~1994. 4	2003. 2~2005. 4	2006~2007. 7	
재처리시기	1992년 이전	2003. 6 (북한 발표)	2005. 7 (북한 발표)	2009. 8 (북한 발표)	
플루토늄 추출량	10~12kg	25kg	10~14kg	6~7kg	51~58kg
비고	미국 정부 발표	헤커 교수 추산	헤커 교수 추산	국제사회 추산	핵무기 7~9개분

가능한 용량의 우라늄농축시설 건설을 추진 중인 것으로 추정되고 있다.

한편, 북한이 보유한 핵물질이 이보다 훨씬 많다는 확인되지 않은 주장도 있다. 미국 의회조사국의 닉쉬[Larry A. Niksch] 박사는 1993년도 러시아 정보보고서를 인용하여 북한이 과거 구소련으로부터 56kg의 플루토늄을 제공받은 적이 있다는 주장을 제기한 바 있다.[17] 또한 파키스탄의 칸[A. Q. Khan] 박사는 『워싱턴포스트』보도에 인용된 비밀비망록에서, 자신이 1999년 원심분리기 인도를 위해 북한을 방문했을 당시 북한 측의 안내로 어느 산악 터널을 답사했으며 그곳에서 미사일에 바로 장착될 준비가 된 완제품 핵무기 3개를 목격했다고 밝혔으나, 그 진위 여부는 확인되지 않았다.[18]

---

17 Larry A. Niksch, *North Korea's Nuclear Weapons Program*, Congressional Research Service, updated Aug. 27, 2003 참조. Bruce Bennett, *North Korea's WMD Capability and the Regional Military Balance: A US Perspective* (2009)에서 재인용.

18 2009년 12월 28일자 『워싱턴포스트』기사 「Pakistani scientist depicts more advanced nuclear program in North Korea」 참조.

HEU 프로그램 보유 의혹

북한의 HEU(고농축우라늄) 프로그램 문제는 2002년 10월 켈리 동아태차관보의 평양 방문을 계기로 불거져 나와, 8년간 유지되어온 제네바합의를 불과 한 달 남짓한 기간 동안 파탄으로 이끌었다. HEU 문제를 둘러싼 미북 간의 한 치 양보도 없는 대립으로 인해 미국은 북한이 핵동결을 파기하고 NPT에서 탈퇴하는 상황을 맞게 되었고, 북한은 북한대로 제네바합의 붕괴로 연간 중유 50만 톤(1억 달러)과 공사 중이던 경수로(46억 달러)까지 날아가는 손실을 겪었다.

대체 HEU 문제가 무엇이기에 이처럼 쌍방이 큰 손실을 감수하고도 입장을 양보할 수 없었던 것일까? 그리고 왜 별안간 HEU 문제는 튀어나왔던 것일까? 물론 그렇게까지 된 이유가 순전히 HEU 문제 때문만은 아니었겠지만, 여기서는 이처럼 극단적인 대립을 초래한 직접적 원인이 된 HEU 문제의 배경과 그 중요성에 관해 중점 기술하고자 한다.

HEU 문제의 연원

HEU 문제는 갑자기 하늘에서 떨어진 것은 아니고 1990년대 초 북한 핵문제가 처음 대두되었을 당시부터 관심의 초점 중 하나였다. 북한의 플루토늄 프로그램에 관해서는 미국이 첩보위성 등을 통해 감시를 해온 관계로 익히 알고 있었으나, 북한이 우라늄농축도 병행하여 추진하고 있을지도 모른다는 의구심은 사실 여부가 확인되지 않고 있었다. 1994년 제네바협상 당시 미국은 우라늄농축 금지가 규정되어 있는 「남북 비핵화공동선언」(1991)의 이행을 제네바합의의 한 부분으로 포함시킴으로써 사실상 우라늄농축의 금지를 명문화했다. 미국이 이런 방식으로 우라늄농축을 통제할 수밖에 없었던 것은 우라늄농축이 NPT 협정상 금지사항이 아니어서 이를 달리 금지시킬 방안이 마땅치 않았기 때문이었다.

그 이후에도 미국은 북한이 제네바합의의 그늘 아래에서 비밀리에 우라늄농축을 추구할 가능성을 염두에 두고 감시를 게을리 하지 않았는데, 이 문제가 다시 제기된 것은 1999년 3월이었다. 『워싱턴포스트』는 1999년 3월 2일자 기사에서 "미국 정부가 HEU 기술 및 장비 획득을 위한 북한의 노력에 대해 우려하고 있다"고 보도했다. 이것은 파키스탄과 북한 간의 HEU 프로그램 관련 비밀거래에 대한 미국 정부의 우려를 뜻하는 것이었는데, 이러한 미국의 우려는 나중에 사실로 판명되었다.

북한은 1990년대 말부터 우라늄핵탄의 제조를 목표로 우라늄농축시설 건설을 위한 비밀 핵프로그램을 추진해왔으며, 파키스탄, 러시아 등으로부터 이에 필요한 기술과 부품들을 도입했다. 특히 파키스탄 핵개발의 대부인 칸 박사[A. Q. Kahn]는 1999년 초 북한 기술자들을 원심분리기 공장에 초청하여 시설을 견학시키고 기술지도를 했으며, 20여 개의 P-1, P-2 원심분리기 완제품과 설계도면 및 원심분리기 제조에 필요한 유량계와 특수기름 등을 제공했음이 2006년 9월 출간된 무샤라프 전 파키스탄 대통령의 자서전을 통해 확인되었다.[19]

HEU 프로그램의 내용과 중요성

앞에서 이미 고농축우라늄 프로그램의 중요성에 대해 부분적으로 설명

---

19 2006년 9월 26일자 『뉴욕타임스』, 2006년 9월 27일자 『중앙일보』 및 『한겨레』 보도 종합. 2009년 12월 28일자 『워싱턴포스트』 기사 「Pakistani scientist depicts more advanced nuclear program in North Korea」는 칸[A. Q. Khan] 박사의 비밀비망록을 인용하여, 동인이 당시 북한 측에 20개의 P-1형 원심분리기와 4개의 최신 P-2형 원심분리기 완제품 샘플을 제공했다고 보도했다. 동 보도에 따르면, 당시 북한과 파키스탄 간의 1.5억 달러에 달하는 노동미사일 10기 수출계약 이행과 관련하여 북한 기술자들이 파키스탄을 방문 중이었다.

한 바 있으나, 어기서는 보다 상세하게 종합적인 설명을 하고자 한다. 특히 북한이 추구하는 원심분리기를 이용한 우라늄농축방식에 대한 보다 상세한 설명과 더불어, 북한 핵문제에서 HEU 문제가 갖는 중요한 의미에 대해서도 설명하고자 한다.

원심분리법을 이용한 우라늄농축은 수많은 원심분리기centrifuge를 이용하여 기체화된 육불화우라늄(UF^6)으로부터 핵무기의 원료인 U^{235}를 분리해내는 공정이며, 여기에 사용되는 원심분리기는 직경 20cm, 길이 1.5m에 불과한 소형장비다. 연간 핵무기 1개(농축우라늄 20kg 기준)를 생산하기 위해서는 최신 P-2형 원심분리기를 기준으로 할 때 약 1,000대가 필요하며, 이에 필요한 면적은 900m^2 정도에 불과하다. 원심분리기 1세트의 가격은 약 16만~24만 달러이므로, 연간 핵무기 1개를 만들 수 있는 우라늄농축시설 건설을 위해서는 최소 1.5억~2.5억 달러가 소요된다.

북한의 경우, 여러 정황을 감안할 때 원심분리기 3,000대 이상 규모의 우라늄농축시설 설치를 추구했던 것으로 추정되고 있다. 이는 연간 우라늄탄 3개를 제조할 수 있는 규모로서, 영변의 5MW 원자로(연간 핵무기 1개분의 플루토늄 생산)에 비해 3배의 핵무기를 생산할 수 있다. 이에 소요되는 원심분리기 구입비용은 4.5억~7.5억 달러에 달한다. 부속시설까지 포함하면 최소 10억 달러의 경비가 소요될 전망이다.[20] 이처럼 고가의 시설임에도 불구하고, 원심분리기를 이용한 핵프로그램은 엄청나게 많은 장점을 갖고 있으며, 특히 북한이 영변 핵시설을 운용하는 과정에서 겪고 있는 많은 장애와 애로사항들을 일거에 해결할 수 있는 좋은 대안이 될 수 있다. 그 장점들을 열거해보면 다음과 같다.

① 플루토늄을 이용한 핵프로그램과는 달리 대규모 시설을 필요로 하지 않고 방사능 방출도 별로 없어서 공장, 광산, 군부대, 지하실, 땅굴 등 어디든 기존의 작은 시설 내에 간편하게 은닉 설치할 수 있다. 필요시 소규모로 쪼개어 분산 은닉할 수도 있다.

② 플루토늄재처리의 경우와 같은 연기, 냄새, 특수물질 배출도 없어 일단 가동되면 외부의 관찰과 감시가 불가능하다. 즉, 얼마나 가동되고 얼마나 생산을 하는지 철저히 비밀을 유지할 수 있다. 다시 말해 영변 재처리시설처럼 24시간 외국 첩보위성의 감시를 받지 않아도 된다. 시설 가동현황이 노출되지 않는 까닭에, 추출된 농축우라늄을 필요시 은밀히 외국에 매각할 수도 있다.

③ 농축우라늄은 농축플루토늄의 경우보다 핵무기 제조법이 훨씬 간단하여, 핵물질만 확보되면 핵무기를 쉽게 제조할 수 있다. 미국이 히로시마에 투하한 우라늄탄도 핵실험을 거치지 않고 바로 실전에 사용되었다.

④ 제네바합의, 2·13 합의 등에 따라 핵동결이나 핵폐기가 실시되는 상황하에서도 HEU 프로그램을 통해 비밀리에 핵물질을 지속적으로 생산할 수 있다. 이 경우, 핵개발을 계속하면서도 영변 핵시설의 동결과 폐기에

---

20 이춘근, 『과학기술로 읽는 북한 핵』(생각의나무, 2005), 105쪽 참조.

따른 반대급부를 받아낼 수 있으니, 북한으로서는 더 바랄 것이 없는 최선의 상황이다.

이처럼 북한이 추구하는 원심분리 방식의 HEU 프로그램은 수없이 많은 장점을 갖고 있고, 북한이 겪고 있는 현행 플루토늄 프로그램의 애로사항들을 거의 완벽하게 해결해줄 수 있는 잠재력을 갖고 있다. 그러기에 북한으로서는 그에 대한 강한 애착을 버리기 어려울 것이다. 그리고 같은 이유로 국제사회로서는 어떻게든 이를 저지해야 할 입장에 처해 있다고 말할 수 있다.

북한의 미사일 개발 현황

여기서는 북한의 핵무기 개발과 불가분의 관계가 있는 대량파괴무기 운반수단, 즉 미사일 분야의 능력에 관해 설명하고자 한다. 앞에서 설명한 바 있듯이 북한은 세계 미사일 확산에 있어서 독보적인 공급자의 위치에 있으며, 그 때문에 북한의 미사일 능력은 핵무기 개발 의혹과 더불어 중요한 국제적 관심사가 되고 있다.

스커드와 노동미사일

북한의 미사일 개발 역사는 1970년대로 거슬러 올라간다. 북한은 1970년대 중반 중동 국가로부터 소련산 스커드^{Scud}미사일을 구입한 후 이를 분해하여 역설계하는 방식으로 미사일 제조 기술을 터득했다. 이런 방식으로 1984년 사거리 300km의 Scud-B 미사일을 모방 생산한 데 이어서 1986년에는 사거리 550km의 Scud-C 미사일 개발에도 성공했다. 이에 따라 미사일 수출은 북한의 주요 외화획득원으로 부상했다. 북한이 미사일을 수출한 나라는 대부분 시리아, 이란, 리비아 등 중동 국가들인 관계로, 북한의 미사일 수출은 국제사회에서 중동의 안보, 특히 이스라엘의 안보와 관련된 현안으로 다루어졌다.

그러한 북한의 미사일 문제가 중동의 문제로부터 동북아시아의 문제로 비화된 것은 1993년 5월 사거리 1,000~1,300km의 중거리 미사일인 노동미사일의 시험발사에 성공하면서부터였다. 이로 인해 일본열도 전체와 주일 미군기지가 북한의 미사일 사정거리에 들어가게 되면서 북한의 미사일 위협이 동북아시아의 중요한 안보문제로 대두되었다. 특히 그 당시는 북한의 NPT 탈퇴로 북한 핵문제가 위기로 치닫고 있을 때였고, 북한의 "일전불사" 위협이 연일 계속되고 있던 시기였다. 이 때문에 북한이 일본을 향해 쏘아 올린 노동미사일은 일본 정부와 국민들에게 비상한 충격을 주었고, 이는 훗날 일본이 미사일방어체제(MD) 구축을 서두르는 계기가 되었다.

현재 북한은 약 200기의 노동미사일과 600기의 스커드미사일을 실전 배치하고 있는 것으로 알려져 있다. 사거리 300~700km의 스커드미사일은 한국을, 사거리 1,000~1,300km의 노동미사일은 일본과 한반도 남부를 겨냥하고 있을 것으로 추정된다. 북한이 극심한 경제난에도 불구하고 거액을 들여 1990년대 말부터 본격화했던 이들 미사일 배치는 공교롭게도 한국 정부가 햇볕정책을 통해 남북화해와 대북한 경제지원을 강화해나가던 시기에 이루어졌다. 북한이 핵무기를 스커드나 노동미사일에 탑재하기 위해서는 탄두중량을 1톤(스커드미사일의 경우) 또는 700kg(노동미사일의 경우) 이하로 줄이는 기술의 개발이 이루어져야 하며, 이를 위해서는 추가적 고폭실험과 핵실험이 필요할 것으로 추정된다.

대포동1호 미사일

노동미사일 시험발사에 성공한 이후, 북한은 미국을 겨냥하기 위해 보다

1998년 8월 31일 북한 대포동미사일 발사 기념우표

사거리가 긴 대포동1호 미사일 개발에 박차를 가했다. 이를 위해 북한은 1993년 일본 업체^{Seishin}로부터 고체연료 제작에 필요한 장비^{Jetmill}를 밀수입하여 3단 로켓 개발에 필요한 고체연료를 개발하기 시작했으며, 이는 5년 후 대포동1호 미사일 시험발사로 결실을 맺었다.[21]

1998년 8월 31일 노동미사일보다 사정거리가 훨씬 길고 한 차원 높은 대포동1호 미사일이 일본 상공을 통과하여 태평양을 향해 발사되었다. 대포동미사일은 노동미사일과 스커드미사일을 조합한 3단 로켓이었고, 특히 제3단계 로켓은 첨단기술인 고체연료 로켓이었다.[22] 쉽게 말해서 그것은

---

21 국방부, 『대량살상무기 문답백과』(2004), 149쪽.

거의 대륙간탄도미사일(ICBM) 수준의 기술을 요하는 장거리미사일의 시험 발사였다. 동 미사일은 약 1,600km를 날아가 정점에 도달했으나 최종 단계의 제3단계 로켓을 우주궤도에 진입시키는 데는 실패했다. 대기권 이탈에 필요한 초속 8km의 속도를 내지 못했기 때문이었다. 그러나 그 실험은 북한의 미사일 기술 수준을 가늠하는 좋은 척도가 되었고, 특히 미사일 잔해의 일부가 궤적상 알래스카 앞바다까지 날아감으로써 미국과 일본을 경악시키기에 충분했다.

당시 북한은 대포동미사일 시험발사가 광명성 1호 인공위성을 궤도에 진입시키기 위한 우주로켓 발사라고 주장했으나, 이를 입증할 만한 근거는 발견되지 않았다. 미국과 일본은 모든 첨단 관측시설을 가동하여 미사일 시험발사의 동정을 감시했으나, 인공위성이 우주궤도에 진입한 흔적은 발견하지 못했다.

대포동2호 미사일

북한이 대포동1호 다음 단계의 미사일로 개발 중이던 대포동2호 미사일은 최소한 하와이와 알래스카를 직접적으로 위협할 수 있는 수준이 될 것으로 추정되었기에, 이는 이미 1990년대 말부터 미국에게 북한 핵문제에 버금가는 안보현안으로 부상했다. 미국은 이 문제를 해결하기 위해 1996년 4월부터 2000년 11월까지 여섯 차례에 걸쳐 북한과 미사일 회담을 가졌고, 클린턴 행정부 말기에는 미사일 문제만 해결되면 북한과 수교를 하겠다는 뜻을 전달하기도 했다. 2000년 10월에는 올브라이트 국무장관이 사상 최초로 북한을 방문하여 미사일 문제를 직접 협의하기도 했다.[23] 그러

---

22 대포동1호의 추진체는 노동미사일을 1단로켓으로, Scud-B 미사일을 2단로켓으로 조합해 붙인 형태이며, 3단은 고체연료 추진 로켓으로 구성되어 있다.

나 북한이 미사일 개발의 중단을 거부함에 따라 협상은 결렬되었고, 그해 12월로 추진되던 클린턴 대통령의 평양 방문 계획도 취소되었다.

미사일 협상의 결렬에도 불구하고 북한은 클린턴 행정부 당시 미국과의 합의에 따라 1999년 9월 선언한 「미사일 시험발사 유예조치moratorium」를 7년 간 잘 지켜왔으나, 2006년 7월 5일 돌연 이를 파기하고 함경북도 무수단리 에서 대포동2호 미사일 시험발사를 실시했다. 대포동2호가 성공적으로 발 사되면 북한이 발사한 최초의 대륙간탄도미사일이 될 전망이었으므로, 국 제사회는 비상한 관심을 가지고 추이를 주목했다. 그러나 시험발사 결과는 참담한 실패였다. 미사일은 불과 25초 동안 약 10km를 날아가다 공중에서 폭발했고, 파편이 발사대 주변과 러시아 해역에까지 흩어졌다. 동 미사일 의 1단 추진체는 노동미사일 엔진 4개를 병렬로 조립한 클러스터링clustering 방식의 엔진이었고, 2단 추진체로는 노동미사일을 이용했는데, 1단 추진체 4개 엔진 간의 부조화가 실패의 원인이었던 것으로 추정되고 있다.

북한은 2009년 4월 5일 재차 대포동2호 미사일을 시험발사했는데, 동 미 사일은 2단계 로켓의 분리에 성공하여 약 3,000km를 비행하는 데 성공했 으나, 지구궤도 진입에 필요한 추진력도 부족했고 3단계 로켓의 분리도 이 루어지지 않아 우주궤도 진입에 실패했다. 북한은 국제사회의 비난을 피하 기 위해 이를 인공위성 발사로 포장하여 사전 발표했으나, 국제사회는 그 러한 북한의 주장을 인정하지 않았다.

---

23 클린턴 행정부 이전의 공화당 행정부는 대북한 수교의 조건으로 ① 남북대화 진전, ② 미 군유해 송환, ③ 대미 비방 중지, ④ 무기수출 중지를 포함한 군사적 신뢰 구축 조치, ⑤ 테러지원 포기 보장, ⑥ 북한 핵문제 해결, ⑦ 인권 개선 등 무려 일곱 가지 항목을 제시했 다. 그러나 클린턴 행정부는 2000년 말 이 모든 조건들을 포기하더라도 미사일 문제만 해 결되면 대북한 수교를 단행하려 했다. 이는 당시 클린턴 행정부가 미사일 문제를 얼마나 심각한 문제로 간주했는지를 보여주는 대목이다.

북한은 2012년 12월 12일 실시된 제4차 장거리미사일 시험발사를 통해 마침내 미사일을 지구 궤도에 진입시키는 데 성공했다. 장거리미사일 시험 발사가 시작된 1998년 이래 14년 만의 개가였다. ICBM 기술을 완성하려면 아직 더 많은 시간이 필요할 것이나, 이는 단지 시간의 문제로 보인다.

3. 국제 비확산체제와 북한의 도전

국제 비확산체제의 기본이념

핵무기와 화학무기, 생물무기 등 대량파괴무기와 이의 운반수단인 미사일의 확산을 방지하기 위해 국제사회에는 거미줄 같은 비확산체제의 망이 형성되어 있다. 이러한 비확산체제의 구체적 내용에 들어가기에 앞서 먼저 비확산체제의 기본 개념을 이해할 필요가 있다. 현행 국제법 체계에서 국가주권은 개인의 인권과 마찬가지로 신성불가침한 권리다. 비확산체제 역시 이러한 국가주권을 침해하거나 제한하는 것은 아니며, 어디까지나 국가주권의 불가침성을 토대로 하고 있다. 이러한 개념을 이해하는 것은 앞으로 기술될 비확산 문제와 나아가 북한 핵문제를 이해하는 데 매우 중요하다.

모든 국가는 비확산의 의무를 갖고 있는가? 아니다. 비확산체제에 가입하지 않는 한 비확산 의무는 발생하지 않는다. 그러면 모든 국가는 비확산체제에 가입할 의무가 있는가? 역시 아니다. 가입을 할지 말지는 주권적 선택의 문제이며 정치적인 사항이다. 그러나 일단 스스로 가입을 한 후에는 자신이 스스로 행한 선택에 따른 법적 구속을 받게 된다. 바로 이것이 국제 비확산체제의 기본 이념이다. 국제 비확산 문제는 기본적으로 국가간 약속의 이행에 관한 문제다. 말하자면 법적인 문제다.

예컨대, 한국이 화학무기를 생산하거나 보유하면 국제적 제재를 받는다. 「화학무기금지협정(CWC)」에 이미 가입했기 때문이다. 북한은 대량의 화학무기를 보유하고 있고 그럴 권리가 있다. 그 협정에 가입하지 않았기 때문이다. 그러나 북한은 생물무기를 보유할 수 없다. 「생물무기금지협정(BWC)」에는 가입하고 있기 때문이다. 이스라엘은 핵무기를 개발했는데도 왜 IAEA가 이를 문제삼지 않으며 IAEA의 사찰도 받지 않는가? 이스라엘은 「핵비확산조약(NPT)」에 가입하지 않았기 때문이다. 북한의 핵개발은 왜 NPT 협정 위반이고 IAEA의 관심사인가? 북한은 NPT에 가입하여 핵비확산과 IAEA 사찰의 의무를 스스로 인정했었기 때문이다. 누가 북한의 NPT 가입을 강요했는가? 아무도 강요하지 않았다. 북한은 소련으로부터 핵시설과 핵물질을 제공받기 위해 자발적으로 이에 가입했다. 소련은 왜 북한의 NPT 가입을 요구했는가? 소련은 NPT 회원국이어서 IAEA의 안전조치가 적용되지 않는 국가에 핵물질이나 핵시설을 수출하지 않을 조약상의 의무가 있었기 때문이다.

비확산의 의무가 자발적 선택에 의해 발생하는 것이라면, 이를 수락하지 않은 국가에 대한 통제 방법은 전혀 없는가? 그들에게는 일반적인 국제법과 정치 논리가 적용될 수밖에 없다. 그 대표적인 것이 유엔의 조치다. 유엔 안보리는 유엔헌장에 따라 국제 평화와 안전에 관한 어떠한 문제도 논의하고 결정할 수 있으며, 안보리가 강제조치를 결정할 경우 모든 유엔 회원국은 이를 준수할 의무가 있다. 북한의 두 차례 핵실험에 대한 유엔 안보리 제재결의 1718호와 1874호가 그 좋은 예이다.

이러한 유엔의 조치 외에도, 각국이 주권의 범주 내에서 행하는 쌍무적 제재조치들이 있다. 많은 선진국들은 비확산을 침해하는 국가에 대한 무역제재 등 쌍무적 제재조치를 국내법으로 제정하고 있다. 예컨대 미국의 경우, IAEA 감시체계를 전면 수용하지 않는 어떤 국가에 대해서도 핵시설이나 핵물질, 핵기술을 수출하지 못하도록 국내법상 엄격히 규제하고 있다. 자국이 보유한 기술이나 물품을 다른 나라에 수출할지 말지를 결정하는 것은 그 나라의 주권 사항이기 때문이다. 미국은 또한 핵실험을 실시하는 국가들에 대해「무기수출통제법」102조^{Glenn Amendment}에 의거, 광범위한 쌍무적 제재조치를 실시하고 있다. 북한의 경우에도 2006년 핵실험 이후 이 조항에 근거한 제재조치가 적용되고 있다.

그 밖에도 국제적으로 논란의 소지는 있으나 옛날부터 주권국가의 권리로서 행사되어온「자위권」이라는 것이 있다. 이는 개인의 정당방위와 같은 개념으로서, 국가가 외부로부터의 급박하고 심각한 위해를 막기 위해 달리 방법이 없을 경우 자신을 보호하기 위한 물리적 조치를 취할 수 있는 주권적 권리를 말한다. 이러한 자위권의 개념은 근세에 폭넓게 인정되었으나, 현대에 들어와서는 거의 인정되지 않고 있다. 이라크와 시리아의 핵무기 개발을 방지하기 위해 이스라엘이 1981년 단행한 이라크「오시라크^{Osirak} 원자로」[24] 폭격과 2007년의 시리아「알키바르^{Alkibar} 원자로」[25] 폭격은 자위권 행사의 좋은 예다. 물론 이는 엄연한 국제법 위반 행위로서, 이로 인해 이스라엘은 거센 국제적 비난을 감수해야 했다.

---

24 이스라엘이 1981년 6월 폭격하여 파괴한 이라크의 오시라크 원자로는 1975년의 프랑스-이라크 간 합의에 따라 건설되던 프랑스산 원자로였다. 당시 프랑스가 이라크에 판매한 원자로는 70MW 규모였는데, 이는 핵무기를 대량 생산하기에 충분한 용량이었다. 프랑스는 그 외에도 수백 명의 이라크 원자력 기술자들을 훈련시키는 등 이라크에 대해 광범위한 원자력 협력을 제공하고 있었다.

25 이스라엘이 공습한 시리아의 알키바르 원자로 공사에는 북한 기술자들이 참여하고 있었던 것으로 알려져 있으며, 이로 인해 북한과 시리아 간의 핵협력 문제가 6자회담에서 새로운 중대현안으로 제기되었다. 시리아 정부는 이스라엘의 공습 직후 폭격현장을 깨끗이 정리하고 그 자리에 다른 건축물을 지어 모든 증거를 인멸했다.

거미줄처럼 얽힌 핵비확산 체제

핵무기 확산을 방지하기 위한 국제협정 중 대표적인 것은 핵무기 확산 방지를 위한 핵비확산조약(NPT)이다. NPT는 모든 국가에게 가입이 개방되어 있고, 각 국가는 가입 여부를 스스로 결정할 자유가 있다. 가입하지 않는 것은 자유지만, 그에 따른 불이익은 감수해야 한다. NPT에 가입하지 않는 나라는 NPT 회원국들로부터 핵시설이나 핵물질, 핵기술을 제공받을 수 없으며, 국제사회로부터 핵개발 의도를 의심받을 수밖에 없다.

인류 역사상 모든 군축협정은 불평등협정이었다. 현존하는 국가 간의 군비격차를 유지하면서 전반적인 군비통제를 실시하고, 나아가 새로운 강자의 출현을 방지하자는 것이 역사상 수많은 군축협정들의 기본 취지였다. 신흥강국 일본의 부상을 막기 위한 1921년의 워싱턴 해군군축협정과 1930년의 런던 해군군축협정은 그 대표적인 사례였다. 핵비확산 체제의 주축인 NPT 협정 역시 새로운 핵보유국의 출현을 막기 위한 대표적인 불평등협정으로 평가되고 있다. 1970년 발효된 NPT 협정은 회원국을 핵보유국과 핵비보유국으로 구분하여 각기 상이한 의무를 규정하고 있다. 핵보유국은 핵비보유국에 핵무기와 그 부품 및 제조기술을 제공하지 않을 의무만 가진 반면, 핵비보유국은 핵보유국으로부터 핵무기나 그 제조기술을 이전받지 못할 뿐 아니라 자체적인 핵무기 개발도 할 수 없다. 또한 이를 검증받기 위해 IAEA와 안전조치협정Safeguards Agreement을 체결하고 각종 핵사찰을 받아야 한다.

NPT 협정의 이러한 불평등성에도 불구하고 여러 가지 이유로 지구상의 거의 모든 국가들이 이에 가입했으나 인도, 파키스탄, 이스라엘, 쿠바 4개국은 끝내 가입하지 않았다. 이들 국가들이 NPT에 가입하지 않은 것은 그 자체가 핵무기를 개발하겠다는 강력한 의지의 표현이었으며, 실제로 이들 중 쿠바를 제외한 3개국은 이미 핵무기를 보유하고 있다. 북한은 1985년 12월 NPT에 가입했으나 2003년 1월 10일 탈퇴를 선언했다. 북한은 과거 1993년 3월에도 NPT 탈퇴를 선언한 바 있었으나, 미국과의 협상에 따라 탈퇴의 효력 발생을 잠정적으로 중지시킨 바 있었다. 물론 NPT로부터 탈퇴하는 것도 주권국가의 권리라 볼 수 있다. 그러나 NPT 탈퇴는 핵무기 개발을 강행하겠다는 의지의 표현일 수밖에 없으므로 그에 따른 국제적 비판과 압력을 피할 수는 없다.

이쯤에서 응당 제기될 만한 의문사항이 있을 것이다. 왜 강대국들은 핵무기를 수백, 수천 개나 갖고 있어도 무방하고 다른 나라는 한 개도 가져서는 안 되는가? 사정거리 1만km가 넘는 대륙간탄도미사일을 무수히 갖고 있는 국가들이 왜 다른 나라에게는 사정거리 300km의 미사일밖에 보유하지 못하게 하는가? 왜 특정 국가들이 나서서 경찰 역할을 자처하면서 국가 간의 군사력 격차를 영구화하려 하는가? 그에 대한 대답은 간단하다. 국내정치가 현실인 것과 마찬가지로 국제정치도 엄연한 현실이다. 국가 간의 관계는 정치적인 것이건 법률적인 것이건 간에 실재하는 국가 간 세력관계의 현실을 반영하는 것이다. 국제정치 현상이 시대와 지역에 따라 외형상다른 모습을 띠고 나타날 수는 있으나 실재하는 현실 국제관계의 본질은인류 역사를 통해 거의 변화가 없었다. 인간관계의 본질이 그러하듯이 말이다.

핵개발 금지를 규정한 이러한 NPT 협정과는 별도로, 핵물질이나 핵시설을 생산하는 주요 공급국들 간에 별도의 수출통제체제가 수립되어 이중적보장장치를 형성하고 있다. 생산하는 국가끼리 담합하여 아예 팔지를 않는다면 그보다 더 효과적인 통제체제는 없기 때문이다. 그중 대표적인 것이핵비확산을 위한 「NSG^{Nuclear Suppliers Group}」와 「쟁거위원회^{Zangger Committee}」, 미사일 기술의 확산방지를 위한 「MTCR^{Missile Technology Control Regime}」 등이다. 여타 핵

국제적 WMD 비확산체제 개관(2009년 8월 현재)			
명칭	출범	관할대상	주요 미가입국
핵비확산조약(NPT)	1970년	핵무기	북한, 인도, 파키스탄, 이스라엘, 쿠바
화학무기금지협정(CWC)	1997년	화학무기	북한, 이스라엘, 시리아, 이라크, 리비아
생물무기금지협정(BWC)	1975년	생물무기	이스라엘, 이집트, 시리아
포괄적핵실험금지조약(CTBT)	미발효	핵무기	북한, 인도, 파키스탄
국제원자력기구(IAEA)	1956년	핵무기	북한
대량파괴무기 확산방지구상(PSI)	2003년	WMD, 미사일	중국, 북한, 인도, 이란, 태국 등
핵공급국그룹(NSG)	1978년	핵무기	폐쇄적 그룹(한국 가입/북한 미가입)
쟁거위원회(ZC)	1974년	핵무기	폐쇄적 그룹(한국 가입/북한 미가입)
호주그룹(AG)	1985년	생화학무기	폐쇄적 그룹(한국 가입/북한 미가입)
미사일기술통제체제(MTCR)	1987년	미사일	폐쇄적 그룹(한국 가입/북한 미가입)

비확산 체제로는 「포괄적핵실험금지조약(CTBT)」, 「대량파괴무기 확산방지구상(PSI)」 등이 있다.

한국은 2009년의 PSI 가입을 끝으로 현존하는 모든 대량파괴무기 비확산체제에 가입해 국제 비확산체제의 중요한 일원으로서 활동하고 있다.[26] 반면 북한은 검증체제가 결여된 다분히 형식적인 생물무기금지협정(BWC)을 제외한 어떠한 비확산체제에도 가입하지 않고 있으며, 핵무기를 포함한 대량파괴무기(WMD)와 미사일의 확산활동을 다른 어느 국가보다 활발히 추구하고 있어 국제 비확산체제의 가장 중요한 감시대상이 되고 있다.

---

26 한국은 대인지뢰금지협약(1999년 발효)을 제외한 모든 국제적 비확산체제와 군축협정에 가입하고 있다. 한국이 대인지뢰금지협약에 가입하지 않은 이유는 휴전선의 방어를 위해 지뢰를 대체할 만한 효과적인 방어수단을 찾을 수 없었기 때문이다. 미국은 대인지뢰금지협약 협상과정에서 한반도의 지뢰에 대해 예외를 적용해줄 것을 강력히 요구했으나 이것이 반영되지 않자 협정 불가입을 선언했다.

비확산체제의 한계성과 북한 핵문제

상기와 같이 복잡다단한 핵비확산 체제에도 불구하고, 여기에는 두 가지 결정적인 맹점이 있다. 그 하나는 NPT 협정 자체의 한계성이며, 다른 하나는 IAEA가 NPT 협정에 의거하여 핵사찰을 수행함에서 제기되는 방법론상의 한계성이다. 이는 국제사회가 국제협정을 통해 주권국가의 권리를 규제할 때 직면하게 되는 원천적 한계성을 의미하는 것이기도 하다.

NPT 협정의 한계성

NPT 협정에서 특기할 만한 점은, 일반적으로 인식되고 있는 바와는 달리 핵재처리와 우라늄농축이 협정상 금지사항이 아니라는 사실이다. 핵재처리나 우라늄농축을 통해 핵무기 개발을 시도해서는 안 되지만, 그러한 활동이 핵의 평화적 이용 취지에 부합되도록 IAEA의 감시하에 투명성 있게 이루어지는 한 회원국의 권리는 보장된다.

일본의 경우 NPT 회원국임에도 불구하고 대규모의 핵재처리시설과 우라늄농축시설을 합법적으로 보유하고 있으며, 원자로에서 연소된 사용후연료봉spent fuel으로부터 추출한 플루토늄을 재처리하여 다시 핵연료로 사용하는 기술을 실용화하고 있다. 현재 일본 외에도 영국, 프랑스, 캐나다 등이 이러한 방식으로 핵연료를 재활용하고 있다.[27] 그러나 여타 대부분의 국가의 경우 핵재처리나 우라늄농축은 핵무기 제조 외에는 달리 용도가 없

---

[27] 원자로에서 연소된 사용후연료봉은 연료로서의 용도가 종결된 것이 아니며, 그 속에는 여러 차례 재활용이 가능한 핵물질이 다량 포함되어 있다. 이미 실용화되어 있는 한 가지 예로, 이것을 재처리하여 3%의 U^{235}, 6%의 Pu^{239}, 91%의 U^{238}로 구성된 혼합물을 만들면 이를 다시 경수로의 핵연료로 사용할 수 있게 된다. 현재 영국, 프랑스, 일본, 캐나다 등 핵선진국들은 이 방식을 통해 핵연료를 거듭 재활용하고 있다.

는 것이 현실이기 때문에 재처리시설 보유를 추구하는 국가는 국제적 감시와 정치적 압력의 대상이 되고 있다.

북한의 경우 IAEA 사찰을 통해 재처리시설 보유가 확인되었으나, 그것이 남북 비핵화공동선언에는 위배될지언정 NPT 위반은 아니었다. 또한 재처리시설을 이용하여 플루토늄을 일부 재처리한 점도 NPT 협정 문구상으로는 문제될 것이 없었다. 문제가 된 것은 이를 IAEA에 신고하지 않고 비밀리에 재처리했다는 점과 재처리한 플루토늄의 양을 대폭 줄여서 IAEA에 허위로 신고함으로써 잔여분을 은닉하려 했던 점이다. 이처럼 우라늄농축과 핵재처리를 합법적 행위로 규정하고 있는 것은 NPT 협정의 가장 큰 맹점이다. 그러나 국제협정을 통해 국가의 주권적 권리를 제한하는 데는 한계가 있으므로, 미국을 비롯한 핵물질 공급국들은 자국으로부터 핵시설이나 핵물질을 구입하는 국가와 쌍무적 원자력협력협정을 맺어 우라늄농축과 핵재처리를 사실상 금지하고 있다.

IAEA 감시체제의 한계성

NPT 협정은 동 협정에 가입한 모든 핵비보유국이 18개월 이내에 국제원자력기구IAEA와 「안전조치협정Safeguards Agreement」을 체결하여 핵사찰을 받도록 의무화하고 있다. 다시 말해서, NPT 협정에 규정된 핵무기 개발 금지 의무를 성실히 이행하고 있는지 여부를 IAEA가 감독하도록 위임한 것이다. IAEA는 NPT 회원국들이 자발적으로 체결한 쌍무적 안전조치협정에 의거하여 이들의 핵시설에 대한 사찰을 실시한다. 그러나 IAEA의 핵사찰은 사찰 의무를 수락한 국가에 한해서 실시되며, 사찰 대상 시설도 해당 국가가 동의한 시설에 국한된다. 또한 IAEA의 기능은 감시 기능에 국한되며 어떤 강제조치나 제재조치를 취할 권한은 없다. 사찰을 통해 이상이 발견되거나 해당국가가 주요 시설에 대한 사찰을 거부할 경우, IAEA는 단지 이를 유엔 안보리에 보고할 수 있을 뿐이다. 그 이후는 유엔에서의 정치적 판단과 결정에 맡겨진다.

IAEA의 핵사찰에는 「임시사찰」, 「일반사찰」, 「특별사찰」의 세 가지가 있다. IAEA와 안전조치협정을 체결한 국가는 사찰 개시에 앞서 자국이 보유한 모든 핵시설과 핵물질을 IAEA에 신고하도록 되어 있는데, 그 신고내용의 정확성 여부를 확인하는 것이 「임시사찰ad hoc inspection」이다. 북한이 1992~1994년간 받은 IAEA 핵사찰은 모두 임시사찰이었다. 신고내용의 정확성이 임시사찰에 의해 검증되고 나면 IAEA는 신고된 핵시설에 대해 정기적으로 사찰을 실시하는데, 이것이 「일반사찰routine inspection」이다. 최근에는 과학기술의 발전에 따라, 정기사찰이 실시되지 않는 기간에도 IAEA가 사찰 대상국의 모든 핵시설에 계측기, 카메라, 센서 등 각종 감시장치를 설치하여 사실상 365일 24시간 감시체계를 가동하고 있다.[28]

임시사찰이나 일반사찰 과정에서 어떤 의심점이 발견되면 IAEA는 특정 시설에 대해 추가 사찰을 실시하여 정밀조사를 하게 되는데, 이것이 「특별사찰special inspection」이다. 특별사찰이라고 해서 IAEA가 강제로 실시할 수 있는 것은 아니고, 당사국의 동의를 얻어야 사찰을 실시할 수 있다. 만일 해당국이 이를 거부할 경우 IAEA가 할 수 있는 일은 이를 유엔 안보리에 보고하는 일뿐이다. 이러한 맹점을 보완하기 위해 IAEA는 1993년부터 안전조치 강화방안을 추진하게 되었다. 그 결과 핵시설 신고의 폭과 IAEA의 접근범위를 대폭 확대한 추가의정서를 채택, IAEA 회원국들과 개별적 협정을 체결하고 있다. 이 추가의정서에 따르면 임시 및 정기사찰 기간 중에 핵

---

28 이러한 철저한 감시장치 때문에, IAEA의 감시체계가 작동되는 한 원자로에 대한 어떠한 접근이나 비정상적인 운용도 IAEA의 감시에서 벗어날 수는 없다. 그러나 IAEA의 감시를 무시하고 노골적인 핵개발을 강행하는 것은 별개의 문제다.

물질이 있는 핵시설에 대해 사전통보 없는 불시사찰을 할 수 있으며, 핵물질이 없는 핵시설의 경우는 24시간 전에 당사국에 사전통보 후 사찰을 할 수 있다. 한국은 1999년 IAEA 추가의정서에 서명했다.

국제적 미사일 통제체제

핵무기 등 대량파괴무기의 운반수단이 되는 미사일의 확산을 방지하기 위한 비확산체제의 핵심은 MTCR, 즉 「미사일기술통제체제」Missile Technology Control Regime이다. MTCR은 미사일 기술이 고도에 달한 국가들만의 동호회와 같은 폐쇄적 모임이다. MTCR은 NPT, CWC, BWC 등 특정 무기의 개발과 보유를 금지하는 협정들과는 달리, 미사일과 그 부품, 기술의 수출만을 금지하고 있으며, 통제의 대상도 MTCR에 가입하지 않은 국가에 대한 수출에 국한된다. 다시 말해서, 자체적인 미사일 개발과 배치에는 제한이 없으며 MTCR 회원국 상호간의 미사일 수출입에도 제한이 거의 없다. 극단적으로는 대륙간탄도미사일을 팔고 사는 것도 금지 대상이 아니다.

이처럼 MTCR에 가입할 경우 의무보다는 혜택이 많기 때문에 MTCR 가입은 기존 회원국들의 엄격한 심사를 거쳐 만장일치의 지지를 받아야 가입이 허용된다. 한국도 수년간의 어려운 가입협상 끝에 기존 회원국들이 제시하는 까다로운 조건을 수락하고서야 2001년 33번째 회원국으로 가입이 허용되었다. 한국 정부가 그런 조건을 수용하면서까지 MTCR 가입을 필요로 했던 이유는 MTCR 가입 없이는 우주로켓 개발에 필요한 미사일 기술을 선진국들로부터 제공받는 것이 불가능했기 때문이다.

MTCR에서 규정한 가이드라인은 아주 간단하다. 거두절미하면, "MTCR 회원국은 비회원국에 사거리 300km, 탄두중량 500kg 이상의 탄도미사일 완제품이나 부품, 기술을 수출할 수 없다"는 것이 전부이다. 이 조항을 해석해보면 다음과 같은 의미를 내포하고 있다.

① 누구든 자력으로 미사일을 개발해서 배치하는 것은 자유다. 예컨대 북한
   이 자체적으로 장거리미사일을 개발, 실험, 배치하는 것은 MTCR과 무관
   한 정당한 주권행사이다.
② MTCR 미가입국들 간의 미사일 수출입은 통제 대상이 아니다. 예컨대 북
   한이 MTCR 미가입국에 어떤 미사일을 판매하건 MTCR에 저촉되지 않는
   합법적 행위이다.

위의 두 가지 모두 맞는 얘기다. 앞서 언급했듯이 국제 비확산체제는 자
발적으로 비확산 의무를 수락하지 않는 국가를 통제할 권한이 없다. 미사
일 비확산체제가 내포하는 이러한 맹점을 극복하기 위해 PSI가 창설되었
다. PSI는 MTCR 미가입국들 상호간의 미사일 수출입 저지를 주된 목적 중
하나로 삼고 있다.

북한의 미사일 수출이 합법적 행위라면, 가끔 언론에 보도되는 북한에
대한 MTCR 제재조치라는 것은 무엇인가? 그것은 미국이 MTCR 체제의 맹
점을 보완하기 위해 제정한 국내법(「MTCR 이행법」, 1990년)에 의거한 쌍무
적 제재조치다. 이 법은 MTCR 비회원국 간에 300km/500kg 이상의 미사
일 또는 부품 거래가 있을 경우 미국이 쌍방 해당국가에 대해 일방적 무역
제재조치를 취하도록 규정하고 있다. 상기 ②항의 경우 이러한 쌍무적 제
재조치의 발동 사유가 된다. 그러나 상기 ①항의 경우는 미국 국내법상의
제재조치도 해당 사항이 없다. 북한이 대포동미사일을 외국에 수출한다면
몰라도, 스스로 개발, 시험, 배치하는 것은 현존하는 어떤 비확산 규정상으
로도 금지 대상이 아니다. 이 때문에 대포동1호, 2호 시험발사는 NPT 미가
입국인 인도와 파키스탄이 1998년 핵실험을 실시했을 때와 마찬가지로 국

미사일방어체제(MD)에 관한 기본 상식

미사일기술통제체제(MTCR)가 미사일과 그 제조기술의 확산을 방지하는 체제인 반면, 미사일방어체제(MD^Missile Defense^)는 적국이 발사한 미사일을 요격미사일을 이용해 파괴하는 군사적 방어체제이다. 주로 탄도미사일 방어를 임무로 하고 있다.

탄도미사일의 요격이 어려운 이유는 엄청난 속도 때문이다. 1단 미사일의 속도는 음속의 약 5배인 초속 2km, 2단의 중거리 미사일은 음속의 10배인 초속 4km, 3단 미사일인 대륙간탄도미사일은 음속의 20배인 초속 8km에 달한다. 이 때문에 1990년대 초부터 요격미사일 기술개발이 계속되고 있으나 아직 완성단계에는 이르지 못하고 있다.

저고도로 비행하는 단거리미사일을 요격하는 기술은 1980년대 말부터 개발되어 이미 실전 배치되어 있으며, 미국의 패트리어트 미사일^Patriot Missile^과 러시아의 S-300 미사일, 이스라엘의 Arrow-2 미사일 등이 이에 해당된다.

패트리어트 미사일[29]

모델명	개발연도	용도	제원	제조사
PAC-1	1988년	항공기 요격 전용	속도 마하3, 중량 914kg, 대항공기 사거리 70km	레이시온^Raytheon^ 생산 중단
PAC-2	1991년	항공기 요격 (미사일 요격도 가능)	속도 마하5, 중량 900kg, 대항공기 사거리 160km	레이시온
PAC-3	2003년	미사일 요격 전용	속도 마하5, 중량 312kg, 대미사일 사거리 15km	록히드마틴 Lockheed Martin

대기권 밖으로부터 진입하는 고고도 미사일을 방어하기 위한 요격미사일 체제는 THAAD^Theater High Altitude Area Defence^라 불린다. 이에 관해서는 1980년대부터 연구가 계속되고 있고 그간 몇 차례 시험발사에서 성공을 거두기도 했으나 아직 기술이 완성되지는 못하고 있다. 그 주된 이유는 요격 대상인 중장거리 미사일의 높은 고도와 엄청난 속도 때문이다.

현재 실용화된 고고도 미사일 방어체제에는 해상발사 요격미사일 체계인 SM-3 미사일이 있으며, 미국과 일본이 이를 이지스^Aegis^함에 이미 실전 배치하고 있다. 양국은 2007년 11월 합동으로 이지스함을 이용한 SM-3 미사일 요격실험을 실시했는데, 하와이 제도에서 발사된 2기의 탄도미사일을 대기권 밖 고도 161km 지점에서 동시에 요격하는 데 성공했다.[30]

해상 요격미사일^Standard Missile^

모델명	용도	사거리	미사일엔진	제조사
SM-2	항공기/크루즈미사일 요격	74~167km	2단 고체로켓	레이시온
SM-3	고고도/고속 탄도미사일	500km 이상	4단 고체로켓	레이시온
SM-6	저고도/저속 탄도미사일	190~370km	2단 고체로켓	레이시온

한국의 이지스함^{KDX-III}과 신형 구축함^{KDX-II}에 장착된 SM-2 미사일은 같은 계열의 미사일이기는 하나 사거리와 작전고도가 짧은 관계로 고고도 탄도미사일 요격은 불가능하며, 적군 항공기와 저고도 크루즈미사일 요격을 주된 임무로 하는 저층 방어체제이다.

한편, 우주궤도를 비행하는 대륙간탄도미사일은 고고도 미사일보다 속도가 훨씬 빠른 초속 8km에 달한다. 때문에 이를 직접 요격하여 격추시키거나 파괴한다는 것은 아직은 꿈도 못 꾸는 상황이며, 1960년대에 개발된 ABM^{Anti-Ballistic Missile}에 의한 간접적 요격체제가 실용화되어 있다. ABM은 그 자체가 상당히 강력한 핵미사일이다.

ABM은 대기권 밖에서 적국 대륙간탄도미사일과 수백 미터 내지 수 킬로미터 거리에 근접했을 때 핵폭발을 일으켜 그때 발생하는 강력한 X선으로 상대방 핵무기의 기폭장치를 무력화시키는 방식을 채용하고 있다. 말하자면 핵무기로 핵무기를 파괴하는 방식이다. 미국이 1968년 개발하여 배치하고 있는 스파르탄^{Spartan} 요격미사일은 1~2Mt의 수소폭탄 탄두를 장착하고 있다. 이는 히로시마 원폭의 50~100배에 달하는 위력이다.

제사회에서 비확산체제에 따른 법적 문제가 아니라 국제평화와 안전에 관한 정치적 문제로 다루어졌다.

그러나 2006년 10월에 이르러서는 상황이 변했다. 북한의 2006년 핵실험 직후 유엔 안보리는 강제성을 갖는 대북한 제재결의 1718호의 채택을 통해 북한의 탄도미사일 개발을 금지시켰다. 이 때문에 북한이 유엔 회원국으로 남아 있고 동 안보리 결의가 존속하는 한 북한의 미사일 개발은 더 이상 주권적 권리라고 주장할 수 없는 불법행위가 되었다.

비확산체제의 보완수단으로서의 PSI

현실 국제정치에서 핵무기는 「공포의 균형」에 의해 사용이 억제되고 있

---

29 GlobalSecurity.org 자료 요약. http://www.globalsecurity.org/space/systems/patriot-specs.htm
30 2007년 11월 9일자 『중앙일보』 보도, 「탄도미사일 2기 동시요격 첫 성공」.

으며, 이 때문에 핵무기는 정상적인 국가들 간에는 사실상 사용 불가능한 다분히 정치적이고 상징적이며 방어적인 무기가 되었다. 미국이 동맹국들에게 제공하는 이른바 핵우산은 핵무기를 보유하지 않고 있는 한국, 일본과 같은 동맹국들에 대해서도 「공포의 균형」에 의한 평화 보장을 제공하고 있다.[31]

그러나 이러한 「공포의 균형」을 통한 평화에는 중대한 맹점이 있다. 그것은 바로 국제 비확산체제에 동참하지 않고 있는 이른바 「불량국가rogue states」들의 존재다. 이들의 존재가 문제시되는 것은, 그들이 비확산체제 밖에서 핵무기를 제조해서 무분별하게 사용할 가능성에 못지않게 그들이 보유한 핵무기가 국제 테러조직으로 이전될 가능성 때문이다. 실제로 이들 국가 중 상당 부분은 과거 국제테러를 국가 차원에서 지원한 흔적이 선명한 것이 사실이다. 2001년 뉴욕에서 발생한 「9·11 테러」 사건을 회고해 볼 때, 테러조직이 대량파괴무기를 보유할 경우 어떤 일이 발생할지 상상하는 것은 그리 어렵지 않을 것이다.

이른바 불량국가들 중에서 북한은 독보적 위치를 점유하고 있다. 그것은 북한이 다른 대부분의 불량국가들과는 달리 핵무기, 화학무기, 생물무기 등 대량파괴무기와 그 운반수단인 미사일을 자체적으로 생산하고 있고, 이들을 여타 불량국가들에게 빈번히 수출하고 있는 「공급자supplier」의 위치

---

31 미국이 주요 동맹국들에게 제공하고 있는 이른바 「핵우산」이란, 핵무기를 보유하지 않은 동맹국이 핵보유국이나 핵보유국의 지원을 받는 국가로부터 침략을 당할 경우 미국이 이를 격퇴하기 위해 핵무기를 사용할 수 있다는 개념이다. 이는 핵무기 미보유 동맹국을 핵보유 적국으로부터 보호하는 동시에 동맹국들이 자위를 위해 핵개발을 하지 않도록 유도하기 위한 이중적 목적을 갖고 있다. 북한은 한국에 대한 미국의 핵우산 정책을 북한에 대한 핵위협이라고 매도하고 있으나, 핵우산은 침략에 대응하는 방어적 목적의 조치일 뿐이다. 북한이 한국을 무력 침공할 의사를 갖고 있지 않다면 미국의 핵우산이 북한에게 위협이 될 이유는 없다.

미국의 MTCR 위반국 제재조치 현황														
일자	1991.6	1991.9	1992.3	1992.5	1992.6	1993.7	1993.8	1996.5	1997.8	1998.4	2001.1	2001.6	2002.8	2003.3	2007.9
수출국	중국	남아공	북한	러시아	북한	러시아	중국	북한	북한	북한	북한	북한	북한	북한	북한
수입국	파키스탄	-	이란	인도	시리아	인도	파키스탄	이란	이집트	파키스탄	이란	이란	예멘	파키스탄	이란

에 있기 때문이다. MTCR 기준을 초과하는 미사일의 밀수출로 인해 미국의
제재조치를 가장 빈번하게 받아온 단골손님도 북한이다.[32] 이러한 이유로
북한은 대량파괴무기 및 미사일 확산 감시의 가장 중요한 표적 중 하나가
되고 있다. 북한의 행동이 한반도의 문제에 국한되지 않고 범세계적 관심
사가 되고 있는 것은 바로 이 때문이다.

그러나 문제는 국제 비확산체제의 울타리 밖에서 이루어지는 이들 간의
합법적인 대량파괴무기와 그 운반수단의 거래를 국제법적으로 규제할 방
안이 별로 없다는 점이다. 이들이 주장하듯이 그것은 현행 국제법이나 국
제협정으로 금지되지 않은 「주권사항」이기 때문이다. 그러나 그렇다고 해
서 재앙이 닥쳐올 때까지 이를 방관만 할 수도 없다는 것이 국제사회가 처
한 딜레마이다.

현행 국제 비확산체제가 내포하고 있는 이러한 맹점을 보완하기 위해
2003년 5월 미국 주도하에 「대량파괴무기 확산방지구상(PSI^Proliferation Security
Initiative)」이 출범했다. 출범 시 발표한 「PSI 차단원칙 성명^Statement of Interdiction Principles」
에 나타나 있듯이, PSI는 비확산 이념을 공유하는 동질적인 국가들 간의 협

---

32 미국이 1990년대 초 이래로 MTCR 규정에 어긋나는 미사일 거래에 대해 취한 14건의 제재
    조치 중 64%인 9건이 북한을 대상으로 한 것이었다. 미국의 MTCR 제재조치는 일부 미국
    군수품의 수출 금지에 국한되기 때문에 제재 대상국에 대한 심각한 제재 효과는 별로 없
    다. 따라서 제재의 내용이나 효과보다는 제재 대상국으로 선정되었다는 사실 자체가 중시
    되는 성격의 제재조치다.

PSI(대량파괴무기 확산방지구상) 개관

- PSI 차단원칙 개요(2003년 9월 4일 PSI 차단원칙 선언)
  - WMD 확산우려 국가 또는 행위자의 WMD 관련 물자수송 방지
  - 합리적인 WMD 확산혐의가 있을 경우 영·공해 불문 자국선박에 대해 승선·검색
  - 타국 정부에 의한 자국선박 승선·검색·압류에 동의할 것을 진지하게 고려
  - 영해/접속수역에서 WMD·미사일 관련 물자 수송혐의 선박이 있을 경우, 정선·검색·압류
  - WMD·미사일 관련 물자 수송혐의가 있는 항공기의 영공통과 시 착륙유도·검색·압류 실시
  - WMD·미사일 수송의 충분한 근거가 있을 경우 자국 영공통과를 사전 거부
  - 자국 항만·공항에서의 WMD 관련 물자 환적·선적 시 관련 물자 검색·압류

- 참가국 명단(2011년 10월 현재 총 98개국)
  - (유럽 53개국) 알바니아, 오스트리아, 벨로루시 ,벨기에, 보스니아, 불가리아, 크로아티아, 체코, 덴마크, 영국, 에스토니아, 핀란드, 프랑스, 독일, 그리스, 바티칸, 헝가리, 아일랜드, 이탈리아, 라트비아, 리투아니아, 룩셈부르크, 몰타, 마케도니아, 몰도바, 네덜란드, 노르웨이, 폴란드, 포르투갈, 루마니아, 러시아, 세르비아, 슬로바키아, 슬로베니아, 스페인, 스웨덴, 스위스, 우크라이나, 키프로스, 터키, 그루지야, 아르메니아, 아제르바이잔, 아이슬란드, 리히텐슈타인, 몬테네그로, 안도라, 우즈베키스탄, 카자흐스탄, 타지키스탄, 투르크메니스탄, 키르키즈스탄, 산마리노
  - (미주 13개국) 미국, 캐나다, 아르헨티나, 파나마, 바하마, 벨리즈, 엘살바도르, 온두라스, 파라과이, 칠레, 콜롬비아, 세인트빈센트, 안티구아바부다
  - (아태 16개국) 일본, 싱가포르, 필리핀, 호주, 뉴질랜드, 마샬군도, 캄보디아, 브루나이, 몽골, 스리랑카, 파푸아뉴기니, 아프가니스탄, 피지, 서사모아, 바누아투, 한국(2009. 5. 26)
  - (아중동 16개국) 리비아, 튀니지, 이라크, 요르단, 오만, 예멘, 아랍에미리트, 바레인, 쿠웨이트, 카타르, 지부티, 모로코, 사우디, 이스라엘, 앙골라, 라이베리아

력을 통해 대량파괴무기와 그 운반수단(미사일)의 수송을 차단하기 위해 모든 합법적 수단을 강구하는 것을 목표로 하고 있다. 차단의 수단에는 자국 영해와 항만에서의 WMD(대량파괴무기) 물품 수송혐의 선박의 검색, 자국 영공에서의 WMD 수송혐의 항공기의 영공통과 거부, 착륙요구, 검색 등 모든 합법적 수단들이 포함된다.

NPT 협정과 IAEA 사찰 등 비확산체제의 맹점을 이용하여 「주권행위$^{sove-}$ $^{reign\ act}$」라는 미명하에 이루어지는 불량국가들 간의 대량파괴무기 확산을 방지하기 위해, 관련 물자들의 수송을 원천적으로 차단하고자 하는 것이 PSI 활동의 취지이다. 불량국가들의 대량파괴무기 확산이 국제법상의 합법적 「주권행위」로 주장되고 있는 것과 마찬가지로, 자국 영토와 영해 내에서 이의 수송을 물리적으로 저지하려는 국제사회의 활동 또한 엄연한 합법적 「주권행위」이기 때문이다.

2002년 12월 북한산 스커드미사일을 선적하고 예멘으로 향하던 북한 화물선이 미국의 개입으로 공해상에서 스페인 군함에 나포된 사건이 있었다. 예멘 정부의 항의로 북한 선박은 곧 풀려났지만, 이 사건은 대량파괴무기의 수송을 저지함에서 무엇이 가능하고 무엇이 불가능한지를 보여주는 좋은 해프닝이었다. 국기를 게양하지 않은 민간 선박을 제3국의 군함이 공해상에서 검문하고 수색하는 것은 전통 국제법상 인정된 권리였다. 그러나 거기에 미사일이 선적되어 있었다고 해서 이를 나포한 것은 국제법상 인정되지 않는 과잉 조치였다. 왜냐하면 MTCR 비회원국인 북한과 예멘 간의 미사일 거래는 그 사정거리나 성능에 관계없이 국제법상 합법적 행위였기 때문이다.

이 때문에 이들 간의 이른바 「합법적이고 주권적인」 대량파괴무기 거래를 합법적인 방법으로 저지하기 위해서는 PSI가 추구하는 바와 같이 수송을 원천적으로 불가능하게 하는 방법 외에는 별다른 해결책이 없는 것이 현실이다. 유엔 안보리는 2004년 대량파괴무기의 불법적 거래를 탐지하고 방지하기 위한 유엔 회원국들의 조치를 촉구하는 안보리 결의 1540호를 채택함으로써 국제사회의 이러한 움직임에 법적, 도덕적 정당성을 부여했다.

4. 핵포기의 대안으로서의 경수로 문제

경수로는 과연 해결책인가?

영변 핵시설을 해체하는 대신 이를 경수로로 대체한다는 발상은 1992년 북한에 의해 최초로 제기된 후 1993~1994년의 제네바회담 과정을 통해 집요하게 제기되었다. 미국이 신형 경수로를 북한에 제공하면 영변 핵시설을 해체할 의사가 있다는 것이었다. 북한은 2000년까지 건설하려고 계획했던 흑연로가 총 1,950MW이므로 이를 모두 경수로로 보상해야 한다고 요구했다. 이는 당시로서는 터무니없고 근거도 없는 주장이었으나, 결국 미국은 영변 핵시설 폐기의 대가로 2,000MW 규모의 경수로를 제공하기로 동의했다.

만일 북한이 핵시설, 핵물질, 핵무기를 모두 폐기하는 대가로 경수로를 제공한다면 북한의 핵개발 위험은 제거되고 한반도 핵문제는 영원히 사라지는 것인가? 과연 경수로는 핵무기 개발로부터 안전한 시스템인가? 불행히도 그에 대한 답은 부정적이다. 2002년 말 HEU 문제로 제네바합의가 붕괴되고 경수로 공사가 종결된 후, 북한은 6자회담에서 경수로 제공을 재차 요구했다. 경수로가 완공되기 전까지는 핵시설을 해체할 수 없다는 것이 북한의 주장이었다. 그러나 제네바합의 당시와는 달리, 미국은 북한에 대한 경수로 제공은 어림도 없다는 입장이 확고했다. 이러한 미측 입장의 배경에는 북한이 경수로를 핵개발에 이용할 가능성에 대한 우려가 깔려 있었다.

북한의 입장에서 볼 때 제네바합의와 같이 경수로와 핵폐기를 연계하는 외교적 흥정에는 다양한 이점이 있었다. 북한에게 경수로 옵션은 핵문제로 인해 당면한 모든 문제점들을 일거에 모두 해결하면서도 핵개발을 계속할 수 있는 요술지팡이와도 같은 존재였다. 따라서 만일 핵무장을 끝까지 포기하지 않고자 하는 것이 북한의 내심이라면 경수로 옵션은 버리기 아까운 최선의 선택일 수밖에 없다.

경수로 문제가 내포한 심각한 문제점을 크게 세 가지로 나누어 보자면, 첫째는 북한이 제네바합의의 경우와 같이 경수로 완공 일정과 핵폐기 일정을 연계함으로써 핵폐기 시기를 장기간 지연시키는 동시에 핵문제에 따른 국제적 압박으로부터 벗어날 수 있다는 점이다. 이 경우 북한이 얻게 되는 구체적 이점들을 열거해 보자면 다음과 같다.

① 경수로가 완공될 때까지 5~10년의 기간[33] 동안 핵동결만 유지하면서 IAEA 사찰과 핵폐기를 미룰 수 있고, 그 기간 중 사실상의 핵보유국으로서의 지위를 공고히 할 수 있다. 핵폐기 합의를 실제로 이행할지 여부는 경수로가 완공되는 시점에 가서 결정하면 되므로, 그때까지는 선택의 자유를 누릴 수 있다.

② 일단 핵합의가 이행되고 경수로 공사가 시작되면 한국이나 국제사회가 대북한 제재조치를 유지하거나 경제지원을 보류할 명분이 없어지게 될 것이므로, 북한은 경수로가 완공될 때까지 단순히 핵동결만 유지하면서 제재해제와 경제지원을 누릴 수 있다.

③ 그 기간 동안 핵무기와 운반체계 기술을 완성시키기 위한 연구를 방해받지 않고 꾸준히 계속할 수 있다. 비록 핵실험이나 미사일 시험발사는 할 수 없을지 모르나 가상실험simulation과 부분실험 등을 통해 기술을 더 개발할 수 있다. 또한 은닉된 HEU 프로그램을 계속 발전시키고 완성시킬 시간의 여유를 갖게 되며, 이를 통해 상당량의 핵무기용 농축우라늄을 비축할 수도 있다.

④ 경수로 완공이 임박하여 핵폐기 이행 여부를 결정해야 할 시기가 도래했을 때, 군부의 반대 등으로 인해 합의를 재차 파기해야 하는 상황이 올 수도 있을 것이다. 그러나 이는 단지 핵폐기 합의 이전의 상태로 되돌아가는 데 불과하므로 북한으로서는 잃을 것이 없다. 북한으로서는 핵동결 기간 중 이룩한 핵무기와 장거리미사일, HEU 프로그램의 진전을 기반으로 보다 유리한 위치에서 새로운 핵협상을 진행할 수 있다.

둘째, 설사 북한이 만에 하나 핵을 먼저 전면 폐기한 후 경수로를 건설하게 된다 할지라도 경수로로 인해 보다 대규모의 새로운 핵개발의 길이 열리게 된다는 점이다. 다시 말해서, 경수로 제공은 북한 핵문제의 끝이 아니라 새로운 핵문제의 시작이 될 수 있다는 점이다. 핵폐기의 대가로 제공되는 경수로가 완공된 후 북한이 재차 핵무장을 추구할 경우, 경수로를 이용하여 과거보다 훨씬 큰 규모의 핵무기용 농축플루토늄을 추출할 수 있다. 2,000MW 용량의 한국표준형 경수로의 경우, 운용 여하에 따라 9개월간 300kg의 무기급 플로토늄을 생산할 수 있다. 이는 핵무기 40~50개를 제조하기에 충분한 양이다(이에 관한 기술적 근거는 다음 장에서 상세히 설명 예정).

셋째, 경수로를 이용해서 농축플루토늄을 생산하지 않는다 하더라도, 「핵의 평화적 이용 권리」를 내세워 경수로의 핵연료봉을 자급자족한다는 명분으로 우라늄핵탄 제조를 위한 우라늄농축시설의 보유를 합리화할 수 있다는 점이다. 이미 이란이 이러한 명분으로 국제사회의 제재에도 불구하고 우라늄농축시설의 건설과 가동을 강행하고 있으며, 북한도 2009년 4~6월에 걸친 대외성명을 통해 독자적 경수로의 건설과 더불어 핵연료 자급을 위한 우라늄농축 착수 방침을 천명한 바 있다. 경수로를 보유하고 있지 않고 기술 수준상 이를 독자적으로 개발할 가능성도 극히 희박한 북한이 경수로 핵연료를 제조하겠다는 것은 기존의 은닉된 HEU 프로그램을 정당화하고 기정사실화하려는 의도로 추정된다.

경수로의 잠재적 위험성

앞에서 언급했듯이 경수로는 결코 핵확산으로부터 안전한 시스템이 아

---

33 경수로 완공에 필요한 시간은 신포에서의 중단된 경수로 공사를 재개할 경우 5~6년, 완전히 새로 공사를 할 경우 10~12년 정도 소요가 예상된다.

니며 사용자의 의지 여하에 따라서는 거대한 핵무기 제조시설로 변모될 수도 있다. 이를 방지하기 위해 IAEA는 세계의 모든 경수로에 대해 연간 1회 이상 부단히 핵사찰을 실시하고 있다. 경수로가 어떻게 핵무기 제조용으로 전용될 수 있는지를 이해하기 위해서는 좀 복잡하기는 하나 경수로의 핵공학적 측면에 관한 이해가 필요하다.

1,000MW짜리 한국표준형 경수로의 원자로에는 한꺼번에 177개의 연료봉 다발$^{fuel\ assembly}$이 장착된다. 한 개의 연료봉 다발은 236개의 가늘고 긴 연료봉 파이프$^{fuel\ rod}$로 구성되어 있고, 이 파이프 속에는 직경 1cm, 길이 1~1.5cm의 소결제^{pellet} 수백 개가 한 줄로 가득 들어 있다. 핵연료의 수명은 약 45개월이며, 177개의 연료봉 다발을 3등분하여 15개월마다 59개씩 교체한다. 이는 임기 6년의 상원의원을 2년마다 1/3씩 교체하는 미국 상원의원 선거제도와 유사하다.

1,000MW 경수로에서 45개월 연소 후 교체되는 59다발의 핵연료, 즉 사용후연료봉$^{spent\ fuel}$ 속에는 약 288kg의 플루토늄이 포함되어 있다. 그러나 이 플루토늄에는 핵무기의 원료로 쓰이는 플루토늄239(Pu^{239})가 57%밖에 포함되어 있지 않아 이것으로는 핵무기를 만들 수 없다. 이것을 재처리하여 Pu^{239}의 비율을 90% 이상으로 농축하는 것도 현재의 과학기술로는 불가능하다.

이처럼 경수로를 정상적으로 운용하여 생성된 연료봉으로는 핵무기를 만들 수 없다. 길이가 4m나 되는 연료봉 다발을 IAEA 감시카메라나 첩보위성의 감시를 피해 몰래 운반하고 재처리하는 것도 불가능하다. 이러한 이유로 경수로는 현재까지 개발된 발전용원자로 중에서 핵무기용 플루토늄을 추출하기가 가장 어려운 모델인 것으로 평가되고 있다. 제네바합의 당시 북한이 보유한 흑연감속로를 해체하고 이를 경수로로 대체하여 핵개발을 막겠다는 한국과 미국 정부의 당초 구상도 기본적으로는 이러한 사실에 기초한 것이다.

그렇다면 경수로는 핵확산 방지를 위한 진정하고도 궁극적인 해결 방안이 될 수 있는가? 불행히도 그에 대한 답변은 부정적이다. 경수로로 핵무기를 만들기가 어렵다는 것은 경수로를 정상적으로 운용하면서 비밀리에 핵개발을 하기가 어렵다는 말이다. 만일 경수로 보유국이 IAEA의 감시나 국제적 압력을 무시하고 노골적으로 무기급 플루토늄 생산을 강행한다면, 경수로는 손쉽게 거대한 핵무기 제조시설로 변모될 수 있다. 이 때문에 미국 부시 행정부는 출범 초기부터 대북한 경수로 지원에 대한 강한 거부감을 표시했다. 그렇다고 경수로의 잠재적 위험성에 대한 부시 행정부의 시각이 클린턴 행정부에 비해 크게 달라진 것도 아니었다. 경수로의 위험성에 대해서는 클린턴 행정부도 같은 생각을 갖고 있었다. 1990년대 중반 러시아가 이란에 경수로를 수출하려 했을 때 클린턴 행정부는 강경하게 반대했다. 경수로를 이용한 이란의 핵개발 가능성 때문이었다.[34]

물론 경수로를 이용한 무기급 플루토늄 생산을 실제로 시도한 나라는 아직 없다. 그 이유는 무엇보다도, 그럴 가능성이 있는 나라에는 아예 경수로를 수출하지 않는 것이 국제적 관행이기 때문이다. 그러나 경수로를 이용한 핵개발이 이론상 문제가 없다는 것은 부인하기 어려운 엄연한 사실로 남아 있다. 경수로 연료봉에서 무기급 플루토늄을 추출하는 것은 지극히 간단하다. 수명이 45개월인 연료봉을 9개월만 연소시키고 꺼내서 재처리하면 된다. 이와 관련된 기술적 사항을 간략히 설명하자면 아래와 같다.

---

34 북한에는 경수로를 제공하면서 이란에 대한 러시아의 경수로 수출에는 반대한 클린턴 행정부의 이중적 정책에는 상당한 모순점이 있었다. 미국은 러시아에 대해 이런 모순점을 끝내 납득시킬 수 없었고, 러시아는 미국의 반대를 무시하고 이란에 대한 경수로 수출을 강행했다. 2002년부터 불거진 이란 핵문제는 바로 러시아가 수출한 경수로로부터 파생되고 있다.

경수로에서 핵연료봉이 연소되면 연료봉에 포함된 U^{238}이 Pu^{239}로 변화되기 시작하는데, 이것이 바로 플루토늄핵탄을 만드는 문제의 핵물질이다. 연료봉의 연소기간이 길수록 연료봉에 포함된 플루토늄(Pu)의 총량은 시간에 비례하여 많아진다. 그러나 시간이 갈수록 Pu^{239}는 다시 점차 변질되어 핵분열반응을 일으키지 않는 Pu^{238}, Pu^{240} 등으로 변하기 시작한다. 즉, 시간이 갈수록 플루토늄 전체의 양은 늘어나지만 그 속에 포함된 핵분열물질인 Pu^{239}의 비율은 점점 줄어들게 된다.

다양한 플루토늄 원소들 속에 포함된 Pu^{239}의 비율을 편의상 플루토늄의 「순도」라 부르기로 하자. 핵무기 제조를 위해서는 Pu^{239}의 비율, 즉 플루토늄의 순도가 90% 이상이 되어야 한다. 한국표준형 원자로의 경우, 핵연료 속에 생성되는 플루토늄의 순도는 최초에는 거의 100%였다가 점점 낮아져서 약 9개월에 이르면 90%의 상태가 된다. 따라서 연료봉을 9개월 내에 꺼내서 재처리하기만 하면 핵무기 생산에 필요한 무기급 플루토늄을 추출할 수 있다. 앞서 설명한 바와 같이 연소기간이 길수록 플루토늄의 양은 많아지기 때문에, 연료봉을 9개월간 정상적으로 연소시킨 후 꺼내어 재처리하면 가장 많은 양의 무기급 플루토늄을 분리해낼 수 있다는 말이 된다. 이를 도표로 그리면 다음 쪽에 있는 그림과 같다.

미국 핵전문가들의 연구보고서에 따르면, 15개월 간격으로 교체되는 한국표준형 경수로의 핵연료봉 다발 59개를 9개월 만에 꺼내서 재처리할 경우, 순도 90%인 무기급 플루토늄 약 50kg을 생산할 수 있다.[35] 이것은 북한이 2007년 현재 보유하고 있는 것으로 추정되고 있는 플루토늄의 총량과

---

35 여기서 인용하는 모든 플루토늄 수치와 기술적 사항들은 2001년 4월 스탠퍼드 대학 주관으로 미국 핵전문가 10명이 공동집필한 연구보고서 「제네바합의의 검증Verifying the Agreed Framework」에 기술된 사항을 인용한 것이다.

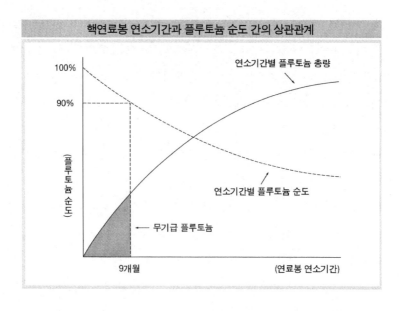

핵연료봉 연소기간과 플루토늄 순도 간의 상관관계

100%

90%

(플루토늄 순도)

연소기간별 플루토늄 총량

연소기간별 플루토늄 순도

무기급 플루토늄

9개월

(연료봉 연소기간)

거의 같은 양이다. 1,000MW 경수로에 장착되는 핵연료봉 다발 177개를 모두 9개월만 연소시키고 한꺼번에 재처리한다고 가정할 경우, 약 150kg (50kg×3)의 플루토늄이 생성된다. 1,000MW 경수로 2기를 모두 같은 방식으로 운용할 경우에는 무기급 플루토늄 생산량이 300kg에 이른다. 핵무기 제조에 통상 6~8kg의 농축플루토늄이 소요됨을 감안하면, 이는 핵무기 40~50개에 해당되는 양이다.

무기급 플루토늄 생산에 구태여 9개월이라는 기간이 필요한 것도 아니다. 연료봉의 연소기간이 짧을수록 양은 적지만 더욱 순도 높은 플루토늄을 생산할 수 있다. 예컨대 연료봉을 모두 3개월만 연소시키고 재처리한다면, 플루토늄 총량은 이론상 약 1/3인 100kg 미만이 되겠지만, 순도는 90%보다 훨씬 높아서 보다 고품질의 핵무기 생산이 가능하게 된다.

경수로를 이용한 대규모 핵개발 가능성을 어떻게 다룰 것인가 하는 것은 결국 판단과 선택의 문제로 귀착된다. 기본적으로는 그 경수로를 사용하게 될 북한의 의지에 달린 문제이며, 한국을 포함한 다른 나라들이 북한의 의지를 어떻게 평가할 것인가의 문제이기도 하다. 이에 대한 판단과 선택을 하는 데 가장 어려운 점은 선택의 진정한 주체가 한국도 미국도 아닌 북한이라는 점에 있다.

사실 경수로의 이러한 잠재적 위험성에 관한 찬반논의는 새로운 것이 아니다. 제네바합의 형성과정에 참여했던 미국 협상대표들도 그러한 우려 자체를 부인하지는 않았다. 그러나 당시 한미 양국의 북한 전문가들 사이에 유행병처럼 풍미하던 북한 조기붕괴론의 영향으로 그런 우려는 한국에서나 미국에서나 심각한 고려의 대상이 되지 못했다. 제네바합의에 따른 경수로 건설 기간 10년은 그들에게는 충분히 긴 시간이었던 것이다. 그 10년의 기간 동안 경수로를 완공해도 아무 문제가 없을 만큼 북한이 변화될 수도 있었고, 북한의 붕괴나 또는 다른 어떤 이유로 경수로의 완공이 불필요한 상황이 도래할 수도 있었다.

경수로와 미국의 핵수출 통제체제

대북한 경수로 제공 문제를 논함에서 간과될 수 없는 중요한 사항 중 하나는 핵수출 통제를 규정한 미국 국내법 규정이다. 1954년 제정된 미국의 「원자력법Atomic Energy Act」에는 미국산 핵물질이나 핵장비, 핵시설의 수출을 통제하는 엄격한 원칙들이 규정되어 있다. 이러한 원칙의 적용은 한·미·일 3국의 대북한 경수로 지원의 경우에도 예외가 될 수 없었다. 북한에 건설하려 했던 이른바 한국표준형 경수로는 원천기술이 미국 「컴버스천 엔지니어링Combustion Engineering」의 모델이고 핵심부품 특허를 상당 부분 미국이 보유하고 있어, 미국 「원자력법」의 적용을 피할 수 없었다.

미국이 원자력의 평화적 이용에 관해 외국과 협력할 때는 반드시 그 나라와 원자력협력협정을 체결하고 상하원의 동의를 받아야 하는 것이 확립된 관행이다. 1994년의 제네바합의에도 제1조 1항에 미북 원자력협력협정 체결 필요성이 명기되어 있다. 말하자면, 원자력협력협정이 체결되어야 북한에 건설되는 한국표준형 경수로를 완성할 수 있는 핵심부품이나 핵연료가 미국으로부터 공급될 수 있는 것이다. 미국 「원자력법」에는 미국이 원자력협력협정을 체결할 수 있는 대상국의 요건과 의무사항이 엄격히 규정되어 있는데, 중요한 사항을 몇 가지 열거해보면 다음과 같다.

- 협정상대국은 이전받은 모든 핵물질에 대한 안전조치의 유지를 보장해야 한다.
- 협정상대국 내의 모든 핵물질에 대한 IAEA의 안전조치가 유지되어야 한다.
- 협정상대국이 핵실험을 하거나 IAEA와의 안전조치협정을 파기하는 경우, 미국은 이전된 모든 핵물질, 장비와 이를 이용하여 생산한 모든 핵물질의 반환을 요구할 권리를 가진다.
- 협정상대국은 이전받은 핵물질과 이를 이용하여 생산한 핵물질을 미국의 사전동의 없이 재처리하거나 농축하지 않을 것을 보장해야 한다.
- 협정상대국은 미국의 사전동의 없이 20% 이상 농축된 U^{235}를 비축하지 않을 것을 보장해야 한다.

한 가지 특기할 만한 점은, 미국과 원자력협력협정을 체결할 경우 단순히 NPT 협정상의 핵무기 불제조 의무를 수락하는 데 그치는 것이 아니라, NPT 협정상 허용된 합법적 권리인 핵재처리나 우라늄농축까지 자발적으로 포기해야 한다는 점이다. 이러한 이유 때문에 미국으로부터 원자로를 도입한 한국은 단순한 연구 목적이라 할지라도 미국의 사전동의 없이는 우라늄농축이나 핵재처리를 할 수 없다. 미국의 사전동의라는 것은 사실상 금지를 의미한다.[36]

따라서 만에 하나 향후 국제사회가 새로운 핵합의에 따라 북한에 한국표준형 경수로를 제공하게 된다고 가정하더라도, 제네바합의의 경우와 마찬가지로 원자로 공사 일정상 국제적 수출통제의 대상이 되는 핵심부품이 북한에 반입되기 이전에 북한은 완벽한 핵투명성을 달성하고 미국과 원자력 협력협정을 체결해야 한다. 특히 북한은 핵재처리와 우라늄농축을 완전히 포기하고 은닉된 HEU 프로그램을 완벽하게 검증받아 해체해야 한다. 만일 북한이 이를 이행하지 않는다면, 북한에 건설되는 경수로는 다시 수십억 달러의 공사비만 소모한 채 미완성의 콘크리트와 고철 더미로 남게 될 수밖에 없다.

---

36 국내 원자력계 일각에서는 한국 정부가 1992년의 남북 비핵화공동선언을 통해 우라늄농축과 재처리를 포기함으로써 핵주권을 포기했다는 비판이 있으나, 이는 사실과 상이하다. 우라늄농축과 재처리는 남북 비핵화공동선언과 관계없이 한미 원자력협력협정에 의해 이미 오래전부터 금지된 사항이었고, 앞으로도 한국에 핵장비와 핵연료를 공급하는 미국 등 핵공급국들이 한국의 우라늄농축과 핵재처리를 허용할 가능성은 극히 희박하다.

미국 「원자력법」의 엄격한 규정에도 불구하고, 일본은 1980년대 중반 미국으로부터 일괄 사전동의를 받아 경수로 연료봉 제조와 고속증식로 연구 등을 위한 상업적 차원의 핵재처리와 우라늄농축활동을 하고 있다. 이로 인해 학계나 언론에서 일본의 핵무장 가능성이 간헐적으로 제기되고 있기도 하다.

일본은 현재 연간 재처리용량 900톤에 달하는 대규모의 2개 상업용 재처리시설(도카이, 로카쇼무라)을 보유하고 있고, 경수로 연료봉 생산을 위해 연간 처리능력 약 1,500톤에 달하는 상업용 우라늄농축시설(로카쇼무라)도 보유하고 있다. 이에 더하여, 일본은 국내 또는 해외에서 재처리한 농축플루토늄을 43.1톤(2006년 기준) 보유하고 있고, 이 중 5.7톤을 국내에, 나머지는 영국(15.9톤), 프랑스(21.5톤)에 위탁보관하고 있는데, 이 플루토늄의 존재가 일본의 핵무장 가능성 논의의 중심이 되고 있다.

일본에 보관 중인 플루토늄 5.7톤은 IAEA 기준(핵무기 1개당 플루토늄 8kg)으로 환산할 때 핵무기 700여 개를 제조할 수 있는 엄청난 양이지만, 원자로에서 완전 연소된 연료봉으로부터 추출된 까닭에 순도(Pu^{239}의 농도)가 너무 낮아 핵무기 제조용으로는 부적절하다. 그러나 일본은 마음만 먹으면 기존의 상업용 재처리시설과 우라늄농축시설을 이용해 엄청난 양의 핵무기용 핵물질을 생산할 수 있다.

이러한 막대한 잠재적 능력에도 불구하고 일본이 핵무장을 실제로 단행하기는 매우 어려울 것으로 판단되는 중요한 이유들이 있다. 일본의 핵무장 가능성에 관한 세간의 논의는 이런 문제점들은 고려하지 않은 채, 핵무기 제조에 아무 도움이 안 되는 플루토늄 보유고에만 초점이 맞추어져 있다.

첫째, 일본이 핵무장을 단행할 경우, 이는 NPT 협정과 미·일 원자력협력협정에 대한 명백한 위반이 되므로 유엔 안보리와 미국의 정치적·경제적 제재조치가 예상된다. 둘째, 일본이 핵무장을 통해 NPT 협정과 미·일 원자력협력협정을 위반할 경우, 이들 협정상의 규정에 따라 일본에 대한 국제사회의 핵연료(우라늄) 공급과 원전용 각종 시설, 부품의 공급이 즉각 중단된다. 원자력 발전 의존도가 높은 일본으로서는 이에 따른 엄청난 전력생산 손실을 감내해야 한다.

이와 같은 사실들을 감안할 때, 일본은 대외관계와 국내경제의 파탄을 감수하고서라도 핵개발을 강행할 수밖에 없는 극단적 안보위기에 처하지 않는 한 핵무장을 선택하기 어려울 것으로 보인다.

1956. 3	소련·북한 「원자력의 평화적 이용에 관한 협정」 체결
1963. 6	북한, 소련으로부터 실험용원자로 IRT-2000 도입(1965년 완공, 가동)
1964. 2	북한, 영변 원자력 연구단지 설립
1974. 9	북한, IAEA 가입
1975. 4. 23	한국, 핵비확산조약(NPT) 가입
1977. 9	북한-IAEA, IRT-2000에 관한 부분안전조치협정 체결
1978. 7. 20	한국 최초 경수로 고리원전 1호기 준공
1979	북한, 영변에 5MW 원자로 건설 개시
1982	미국 정보당국, 북한의 영변 핵시설 건설을 최초 포착
1983	북한, 영변에서 고폭실험 실시 개시
1983. 10. 9	북한, 미얀마 아웅산묘소 폭파사건(전두환 대통령 암살 미수)
1984. 4. 23	북한, Scud-B 미사일 시험발사 성공(사거리 300km)
1985	북한, 50MW 원자로 착공(1995년 완공 계획)
1985. 12	소련·북한 「원자력발전소 건설을 위한 경제기술협력 협정」 체결
1985. 12	북한, 핵비확산조약(NPT) 가입
1986	북한, 재처리시설 착공(1992년 완공)
1986. 5. 7	북한, Scud-C 미사일 시험발사 성공(사거리 500km)
1986. 10	북한, 5MW 원자로 완공, 본격가동 개시
1987. 11. 29	북한, 대한항공 여객기 공중폭파(김현희 사건)
1988. 1. 20	미국, 대한항공기 폭파사건 관련 대북한 제재조치 (테러지원국 지정 등)
1988. 2. 25	한국, 노태우 정부 출범
1989	북한, 200MW 원자로 착공(1996년 완공 계획)
1989. 1. 21	미국, 부시 행정부 출범
1989. 9. 15	프랑스 상업위성 SPOT 2호, 영변 핵시설 사진 공개
1989. 12~1990. 7	북한, 3차에 걸쳐 IAEA와 안전조치협정체결 교섭
1990. 9. 30	한·소련 수교
1991. 9. 12	IAEA 이사회, 북한의 안전조치협정 서명을 촉구하는 결의안 채택
1991. 9. 17	남북한 유엔 동시가입
1991. 9. 27	부시 미국 대통령, 해외배치 지상 및 해상 전술핵무기 철수 선언
1991. 10. 5	고르바초프 소련 대통령, 전술핵무기 전면 철수 선언
1991. 11. 8	노태우 대통령, 「한반도 비핵화와 평화구축을 위한 선언」 발표
1991. 11. 25	북한 외교부 성명(주한미군 핵무기 철수 시 안전조치협정 서명 천명)
1991. 12. 18	노태우 대통령, 한국 내 핵무기 부재 선언
1991. 12. 25	소련연방 해체, 독립국가연합(CIS) 창설
1991. 12. 26	제1차 판문점 남북 핵협상
1991. 12. 28	제2차 판문점 남북 핵협상

1991. 12. 31	제3차 판문점 남북 핵협상(남북 비핵화공동선언 가서명)
1992. 1. 7	북한 외교부 대변인, 안전조치협정 서명 및 IAEA 핵사찰 수용 발표
1992. 1. 7	한미 양국, 1992년도 팀스피리트 훈련 중단 발표
1992. 1. 20	남북 비핵화공동선언 공식서명
1992. 1. 22	미북 뉴욕 고위급접촉(캔터 국무차관-김용순 당국제부장)
1992. 1. 30	북한-IAEA 안전조치협정 서명(1992. 4. 10 발효)
1992. 2. 19	남북 기본합의서 및 남북 비핵화공동선언 발효(제6차 남북 고위급회담)
1992. 3. 19	남북 핵통제공동위원회(JNCC) 제1차 회의
1992. 4. 10	북한 최고인민회의, IAEA 안전조치협정 비준
1992. 5. 4	북한, IAEA에 최초 보고서 제출(16개 핵시설 신고)
1992. 5. 11~16	IAEA 사무총장 방북 시 미신고시설에 대한 IAEA 사찰관 방문 허용 촉구
1992. 5. 23~6. 5	제1차 IAEA 대북한 임시핵사찰
1992. 7. 2	부시 대통령, 해외 전술핵무기 철수완료 선언
1992. 7. 10	북한-IAEA 핵사찰보조약정 발효
1992. 7. 7~20	제2차 IAEA 대북한 임시핵사찰(불일치의 증거 최초 포착)
1992. 8. 24	한 · 중 수교 발표
1992. 8. 29~9. 12	제3차 IAEA 대북한 임시핵사찰(2개 미신고시설 시찰)
1992. 11. 2~14	제4차 IAEA 대북한 임시핵사찰(북한, 미신고시설 재방문 거부)
1992. 12. 14~19	제5차 IAEA 대북한 임시핵사찰
1992. 12. 17	제13차 남북 핵통제공동위원회 회의(이 회의를 끝으로 남북 핵협상 단절)
1992. 12. 21	북한, 제9차 남북 고위급회담 일방적 취소(남북 고위급회담 단절)
1992. 12. 22	IAEA, 북한에 2개의 미신고시설 방문 허용 요청
1993. 1. 5	북한, IAEA의 2개 미신고시설 방문 요청 거부
1993. 1. 17~25	IAEA 대표단 방북, 2개 미신고시설 방문 허가 요청(북한, NPT 탈퇴 경고)
1993. 1. 20	미국, 클린턴 행정부 출범
1993. 1. 26~2. 6	제6차 IAEA 대북한 임시사찰(북한, 미신고시설 방문 요청 거부)
1993. 2. 10	IAEA, 북한에 특별사찰 요구 서한 발송
1993. 2. 15	북한, 특별사찰 수락불가 회신
1993. 2. 25	한국, 김영삼 정부 출범
1993. 2. 25	IAEA 이사회, 대북한 결의(두 개의 미신고시설에 대한 특별사찰 수락 요구)
1993. 3. 9~18	1993년도 팀스피리트 훈련 실시
1993. 3. 12	북한, NPT 탈퇴성명 발표
1993. 3. 18	IAEA 특별이사회, 대북한 결의(3. 31까지 특별사찰 수용 요구)
1993. 4. 1	IAEA 특별이사회, 북한의 안전조치협정 불이행을 유엔 안보리에 회부키로 결의
1993. 4. 1	NPT 기탁국(미 · 영 · 러) 공동성명 발표(북한의 NPT 탈퇴 철회 및 핵사찰 수용 촉구)

1993. 4. 8	유엔 안보리, 북한 핵문제 관련 의장성명 채택(NPT 회원국들의 의무 이행 촉구)
1993. 5. 8~16	제7차 IAEA 대북한 임시핵사찰
1993. 5. 11	유엔 안보리, 대북한 결의 825호 채택(NPT 탈퇴 재고 및 안전조치 이행 촉구)
1993. 5. 17~21	미북 고위급회담을 위한 뉴욕 예비 접촉
1993. 5. 29	북한, 노동미사일 시험발사 성공(사거리 1,000~1,300km, 탄두중량 700kg)
1993. 6. 2~11	제1단계 미북회담(뉴욕) 개최(북한의 NPT 탈퇴 효력정지 합의)
1993. 7. 14~19	제2단계 미북회담(제네바) 개최
1993. 8. 3~10	IAEA 사찰단 방북(북한의 방해로 사찰 실패)
1993. 8. 31~9. 4	북한-IAEA 평양 협의(북한의 거부반응으로 사찰방식 합의 실패)
1993. 9. 21~24	IAEA 이사회, 대북한 결의 채택(핵사찰 수용 촉구)
1993. 10. 1	IAEA 총회, 대북한 결의 채택(북한의 안전조치 이행 촉구)
1993. 11. 1	유엔 총회, 북한의 대IAEA 협조 촉구 결의 채택(찬성 140, 반대 1, 기권 1)
1994. 1. 7~25	안전조치 유지를 위한 북한-IAEA 실무협의
1994. 2. 15	북한-IAEA 협상 타결(북한, IAEA가 필요로 하는 모든 사찰활동 수락)
1994. 3. 10	IAEA, "방사화학실험실에 대한 북한의 사찰 거부로 핵물질 전용여부 확인 불능" 발표
1994. 3. 19	특사교환을 위한 제4차 남북 실무접촉(북한의 "불바다" 위협 발언으로 결렬)
1994. 3. 21	IAEA 특별이사회, 대북한 결의 채택(모든 IAEA 사찰의 즉각 수용 촉구)
1994. 3. 21	박길연 주유엔 북한대사, 안보리 제재결의 채택 시 전쟁선포로 간주한다고 경고
1994. 3. 21	한국 안보관계장관회의, 패트리어트 미사일 배치 및 팀스피리트 훈련 준비 결정
1994. 3. 21	한미 양국, 패트리어트 미사일 배치 합의, 발표
1994. 3. 22	한국군 특별경계강화령 발동
1994. 3. 23	주중 북한대사, 미국이 대북 압력을 중단하지 않을 경우 한반도 전쟁 재발 경고
1994. 3. 24	IAEA 사무총장, 대북한 핵사찰 결과를 안보리에 보고
1994. 3. 24	러시아, 북한 핵문제 해결을 위한 8자회담 제의(6개국+유엔+IAEA)
1994. 3. 31	유엔 안보리 의장성명 채택(북한의 IAEA 핵사찰 수용 촉구)
1994. 4. 28	북한, 평화협정 체결을 위한 미북 협상 제의(외교부 성명)
1994. 5. 4	북한, 5MW 원자로 연료봉 무단인출 개시
1994. 5. 17	IAEA 사찰단, 방사화학실험실 등 사찰 실시
1994. 5. 27	IAEA 사무총장, 유엔 안보리에 "5MW 원자로 연료봉의 추후 계측 가능성 상실" 보고
1994. 6. 3	강석주 북한 외교부 부부장, 대북한 경제제재 채택 시 선전포고로 간주한다고 발표
1994. 6. 10	IAEA 이사회, 대북한 제재결의 채택(의료 분야를 제외한 대북한 기술협력 중단)

1994. 6. 13	북한 외교부 대변인, IAEA 탈퇴 선언
1994. 6. 15~18	카터 전 대통령 방북(김일성 면담)
1994. 7. 8	제3단계 1차 미북회담(제네바)
1994. 7. 8	김일성 사망
1994. 8. 5~12	제3단계 2차 미북회담(제네바)
1994. 8. 15	김영삼 대통령, 북한이 핵투명성 보장 시 경수로 지원용의 천명 (8. 15 경축사)
1994. 9. 23~10. 17	제3단계 3차 미북회담(제네바)
1994. 10. 17	미북 제네바합의 문안 타결
1994. 10. 20	클린턴 대통령, 북한에 경수로 건설 보장서한 송부
1994. 10. 21	미북 제네바합의의^{Agreed Framework} 서명
1995. 1. 15	미국, 북한에 대체에너지(중유) 제공 개시
1995. 1. 21	미국, 대북한 경제제재 일부완화 발표
1995. 3. 9	KEDO(한반도에너지개발기구) 창설(뉴욕)
1995. 3. 25~4. 20	미북 제1차 경수로 전문가회담(베를린)(원자로 노형문제 등 이견으로 결렬)
1996. 4. 5	북한, 비무장지대 무효화 선언(판문점 중화기 반입 등 무력시위)
1995. 5. 19~6. 13	미북 제2차 경수로 전문가회담(쿠알라룸푸르)(한국표준형 경수로 건설 합의)
1995. 8. 15~22	제1차 KEDO 부지조사단 파견(신포)
1995. 12. 15	KEDO-북한 경수로공급협정 서명
1996	북한, 노동미사일 실전배치
1996. 9. 18	북한 잠수함 강릉 침투사건(KEDO, 3개월간 경수로 부지조사 작업 중단)
1996. 9. 23	북한-IAEA 실무협의(북한, 과거 핵활동 규명을 위한 핵사찰 거부)
1996. 10. 29	유엔총회, 북한의 IAEA 안전조치협정 이행 촉구 결의
1996. 12. 29	북한, 강릉 잠수함 침투사건 관련 사과성명 발표
1997. 5. 31	북한, 서해상에서 크루즈미사일 시험발사 성공
1997. 8. 19	신포 경수로 부지공사 착공
1997. 10. 31	북한, 5MW 원자로 사용후연료봉 8,000개 봉인 완료
1998. 2. 25	한국, 김대중 정부 출범
1998. 8. 31	북한, 대포동1호 미사일 시험발사
1998. 11. 9	KEDO 집행이사회, 경수로 재원분담 합의
1999.	북한, 파키스탄으로부터 우라늄농축기술 및 원심분리기 샘플 도입
1999. 5. 20~24	미국 대표단, 제1차 금창리 지하 의혹시설 방문
1999. 5. 25~28	페리 대북정책조정관 방북
1999. 6. 6~15	남북한 해군 제1차 연평해전
1999. 9. 17	미국, 대북한 경제제재 완화 발표
2000. 2. 3	신포 경수로 본공사 착공
2000. 3. 23	북한, 「서해 5개 섬 통항질서」 공포(서해 5도에 출입하는 2개 항로 지정)

2000. 5. 24~25	미국 대표단 제2차 금창리 지하 의혹시설 방문
2000. 6. 13~15	제1차 남북정상회담(평양, 6·15 남북공동성명 채택)
2000. 6. 19	미국, 대북한 제재조치 대폭 완화 발표(미사일 모라토리엄[moratorium]에 대한 반대급부)
2000. 10. 23~25	올브라이트 미 국무장관 북한 방문
2001. 1. 20	미국, 제1기 부시 행정부 출범
2002. 1. 19	부시 대통령, 국정연설에서 북한을 「악의 축[axis of evil]」으로 지칭
2002. 9. 17	고이즈미 일본 총리, 제1차 방북(일북 평양선언 채택)
2002. 6. 29	남북한 해군 제2차 연평해전(한국군 6명 사망, 18명 부상)
2002. 7. 31	미국, 미북 외교장관 회담 시(브루나이) 북한의 고농축우라늄(HEU) 프로그램 의혹 제기
2002. 10. 3~5	제임스 켈리 미 정부 특사 방북(북한, HEU 프로그램 보유 시인)
2002. 10. 15	일본인 납북자 5명 일본 귀환
2002. 10. 17	미국, 북한의 HEU 프로그램 시인 사실 발표
2002. 10. 27	한·미·일 3국 정상, 북한의 HEU 프로그램 폐기 촉구(3국 정상회담 공동발표문)
2002. 11. 14	KEDO 집행이사회, 대북한 중유공급 중단 발표
2002. 12. 11	스페인 군함, 인도양 공해상에서 미사일을 적재한 예멘행 북한 화물선 나포
2002. 12. 12	북한, 핵동결 해제 선언(외무성 대변인 담화)
2002. 12. 21	북한, 5MW 원자로 동결 해제(12. 23 방사화학실험실, 12. 24 핵연료공장 동결 해제)
2002. 12. 26	북한, IAEA 사찰관 3명 추방 통보
2003. 1. 10	북한, NPT 탈퇴 선언(정부성명)
2003. 1. 27~29	임동원 대통령특사 방북, 김대중 대통령 친서 전달
2003. 1. 28	북한 외무성 대변인, 북한의 HEU 프로그램 보유 의혹을 부인하는 담화 발표
2003. 2. 25	한국, 노무현 정부 출범
2003. 2. 26	북한, 5MW 원자로 재가동
2003. 4. 18	북한 외무성 대변인, 8,000개 연료봉 재처리가 마무리 단계라고 언급(조선중앙통신)
2003. 4. 23~25	북한 핵문제에 관한 북·미·중 3자회담(베이징)
2003. 5. 25	북한, 북핵문제 해결을 위한 6자회담 수용 천명
2003. 6. 12	대량파괴무기 확산방지구상(PSI) 창설회의(마드리드, 11개국 참가)
2003. 8. 27~29	제1차 6자회담(베이징)
2003. 10·3	북한, 연료봉 8,000개 재처리 완료 발표(외무성 대변인)
2003. 11	북한, 경수로 부지 내 건설장비 및 물자 반출 금지
2003. 12. 1	KEDO, 금호지구 경수로공사 1년간 잠정 중단
2004. 2. 2	파키스탄 정부, 칸[A. Q. Khan] 박사의 대북한 우라늄농축기술 및 장비 제공사실 발표
2004. 2. 25~28	제2차 6자회담(베이징)
2004. 5. 22	고이즈미 일본 총리, 제2차 방북

2004. 6. 23~26	제3차 6자회담(베이징)
2004. 11. 26	KEDO, 경수로 공사중단 1년 추가연장
2005. 1. 18	라이스 국무장관 내정자, 인준청문회에서 북한을 「폭정의 전초기지」로 거명
2005. 1. 20	미국, 제2기 부시 행정부 출범
2005. 2. 10	북한, 핵무기 보유 공식발표 및 6자회담 무기한 중단 선언(외무성 성명)
2005. 5. 11	북한, 5MW 원자로에서 연료봉 8,000개 인출완료 발표(외무성대변인 성명)
2005. 7	북한, 8,000개 연료봉의 재처리 완료(농축플루토늄 10~14kg 추가 추출)
2005. 7. 12	한국, 경수로사업 종결방침 및 200만kW 대북송전 구상 발표
2005. 7. 26~8. 7	제4차 6자회담 1단계 회의
2005. 9. 13~19	제4차 6자회담 2단계 회의(9·19 공동성명 합의, 발표)
2005. 9. 16	미국, 마카오 BDA^{Banco Delta Asia}를 「돈세탁 주요 우려기관」으로 공시
2005. 11. 9~11	제5차 6자회담 1단계 회의
2005. 11. 22	KEDO 집행이사회, 경수로사업 종결 및 청산절차 개시 결의
2006. 1. 8	신포지구 경수로 공사 인력 철수 완료
2006. 5. 31	KEDO, 경수로 공사 공식 종결
2006. 7. 5	북한, 대포동2호 미사일 시험발사(함경북도 무수단리)
2006. 7. 5	일본, 북한의 미사일 발사에 따른 대북한 제재조치 발표
2006. 7. 15	유엔 안보리, 대북한 규탄 결의 1695호 채택(미사일 시험발사 규탄)
2006. 9. 30	미 의회, 「북한 비확산법」 만장일치 채택
2006. 10. 3	북한, 핵실험 실시 방침 천명(외무성 성명)
2006. 10. 6	유엔 안보리, 북한의 핵실험 계획에 대해 경고하는 의장성명 채택
2006. 10. 9	북한, 최초 핵실험 실시(10:35, 함경북도 길주군 풍계리)
2006. 10. 14	유엔 안보리, 대북한 제재결의 1718호 채택(헌장 7장 원용)
2006. 10. 31	북·미·중 베이징 3자회동(6자회담 재개 합의)
2006. 11. 28	북·미·중 제2차 베이징 3자회동
2006. 12. 18~22	제5차 6자회담 2단계 회의
2006. 12. 19~20	BDA 금융제재 문제에 관한 미북회담(베이징)
2007. 1. 16~18	미북 베를린회담(힐 차관보-김계관 부상)
2007. 2. 8~13	제5차 6자회담 3단계 회의
2007. 2. 13	9·19 공동성명 이행을 위한 초기단계 조치 합의(2·13 합의)
2007. 3. 18	미국, BDA 북한자금 전액반환 방침 발표
2007. 4. 25	북한, 인민군창건기념일 퍼레이드에서 신형 중거리미사일 공개
2007. 6. 25	북한, BDA 예치금 전액 수령완료 확인 및 2·13 합의 이행방침 천명(외무성 대변인)
2007. 7. 13	북한, 유엔이 참여하는 미북 군사회담 제의(판문점대표부 담화)
2007. 7. 14	북한, 2·13 합의에 의거, 영변 5MW 원자로 등 핵시설 동결
2007. 7. 18~20	제6차 6자회담 1단계 회의

2007. 9. 6	이스라엘, 시리아 알키바르 원자로 건설현장 공습(건설현장 북한 핵기술자들 사망)
2007. 9. 27~30	제6차 6자회담 2단계 회의(「9·19 공동성명 이행 제2단계 조치」 합의)
2007. 10. 2~4	제2차 남북정상회담(「10·4 남북관계 발전과 평화번영을 위한 선언」 채택)
2007. 10·3	9·19 공동성명 이행을 위한 제2단계 조치 합의(10·3 합의)
2007. 11. 6	미·일 합동 SM-3 미사일 요격실험 성공
2007. 12. 3~5	힐 동아태차관보 방북(제2단계 조치 이행에 관한 부시 대통령 친서 전달)
2007. 12. 18	일본 해상자위대, SM-3 미사일 요격실험 성공
2008. 2. 25	한국 이명박 정부 출범
2008. 3. 28	북한, HEU 프로그램 보유 및 시리아와의 핵협력 의혹 부인(외교부대변인 담화)
2008. 4. 24	미국, 북한-시리아 핵협력 정보 공개
2008. 5. 8	북한, 미국 정부대표단에게 18,000페이지 분량의 핵시설 운영자료 제공
2008. 6. 26	북한, 중국 정부에 핵시설·핵물질 신고서 제출
2008. 6. 27	북한, 영변 5MW 원자로 냉각탑 폭파(불능화조치의 일환)
2008. 7. 10~12	6자회담 수석대표 회의(베이징)
2008. 7. 11	금강산 관광객 피격사망 사건 발생
2008. 7. 23	6자 외교장관회담 개최(싱가폴)
2008. 8. 11	미국, 대북한 테러지원국 지정 해제 발효 보류조치
2008. 8. 14	북한, 핵시설 불능화조치 중단
2008. 9. 3	북한, 영변 핵시설 복구작업 개시
2008. 9. 24	북한, 재처리시설 봉인 및 감시장비 제거 완료
2008. 10. 2	미·북한 핵시설신고 검증협상 타결(힐 차관보 방북)
2008. 10. 11	미국, 대북한 테러지원국 지정 해제 발표
2008. 11. 12	북한, 핵신고 검증을 위한 시료채취 거부입장 천명(외무성 성명)
2008. 12. 1	북한, 남북 간 육로통행 제한 및 직통전화 단절 조치(12·1 조치)
2008. 12. 8~10	6자회담 수석대표회의(베이징)
2009. 1. 20	미국 오바마 행정부 출범
2009. 1. 30	북한, 정치·군사적 긴장완화 및 NLL 관련 모든 남북합의 무효화 선언(조평통 성명)
2009. 3. 17	북한, 두만강 유역에서 미국 여기자 2명을 불법월경 혐의로 체포
2009. 3. 30	북한, 개성공단 근무 현대아산 직원 1명 억류
2009. 4. 5	북한, 장거리로켓(은하2호/광명성2호) 시험발사
2009. 4. 13	유엔 안보리, 북한의 장거리로켓 발사를 규탄하는 의장성명 채택
2009. 4. 14	북한, 6자회담 거부, 핵시설 원상복구, 연료봉 재처리 방침 발표(외무성 성명)
2009. 4. 16	북한, 영변 주재 IAEA 감시요원 추방
2009. 4. 25	북한, 사용후연료봉 재처리 개시 발표
2009. 4. 29	북한, 핵실험, ICBM 발사, 경수로연료 자체생산 방침 발표(외무성 성명)

2009. 5. 25	북한, 제2차 지하핵실험 실시(함경북도 길주군)
2009. 5. 26	한국, PSI 전면참여 선언(95번째 참여국)
2009. 5. 27	북한 인민군대표부, 한국의 PSI 참여 비난성명 발표
2009. 6. 12	유엔 안보리, 대북한 제재결의 1874호 채택(만장일치)
2009. 6. 13	북한, 안보리 제재결의 1874호 비난 및 우라늄농축 착수 방침 발표 (외무성 성명)
2009. 8. 4	클린턴 전 대통령 방북, 김정일 면담 및 미국 여기자 2명 석방 귀환
2009. 8. 13	북한, 3. 30 억류된 개성공단 현대아산 직원 석방
2009. 8. 21	북한, 남북간 육로통행제한조치(2008. 12. 1) 해제
2009. 11. 3	조선중앙통신, 연료봉 8,000개의 재처리를 8월 말 완료했다고 보도
2009. 11. 10	대청도 인근에서 북한의 도발로 남북 해군 간 무력충돌 발생(대청해전)
2009. 12. 21	북한, NLL 지역을 평시 해상사격구역으로 선포
2010. 3. 26	해군 초계함 천안함, 백령도 인근에서 북한 어뢰에 피격 침몰(46명 전사)
2010. 4. 23	북한, 금강산지구 내 정부 소유시설 몰수 및 관리인원 추방 방침 발표
2010. 5. 3~7	김정일 방중(베이징-다롄-톈진)
2010. 5. 20	한국, 천안함 사건 조사결과 발표
2010. 5. 24	한국, 천안함 사건 관련 대북한 제재조치 발표(남북교역 중단, 심리전 재개 등)
2010. 7. 9	유엔 안보리, 천안함 사건 관련 의장성명 발표
2010. 8. 30	미국, 대북한 추가 제재조치 발표
2010. 9. 28	김정은 후계체제 출범(제3차 북한 노동당 대표자회의)
2010. 11. 12	북한, 방북 중인 미국 과학자들에게 영변에 건설 중인 우라늄농축시설(원심분리기 2,000개)과 경수로(25~30MW) 공개
2010. 11. 23	북한, 연평도 포격도발(군인 2명, 민간인 2명 사망)
2011. 8. 22	북한, 금강산 관광지구 남측 재산 몰수 및 관리인원 추방
2011. 12. 17	김정일, 심근경색으로 사망(북한 측 발표)
2012. 2. 29	미.북한 2.29합의 (핵실험/미사일발사/우라늄농축 잠정중단, IAEA 감시단 입북허용 등 비핵화 사전조치 대가로 식량 24만톤 제공)
2012. 4. 11	김정은, 권력승계(노동당 제1비서, 중앙군사위 위원장 추대)
2012. 4. 13	북한, '핵보유국'이 명기된 개정헌법 채택, 제3차 장거리미사일 시험발사(은하3호) 실패
2012. 4. 17	북한, 2.29합의 백지화 선언 (4.13 미사일 시험발사에 따른 미국의 식량지원 중단조치에 반발)
2012. 12. 12	북한, 제4차 장거리미사일 시험 발사, 궤도진입 성공
2013. 1. 22	유엔 안보리, 대북한 제재결의 2087호 채택
2013. 2. 12	북한, 제3차 핵실험 실시
2013. 2. 25	한국, 박근혜 정부 출범
2013. 3. 8	유엔 안보리, 대북한 제재결의 2094호 채택 (북한의 핵/미사일 개발용 물자/자금 차단조치)
2013. 4. 2	북한, 영변 원자로 재가동 선언

1. 미 · 북한 제네바합의(1994. 10. 21)

Agreed Framework between the United States of America and the Democratic People's Republic of Korea

미합중국 대표단과 조선민주주의인민공화국 대표단은 1994년 9월 23일부터 10월 21일까지 제네바에서 한반도 핵문제의 전반적 해결을 위한 협상을 가졌다.

양측은 비핵화된 한반도의 평화와 안전을 확보하기 위해서는 1994년 8월 12일 미국과 북한 간의 합의 발표문에 포함된 목표의 달성과 1993년 6월 11일 미국과 북한 간 공동발표문상의 원칙의 준수가 중요함을 재확인했다. 양측은 핵문제 해결을 위해 다음과 같은 조치들을 취하기로 결정했다.

1. 양측은 북한의 흑연감속 원자로 및 관련시설을 경수로 원자로 발전소로 대체하기 위해 협력한다.
   (1) 미국 대통령의 1994년 10월 20일자 보장서한에 의거하여, 미국은 2003년을 목표시한으로 총 발전용량 약 2,000MWe의 경수로를 북한에 제공하기 위한 조치를 주선할 책임을 진다.
   - 미국은 북한에 제공할 경수로의 재정조달 및 공급을 담당할 국제 컨소시엄을 미국의 주도하에 구성한다. 미국은 동 국제 컨소시엄을 대표하여 경수로 사업을 위한 북한과의 주 접촉선 역할을 수행한다.
   - 미국은 국제 컨소시엄을 대표하여 본 합의문 서명 후 6개월 내에 북한과 경수로 제공을 위한 공급계약을 체결할 수 있도록 최선의 노력을 경주한다. 계약 관련 협의는 본 합의문 서명 후 가능한 조속한 시일 내 개시한다.
   - 필요에 따라, 미국과 북한은 핵에너지의 평화적 이용 분야에 있어서의 협력을 위한 양자협정을 체결한다.

(2) 1994년 10월 20일자 대체에너지 제공 관련 미국의 보장서한에 의거 미국은 국제 컨소시엄을 대표하여 북한의 흑연감속 원자로 동결에 따라 상실될 에너지를 첫 번째 경수로 완공 시까지 보전하기 위한 조치를 주선한다.

- 대체에너지는 난방과 전력생산을 위해 중유로 공급된다.
- 중유의 공급은 본 합의문 서명 후 3개월 내 개시되고 양측 간 합의된 공급일정에 따라 연간 50만 톤 규모까지 공급된다.

(3) 경수로 및 대체에너지 제공에 대한 보장서한 접수 즉시 북한은 흑연감속원자로 및 관련 시설을 동결하고, 궁극적으로 이를 해체한다.

- 북한의 흑연감속원자로 및 관련 시설의 동결은 본 합의문 서명 후 1개월 내에 완전 이행된다. 동 1개월 동안 및 전체 동결 기간 중 IAEA가 이러한 동결 상태를 감시하는 것이 허용되며, 이를 위해 북한은 IAEA에 대해 전적인 협력을 제공한다.
- 북한의 흑연감속원자로 및 관련 시설의 해체는 경수로 사업이 완료될 때 완료된다.
- 미국과 북한은 5MWe 실험용원자로에서 추출된 사용후연료봉을 경수로 건설기간 동안 안전하게 보관하고, 북한 내에서 재처리하지 않는 안전한 방법으로 동 연료가 처리될 수 있는 방안을 강구하기 위해 상호 협력한다.

(4) 본 합의 후 가능한 조속한 시일 내에 미국과 북한의 전문가들은 두 종류의 전문가 협의를 가진다.

- 한쪽의 협의에서 전문가들은 대체에너지와 흑연감속 원자로의 경수로로의 대체와 관련된 문제를 협의한다.
- 다른 한쪽의 협의에서 전문가들은 사용후연료봉의 보관 및 궁극적 처리를 위한 구체적 조치를 협의한다.

2. 양측은 정치적, 경제적 관계의 완전 정상화를 추구한다.

(1) 합의 후 3개월 내에 양측은 통신 및 금융거래에 대한 제한을 완화시켜 나간다.
(2) 양측은 전문가급 협의를 통해 영사 및 여타 기술적 문제가 해결된 후에 쌍방 수도에 연락사무소를 개설한다.
(3) 미국과 북한은 상호 관심사항에 대한 진전이 이루어짐에 따라 양국 관계를

대사급으로까지 격상시켜 나간다.

3. 양측은 핵이 없는 한반도의 평화와 안전을 위해 함께 노력한다.

　　(1) 미국은 북한에 대한 핵무기 불위협 또는 불사용에 관한 공식 보장을 제공한다.

　　(2) 북한은 한반도 비핵화공동선언을 이행하기 위한 조치를 일관성 있게 취한다.

　　(3) 본 합의문이 대화를 촉진하는 분위기를 조성해나가는 데 도움을 줌에 따라 북한은 남북대화에 착수한다.

4. 양측은 국제적 핵비확산 체제 강화를 위해 함께 노력한다.

　　(1) 북한은 핵비확산조약(NPT) 당사국으로 잔류하며 동 조약상의 안전조치협정 이행을 허용한다.

　　(2) 경수로 제공을 위한 공급계약 체결 즉시, 동결 대상이 아닌 시설에 대하여 북한과 IAEA 간 안전조치 협정에 따라 임시사찰 및 일반사찰이 재개된다. 안전조치의 연속성을 위해 IAEA가 요청하는 사찰은 경수로 공급계약 체결 시까지 동결 대상이 아닌 시설에서 계속된다.

　　(3) 경수로사업의 중요 부분이 완료될 때, 그러나 주요 핵심부품의 인도 이전에, 북한은 북한 내 모든 핵물질에 관한 최초보고서의 정확성과 완전성을 검증 하는 것과 관련하여 IAEA와의 협의를 거쳐 IAEA가 필요하다고 판단하는 모 든 조치를 취하는 것을 포함하여 IAEA 안전조치협정(INFCRC/403)을 완전 히 이행한다.

1994년 10월 21일

2. 제4차 6자회담 공동성명(9 · 19 공동성명)(2005. 9. 19)

제4차 6자회담이 베이징에서 중화인민공화국, 조선민주주의인민공화국, 일본, 대한민국, 러시아연방, 미합중국이 참석한 가운데 2005년 7월 26일부터 8월 7일까지 그리고 9월 13일부터 19일까지 개최되었다.

우다웨이 중화인민공화국 외교부 부부장, 김계관 조선민주주의인민공화국 외무성 부상, 사사에 켄이치로 일본 외무성 아시아대양주 국장, 송민순 대한민국 외교통상부 차관보, 알렉세예프 러시아 외무부 차관, 그리고 크리스토퍼 힐 미합중국 국무부 동아태차관보가 각 대표단의 수석대표로 동 회담에 참석했다.

우다웨이 부부장은 동 회담의 의장을 맡았다.

한반도와 동북아시아 전반의 평화와 안정이라는 대의를 위해, 6자는 상호 존중과 평등의 정신하에, 지난 3회에 걸친 회담에서 이루어진 공동의 이해를 기반으로, 한반도의 비핵화에 대해 진지하면서도 실질적인 회담을 가졌으며, 이러한 맥락에서 다음과 같이 합의했다.

1. 6자는 6자회담의 목표가 한반도의 검증가능한 비핵화를 평화적인 방법으로 달성하는 것임을 만장일치로 재확인했다.

   조선민주주의인민공화국은 모든 핵무기와 현존하는 핵계획을 포기하고 조속한 시일 내에 핵확산금지조약(NPT)과 국제원자력기구(IAEA)의 안전조치에 복귀할 것을 공약했다.

   미합중국은 한반도에 핵무기를 갖고 있지 않으며, 핵무기 또는 재래식 무기로 조선민주주의인민공화국을 공격 또는 침공할 의사가 없다는 것을 확인했다.

   대한민국은 자국 영토 내에 핵무기가 존재하지 않는다는 것을 확인하면서, 1992년도 「한반도의 비핵화에 관한 남 · 북 공동선언」에 따라, 핵무기를 접수 또는 배비하지 않겠다는 공약을 재확인했다.

   1992년도 「한반도의 비핵화에 관한 남북공동선언」은 준수, 이행되어야 한다.

조선민주주의인민공화국은 핵에너지의 평화적 이용에 관한 권리를 가지고 있다고 밝혔다. 여타 당사국들은 이에 대한 존중을 표명했고, 적절한 시기에 조선민주주의인민공화국에 대한 경수로 제공 문제에 대해 논의하는 데 동의했다.

2. 6자는 상호 관계에 있어 국제연합헌장의 목적과 원칙 및 국제관계에서 인정된 규범을 준수할 것을 약속했다.

조선민주주의인민공화국과 미합중국은 상호 주권을 존중하고, 평화적으로 공존하며, 각자의 정책에 따라 관계정상화를 위한 조치를 취할 것을 약속했다.

조선민주주의인민공화국과 일본은 평양선언에 따라, 불행했던 과거와 현안사항의 해결을 기초로 하여 관계 정상화를 위한 조치를 취할 것을 약속했다.

3. 6자는 에너지, 교역 및 투자 분야에서의 경제협력을 양자 및 다자적으로 증진시킬 것을 약속했다.

중화인민공화국, 일본, 대한민국, 러시아연방 및 미합중국은 조선민주주의인민공화국에 대해 에너지 지원을 제공할 용의를 표명했다.

대한민국은 조선민주주의인민공화국에 대한 200만 킬로와트의 전력공급에 관한 2005년 7월 12일자 제안을 재확인했다.

4. 6자는 동북아시아의 항구적인 평화와 안정을 위해 공동 노력할 것을 공약했다.

직접 관련된 당사국들은 적절한 별도 포럼에서 한반도의 항구적 평화체제에 관한 협상을 가질 것이다.

6자는 동북아시아에서의 안보협력 증진을 위한 방안과 수단을 모색하기로 합의했다.

5. 6자는 「공약 대 공약」, 「행동 대 행동」 원칙에 입각하여 단계적 방식으로 상기 합의의 이행을 위해 상호 조율된 조치를 취할 것을 합의했다.

6. 6자는 제5차 6자회담을 11월 초 베이징에서 협의를 통해 결정되는 일자에
   개최하기로 합의했다.

2005년 9월 19일

3. 유엔 안보리 대북한 결의 1695호(2006. 7. 15)

안전보장이사회는

1993년 5월 11일자 안보리 결의 825호 및 2004년 4월 28일자 안보리 결의 1540호를 재확인하며,

한반도 및 동북아에서의 평화와 안정 유지의 중요성을 명심하며,

핵무기·화학무기·생물무기 및 운반수단의 확산이 국제평화와 안전에 대한 위협임을 재확인하며,

조선민주주의인민공화국의 탄도미사일 발사에 대해, 그러한 탄도미사일 체계가 핵무기·화학무기·생물무기 탄두의 운반수단으로 사용될 잠재성을 고려하여 엄중한 우려를 표명하며,

조선민주주의인민공화국이 미사일 발사 모라토리엄 유지 공약을 위반한 데 대해 심각한 우려를 제기하며,

조선민주주의인민공화국이 적절한 사전통보를 제공하지 않음으로써 민간항공 및 선박 운항을 위태롭게 한 데 대해 추가적 우려를 표명하며,

조선민주주의인민공화국이 근시일 내 탄도미사일 추가발사를 시사한 데 대해 심각한 우려를 표명하며,

금번 상황의 평화적, 외교적 해결에 대한 희망을 표명하며, 그리고 안보리 이사국 및 여타 유엔 회원국들의 대화를 통한 평화적, 포괄적 해결을 촉진하려는 노력을 환영하며,

조선민주주의인민공화국이 1998년 8월 31일 일본 근해에 낙하한 미사일 추진 물체를 역내 국가들에 대한 사전통보 없이 발사하였음을 상기하며,

조선민주주의인민공화국의 NPT 탈퇴 선언 및 NPT와 IAEA의 안전조치 의무에도 불구하고 핵무기를 추구해온 것을 개탄하며,

중국, 조선민주주의인민공화국, 일본, 대한민국, 러시아 및 미국이 2005년 9월 19일 발표한 공동성명 이행의 중요성을 강조하며,

특히 조선민주주의인민공화국이 핵무기를 개발했다는 주장에 비추어 동 미

사일 발사가 역내외의 평화, 안정 및 안보를 위태롭게 함을 확인하며,

국제평화와 안전 유지를 위한 특별한 책임하에서 행동하며,

1. 현지 시각 2006년 7월 5일 조선민주주의인민공화국이 복수의 탄도미사일을 발사한 것을 규탄한다.

2. 조선민주주의인민공화국이 탄도미사일 프로그램과 관련된 모든 활동을 중단하고, 이러한 맥락에서 기존의 미사일 발사 모라토리엄 공약을 재확인해야 함을 요구한다.

3. 모든 회원국들이 미사일과 미사일 관련 물자, 자재, 상품 및 기술이 조선민주주의인민공화국의 미사일 또는 WMD 프로그램에 이전되는 것을 자국 법령에 따라 국제법에 부합되게, 주의를 기울이고 방지할 것을 요청한다.

4. 모든 회원국들이 조선민주주의인민공화국으로부터의 미사일과 미사일 관련 물자, 자재, 상품, 기술 조달 및, 조선민주주의인민공화국의 미사일 또는 WMD 프로그램과 관련된 금융자산의 이전을 자국 법령에 따라 국제법에 부합되게 주의를 기울이고 방지할 것을 요청한다.

5. 특히 조선민주주의인민공화국에 대해, 자제를 발휘하고 긴장을 고조시킬 수 있는 어떠한 행동도 삼갈 것과, 정치적 · 외교적 노력을 통해 비확산 우려를 해소하는 노력을 지속할 필요성을 강조한다.

6. 조선민주주의인민공화국이 전제조건 없이 6자회담에 즉시 복귀할 것과, 2005년 9월 19일 공동성명의 조속한 이행을 위해 노력할 것과, 특히 모든 핵무기 및 현존하는 핵프로그램을 포기할 것과, NPT 및 IAEA 안전조치에 조기 복귀할 것을 강력 촉구한다.

7. 6자회담을 지지하고 조속한 재개를 요청하며, 모든 회담 참가국들이 검증 가능한 한반도 비핵화를 평화적으로 달성하고 한반도 및 동북아의 평화와 안정을 유지하기 위해 2005년 9월 19일 공동성명의 전면 이행을 위한 노력을 강화할 것을 촉구한다.

8. 이 문제가 안보리에 계류됨을 결정한다.

2006년 7월 15일

4. 유엔 안보리 대북한 결의 1718호(2006. 10. 14)

안보리는,

안보리 결의 825호(1993), 결의 1540호(2004), 특히 1695호(2006)와 2006년 10월 6일 안보리 의장성명(S/PRST/2006/41)을 포함한 지난 관련 결의들을 상기하며,

핵, 화학, 생물 무기 및 그 운반수단의 확산이 국제사회의 평화와 안전에 대한 위협을 구성함을 재확인하며,

2006년 10월 9일 핵무기 실험을 실시했다는 조선민주주의공화국의 주장 및 동 실험이 야기하는 NPT 및 전 세계적 핵확산금지체제강화를 위한 국제사회의 노력에 대한 도전, 역내외의 평화와 안전에 야기하는 위험에 대해서 엄중한 우려를 표명하며,

국제 핵무기 비확산 체제가 유지되어야 한다는 확고한 신념을 표명하며, NPT에 따라 조선민주주의인민공화국은 핵보유국 지위를 보유할 수 없다는 점을 상기하며,

조선민주주의인민공화국의 NPT 탈퇴선언 및 핵무기 추구를 개탄하며,

조선민주주의인민공화국의 전제조건 없는 6자회담 복귀 거부를 추가적으로 개탄하며,

중국, 조선민주주의인민공화국, 일본, 대한민국, 러시아 및 미국이 2005년 9월 19일 발표한 공동성명을 지지하며,

조선민주주의인민공화국이 국제사회의 여타 안보 및 인권 관련 우려에 반응해야 하는 중요성을 강조하며,

조선민주주의인민공화국이 주장하는 핵실험이 역내외 긴장을 증대시켰다는 데 심각한 우려를 표명하며,

따라서 국제평화와 안전에 명백한 위협이 존재함을 결정하며,

유엔헌장 제7장하에 행동하며, 41조하에서 조치를 취한다.

1. 특히 1695호(2006)와 동 실험이 국제사회의 보편적인 규탄을 야기하며 국제사회의 평화와 안전에 명백한 위협이 된다는 내용을 포함한 2006년 10월 6일 안보리 의장성명(S/PRST/2006/41) 등 관련 안보리 결의를 극도로 무시한 조선민주주의인민공화국의 핵실험 선언을 규탄한다.

2. 어떤 추가적인 핵실험 또는 탄도미사일발사도 시행하지 않도록 조선민주주의인민공화국에 요구한다.

3. 조선민주주의인민공화국이 즉시 NPT 탈퇴발표를 철회하도록 요구한다.

4. 조선민주주의인민공화국이 조속한 시일 내에 NPT 및 IAEA 안전조치로 복귀할 것을 요구하고, NPT 모든 당사국이 동 조약상 의무를 계속 준수할 필요성을 강조한다.

5. 조선민주주의인민공화국이 탄도미사일 프로그램 관련 모든 활동을 중단하고 이러한 맥락에서 미사일 발사 모라토리엄에 대한 기존의 약속을 재확립하도록 다시금 요구한다.

6. 조선민주주의인민공화국이 IAEA에 의해 완전하고, 검증가능하며, 불가역적인 방식으로 핵무기 및 현존 핵프로그램을 포기해야 하고 NPT 당사국에 적용되는 의무 및 IAEA 안전조치협정(IAEA INFCIRC/403)의 규정 및 조건에 따라 엄격하게 행동해야 하며, IAEA에 의해서 요구되고 필요하다고 간주되는 경우 개인, 문서, 장비, 시설에 대한 접근을 포함한 상기요구조건 이상의 투명성 조치를 IAEA에 제공해야 함을 결정한다.

7. 조선민주주의인민공화국이 완전하고, 검증가능하며, 불가역적인 방식으로 여타 현존 WMD 및 탄도미사일 프로그램을 포기해야 함을 또한 결정한다.

8. 다음을 결정한다.

(a) 자국 영토를 통해서 또는 자국인에 의하거나 혹은 자국 국적 선박이나 항공기를 사용하여 조선민주주의공화국으로 아래 사항을, 그 원산지와 관계없이, 직접 또는 간접적으로 공급, 판매, 이전하는 것을 방지한다.

(i) 유엔재래식 무기등록제도상 목적으로 정의된 모든 탱크, 장갑전투차량, 대구경 대포, 군용항공기, 공격용 헬기, 전함, 미사일 또는 미사일 시스

템, 또는 이와 관련된 부속품을 포함한 물자 또는, 안보리 또는 본 결의 12항에 의해 구성되는 위원회(제재위원회, 이하 제재위)에 의해 결정되는 물자

(ii) 본 결의 채택 후 14일 이내에 제재위가 S/2006/816의 리스트를 감안하여 그 규정을 수정하거나 완결하지 않는 한 S/2006/814와 S/2006/815에 명시된 모든 품목, 물자, 장비, 상품 및 기술과 안보리 또는 제재위에 의해 조선민주주의인민공화국의 핵 또는 탄도미사일 또는 여타 WMD 관련 프로그램에 기여할 수 있는 것으로 판단된 여타 품목, 물자, 장비, 상품, 기술

(iii) 사치품

(b) 조선민주주의인민공화국은 8(a)(i) 및 8(a)(ii)상의 모든 품목의 수출을 중지해야 하고 각국은 원산지에 관계없이 조선민주주의인민공화국으로부터 또는 자국민에 의하거나 자국적 선박 또는 항공기에 의한 동 품목의 조달을 금지해야 한다.

(c) 모든 회원국은 자국민에 의해서 또는 자국 영토를 통해서, 상기 8(a)(i) 및 8(a)(ii)에 포함된 물품의 제공, 제조, 보수, 사용과 관련된 기술훈련, 자문, 용역 또는 지원을 조선민주주의인민공화국으로 이전하거나, 조선민주주의인민공화국의 국민 또는 영토로부터 이전받는 것을 방지해야 한다.

(d) 모든 회원국은 각국의 개별적 법적 절차에 따라서, 제재위원회 또는 안보리에 의해서, 불법적 방법을 포함하여 조선민주주의인민공화국의 핵, 여타 WMD 그리고 탄도미사일 관련 프로그램에 연루되거나 지원하는 것으로 지정된 개인, 단체 또는 이들의 대리인 또는 하수인들이 동 결의 시점 및 그 이후 직·간접적으로 보유 또는 통제하는 자국 영토 내의 자금, 여타 금융 자산 및 경제자원을 즉각 동결하고, 자국인 또는 자국 영토 내 개인이나 단체가 상기 개인이나 단체들이 자금, 금융자산 또는 경제 자원을 사용하게끔 하거나 동 자원들이 이들에 이득이 되지 않도록 보장해야 한다.

(e) 모든 회원국은 동 조항이 자국인의 자국 입국을 거부하게 하지 않는 한, 제재위 또는 안보리에 의해서 조선민주주의인민공화국의 핵·탄도미사일 및 여타 WMD 관련 프로그램과 관련된 조선민주주의인민공화국의 정책을 지원 또는 촉진시키는 등 이에 책임이 있는 것으로 지정된 개인 및 그 가족의

자국 영토 입국이나 경유 방지를 위한 필요조치를 취해야 한다.

(f) 8항의 요구조건의 이행 준수를 보장하기 위해, 그리고 이를 통해 핵, 화학, 생물무기 및 그 운반수단과 관련 물자의 불법 거래 방지를 위해, 모든 회원국은 자국 법령에 따라, 그리고 국제법에 부합하게, 조선민주주의인민공화국행 및 조선민주주의인민공화국발 화물 검사 등 협력조치를 필요에 따라 취할 것을 요청한다.

9. 위 8(d)항의 규정은 관련국들이 하기 사유에 해당한다고 결정한 금융 또는 여타 자산 또는 자원에는 적용되지 않음을 결정한다.

(a) 식량, 임차료 또는 모기지^{mortgage}, 의약품과 치료, 세금, 보험, 공공요금을 포함한 기본 지출 또는 전문서비스 이용을 위해 지불된 적정수준의 비용, 법률서비스 제공과 관련하여 발생한 비용의 변제, 동결자산·여타 금융자산 및 경제적 자원의 보유·유지를 위해 각국 국내법에 따라 부과되는 요금 및 서비스료를 위해 필요한 경우로서, 관련국들이 동 자금·여타 금융자산 및 경제적 자원에 대한 접근을 가능케 하고자 하는 의사를 제재위에 통보하고, 동 통보 후 5일 내(근무일 기준) 반대결정이 부재한 경우

(b) 특수비용을 위해 필요한 것으로 그러한 결정이 관련국들에 의해 제재위에 통보되고 안보리에 의해 승인된 경우

(c) 법적, 행정적 및 중재적 선취특권 또는 판결 대상으로서, 이러한 경우에 자금, 여타 금융자산, 경제자원이 선취특권이나 판결을 이행하기 위해 사용될 여지가 있는 경우; 단, 이 결의의 효력 발생 전에 성립된 사안으로서 8(d)항에 언급된 사람 및 안보리 또는 제재위에 의해 확인된 개인이나 단체에게 이득을 주지 않고, 관련국에 의해서 제재위에 통보된 사항이어야 함.

10. 상기 8(e)에서 부과된 조치는 제재위가 동 여행이 종교적 의무를 포함한 인도적 사유로 정당화될 수 있다고 사안별로 결정하거나, 제재위가 예외의 불인정은 동 결의의 목적을 저해한다고 판단하는 경우에는 적용되지 않는다.

11. 모든 회원국이 동 결의 채택 후 30일 이내에 각국이 8항을 효과적으로 이행하기 위해서 취한 조치들에 관해 안보리에 보고하도록 요청한다.

12. 안보리 의사규칙 28조에 따라 안보리 모든 회원국으로 구성된 아래 임무를 수행하는 안보리 위원회를 설치하기로 결정한다.

(a) 각국 특히 8(a)에 언급된 품목, 물자, 장비, 상품 및 기술 생산국 또는 보유국들로부터 8항에서 부과된 조치를 효과적으로 이행하기 위해 각국이 취한 조치 관련 정보 및 이러한 관점에서 유용하다고 생각되는 관련 자료를 수집한다.

(b) 동 결의 8항에 의해 부과된 조치 위반 관련 정보를 검토하고, 적절한 조치를 시행한다.

(c) 9항 및 10항에서 제시된 의무 면제 요청을 검토하고 결정한다.

(d) 8(a)(i) 및 8(a)(ii)의 목적을 위한 추가적인 품목, 물자, 장비, 상품, 기술을 결정한다.

(e) 8(d) 및 8(e)에서 부과한 조치의 대상이 되는 개인 및 단체를 지정한다.

(f) 동 결의에서 부과한 조치의 이행 촉진에 필요한 지침을 제정한다.

(g) 최소한 매 90일마다 특히 8항상 조치의 효율성 강화 방안 등 관찰 및 권고를 포함한 위원회의 작업에 관한 보고서를 안보리에 제출한다.

13. 한반도의 검증가능한 비핵화와 한반도 및 동북아의 평화와 안정 유지를 달성하기 위해 중국, 조선민주주의인민공화국, 일본, 대한민국, 러시아 및 미국에 의해 발표된 2006년 9월 19일 공동성명의 조속한 이행을 목적으로, 긴장을 강화할 수 있는 어떤 행동도 자제시키고 6자회담의 조속한 재개를 촉진시킬 수 있는 모든 관련국가의 외교적인 노력을 환영하고 더욱 장려한다.

14. 조선민주주의인민공화국은 전제조건 없이 6자회담에 즉각 복귀하고 중국, 조선민주주의인민공화국, 일본, 대한민국, 러시아 및 미국에 의해 발표된 2006년 9월 19일 공동성명의 조속한 이행을 위해 노력할 것을 촉구한다.

15. 조선민주주의인민공화국의 행동을 계속적으로 검토하고, 동 결의 규정의 이행 상황에 비추어 그 시점의 필요에 따라 조치의 강화, 조정, 중지 또는 해제 등을 포함한 상기 8조에 포함된 조치의 적절성을 검토할 것임을 확인한다.

16. 추가 조치가 필요한 경우에는 별도의 결정이 필요함을 강조한다.

17. 동 사안이 안보리에 계류됨을 결정한다.

2006년 10월 14일

5. 9·19 공동성명 이행을 위한 초기단계 조치(2·13 합의)(2007. 2. 13)

제5차 6자회담 3단계 회의가 베이징에서 중화인민공화국, 조선민주주의인민공화국, 일본, 대한민국, 러시아연방, 미합중국이 참석한 가운데, 2007년 2월 8일부터 13일까지 개최되었다.

우다웨이 중화인민공화국 외교부 부부장, 김계관 조선민주주의인민공화국 외무성 부상, 사사에 켄이치로 일본 외무성 아시아대양주 국장, 천영우 대한민국 외교통상부 한반도평화교섭본부장, 알렉산더 로슈코프 러시아 외무부 차관, 그리고 크리스토퍼 힐 미합중국 국무부 동아태차관보가 각 대표단의 수석대표로 동 회담에 참석하였다. 우다웨이 부부장은 동 회담의 의장을 맡았다.

I. 참가국들은 2005년 9월 19일 공동성명의 이행을 위해 초기단계에서 각국이 취해야 할 조치에 관하여 진지하고 생산적인 협의를 하였다. 참가국들은 한반도 비핵화를 조기에 평화적으로 달성하기 위한 공동의 목표와 의지를 재확인하였으며, 공동성명상의 공약을 성실히 이행할 것이라는 점을 재확인하였다. 참가국들은 「행동 대 행동」의 원칙에 따라 단계적으로 공동성명을 이행하기 위해 상호 조율된 조치를 취하기로 합의하였다.

II. 참가국들은 초기단계에 다음과 같은 조치를 병렬적으로 취하기로 합의하였다.

1. 조선민주주의인민공화국은 궁극적인 포기를 목적으로 재처리시설을 포함한 영변 핵시설을 폐쇄·봉인하고 IAEA와의 합의에 따라 모든 필요한 감시 및 검증활동을 수행하기 위해 IAEA 요원을 복귀토록 초청한다.

2. 조선민주주의인민공화국은 9·19 공동성명에 따라 포기하도록 되어 있는, 사용후연료봉으로부터 추출된 플루토늄을 포함한 공동성명에 명기된 모든 핵프로그램의 목록을 여타 참가국들과 협의한다.

3. 조선민주주의인민공화국과 미합중국은 양자간 현안을 해결하고 전면적 외교관계로 나아가기 위한 양자대화를 개시한다. 미합중국은 조선민주주의인

민공화국을 테러지원국 지정으로부터 해제하기 위한 과정을 개시하고, 조선민주주의인민공화국에 대한 「대적성국교역법」 적용을 종료시키기 위한 과정을 진전시켜 나간다.

4. 조선민주주의인민공화국과 일본은 불행한 과거와 미결 관심사안의 해결을 기반으로, 평양선언에 따라 양국관계 정상화를 취해나가는 것을 목표로 양자대화를 개시한다.

5. 참가국들은 2005년 9월 19일 공동성명의 1조와 3조를 상기하면서, 조선민주주의인민공화국에 대한 경제·에너지·인도적 지원에 협력하기로 합의하였다. 이와 관련, 참가국들은 초기단계에서 조선민주주의인민공화국에 긴급에너지 지원을 제공하기로 합의하였다. 중유 5만 톤 상당의 긴급 에너지 지원의 최초 운송은 60일 이내에 개시된다. 참가국들은 상기 초기 조치들이 향후 60일 이내에 이행되며, 이러한 목표를 향하여 상호 조율된 조치를 취한다는 데 합의하였다.

III. 참가국들은 초기조치를 이행하고 공동성명의 완전한 이행을 목표로 다음과 같은 실무그룹(W/G)을 설치하는 데 합의하였다.

1. 한반도 비핵화
2. 미북관계 정상화
3. 일북관계 정상화
4. 경제 및 에너지 협력
5. 동북아 평화·안보 체제

실무그룹들은 각자의 분야에서 9·19 공동성명의 이행을 위한 구체적 계획을 협의하고 수립한다. 실무그룹들은 각각의 작업진전에 관해 6자회담 수석대표 회의에 보고한다. 원칙적으로 한 실무그룹의 진전은 다른 실무그룹의 진전에 영향을 주지 않는다. 5개 실무그룹에서 만들어진 계획은 상호 조율된 방식으로 전체적으로 이행될 것이다. 참가국들은 모든 실무그룹 회의를 향후 30일 이내에 개최하는 데 합의하였다.

IV. 초기조치 기간 및 조선민주주의인민공화국의 모든 핵프로그램에 대한 완전한 신고와 흑연감속로 및 재처리시설을 포함하는 모든 현존하는 핵시설의 불능화를 포함하는 다음단계 기간 중, 조선민주주의인민공화국에 최초

선적분인 중유 5만 톤 상당의 지원을 포함한 중유 100만 톤 상당의 경제·에너지·인도적 지원이 제공된다. 상기 지원에 대한 세부 사항은 경제 및 에너지협력 실무그룹의 협의와 적절한 평가를 통해 결정된다.

V. 초기조치가 이행되는 대로 6자는 9·19 공동성명의 이행을 확인하고 동북아 안보협력 증진방안 모색을 위한 장관급 회담을 신속하게 개최한다.

VI. 참가국들은 상호신뢰를 증진시키기 위한 긍정적인 조치를 취하고 동북아에서의 지속적인 평화와 안정을 위한 공동노력을 할 것을 재확인하였다. 직접 관련 당사국들은 적절한 별도 포럼에서 한반도의 항구적 평화체제에 관한 협상을 갖는다.

VII. 참가국들은 실무그룹의 보고를 청취하고 다음단계 행동에 관한 협의를 위해 제6차 6자회담을 2007년 3월 19일에 개최하기로 합의하였다.

2007년 2월 13일

6. 9 · 19 공동성명 이행을 위한 제2단계 조치(10 · 3 합의)(2007. 10. 3)

제6차 6자회담 2단계회의가 베이징에서 중국, 북한(조선민주주의인민공화국), 일본, 대한민국, 러시아연방, 미국이 참석한 가운데 2007년 9월27일부터 30일까지 개최되었다.

우다웨이 중국 외교부 부부장, 김계관 북한 외무성 부상, 사사에 겐이치로 일본외무성 아시아대양주국장, 천영우 대한민국 외교통상부 한반도평화교섭본부장, 알렉산더 로슈코프 러시아 외무부 차관, 그리고 크리스토퍼 힐 미국 국무부 동아태차관보가 각 대표단의 수석대표로 회담에 참석했다. 우다웨이 부부장은 동 회담의 의장을 맡았다.

참가국들은 5개 실무그룹의 보고를 청취, 승인하였으며 2 · 13 합의상의 초기조치 이행을 확인하였고, 실무그룹회의에서 도달한 컨센서스에 따라 6자회담 과정을 진전시켜 나가기로 합의하였으며, 또한 평화적인 방법에 의한 한반도의 검증가능한 비핵화를 목표로 하는 9 · 19 공동성명의 이행을 위한 제2단계 조치에 관한 합의에 도달하였다.

I. 한반도 비핵화

1. 북한(조선민주주의인민공화국)은 9 · 19 공동성명과 2 · 13 합의에 따라 포기하기로 되어 있는 모든 현존하는 핵시설을 불능화하기로 합의하였다. 영변의 5MW 실험용 원자로, 재처리시설(방사화학실험실) 및 핵연료봉 제조시설의 불능화는 2007년 12월 31일까지 완료될 것이다. 전문가 그룹이 권고하는 구체적 조치들은 모든 참가국들이 수용가능하고, 과학적이고, 안전하고, 검증가능하며, 또한 국제적 기준에 부합돼야 한다는 원칙들에 따라 수석대표들에 의해 채택될 것이다. 여타 참가국들의 요청에 따라 미국은 불능화활동을 주도하고 이러한 활동을 위한 초기 자금을 제공할 것이다. 첫 번째 조치로서 미국은 불능화조치를 준비하기 위해 향후 2주 내에 북한을 방문할 전문가 그룹을 이끌 것이다.

2. 북한은 2 · 13 합의에 따라 2007년 12월 31일까지 자국의 모든 핵프로그램에

대해 완전하고 정확한 신고를 하기로 합의하였다.

3. 북한은 이어 핵 물질, 기술 또는 노하우를 이전하지 않는다는 공약을 재확인
하였다.

II. 관련국 간 관계 정상화

1. 북한과 미국은 양자관계를 개선하고 전면적 외교관계로 나아간다는 공약을
유지한다. 양측은 양자간 교류를 증대하고 상호 신뢰를 증진할 것이다. 북한
을 테러지원국 명단에서 삭제하기 위한 과정을 개시하고 또 북한에 대한 「대
적성국교역법」 적용을 종료시키기 위한 과정을 진전시켜 나간다는 공약을
상기하면서 미국은 북·미 관계정상화 실무그룹 회의를 통해 도달한 컨센
서스에 기초해 북한의 조치들과 병렬적으로 북한에 대한 공약을 완수할 것
이다.

2. 북한과 일본은 불행한 과거 및 미결 관심사안의 해결을 기반으로, 평양선언
에 따라 양국 관계를 신속하게 정상화하기 위해 진지한 노력을 할 것이다.
북한과 일본은 양측 간의 집중적인 협의를 통해 이러한 목적 달성을 위한 구
체적인 조치를 취해나갈 것을 공약하였다.

III. 북한에 대한 경제·에너지 지원

2·13 합의에 따라, 중유 100만t 상당의 경제·에너지·인도적 지원(이미 전달
된 10만t 중유 포함)이 북한에 제공될 것이다. 구체 사항은 경제 및 에너지협력 실
무그룹에서의 논의를 통해 최종 결정될 것이다.

IV. 6자 외교장관회담

참가국들은 적절한 시기에 베이징에서 6자 외교장관회담이 개최될 것임을 재
확인하였다. 참가국들은 외교장관회담 이전에 동 회담의 의제를 협의하기 위해
수석대표회의를 개최하기로 합의하였다.

2007년 10월 3일

7. 유엔 안보리 대북한 결의 1874호(2009. 6. 12)

안보리는,

안보리 결의 825호(1993), 1540호(2004), 1695호(2006), 특히 1718호(2006)를 포함한 이전 관련 결의들과 2006년 10월 6일 안보리 의장성명(S/PRST/2006/41) 및 2009년 4월 13일 안보리 의장성명(S/PRST/2009/7)을 상기하며,

핵 · 생화학 무기 및 그 운반수단의 확산이 국제 평화와 안보에 대한 위협을 구성함을 재확인하며,

조선민주주의인민공화국이 2009년 5월 25일 (현지시각) 1718호를 위반하여 행한 핵실험과, 동 핵실험이 핵확산금지조약(NPT)과 2010년 NPT 평가회의를 앞두고 범세계적 핵무기 비확산 체제를 강화해 나가기 위한 국제사회의 노력에 대한 도전이며 역내외의 평화와 안정에 야기하는 위험이라는 데 대해 엄중한 우려를 표명하며,

NPT에 대한 우리 모두의 지지와 모든 방면에서 NPT를 강화하기 위한 공약, 그리고 핵 비확산 및 군축을 향한 범세계적 노력을 강조하면서, 조선민주주의인민공화국은 NPT에 따라 어떠한 경우에도 핵보유국 지위를 보유할 수 없다는 점을 상기하며,

조선민주주의인민공화국의 NPT 탈퇴선언과 핵무기 추구를 개탄하며,

조선민주주의인민공화국이 국제사회의 여타 안보 및 인도적 우려에 대해 호응해야 하는 중요성을 거듭 강조하며,

본 결의에 의해 부과되는 조치들이 북한 주민들에 대한 부정적인 인도적 결과를 의도하지 않고 있음을 강조하며,

조선민주주의인민공화국의 핵실험 및 미사일 활동이 역내외 긴장을 더욱 고조시켰다는 데 심각한 우려를 표명하고, 국제평화와 안보의 명백한 위협으로 지속되고 있다는 점을 규정하며,

모든 회원국들이 유엔 헌장의 목적과 원칙들을 지지해야 한다는 중요성을 재확인하며,

유엔헌장 7장하에 행동하며, 41조에 따라 조치들을 취하기로 한다.

1. 조선민주주의인민공화국의 2009년 5월 25일 핵실험은 관련 결의들, 특히 안
   보리 결의 1695호 및 1718호와 2009년 4월 13일 안보리 의장성명(S/PRST/
   2009/7)에 대한 위반이자 명백한 무시로서 이를 가장 강력한 수준으로 규
   탄한다.

2. 조선민주주의인민공화국이 어떤 추가적인 핵실험 또는 탄도미사일 기술
   을 이용한 발사를 하지 않도록 요구한다.

3. 조선민주주의인민공화국이 탄도미사일 관련 모든 활동을 중단하고, 이러
   한 맥락에서 미사일 발사 모라토리엄에 대한 기존 약속을 재확립하도록
   결정한다.

4. 조선민주주의인민공화국이 특히 1718호를 포함한 관련 안보리 결의상의
   의무를 즉각적이고 완전하게 이행하도록 요구한다.

5. 조선민주주의인민공화국이 NPT 탈퇴선언을 즉각 철회하도록 요구한다.

6. 조선민주주의인민공화국이 NPT 당사국의 권리와 의무를 유념하면서, 조
   속한 시일 내 NPT 및 IAEA 안전조치에 복귀하도록 요구하고, NPT 모든
   당사국이 동 조약상 의무를 계속 준수할 필요가 있음을 강조한다.

7. 모든 회원국들이 1718호에 의거 설립된 위원회*가 2009년 4월 13일 안보
   리 의장성명에 따라 지정한 대상을 포함한 1718호상의 의무를 이행하도
   록 촉구한다.

8. 조선민주주의인민공화국이 완전하고, 검증가능하며, 불가역적인 방식으
   로 모든 핵무기와 기존 핵프로그램을 포기하고, 모든 관련 활동을 중단할
   것과, NPT에 의거 당사국들에 적용되는 의무와 IAEA 안전조치 협정의 규
   정 및 조건들에 따라 엄격히 행동할 것과, 또한 IAEA 측이 요구하고, 필요
   하다고 간주하는 개인, 문서, 장비, 시설에 대한 접근을 포함한 상기 요건

---

* 제재위원회를 의미.

부록 III: 북한 핵문제 관련 합의문/유엔결의 383

을 상회하는 투명성 조치를 IAEA에 제공할 것을 결정한다.

9. 1718호 8항 (b)호의 조치들이 모든 무기와 관련 물품뿐만 아니라, 이러한 무기 또는 물품의 공급, 제조, 정비 또는 사용과 관련된 금융 거래, 기술 훈련, 자문, 역무 또는 지원에도 적용되는 것으로 결정한다.

10. 1718호 8항 (a)호의 조치들이 소형무기와 관련 물품을 제외한 모든 무기와 관련 물품뿐만 아니라 이러한 무기의 공급, 제조, 정비, 사용과 관련된 금융 거래, 기술 훈련, 자문, 역무 또는 지원에도 적용되는 것으로 결정한다. 또한, 국가들이 조선민주주의인민공화국에게 소형무기를 직·간접적으로 공급, 판매, 이전하는 데 대해 주의하도록 촉구하고, 동 공화국에 대한 소형무기의 판매, 공급, 이전 시 최소한 5일 전에 위원회에 통보하도록 결정한다.

11. 모든 국가들이 항구 및 공항을 포함한 자국 영토 내에서 자국의 국내법적 권한과 입법 및 국제법에 따라 1718호 8항 (a), (b), (c)호나 금번 결의 9, 10항의 엄격한 이행을 목적으로 이러한 조항들에 의해 공급, 판매, 이전 또는 수출이 금지된 품목을 적재하고 있다고 믿을 만한 합리적 근거를 제공할 정보가 있는 경우, 모든 조선민주주의인민공화국행 및 동 공화국발 화물을 검색하도록 촉구한다.

12. 모든 회원국들이 1718호 8항 (a), (b), (c)호나 금번 결의 9, 10항의 엄격한 이행을 목적으로 이러한 조항들에 의해 공급, 판매, 이전 또는 수출이 금지된 품목을 적재하고 있다고 믿을 만한 합리적 근거를 제공할 정보가 있는 경우, 공해상에서 기국의 동의하에 선박을 검색하도록 촉구한다.

13. 모든 국가들이 금번 결의 11, 12항에 따른 검색에 협조하여야 하고, 만일 기국이 공해상 검색에 동의하지 않는 경우, 기국은 해당 선박을 적절하고 편리한 항구로 유도하여, 현지 당국이 11항에 따른 필요한 검색을 하도록 촉구한다.

14. 모든 회원국들이 NPT, 화학무기금지협약(CWC), 생물무기금지협약(BWC)의 당사국으로서의 의무뿐 아니라 1540호를 포함한 적용 가능한 안보리 결의상 의무에 위배되지 않는 방법으로 금번 결의 11, 12, 13항에 따른 검색을 통해 1718호 8항 (a), (b), (c)호나 금번 결의 9, 10항에 따라 공

급, 판매, 이전 또는 수출이 금지된 품목들을 적발한 경우, 이를 압류, 처분하여야 하며, 이러한 노력에 협력하기로 결정한다.

15. 모든 회원국들이 금번 결의 11, 12, 13항에 따른 검색이나, 14항에 따른 화물 압류, 처분을 할 때에는 동 검색, 압류, 처분에 관한 상세정보가 포함된 보고서를 위원회에 즉시 제출하도록 요청한다.

16. 모든 회원국들이 금번 결의 12, 13항에 따른 기국의 협조를 받지 못할 때에는 관련 상세정보가 포함된 보고서를 위원회에 즉시 제출하도록 요청한다.

17. 회원국들이 1718호 8항 (a), (b), (c)호나 금번 결의 9, 10항에 따라 공급, 판매, 이전 또는 수출이 금지된 품목을 운반하고 있다는 믿을 만한 합리적 근거를 제공할 정보가 있는 경우, 자국민들에 의해 또는 자국 영토로부터 조선민주주의인민공화국 선박에 대한 유류, 물품 또는 기타 편의의 제공 등과 같은 「선박지원 서비스^{bunkering service}」를 금지하기로 결정한다. 다만, 동 서비스는 인도주의적 목적을 위해 필요하거나, 화물 검색과 압류, 처분을 할 때까지는 허용될 수 있으며, 동 항은 조선민주주의인민공화국의 적법한 경제적 활동에 영향을 미칠 의도가 없다는 점을 강조한다.

18. 회원국들이 1718호 8항 (d), (e)호에 따른 의무 이행에 추가하여, 자국 영토(자국 영토로, 자국 영토를 통해, 자국 영토로부터)에서, 자국 국민, 자국법에 따라 조직된 단체들(해외지사 포함), 자국 내 개인 또는 금융기관들에 의한 조선민주주의인민공화국의 핵·탄도미사일·여타 WMD와 관련된 프로그램과 활동에 기여할 가능성이 있는 금융서비스의 제공이나, 어떠한 금융·여타 자산 또는 재원의 이전을 금지하도록 촉구^{call upon} 한다. 여기에는 회원국들이 국내법적 권한과 입법에 따라 상기 프로그램 및 활동과 연관된 회원국들의 영토·장래 영토 내에 또는 관할권·장래 관할권 내에 있는 금융·여타 자산 또는 재원들을 동결하고, 모든 여사한 거래들을 방지하기 위해 강화된 모니터링을 적용하는 것이 포함된다.

19. 모든 회원국들과 국제 금융·신용기관들이 조선민주주의인민공화국 주민들의 필요를 직접 해소하는 인도주의 또는 개발상의 목적이나, 비핵화 증진의 경우를 제외하고, 동 공화국에 대한 무상원조, 금융 지원, 양허성

차관 계약을 신규 체결하지 않고, 기존 계약은 줄여나가도록 주의를 강화할 것을 촉구한다.

20. 모든 회원국들이 조선민주주의인민공화국의 핵·탄도미사일·여타 WMD 와 관련된 프로그램과 활동에 기여할 가능성이 있는 동 공화국과의 무역을 위한 공적 금융지원(자국 국민 또는 이러한 무역과 연관된 단체에 대한 수출신용, 보증, 또는 보험 포함)을 제공하지 않도록 촉구한다.

21. 모든 회원국들이 외교관계에 관한 비엔나 협약에 따라 조선민주주의인민공화국 내 외교공관들의 활동을 저해하지 않으면서, 1718호 8항 (a)호 (iii)목과 8항 (d)호의 규정(제재조치)을 준수하여야 함을 강조한다.

22. 모든 회원국들이 동 결의가 채택된 날로부터 45일 이내에, 그리고 그 이후에는 위원회의 요청이 있는 경우, 금번 결의 18, 19, 20항에 명시된 금융 조치뿐만 아니라, 1718호 8항과 금번 결의 9, 10항의 규정을 효과적으로 이행하기 위해 취한 구체적 조치들에 대해 안보리에 보고하도록 촉구한다.

23. 안보리 결의 1718호 제8항 (a), (b), (c)호에 규정된 조치들이 INFCIRC/ 254/Rev.9/Part 1a와 INFCIRC/254/Rev.7/Part 2a에 열거된 품목에도 적용되는 것으로 결정한다.

24. 단체, 물품, 개인들의 지정을 포함한 1718호 8항과 금번 결의에 의해 부과되는 조치들을 조정하기로 결정하고, 이를 위해 위원회가 관련 작업을 하여 금번 결의 채택 후 30일 이내에 안보리에 보고하도록 지시한다. 만일 위원회가 동 작업을 수행하지 못하는 경우, 안보리가 이에 관한 보고서를 받는 날로부터 7일 이내에 상기 조치들의 조정 작업을 완료하는 것으로 결정한다.

25. 위원회는 2009년 7월 15일까지 안보리에 이행, 조사, 아웃리치, 대화, 지원·협력에 관한 작업 프로그램 제출을 통해, 1718호, 2009년 4월 13일 안보리 의장성명과 금번 결의의 완전한 이행을 증진하기 위한 노력을 강화하고, 금번 결의 10, 15, 16, 22항에 따른 회원국들의 보고서를 접수, 심의하도록 결정한다.

26. 유엔 사무총장에게 위원회와의 협의를 통해, 우선 1년 동안 7명의 전문가 그룹을 설치하도록 하고, 동 전문가 그룹이 위원회의 감독하에 다음과 같은 임무를 수행하도록 요청한다.

(a) 1718호에 명시된 위원회 임무와 금번 결의 26항에 명시된 위원회 기능 수행에 조력한다.

(b) 특히, 불이행 사례 등 1718호와 동 결의에 따라 부과되는 조치들의 이행과 관련한 정보를 국가, 관련 유엔 기관 및 여타 이해 당사자들로부터 수집, 조사, 분석한다.

(c) 안보리, 위원회 및 회원국들에게 조치들을 권고하며, 1718호와 금번 결의에 따라 부과된 조치의 이행을 증진하기 위한 방안을 고려한다.

(d) 금번 결의가 채택된 날로부터 90일 이내에 안보리에 중간보고서와, 임무 종료 30일 이전에 결과 및 권고에 관한 최종 보고서를 제출한다.

27. 모든 국가들과 관련 유엔 기관 및 여타 이해당사자들은 특히, 1718호와 금번 결의에 따라 부과되는 조치들의 이행에 관한 정보를 가능한 한 제공하는 등 위원회 및 전문가그룹과 완전히 협조할 것을 촉구한다.

28. 모든 회원국들이 자국 영토 내에서 또는 자국 국민들에 의해 조선민주주의인민공화국 국민을 대상으로 한 확산 민감 핵활동과 핵무기 운반체계 개발 관련 특수교육이나 훈련을 제공하지 않도록 하고, 이에 관해 주의하도록 촉구한다.

29. 조선민주주의인민공화국이 「포괄적핵실험금지조약(CTBT)」에 최대한 조속히 가입하도록 촉구한다.

30. 평화적 대화를 지지하고, 조선민주주의인민공화국이 6자회담에 전제조건 없이 즉각 복귀할 것을 촉구하며, 한반도의 검증가능한 비핵화와 한반도 및 동북아의 평화와 안정 유지를 달성하기 위해 중국, 조선민주주의인민공화국, 일본, 대한민국, 러시아, 미국이 합의한 2006년 9 · 19 공동성명, 2007년 2 · 13 및 10 · 3 공동 문건을 완전하고 신속히 이행하기 위한 노력을 강화하도록 촉구한다.

31. 금번 사태의 평화적, 외교적, 정치적 해결에 대한 공약을 표명하고, 안보

리 이사국과 회원국들의 대화를 통한 평화적, 포괄적인 해결 증진과 긴장상황을 악화시킬 수도 있는 어떠한 조치도 자제하기 위한 노력을 환영한다.

32. 조선민주주의인민공화국의 행동을 지속적으로 검토하고, 동 공화국에 의한 1718호 8항과 금번 결의 관련 규정들의 준수 여부에 따라 향후 필요할지도 모르는 조치들의 강화, 조정, 중지 또는 해제를 포함하여, 1718호 8항과 금번 결의 관련 조항들에 포함된 조치들의 적절성을 검토해나갈 준비가 되어야 함을 확인한다.

33. 추가 조치가 필요한 경우, 별도 결정이 내려져야 한다는 점을 강조한다.

34. 동 사안이 계속 안보리에 계류됨을 결정한다.

2009년 6월 12일

찾아보기

지은이 **이용준**

1956년 충북 진천에서 출생하여 경기고등학교와 서울대학교 외교학과를 졸업했다.

1979년 외교부 입부 후 1990년대 초부터 청와대 남북핵협상 담당관, 주미대사관 정무 과장, 북미1과장, NSC 정책조정부장, KEDO 사무국 정책국장, 북핵담당대사(6자회담 차석대표), 외교부 차관보 등을 거치면서 북한 핵문제와 오랜 인연을 맺어왔다.

1985년 동아일보 신춘문예 당선(희곡부문)으로 등단했고, 『북한핵, 새로운 게임의 법 칙』(2004), 『베트남, 잊혀진 전쟁의 상흔』(2014)을 출간한 바 있다.

한울아카데미 1766

게임의 종말 북핵 협상 20년의 허상과 진실, 그리고 그 이후

ⓒ 이용준, 2010

지은이 • 이용준
펴낸이 • 김종수
펴낸곳 • 한울엠플러스(주)

초판 1쇄 발행 • 2010년 10월 20일
2판 2쇄 발행 • 2018년 8월 20일

주소 | 10881 경기도 파주시 광인사길 153 한울시소빌딩 3층
전화 | 031-955-0655
팩스 | 031-955-0656
홈페이지 | www.hanulmplus.kr
등록번호 | 제406-2015-000143호

Printed in Korea.
ISBN 978-89-460-6539-0 93340

* 책값은 겉표지에 표시되어 있습니다.